LE GUIDE UNIVERSEL.

REIMS, IMP. DE MARÉCHAL-GRUAT.

LE GUIDE UNIVERSEL

OU

L'ART DE FAIRE SOI-MÊME SES AFFAIRES AVEC SURETÉ DANS TOUTES SORTES DE CIRCONSTANCES;

Ouvrage éminemment utile et même indispensable à tous les Commerçants, aux Propriétaires, aux Fermiers, aux Artisans, etc.

NOUVELLE ÉDITION, AUGMENTÉE DU TARIF DES HONORAIRES DUS AUX NOTAIRES, DES DROITS D'ENREGISTREMENT, DES LOIS ADMINISTRATIVES, FORESTIÈRES ET DE PÊCHE FLUVIALE, DE PROCÉDURE ET DE POLICE QUI CONCERNENT LES VILLES ET LES CAMPAGNES, ETC.

Par Victor DOUBLET,

Professeur, Homme de Lettres, Auteur d'un grand nombre d'ouvrages de morale, d'histoire, de littérature, d'éducation, etc., etc.

Versez l'instruction sur la tête du peuple,
vous lui devez ce baptème.

PRIX : 6 FRANCS.

PARIS,

CHEZ TOUS LES LIBRAIRES-COMMISSIONNAIRES.

—

1848.

LE
GUIDE UNIVERSEL

OU

L'ART DE FAIRE SOI-MÊME SES AFFAIRES DANS TOUTES SORTES DE CIRCONSTANCES.

L'acte sous seing privé, reconnu par celui auquel on l'oppose, légalement tenu pour reconnu, a, entre ceux qui l'ont souscrit et entre leurs héritiers et ayant-cause, la même foi que l'acte authentique. (Art. 1322 du C. c.)

Celui auquel on oppose un acte sous seing privé, est obligé d'avouer ou de désavouer formellement son écriture ou sa signature. (Art. 1323.)

Le billet ou la promesse sous seing privé par lequel une partie s'engage envers l'autre à lui payer une somme d'argent ou une chose appréciable, doit être écrit en entier de la main de celui qui le souscrit, ou du moins il faut qu'outre sa signature, il ait écrit de sa main un *bon* ou *approuvé*, portant en toutes lettres la somme ou la quantité de la chose ; excepté dans le cas ou l'acte émane de marchands, artisans, laboureurs, vignerons, gens de journée et de service. (Art. 1326.)

Les actes sous seing privé n'ont de date contre les tiers que du jour où ils ont été enregistrés, du jour de la mort de celui ou de l'un de ceux qui les ont souscrits, ou du jour où leur substance est constatée dans les actes dressés par des officiers publics, tels que procès-verbaux de scellé ou d'inventaire. (Art. 1328.)

INSTRUCTION PRÉLIMINAIRE

INDIQUANT CLAIREMENT

LA MANIÈRE DE SE SERVIR DE CET OUVRAGE.

La nécessité d'un ouvrage tel que celui que nous offrons aujourd'hui au public se faisait généralement sentir ; témoin le grand nombre de souscripteurs qui se sont empressés de réaliser nos espérances en nous envoyant leurs signatures. Les principales villes de France et, notamment les villes les plus commerçantes, ont accueilli nos offres avec bienveillance.

Pour répondre à la haute confiance que l'on nous a témoignée, nous ne craignons pas d'avancer que nous nous sommes entouré de toutes les lumières nécessaires pour donner à nos souscripteurs un traité sûr et complet.

Mais il était encore un point essentiel à observer : il fallait offrir à tous un guide éclairé, il est vrai, mais un guide simple et facile à suivre. Or, pour arriver à ce but, nous avons divisé l'ouvrage par chapitres, articles et paragraphes. (*Le signe § signifie paragraphe.*)

Autant que possible, nous avons suivi la marche naturelle des affaires, et nous avons placé les actes dans le lieu qu'ils doivent occuper naturellement. Cependant, comme plusieurs d'entre eux ont dû, pour justes raisons qu'il est inutile de rapporter ici, être rejetés dans un endroit autre que l'explication préliminaire placée en tête de chaque acte, nous donnons à part, à la fin du volume, une table de tous les actes en général.

Ainsi, celui qui voudra faire un acte sous seing privé de quelque nature que ce soit, se reportera à la table, y cherchera le titre de l'acte qu'il veut faire, trouvera le numéro de la page où est l'acte, et n'aura plus qu'à copier, en ayant soin, toutefois, de bien mettre les noms, prénoms, demeures, qualités et professions des contractants, et observant bien toutes les règles prescrites pour la validité des actes sous seing privé.

On devra toujours avoir soin, avant de commencer un sous-seing, de lire bien attentivement l'instruction qui précède le modèle. On sera toujours sûr de ne point se tromper, puisque nous suivons exactement la loi telle qu'elle est publiée dans le code.

C'est dans cette instruction que l'on verra quelles sont les obligations auxquelles on s'engage en faisant *tel* ou *tel* acte; que l'on connaîtra ce que décide la loi en cas de contravention au traité, ou d'inexécution d'un ou de plusieurs articles dudit traité.

Outre ce qui est dit de l'enregistrement dans le cours de l'ouvrage, le prix dû à l'enregistrement est marqué au bas de chaque acte.

Le tarif des honoraires dûs aux notaires y est marqué aussi, mais pour les vacations; on trouvera un tableau fort exact au commencement des actes, avant les comptes de tutelle.

Enfin, nous pouvons affirmer que cet ouvrage est le plus complet qui ait encore paru. Puisse le peuple nous comprendre et récompenser nos efforts par son approbation; alors, nous nous estimerons heureux d'avoir, par un travail pénible, contribué à son avantage, à son instruction et à son bonheur.

LE
GUIDE UNIVERSEL

OU

L'art de faire soi-même toutes ses affaires avec sûreté dans toutes sortes de circonstances.

CHAPITRE Ier.

DE LA CAPACITÉ DE CONTRACTER.

TOUTE PERSONNE PEUT ACTER.

Voilà un principe général, qu'on ne saurait révoquer en doute, car la loi permet tout ce qu'elle ne défend pas. Or, la loi ne défend à personne de s'engager ou de contracter, donc toute personne peut faire par elle-même tous les actes, excepté pourtant les cinq que nous allons énoncer.

Quand nous disons *toute personne*, nous entendons toutes celles qui sont réputées capables aux yeux de la loi.

Ainsi ne peuvent contracter d'aucune manière que ce soit:

1° Les mineurs; 2° les interdits; 3° les femmes mariées; 4° ceux qui sont morts civilement.

Des mineurs. — Toute personne qui n'a pas atteint l'âge de 21 ans accomplis, est considérée comme mineure, quel que soit son sexe, et ne peut par elle-même contracter aucun engagement.

Le mineur doit être considéré comme émancipé ou non émancipé.

Le mineur non émancipé ne peut agir qu'accompagné de son tuteur, sous l'autorité duquel la loi l'a placé, et qui agit directement pour lui. Cependant, lorsqu'il est parvenu à l'âge de seize ans, la loi lui permet de disposer, par testament, de la moitié des biens dont il aurait pu disposer s'il eût été majeur. Cette mesure étant toute dans l'intérêt du mineur, il est donc nécessaire que celui qui prend les engagements ou qui en reçoit d'un homme encore jeune, se fasse présenter l'acte de naissance, pour s'assurer auparavant qu'il a bien le droit de contracter.

Le mineur émancipé peut donc faire les actes de pure administration, et par conséquent passer les baux dont la durée n'excède pas neuf années, percevoir ses revenus, mais non recevoir un capital mobilier, ni en donner décharge sans l'assistance de son curateur, qui doit surveiller l'emploi du capital reçu. Cette assistance lui est encore nécessaire pour intenter une action immobilière. Il ne peut faire aucun emprunt, s'il n'a obtenu auparavant l'autorisation du conseil de famille, homologuée par un jugement.

Enfin, il ne peut vendre, aliéner, hypothéquer ses immeubles, donner main-levée ni restreindre une inscription hypothécaire; il ne peut procéder à un partage, ni transiger, à moins qu'il ne remplisse les formalités voulues pour les mineurs non émancipés.

Cependant, il y a quelques exceptions à ces règles, en faveur du mineur commerçant; car il est réputé majeur pour tous les faits relatifs à son commerce. Mais pour qu'il puisse jouir de cette faveur, il faut :

1° Qu'il soit âgé de dix-huit ans accomplis;

2° Qu'il ait obtenu préalablement l'autorisation de son père ou de sa mère; en cas de décès, interdiction ou absence du père, ou, à défaut du père et de la mère, celle du conseil de famille, constatée par une délibération homologuée par justice.

3° Qu'il ait fait enregistrer et afficher au tribunal du lieu où est domicilié le mineur, l'autorisation ainsi obtenue. Le mineur marchand, ainsi autorisé, peut engager et hypothéquer ses immeubles. Il est réputé majeur pour tous les faits relatifs à son commerce; mais, dans tous les autres actes qu'il fait en dehors de son commerce, il reste soumis à toutes les formalités imposées au mineur émancipé.

L'action en rescision des actes qui portent préjudice au mineur dure dix ans, à partir du jour de sa minorité.

Des interdits. — Le majeur qui est dans un état habituel d'imbécilité, de démence ou de fureur, lors même que son état présente des intervalles lucides, doit être interdit. Tout parent est recevable à provoquer l'interdiction de son parent; il en est de même de l'époux. On doit pour cela se servir du ministère d'un avoué, qui indiquera la marche à suivre. Mais lorsque le malade est furieux, et qu'il n'a ni épouse, ni parent, c'est au procureur du roi à provoquer l'interdiction.

L'interdit est dépouillé par jugement de l'administration de ses biens, laquelle est confiée à un tuteur.

Les effets de l'interdiction sont les mêmes que ceux de la minorité à l'égard du mineur non émancipé. Tous les actes qu'il ferait après que son interdiction a été prononcée, seraient nuls de plein droit. Ceux qui auraient été faits antérieurement pourraient aussi être taxés de nullité, si la cause de l'interdiction existait notoirement à l'époque où ils ont été faits.

En rejetant la demande en interdiction, le tribunal devant lequel elle est portée peut, si les circonstances l'exigent, ordonner que la personne dont l'interdiction est demandée ne pourra plus désormais plaider, transiger, emprunter, recevoir un capital mobilier ni en donner décharge, aliéner ni grever ses biens d'hypothèques sans l'assistance d'un conseil qui lui sera nommé par le même jugement.

Enfin, la prodigalité, que la loi considère, à juste titre, comme une espèce de démence, peut motiver, de la part des tribunaux, la nomination d'un conseil sans l'assistance duquel le prodigue ne pourra plus dorénavant faire aucun des actes ci-dessus indiqués.

Il est donc extrêmement important, lorsque l'on contracte, de s'assurer si la personne avec laquelle on traite n'est pas interdite ou pourvue d'un conseil judiciaire : on peut le faire en consultant les tableaux qui, aux termes de l'art. 18 de la loi du 25 ventôse an XI, doivent être affichés dans les études des notaires, et qui portent toutes les interdictions et nominations de conseils faites dans l'arrondissement. Ces registres sont publics et doivent être communiqués à toute réquisition.

Des femmes mariées. — L'incapacité de la femme mariée s'étend plus ou moins, suivant le régime qu'elle a adopté pour régir son association conjugale. Mais quelles que soient les stipulations de son contrat, elle ne peut ni aliéner, ni hypothéquer ses immeubles, intenter une action immobilière, ni ester, c'est-à-dire se présenter en justice, sans le consentement spécial de son mari, et, à son refus, sans l'autorisation du juge.

De la femme commerçante. — Tout ce qui a été dit relativement au mineur qui fait le commerce avec les autorisations exigées par la loi, s'applique à la femme mariée qui fait le commerce avec l'autorisation de son mari. Elle peut s'obliger pour tout ce qui concerne son négoce ; et, s'il y a communauté de biens entre eux, elle oblige aussi son mari. Elle n'est pas réputée marchande publique, lorsqu'elle ne fait que détailler les marchandises du commerce de son mari, mais seulement lorsqu'elle fait un commerce séparé. Elle peut obliger et hypothéquer ses immeubles, sauf ceux qui ont été stipulés dotaux.

Nota. Un article spécial traitera des droits, devoirs et intérêts de la femme.

Du mort civilement. — La mort civile est l'état d'un homme qui subit, en vertu d'un jugement criminel, une peine dont l'effet est de le priver de tous ses droits civils. Le mort civilement perd la propriété de tous ses biens, qui sont transmis à ses héritiers naturels, comme s'il était réellement mort, et sans testament. Il ne peut ni recevoir ni donner par acte entre vifs. Son mariage, s'il en a contracté un, est dissous quant à ses effets civils, et il est incapable d'en contracter un nouveau.

Cependant, comme la loi ne le prive pas de l'existence physique, elle lui permet de recevoir, mais à titre d'aliment, d'acquérir à titre onéreux, de vendre et hypothéquer les biens qu'il aurait acquis depuis la mort civile. Mais il ne peut pas en disposer par le testament; ils appartiennent à l'Etat par droit de déshérence; car il n'a plus d'héritiers, puisque tous les liens de parenté sont rompus par la mort civile.

Lorsque l'on contracte avec un mort civilement, il faut donc examiner soigneusement si le bien qu'il cède lui appartient depuis la mort civile; car s'il vendait un bien qui lui aurait appartenu auparavant, la vente serait nulle.

Du CONSENTEMENT. — Le consentement forme la base de tout contrat.

Plusieurs causes peuvent vicier le consentement; ce sont : 1° l'erreur; 2° la violence; 3° le dol; 4° la lésion.

Ces causes ne rendent pourtant pas nulles de plein droit les conventions qui en sont entachées; mais elles donnent lieu à une action en nullité ou en rescision.

De l'erreur. — L'erreur n'est une cause de la nullité de la convention, que lorsqu'elle tombe sur la substance de la chose qui en est l'objet. Si l'un veut vendre une chose et l'autre la prendre à loyer, il n'y a ni vente ni bail, parce qu'il n'y a pas concours de volonté sur un même objet.

L'erreur n'est pas une cause de nullité lorsqu'elle ne tombe que sur la personne avec laquelle on a l'intention de contracter, à moins que la considération de la personne ne soit la cause principale de la convention. Si, par exemple, croyant contracter avec un fameux peintre, je faisais marché avec un mauvais peintre portant le même nom, il y aurait erreur dans la personne, et cette erreur serait capable de vicier le contrat ; car j'aurais pu promettre un prix élevé pour un ouvrage que j'espérais avoir d'une main habile, tandis que, à cause de mon erreur, je n'aurai probablement qu'un ouvrage médiocre.

De la violence. — La loi ne reconnaît de violence que celle qui est capable de faire impression sur une personne raisonnable, et que lorsqu'elle peut lui inspirer la crainte d'exposer sa personne à un mal considérable et présent ; on a égard à l'âge, au sexe et à la condition des personnes. Il n'est même pas nécessaire que la violence soit exercée sur la personne même qui contracte ; elle peut vicier le contrat lors même que c'est l'époux et l'épouse, les descendants ou ascendants de la personne qui promet, qui en sont l'objet.

Mais un contrat ne saurait être attaqué pour cause de violence, si, depuis que la violence a cessé, ce contrat a été approuvé, soit expressément, soit tacitement, soit en laissant écouler dix années, à partir du jour où la violence aurait cessé.

Du dol. — On définit le dol, toute manière frauduleuse employée pour tromper quelqu'un.

Le dol n'est une cause de la nullité de la convention, que lorsque les manœuvres pratiquées par l'une des parties sont telles, qu'il est évident que, sans ces manœuvres, l'autre partie n'aurait pas contracté. Le dol ne se présume pas ; il faut qu'il soit prouvé.

De la lésion. — La lésion ne vicie les conventions que dans certains cas, et à l'égard de certaines personnes, comme nous le verrons plus loin.

DE L'OBJET DES CONTRATS. — Le contrat doit avoir pour objet une chose certaine qui forme la matière de l'engagement, c'est-à-dire une chose qu'une partie s'oblige à donner, à faire ou à ne pas faire.

Le simple usage ou la simple possession d'une chose, peut être, comme la chose même, l'objet du contrat.

Il faut que la chose soit dans le commerce, et qu'elle soit déterminée, au moins quant à son espèce, la qualité de la chose, pouvant être incertaine, pourvu qu'elle soit déterminée.

Les choses futures, une simple espérance même, peuvent être l'objet d'une obligation. Cependant, des motifs d'ordre public ont fait prohiber la renonciation à une succession non encore ouverte, ou toutes stipulations sur une pareille succession, même avec le consentement de celui de la succession duquel il s'agit.

DE LA CAUSE. — On appelle cause ce qui détermine les parties à contracter. Il faut un motif pour s'engager; d'où il suit que l'obligation, sans cause, sur une fausse cause, ou sur une cause illicite, ne peut avoir aucun effet.

La convention peut toutefois être valable, quoique la cause n'en soit pas exprimée; il suffit qu'elle existe.

La cause est illicite lorsqu'elle est prohibée par les lois, contraire aux bonnes mœurs ou à l'ordre public.

CHAPITRE II.

DES ACTES.

Toutes les conventions, si elles n'étaient que verbales, seraient la source d'une infinité de disputes. D'abord, le défaut de mémoire en ferait oublier une multitude de clauses, et ensuite la mauvaise foi ne contribuerait pas peu à engager souvent bien des gens malintentionnés à se soustraire à un paiement convenu; en un mot, à abuser de la confiance et de la bonne foi de ceux avec qui ils auraient établi leurs conventions.

Pour éviter cet abîme de maux, cette source de divisions et de querelles, on se sert des actes, d'après ce principe si vrai, quoique banal :

Verba volant, scripta manent.
Les paroles s'envolent ; mais les écrits restent.

On appelle donc *acte*, l'écrit qui sert à constater la convention.

Outre les actes civils qui servent à constater la naissance, le mariage et le décès des citoyens, ces trois principales circonstances de la vie de l'homme, on distingue encore deux sortes d'actes qui lui servent à faire toutes ses affaires, à régler toutes ses conventions pendant le cours de la vie. Ces deux sortes d'actes sont : *l'acte authentique, et l'acte sous seing privé.*

De l'acte authentique. — L'acte authentique est celui qui est reçu par les officiers publics compétents, avec les formalités requises. Il a l'avantage de faire pleine foi de la convention qu'il renferme, entre les parties contractantes, leurs héritiers et ayant-cause, jusqu'à inscription de faux.

On compte cinq actes principaux qui doivent avoir un caractère authentique, c'est-à-dire qui doivent, pour être valables de toute nécessité, être passés devant notaire. Ces actes sont : 1° *Le contrat de mariage ;* 2° *Les donations entre-vifs ;* 3° *Les contrats de prêts et autres conventions conférant hypothèque ;* 4° *Les testaments mystiques ou secrets, et les testaments publics ;* 5° *Les cessions de brevets d'invention.*

De l'acte sous seing privé. — L'acte sous seing privé est celui que toute personne habile à contracter peut faire ; il est revêtu seulement des signatures des parties, ou au moins de celle de la partie qui s'oblige, sans l'intervention d'aucun officier public.

Des formalités de l'acte sous seing privé. — En général, l'acte sous seing privé n'est assujetti à aucune forme spéciale. Toutefois, il doit contenir l'énonciation des noms des personnes qui contractent, et même leurs prénoms, leurs professions, leurs qualités et leurs demeures.

L'énonciation des conventions, obligations, faits et paiements qui sont l'objet de l'acte.

L'indication spéciale du moment et du lieu de leur exécution, celle du lieu où ils sont passés, la date du jour, du mois, de l'année de leur passation.

Il faut éviter de laisser des blancs où l'on pourrait introduire des mots ou même des phrases. Les ratures et les renvois doivent être approuvés; rien ne doit être écrit par abréviation, aucune date ne doit être mise en chiffres; il faut éviter les surcharges, les mots ajoutés, écrire l'acte lisiblement, et, autant que possible, en un seul et même contexte, c'est-à-dire de la même écriture.

Les actes peuvent être écrits, soit par l'une des parties contractantes, soit par un tiers; mais ils doivent être signés par les contractants, sous peine de nullité. C'est cette formalité qui constitue l'acte : rien ne peut la remplacer. Toute marque, croix ou signe quelconque, ne produirait aucun effet. Celui qui ne sait ou ne peut signer, ne peut pas faire d'acte sous seing privé.

Lorsque les actes sous seing privé contiennent des conventions synallagmatiques (c'est-à-dire qui obligent réciproquement les parties contractantes), ils ne sont valables qu'autant qu'ils ont été faits en autant d'originaux qu'il y a de parties distinctes : il suffit d'un original pour toutes les personnes ayant le même intérêt. Deux co-propriétaires, deux associés, deux héritiers, etc., donnant à bail une propriété commune, ont un intérêt unique.

Chaque original doit contenir la mention des originaux qui ont été faits, à peine de nullité. Néanmoins, le défaut de mention que les originaux ont été faits doubles, triples, etc., ne peut être opposé par celui qui a exécuté les conventions portées dans l'acte. Chaque original doit être signé par toutes les parties.

A l'égard du billet ou de la promesse sous seing privé, par laquelle une seule partie s'engage envers l'autre, à lui payer une somme d'argent ou une chose appréciable, il doit être écrit en entier de la main de celui qui le souscrit, ou du moins il faut qu'outre sa signature, il ait écrit de sa main : *vu, bon et approuvé*, portant en toutes lettres la somme ou la quantité de la chose.

Ces formalités ont été prescrites pour éviter les surprises. Il est même d'usage, dans les actes sous seing privé synallagmatiques, de faire précéder la signature de chaque partie, de ces mots écrits de sa main : *approuvé l'écriture ci-dessus.*

On a excepté de cette formalité l'acte qui émane de marchands, artisans, laboureurs, vignerons, gens de journée et de travail. Il suffit qu'ils signent leur nom.

DE L'EFFET DES ACTES PRIVÉS. — Les actes sous seing privé peuvent être considérés sous deux rapports : 1° à l'égard des contractants entre eux ; 2° à l'égard des tiers.

DE L'EFFET DES ACTES PRIVÉS CONTRE LES PARTIES. — Les actes font foi des conventions qu'ils renferment, entre les parties contractantes. Lorsqu'il y a dénégation de signature, la vérification en est ordonnée conformément aux articles 193 et suivants, du code de procédure.

Les héritiers et ayant-cause de celui dont l'acte paraît émané, ne sont pas même obligés de dénier formellement l'écriture ; ils peuvent se borner à déclarer qu'ils ne la reconnaissent pas ; alors, la vérification est ordonnée en justice.

Mais après la reconnaissance expresse ou tacite, volontaire ou forcée, l'acte sous seing privé a entre les signataires la même force et la même vertu que l'acte authentique, sauf qu'il n'entraîne pas l'exécution parée, ainsi qu'il sera dit.

DE L'EFFET DES ACTES PRIVÉS A L'ÉGARD DES TIERS. — En général, les conventions n'ont d'effet qu'entre les parties contractantes, elles ne peuvent nuire aux tiers, et ne leur profitent jamais que lorsqu'on a stipulé à leur profit, par suite d'une stipulation faite en son propre nom, et qu'ayant eu connaissance de cette stipulation, ils ont déclaré l'accepter. Néanmoins, les créanciers peuvent toujours exercer les droits et actions de leurs débiteurs, à l'exception de ceux qui sont exclusivement attachés à sa personne. Ils peuvent aussi, en leur nom personnel, attaquer les actes faits par leur débiteur, en fraude de leurs droits.

Les actes sous seing privé font foi de leur date par rapport à eux ; mais il n'en est pas de même à l'égard des tiers : la date ne peut leur être opposée que lorsqu'elle est certaine. Mais lorsqu'il n'y a pas de contestation sur la date, les actes sous seing privé faits sans fraude peuvent être opposés aux tiers, comme les actes authentiques.

MANIÈRE DONT LES ACTES PRIVÉS ACQUIÈRENT DATE CERTAINE. — La date de l'acte privé se trouve invariablement fixée par une des deux circonstances suivantes :

1° La mort de l'un des signataires.

2° Lorsqu'il est soumis à la formalité de l'enregistrement.

Mais la date certaine n'est acquise à ces actes que du jour de l'évènement ou de l'accomplissement de la formalité.

DE L'ENREGISTREMENT. — L'enregistrement est l'inscription de l'acte dans un registre ouvert à cet effet, par un préposé appelé receveur de l'enregistrement.

Le receveur de l'enregistrement perçoit un droit fixe ou proportionnel à la somme ou valeur énoncée dans l'acte, suivant les dispositions des lois, ainsi qu'il est exprimé à la fin de chaque acte.

DU TIMBRE. — Enfin les actes doivent être, à peine d'amende, écrits sur papier timbré, au droit fixe établi suivant la dimension ; et si ce sont des billets ou promesses de payer une somme d'argent, ils doivent être écrits sur un papier au timbre proportionnel, qui est de 0 fr. 70 c. par 1,000 fr., sans fractions.

DE L'EXÉCUTION DES ACTES PRIVÉS. — L'acte sous seing privé, revêtu des formalités exigées par la loi, lors même qu'il n'est pas contesté, ne peut cependant pas être exécuté forcément, si ce n'est en vertu d'un jugement. C'est ce qui constitue une seconde différence entre ces espèces d'actes et ceux qui sont passés devant notaires, qui ont ce qu'on appelle l'exécution parée, c'est-à-dire qui sont exécutoires de plein droit.

La raison de cette différence, c'est que l'exécution de l'acte authentique se poursuit au nom du souverain auquel est confié le pouvoir exécutif. C'est donc à ses délégués seulement, c'est-à-dire aux personnes qui ont été investies du droit de rendre les actes exécutoires, que ce pouvoir appartient; et les notaires, pour la juridiction volontaire, ont seuls le droit de revêtir l'acte des formalités nécessaires pour qu'il soit exécuté.

L'officier chargé de l'exécution peut, en vertu de l'acte en forme que l'on appelle grosse, faire tous les actes d'exécution, requérir même, s'il y a nécessité, l'intervention de la force publique.

L'acte sous seing privé devient authentique et susceptible d'exécution parée, lorsque les signatures des parties contractantes apposées au bas d'un des originaux que l'on dépose alors entre les mains du notaire, sont reconnues devant cet officier, qui en dresse acte.

Les titres exécutoires contre le défunt sont pareillement susceptibles d'être exécutés contre l'héritier personnellement; et néanmoins les créanciers ne peuvent en poursuivre l'exécution que dix-huit jours après la signification de ces titres à la personne ou au domicile de l'héritier. L'exécution est encore suspendue à l'égard de l'héritier pendant les délais qui lui sont accordés par la loi pour faire inventaire, et délibérer sur son acceptation ou sa renonciation.

Nota. Nous placerons à la fin de ces instructions préliminaires et indispensables, les droits, devoirs et intérêts de la femme. Cet article, comme une partie du précédent, sera emprunté au *Journal des Connaissances utiles,* dont nous avons su apprécier la clarté dans cette circonstance.

CHAPITRE III.

DROITS, DEVOIRS ET INTÉRÊS DE LA FEMME.

MINORITÉ, ÉMANCIPATION ET MAJORITÉ DES FEMMES. — *Leurs droits civils.* — *Leurs devoirs à l'égard de la communauté conjugale.* — ADMINISTRATION DES BIENS PENDANT LE MARIAGE. — *Sous le régime de la communauté.* — *Sous les conventions exclusives de communauté.* — *Sous le régime dotal.* — DONATIONS. — *Par contrat de mariage.* — *Pendant le mariage.* — *Testament.* — *Portion de biens dont la femme peut disposer par donation ou par testament.* — DE LA FEMME VEUVE. — *De ses droits sur la personne et les biens de ses enfants.* — *Du cas où la femme est héritière de son mari.* — DE LA FEMME MARCHANDE PUBLIQUE. — DES DROITS DE LA FEMME DANS LA FAILLITE DE SON MARI.

§ I.

En France, les femmes jouissent de la plénitude des droits civils. A cet égard, nos lois n'établissent entre elles et les hommes aucune différence; comme les hommes, elles n'ont pas le libre exercice de ces droits tant qu'elles sont mineures.

Pendant leur minorité, elles sont soumises à l'autorité de leurs père et mère (*Code civil*, art. 372), et à défaut de père et mère, elles sont confiées à un tuteur chargé de prendre soin de leur personne et d'administrer leurs biens (405).

Elles peuvent être émancipées par leurs père et mère à quinze ans, et à dix-huit ans par un conseil de famille (477). Dans ce cas, elles reçoivent leurs revenus, en donnent quittance, et font généralement tous les actes de pure administration; mais il leur est donné un *curateur*, sans l'assistance duquel elles ne peuvent passer de baux dont la durée excède neuf ans (484); intenter un procès relatif à un immeuble, ou défendre celui qui serait intenté contre elles; recevoir le remboursement et donner quittance d'un capital. Il leur est même interdit de faire aucun emprunt sans l'autorisation expresse du conseil de famille, approuvée par le tribunal (483).

Si elles abusaient des droits qui leur sont accordés, on pourra les en priver, et les replacer dans leur première incapacité (484, 485).

La majorité est fixée pour les femmes comme pour les hommes, à vingt-un ans accomplis. A cet âge, elles sont maîtresses absolues de leurs personnes et de leurs biens; elles sont capables de tous les actes de la vie civile, elles peuvent faire toute espèce de contrat, vendre, acquérir, donner ou recevoir par donations entre-vifs ou par testament; louer, affermer, emprunter, hypothéquer, plaider, transiger, donner ou recevoir des procurations. Cette liberté n'est restreinte qu'à l'égard du mariage, ainsi qu'on le verra à cet article (488).

Par une faveur spécialement accordée à leur sexe, elles ne sont point soumises à la contrainte par corps, si ce n'est pour amende et restitution, en matière de délit (52 du code pénal), en matière civile pour stellionat (2066 code civil), enfin, pour dettes et obligations commerciales.

Les femmes sont exclues de toute participation aux droits politiques, et ne peuvent exercer aucune fonction publique. Par une sorte de réciprocité, elles sont exemptes de toute charge envers l'Etat.

Elles ne peuvent être témoins, ni dans les actes de l'état civil (37), ni dans les testaments (980), ni dans les autres actes notariés, parce que, dans ce cas, les témoins participent aux fonctions publiques du notaire. Au contraire, elles peuvent déposer devant les tribunaux, soit civils, parce que souvent leur témoignage ne pourrait être suppléé, et que d'ailleurs, en éclairant la justice, elles n'exercent point un office public.

Si la femme possède par elle-même tous les droits civils, elle passe ordinairement la plus grande partie, quelquefois même la totalité de sa vie, sans en avoir le libre usage (1).

Elle renonce, en se mariant, à son indépendance, et abdique une partie de ses droits ; mais la prééminence du mari dans la société conjugale n'est point une usurpation arbitraire de la force sur la faiblesse. On n'a point voulu le favoriser exclusivement au préjudice de la femme ; mais c'eût été livrer à d'interminables discussions une société composée de deux membres, que de ne point accorder à l'un d'eux une voix prépondérante dans les décisions. Ces deux époux doivent concourir à un but commun, le bonheur mutuel et l'éducation des enfants, mais ils ne peuvent y concourir de la même manière.

La nature elle-même a déterminé le rôle de chacun des deux sexes. En faisant la femme faible et timide, elle lui a fait sentir le besoin d'un défenseur et d'un appui ; en donnant à l'homme la force du corps et de l'esprit, elle semble l'appeler à l'indépendance et à l'autorité. La loi n'a donc fait, à

(1) De tous les contrats par lesquels une femme peut s'engager, son contrat de mariage est sans contredit le plus important. Si nous avons omis d'insister sur ses termes et ses effets, c'est que généralement ce n'est point elle, mais sa famille ou le tuteur la représentant, qui stipulent ses intérêts et les garanties de son avenir. Son âge et son expérience des choses l'obligent d'y rester étrangère. Il est cependant deux cas où des éclaircissements peuvent lui être nécessaires : ce sont ceux où une femme qui désire contracter mariage est majeure ou veuve ; alors le notaire de la rédaction du contrat s'empressera de l'instruire, mieux que nous ne le pourrions faire, des avantages qui doivent la déterminer à préférer certaines conventions matrimoniales. Nous nous contenterons seulement d'ajouter :

Que la femme doit, dans tous les cas, faire un contrat. Si sa fortune présente est modique, elle ne doit pas pour cela négliger de la constater et de se préparer ainsi les moyens de la reprendre alors de la dissolution du mariage. D'ailleurs, des successions inattendues, des libéralités inespérées, peuvent lui arriver par la suite. Il est donc utile de régler d'avance le sort des biens qu'elle se trouverait ainsi posséder.

Si une fois elle s'était mariée sans faire un contrat, cette omission ne saurait être réparée ; car, pour être valable, le contrat doit être rédigé avant le mariage et par acte notarié (1394). Il ne peut, après la célébration, rece-

cet égard, que confirmer le vœu de la nature ; et, loin de l'accuser, la femme doit y reconnaître une sage prévoyance, une intention bienveillante de balancer par les obligations imposées à l'homme, la supériorité que la force seule lui donnait. Parmi les devoirs qui naissent du mariage, plusieurs sont communs aux deux époux ; et si quelques droits particuliers ont été accordés à l'homme, chacun d'eux lui impose un devoir envers la femme.

Ainsi, ils se doivent mutuellement fidélité, secours et assistance (212). La femme doit obéissance à son mari, mais le mari doit protection à sa femme (213). La soumission est un hommage rendu au pouvoir qui protège.

La femme doit habiter avec son mari, le suivre partout où il juge à propos de résider ; quitter sa patrie, renoncer à ses parents, selon les paroles de l'Evangile, pour s'attacher à celui auquel elle a uni son existence. Par une juste réciprocité, le mari est obligé de la recevoir et de lui fournir tout

voir aucune espèce de modification (1595). Il est à la vérité permis d'y faire des changements ou additions avant que le mariage soit célébré ; mais ils doivent avoir lieu en présence et du consentement simultané de toutes les parties (1396).

Et encore, dans ce cas, ils n'ont d'effet à l'égard des tiers que lorsqu'ils ont été rédigés par le notaire, à la suite de la minute du premier contrat (1397).

La femme peut prendre toutes les précautions qui lui semblent nécessaires pour la conservation de sa fortune personnelle ; car la loi ne régit l'association conjugale qu'à défaut de conventions spéciales, et les deux époux peuvent faire toutes celles qu'ils jugent à propos, pourvu qu'elles ne soient pas contraires aux bonnes mœurs (1388).

Ils peuvent cependant déclarer, d'une manière générale, qu'ils peuvent se marier sous le régime de la communauté ou sous le régime dotal, et dans l'un et dans l'autre de ces cas, la loi règle quels sont leurs droits et leurs obligations respectives. Mais, tout en adoptant le système de la communauté, les époux y portent souvent des modifications plus ou moins graves. La loi a pris soin de régler les effets de celles qui sont le plus usitées.

La communauté, ainsi modifiée, prend le nom de communauté conventionnelle, tandis que la communauté telle qu'elle est établie par la loi elle-même, s'appelle communauté légale.

ce qui est nécessaire aux besoins de la vie, suivant ses facultés et son état (214).

Il n'y aurait eu ni ordre ni bonne administration possible dans la société conjugale, si chacun avait pu, de son côté, régir les biens communs et en disposer à son gré. Ce droit a dû être réservé exclusivement à l'homme : la femme, retenue dans l'intérieur de son ménage par les soins domestiques, et manquant d'ailleurs des connaissances nécessaires, ne pouvait se livrer, sans de graves inconvénients, à de pareilles occupations. On a donc voulu, dans l'intérêt commun, qu'elle ne fît, sans le consentement de son mari, aucun acte important; et cette prohibition est tellement d'ordre public, qu'une autorisation générale, même stipulée par contrat de mariage, n'est valable que pour l'administration des biens personnels de la femme (243).

Elle ne peut ni intenter, ni soutenir un procès, sans y être autorisée par son mari; elle ne peut de même aliéner, emprunter, hypothéquer, acheter, accepter des donations, des successions purement et simplement ou sous bénéfice d'inventaire, sans le consentement du mari ou son secours dans l'acte (115, 217, 776, 905).

Il n'y a d'exception à cette règle que quand la femme est poursuivie criminellement ou pour fait de police; alors l'autorité du mari disparaît devant celle de la loi, et la nécessité de la défense naturelle dispense la femme de toute formalité.

Dans tous les autres cas, comme la nécessité de l'autorisation ne doit point tourner au désavantage de la femme, si le mari lésait ses intérêts en ne l'accordant point, le magistrat peut intervenir pour réprimer les refus injustes et rétablir toutes choses dans l'état légitime (246, 248).

Si le mari, absent ou interdit, est dans l'impossibilité de manifester sa volonté, son autorisation est suppléée par celle du juge, qui doit à sa place diriger l'inexpérience de la femme (222).

La faveur du commerce a fait regarder la femme marchande publique comme indépendante du pouvoir marital.

L'autorité du juge intervient encore si le mari est mineur. Comment celui-ci pourrait-il autoriser les autres, quand il a besoin d'être autorisé lui-même ?

La femme peut faire toute espèce de dispositions testamentaires sans y être autorisée, parce que ces sortes de dispositions ne devant avoir d'effet qu'après la dissolution de l'union conjugale, ne peuvent en blesser les lois. Cette faculté est l'une des plus importantes prérogatives de la femme.

De toutes les obligations auxquelles soumet le mariage, la première est de nourrir ceux à qui on a donné le jour (103) ; et, selon l'énergique expression des jurisconsultes de l'antiquité, la mère qui refuse de nourrir son enfant lui donne la mort. Ce devoir ne se borne point à l'entretien physique, il comprend aussi l'éducation morale.

La mère ni le père ne peuvent être forcés à constituer une dot à leurs enfants pour les établir par mariage ou autrement. La loi ne mérite point le reproche d'imprévoyance pour s'en être rapportée à la tendresse des parents (204).

Si la mère est obligée de nourrir ses enfants, ils sont tenus à leur tour de nourrir leur mère lorsqu'elle est dans le besoin; l'engagement est réciproque, et de part et d'autre fondé sur la nature.

Les gendres et belles-filles sont soumis à la même obligation envers leurs belles-mères. La belle-mère est soutenue, de son côté, de fournir des aliments à son gendre ou à sa belle-fille ; la parenté d'alliance imite la parenté du sang (205, 206, 207).

Par aliments, la loi entend non-seulement la nourriture, mais encore le vêtement, le logement, et en général tout ce qui est nécessaire à la vie. Et par-là, il ne faut pas seulement comprendre ce qui exige indispensablement la conservation de l'existence. Un fils opulent croirait-il avoir rempli tous ses devoirs envers une mère accoutumée aux jouissances du luxe et à toutes les commodités de la vie, en lui payant annuellement une chétive pension? C'est d'après l'âge, les besoins, les habitudes de la mère qui la demande, et la fortune du fils qui la doit, que les tribunaux en fixeront la quotité (208).

§ II.

ADMINISTRATION DES BIENS PENDANT LE MARIAGE.

La prééminence naturelle en vertu de laquelle le mari est le chef de l'association conjugale, lui a fait attribuer dans tous les cas l'administration des biens pendant le mariage. Mais ce droit d'administration est plus étendu ou plus restreint dans son exercice, suivant la nature des conventions matrimoniales sous l'empire desquelles les époux se sont placés.

Nous allons exposer les différentes règles établies à cet égard par le code civil.

Administration des biens sous le régime de la communauté. — Le mari peut vendre, aliéner, hypothéquer les biens de la communauté (1421) ; mais il ne peut, sans le concours de sa femme, si ce n'est pour l'établissement des enfants communs, disposer, à titre gratuit, ni des immeubles de la communauté, ni de l'universalité ou d'une quotité quelconque, telle que la moitié, le tiers, le quart du mobilier (1422).

La raison de cette différence est évidente : lorsqu'il vend ou hypothèque, on présume que c'est par besoin ; lorsqu'il reçoit un prêt ou le prix d'une vente, on suppose qu'il doit en faire un emploi utile. En cela il ne sort point des bornes de l'administration qui lui est confiée ; mais donner, c'est dépouiller la communauté, c'est perdre au profit des biens qu'il est chargé de conserver et de faire valoir.

Cependant on n'a point refusé au mari la faculté de disposer à titre gratuit, d'objets déterminés faisant partie du mobilier de la communauté, pourvu qu'il ne s'en réservât point l'usufruit (1422).

Le mari ne peut donner par testament au-delà de sa part dans la communauté ; car les facilités qui lui sont dues pour sa gestion ne vont pas jusqu'à autoriser des dispositions qui ne tendraient qu'à diminuer le patrimoine de la femme (1425).

Quant aux biens propres à la femme, le mari a le droit de les administrer, d'en percevoir les revenus, d'intenter des procès, ou de soutenir ceux qui seraient intentés à leur sujet. Mais il est loin d'exercer sur ces biens l'autorité illimitée et sans contrôle d'un propriétaire : il n'est que le mandataire obligé de la femme. S'il les laisse dépérir, il est tenu de toutes les suites de sa négligence (1428).

Il peut les louer ou affermer ; mais les baux qu'il aurait faits pour un temps excédant neuf années ne sont, en cas de dissolution de la communauté, obligatoires vis-à-vis de la femme, que pour le temps qui reste à courir, soit de la première période de neuf ans, soit de la seconde ; ainsi de suite, de manière à ce que le fermier n'ait que le droit d'achever la période de neuf ans où il se trouve (1429).

Les baux de 9 ans, ou au-dessus, que le mari seul a passés ou renouvelés des biens de sa femme plus de trois ans avant l'expiration des biens ruraux, et de deux ans pour les maisons, seraient sans effet, à moins que les fermiers ou locataires n'eussent commencé à jouir, en vertu de ces baux, avant la dissolution de la communauté (1440).

Il ne peut aliéner, hypothéquer, échanger les immeubles personnels de sa femme sans son consentement (1428) ; car la femme en est toujours restée propriétaire, et la mise qu'elle en a faite dans la communauté n'a eu lieu que pour les fruits et les revenus, et non pour le fonds.

Il importe à la femme de ne pas consentir à l'aliénation de ses propres biens, si ce n'est dans des circonstances graves, et quand l'utilité de cette aliénation lui est bien démontrée ; car elle renonce ainsi aux garanties qu'elle s'était réservées par son contrat de mariage, à moins qu'il ne soit fait acquisition d'un nouvel immeuble qui lui sera propre comme le premier ; mais il faut pour cela qu'il soit déclaré dans le contrat que l'acquisition est avec ses deniers personnels. Bien entendu que la femme ne devra point accepter en remploi un bien de moindre valeur que celui qui lui appartenait d'abord ; car, à défaut de remploi, elle conservera au moins le droit de prélever sur la communauté, et même sur les biens de son mari, l'intégralité du prix de la première aliénation (1435, 1436).

Les droits de la femme sur la communauté sont fort restreints et presque nuls. Les actes faits par elle sans consentement de son mari, même avec l'autorisation de la justice, ne peuvent engager les biens qui en dépendent, si ce n'est lorsqu'elle contracte comme marchande publique et pour le fait de son commerce (1425). Cependant pour tirer son mari de prison, ou, en cas d'absence du mari, pour l'établissement de ses propres enfants, elle peut, après avoir été autorisée par justice, engager la communauté (1483).

Si la femme s'est obligée solidairement avec son mari pour les affaires de la communauté, elle doit être indemnisée par le mari ou sa succession de l'obligation qu'elle a contractée (1431).

En général, tout ce qui a été pris sur les biens personnels de la femme, et a tourné au profit de la communauté, lui donne droit de réclamer une indemnité, et, réciproquement, elle devrait indemniser la communauté pour tout ce qu'il en aurait été détourné à son avantage personnel.

ADMINISTRATION DES BIENS SOUS LES CONVENTIONS EXCLUSIVES DE COMMUNAUTÉ. — Lorsque les époux se sont mariés sans communauté, leurs biens n'en sont pas moins régis par les conséquences qui dérivent nécessairement du mariage qui les unit. Ainsi les revenus des biens de la femme n'en sont pas moins perçus par le mari, et destinés à soutenir les charges du mariage. Ce qui distingue particulièrement ce système, c'est qu'à la différence de la communauté et du régime dotal, il peut être convenu que la femme touchera annuellement, et sur ses simples quittances, une certaine portion de ses revenus, pour son entretien et ses besoins personnels (1530, 1531, 1532).

Elle a de plein droit la faculté d'aliéner les immeubles apportés par elle en mariage, soit avec l'autorisation de son mari, soit, à son refus, avec l'autorisation de la justice (1535).

Si les époux ont non-seulement rejeté la communauté, mais de plus déclarent par leur contrat qu'ils seraient séparés de biens, la femme conserve l'entière administration de ses biens, meubles et immeubles, et la jouissance libre de ses revenus (1536); mais elle n'est pas dispensée de contribuer aux charges du mariage, et, si elle n'a pas stipulé dans quelle proportion elle les supporterait, la loi fixe cette quotité au tiers de ses revenus (1537).

Mais dans aucun cas, à la faveur d'aucune stipulation, la femme ne peut aliéner ses immeubles sans le consentement spécial de son mari, ou, à son refus, sans être autorisée par la justice.

Toute autorisation générale d'aliéner des immeubles donnés à la femme, soit par contrat de mariage, soit depuis, est nulle (1538).

ADMINISTRATION DES BIENS SOUS LE RÉGIME DOTAL. — Le régime dotal n'a pu enlever au mari les droits qui lui appartiennent comme chef de l'union conjugale. Ces droits ont seulement subi des restrictions motivées sur l'intérêt de la femme.

Le mari a seul l'administration des biens dotaux; il peut seul en percevoir les fruits et revenus. Cependant il peut être convenu par le contrat de mariage que la femme touchera annuellement, sur ses seules quittances, une partie de ses revenus, pour ses besoins personnels (1549); mais le mari ni la femme, ni eux deux conjointement, ne peuvent, ainsi que nous l'avons dit, aliéner ou hypothéquer les biens dotaux, à moins qu'ils ne s'en soient réservé la faculté par contrat de mariage (1554, 1557).

La femme peut en disposer avec l'autorisation du mari ou de la justice, pour l'établissement de ses enfants (1556); car la cause de l'inaliénabilité étant fondée sur l'intérêt même de ses enfants, on n'est point censé l'enfreindre quand l'aliénation n'a lieu que pour leur avantage.

Après cette exception d'un ordre supérieur, il en est quelques autres que les juges seuls peuvent appliquer. Les principales se rapportent au cas où la femme veut tirer son mari de prison, fournir des aliments à certains membres de la famille, pourvoir aux grosses réparations de l'immeuble dotal. Dans ces divers cas, la loi n'a pu refuser ce que réclamait la nécessité (1558).

Enfin, pour l'utilité commune, l'immeuble dotal peut être échangé, mais avec le consentement de la femme, contre un immeuble de même valeur, pour les quatre cinquièmes au moins (1559).

Parmi les biens présents, ceux qui sont expressément constitués en dot à la femme sont seuls dotaux : le reste des biens qui lui appartenaient au moment du mariage, ainsi que tous ceux qui lui échoient par la suite, ne font point partie de la dot, et sont appelés pour cela par la loi *paraphernaux*, c'est-à-dire *extra-dotaux*. La femme a l'administration de ces derniers biens, mais elle ne peut les aliéner sans l'autorisation de son mari, Celui-ci peut les administrer comme mandataire de son épouse, à la charge de lui rendre compte des fruits (1577) ; mais si la femme l'avait laissé jouir sans opposition du revenu de ses biens, elle serait censée lui en avoir fait volontairement l'abandon, et elle n'aurait droit d'exercer à ce sujet contre lui aucun recours (1578).

Donation par contrat de mariage ou pendant le mariage. — Indépendamment des conventions que les époux peuvent faire en se mariant, pour régler leurs intérêts respectifs, il leur est encore permis, pour se témoigner leur affection, de se donner telle portion qu'ils jugent convenable de leurs biens présents ou à venir ; mais, à la mort du donateur, ces libéralités peuvent être réduites suivant les règles que nous exposerons plus loin.

Toute donation par contrat de mariage est irrévocable (1083). On n'a point voulu qu'un époux pût rétracter des avantages qui peut-être ont été une des conditions déterminantes du mariage.

Les mineurs ne peuvent faire aucune aliénation de leurs biens; mais la faveur du mariage a fait introduire une exception à ce principe. Le mineur de l'un ou l'autre sexe peut faire, dans son contrat de mariage, toutes les donations permises aux majeurs; mais pour cela, il faut qu'il soit assisté des personnes sans le consentement desquelles il ne pourrait se marier (1095).

Les époux peuvent encore se faire, pendant le mariage, donation de tout ou partie de leurs biens. Ces libéralités sont réductibles comme les libéralités premières.

Lors même qu'elles sont qualifiées dans l'acte d'*irrévocables*, les époux peuvent toujours les révoquer, et la femme n'a pas besoin pour cela de l'autorisation de son mari ni de la justice (1095). C'est pour faciliter cette révocation qu'aucune donation mutuelle entre époux ne peut être faite par le même acte pendant le mariage (1097).

La révocabilité des donations faites pendant le mariage est une dérogation aux principes ordinaires; il est facile d'en saisir les motifs. Si la femme a cédé aux obsessions de son mari ou à un mouvement inconsidéré de tendresse, la loi lui laisse la facilité de revenir sur ce qu'elle a fait, et lui donne un moyen de prévenir l'ingratitude de son mari par la crainte d'une révocation qu'elle peut faire à son insu.

TESTAMENT. — La femme peut remplacer les donations entre-vifs par un testament au profit de son mari.

Elle peut également, pendant le cours du mariage, tester au profit d'un étranger; et dans l'un et l'autre cas, elle n'a besoin d'aucune autorisation, comme nous l'avons dit plus haut.

Il est deux principales manières de tester : l'une par acte notarié *testament authentique;* l'autre, par acte privé et secret, ou *testament olographe* (969).

Il est inutile d'apprendre à nos lecteurs la forme des testaments pour lesquels on emploie le ministère des notaires. Quant aux testaments qu'on peut faire par soi-même, sans notaire ni témoins, rien n'est plus simple : il suffit que la testatrice écrive de sa propre main, sur un papier quelconque, en quelques termes que ce soit, ce qu'elle veut qui soit fait après sa mort; pourvu que cet acte soit écrit en entier de sa main, daté et signé par elle, il est régulier et valable. La loi le dispense expressément de toute autre formalité (970).

Portion de biens dont la femme peut disposer par donation ou par testament. — Les donations ou testaments, quoique valables en eux-mêmes, ne reçoivent point leur exécution, au moins pour la totalité, si la femme a donné plus qu'elle n'avait le droit de donner.

La faculté de disposer accordée à la femme, a plus de latitude lorsqu'elle l'exerce au profit de son mari, que lorsqu'elle en fait usage au profit d'un étranger.

Dans ce dernier cas, si la femme ne laisse après elle ni ascendants ni descendants, elle a pu valablement disposer de tous ses biens (916).

Si, à défaut d'enfants, elle laisse des ascendants dans les deux lignes, elle doit réserver pour eux la moitié de ses biens, et le quart, si elle n'en laisse que dans une ligne (915).

Quant aux donations ou testaments faits par la femme en faveur de son mari, et réciproquement, si l'époux donateur laisse après lui des enfants, la libéralité par lui faite vaudra pour l'usufruit de la moitié de ses biens, ou pour un quart en usufruit, et un autre quart en propriété (1094).

Si, à défaut d'enfants, il laisse des ascendants dans les lignes paternelle et maternelle, il peut donner à l'autre époux la moitié de ce qui lui appartient, et les trois quarts s'il ne lui reste d'ascendants que dans l'une des deux lignes (915).

Mais, par une disposition singulière, dans l'un et l'autre de ces cas, il peut donner en outre à l'autre époux l'usufruit viager du quart ou de la moitié dont il n'a pu disposer en sa faveur (1194).

En sorte que les ascendants, ordinairement, plus âgés que leurs gendres ou belles-filles, ne jouissent presque jamais de la portion qui leur est réservée ; ils n'en ont qu'une nu-propriété inutile.

§ III.

DE LA FEMME VEUVE, DE SES DROITS SUR LA PERSONNE ET LES BIENS DE SES ENFANTS. — La mort naturelle ou civile du mari rend à la femme toute son indépendance personnelle et l'usage libre de tous ses droits civils qu'elle avait abdiqués, en partie au moins, au profit de son mari ; et même à l'égard des enfants, elle remplace le père dans l'exercice de la puissance paternelle.

S'il existe des enfants du mariage encore mineurs, la tutelle appartient de plein droit à la mère veuve (390). Le mari a pu toutefois lui donner un conseil spécial, sans l'avis duquel elle ne peut faire, soit tous les actes, soit seulement certains actes déterminés, relatifs à la tutelle (491).

Elle peut, si elle le juge à propos, ne point accepter cette tutelle, qui lui est déférée par la loi ; mais alors elle doit en remplir les devoirs jusqu'à ce qu'elle ait fait convoquer un conseil de famille pour faire nommer un tuteur.

Si elle accepte, au contraire, avant d'entrer en fonctions, elle doit encore assembler ce même conseil pour la nomination du subrogé-tuteur (394, 421).

Enfin elle peut, dans la prévoyance du cas où elle mourrait avant la majorité de ses enfants, leur choisir un tuteur parent ou même étranger (397).

La mère veuve exerce sur ses enfants, jusqu'à leur majorité ou émancipation, la puissance paternelle qui, durant le mariage, était exercée exclusivement par le mari. Ainsi, elle a droit d'ordonner tout ce qui concerne leur éducation. Ils ne peuvent, sans son consentement, quitter la maison paternelle, si ce n'est pour enrôlement volontaire, après l'âge de dix-huit ans révolus (833).

Si elle a des sujets de mécontentement graves contre un de ses enfants, elle peut, avec le concours des deux plus proches parents paternels, requérir la détention de cet enfant pendant six mois; elle doit pour cela s'adresser au président du tribunal, qui peut refuser l'ordre d'arrestation, ou l'accorder pour un temps moins long que ne l'a demandé la mère (377, 382).

Elle a de plein droit l'administration des biens de ses enfants (390), et même, jusqu'à l'âge de dix-huit ans ou jusqu'à leur émancipation qu'elle peut leur accorder à quinze ans révolus (477), elle a la jouissance des revenus de tous les biens qui leur appartiennent, sans être tenue de leur en rendre compte (384), à la charge toutefois de leur fournir la nourriture, l'entretien et l'éducation d'une manière conforme à l'importance de leur fortune (384).

Lorsqu'ils ont atteint leur dix-huitième année, elle n'a plus que la simple administration de leurs biens; elle est comptable des revenus comme les tuteurs; bien entendu qu'elle prend comme eux, sur les biens de l'enfant, de quoi fournir à son entretien (469).

§ IV.

Du cas où la femme est héritière de son mari. — Lorsque le mari ne laisse ni parents successibles, c'est-à-dire au douzième degré, ni enfant naturel, les biens de sa succession appartiennent à la femme qui lui survit (787).

Cependant, comme elle ne succède ainsi qu'à défaut de parents et par une espèce de faveur, elle n'acquiert un droit définitif de propriété sur la succession, que lorsqu'on ne peut plus douter qu'il n'existe aucun héritier légitime ou naturel. C'est pourquoi la veuve doit accomplir diverses formalités pour constater la valeur des biens de son mari et en assurer la restitution à ses héritiers, s'il s'en présentait. Ainsi, elle doit faire apposer les scellés, procéder à un inventaire, se faire envoyer en possession par le tribunal, donner pour valeur du mobilier une caution qui n'est déchargée qu'après trois ans (769, 770, 771).

Si elle n'avait point rempli ces formalités, elle pourrait être condamnée à des dommages-intérêts envers les parents du mari, dans le cas où il en reparaîtrait.

§ V.

Du convol en secondes noces. — La femme veuve peut contracter un second mariage; mais les bonnes mœurs et l'honnêteté ne permettraient pas qu'elle pût convoler à de secondes noces avant d'avoir laissé écouler un intervalle assez long pour amener le terme de sa grossesse, dans le cas où elle existerait. Ce délai était autrefois d'un an, on l'appelait *l'an de deuil.* Mais le code civil a pensé que dix mois suffisent pour rassurer toute présomption capable d'alarmer la décence et l'honnêteté (228).

Les dispositions qui exigent le consentement des pères, des mères, ou des ascendants, pour un premier mariage, sont également applicables à un second.

La veuve qui n'a point d'enfants d'un précédent mariage, peut donner à son second mari tout ce qu'elle pourrait donner à un premier (1094); mais celle qui a des enfants, ne peut donner à son nouvel époux qu'une part d'enfant le moins prenant, et sans que, dans aucun cas, cette part puisse excéder le quart des biens de la veuve (1098).

Si elle est encore tutrice de ses enfants, elle doit, avant son mariage, faire assembler un conseil de famille pour se faire confirmer dans la tutelle (395); et dans ce cas, le conseil de famille lui donnera nécessairement pour co-tuteur son second mari; mais elle n'en perdra pas moins tout droit à la jouissance légale des biens de ses enfants (386), et elle est tenue d'en comprendre tous les revenus dans le compte de tutelle qu'elle est obligée de leur rendre.

§ VI.

DE LA FEMME MARCHANDE PUBLIQUE. — Ce que nous avons dit forme une grande partie du droit commun de toutes les femmes, et détermine d'une manière précise les droits et les obligations qu'elles sont, pour la plupart, appelées à exercer et à remplir. Mais il est des cas particuliers où les règles générales que nous avons exposées, subissent de graves et importantes modifications : nous voulons parler du cas où la femme fait personnellement le commerce, et de celui où elle est mariée à un commerçant. Si les dispositions exceptionnelles que renferme à cet égard le code de commerce, ne sont pas d'une importance égale pour toutes les femmes, elles en intéressent vivement un très-grand nombre.

La femme est légalement aussi capable que l'homme de se livrer au commerce. C'est une conséquence du principe déjà plusieurs fois répété : que la femme, quand elle a acquis plénitude de ses droits par la majorité, et qu'elle n'en a pas perdu le libre exercice par le mariage, est habile à faire toutes les transactions de la vie civile.

Et même le législateur, dans son attentive sollicitude pour les intérêts de la femme, a jugé à propos d'apporter, en faveur du commerce, une restriction à l'incapacité générale dont la loi civile frappe la femme mineure ou mariée. Cependant le désir de maintenir la puissance maritale, et de protéger la femme contre les dangers de la jeunesse et de l'inexpérience, a fait établir des formalités qu'elle doit remplir avant de se livrer aux opérations du commerce.

Avant de s'établir marchande publique, la femme doit remplir trois conditions :

Il faut d'abord qu'elle soit âgée de dix-huit ans accomplis ; qu'elle ait été émancipée, soit dans les formes ordinaires, soit par le fait de son mariage ; enfin, qu'elle ait été autorisée par son père ; et dans le cas d'interdiction ou d'absence du père, par sa mère, ou, à défaut du père et de la mère, par une délibération du conseil de famille. Ce n'est point même assez d'obtenir cette autorisation ; elle serait considérée comme de nul effet, si l'acte qui la contient n'était enregistré et affiché au tribunal de commerce du lieu où la femme a l'intention d'établir son domicile (Code de commerce, article 2).

La femme mineure qui a accompli ces trois conditions, est réputée majeure pour tous les actes de négoce qu'elle a été autorisée à entreprendre (Code civil, article 487). Ainsi, elle peut valablement, et sans autorisation nouvelle, non-seulement contracter tous les engagements, faire toutes les transactions et tous les marchés utiles à son commerce, mais encore intenter et soutenir des procès, et même consentir des hypothèques sur ses immeubles pour la sûreté de ses obligations commerciales. Elle pourrait même les vendre, mais cette vente ne peut être faite qu'aux enchères publiques, devant le tribunal, et après l'observation de toutes les formalités prescrites par la loi pour l'aliénation des biens des autres mineurs (Code de commerce, article 6).

Les obligations contractées par la femme qui n'aurait point satisfait à toutes les formalités prescrites, pourraient être déclarées nulles sur sa demande, si elle prouvait qu'elles ne lui ont point profité. Ceux qui auraient contracté avec elle sans s'être préalablement assurés de sa capacité légale, ne pourraient attaquer les actes qu'elle aurait souscrits ; ils useront donc du droit qu'on ne peut leur refuser, de demander à la femme la preuve qu'elle s'est rigoureusement conformée à toutes les conditions qui lui étaient imposées ; ainsi, elle doit avoir constamment sous la main toutes les pièces qui peuvent en justifier l'accomplissement.

Du principe que la femme mariée, lors même qu'elle est majeure, ne peut contracter aucun engagement sans être autorisée, il résulte nécessairement qu'elle ne peut, sans cette autorisation, élever un commerce et faire valablement tous les actes qu'il entraîne (Code civil, 220).

Et à cet égard, il n'y a point de différence à établir entre la femme mariée sous le régime de la communauté, et celle qui est mariée sous le régime dotal ou avec séparation de biens. Les conventions matrimoniales, destinées à régir la fortune des époux, ne peuvent porter atteinte à l'autorité maritale, qui dérive du mariage même, et à laquelle le mari ne serait pas libre de renoncer (Code civil, 1388).

Mais dans le cas où celui-ci refuserait son consentement, la femme pourrait-elle, comme dans les autres cas, demander l'autorisation de la justice? C'est une question grave que notre législation n'a point résolue, et que nous ne nous permettrons point de trancher. Il nous semble toutefois, et sauf quelques exceptions fort rares, que l'autorité du mari ne pourrait être remplacée par celle du magistrat.

Lorsque la femme est devenue marchande publique avec l'agrément de son mari, elle n'a plus besoin d'obtenir une autorisation particulière pour chacun des actes que comprend son commerce : la rapidité extrême qu'exigent les transactions commerciales ne permet pas d'avoir sans cesse recours à cette formalité, et d'ailleurs, tous les cas particuliers sont renfermés dans l'autorisation générale du mari; il est censé les avoir prévus.

Ce consentement n'a pas même besoin d'être donné par écrit; en souffrant que la femme fasse le commerce sous ses yeux, et souvent même dans la maison commune, il est censé approuver ce qu'il n'empêche point.

La femme mariée commerçante peut, comme la mineure marchande publique, faire toute espèce de ventes et marchés, d'emprunts, souscrire, endosser et accepter des lettres de change, hypothéquer ses immeubles. Elle peut, de plus, les vendre sans employer les formalités judiciaires. (Code de commerce, 7).

Toutefois, quand elle est mariée sous le régime dotal, elle ne peut hypothéquer ou aliéner ses biens dotaux que dans le cas et avec les formes réglées par le Code civil. Elle ne peut faire faire des protêts, faire saisir les meubles de ses débiteurs, les assigner à comparaître devant les tribunaux ; même elle ne peut elle-même se présenter devant les juges pour faire prononcer des condamnations contre eux, sans l'autorisation ou l'assistance de son mari.

Lorsque la femme est commune en biens, les obligations commerciales contractées par elle engagent son mari, qui se trouve ainsi devenir, à l'égard des tiers, son associé ou sa caution solidaire ; elle engage à plus forte raison les biens de la communauté (Code de commerce, 5), laquelle doit supporter les suites des engagements commerciaux de la femme, puisqu'elle profite de tout ce que la femme acquiert par son industrie (Code civil, 1401, 1426).

L'autorisation générale du mari, en donnant à la femme toute la latitude nécessaire pour faire prospérer son commerce et assurer son crédit, ne peut être valablement étendue par elle à des opérations étrangères à ce commerce. Ainsi, qu'elle fasse des emprunts, qu'elle hypothèque ses immeubles, qu'elle les vende sans en employer le produit dans les affaires de son négoce, ou même qu'elle en fasse usage pour des spéculations qui ne s'y rattachent pas directement, tous ces actes seront de nullité complète, comme ceux que ferait sans autorisation une femme non commerçante.

La femme mineure ou mariée ne doit pas seulement obtenir les autorisations et remplir toutes les formalités dont nous avons parlé, pour faire du commerce sa profession ordinaire, elle en a également besoin pour faire isolément un ou plusieurs des actes qui sont réputés par la loi *actes de commerce* (Code de com., 3); et, sous cette dénomination générale, il faut comprendre en première ligne tout achat de denrées et de marchandises pour les revendre, et en outre, toute entreprise de manufactures, de commission, de roulage par terre ou transport par eau, toute opération de banque et de change, toute entreprise de fournitures, et tout ce qui se rapporte aux armements maritimes. (Code de com., 632, 635.)

La femme qui s'adonne au commerce, se soumet nécessairement à toutes les conséquences que l'exercice de cette profession entraîne pour les hommes.

Ainsi, elle est obligée de se pourvoir d'une patente, et de payer les droits annuels qui y sont attachés (loi du premier brumaire an IV); sans cela, elle s'exposerait à des amendes plus ou moins considérables, selon la nature de son commerce.

Indépendamment des livres qu'elle peut tenir pour s'éclairer personnellement sur l'état de ses affaires, la loi lui prescrit de tenir, comme tout négociant, un *livre-journal*, un *livre de copies des lettres*, un *livre des inventaires* (Code de com., 9).

Tous ces livres doivent être écrits par ordre de date, sans blancs, lacunes, ratures, ni transports en marge. Ils doivent être cotés, paraphés et visés, soit par un des juges du tribunal de commerce, soit par le maire ou l'adjoint (Code de com., 10).

Le Code de commerce, dans son attentive prévoyance, a déterminé ce qui doit être inscrit sur chacun de ces registres.

Le *livre-journal* doit présenter, jour par jour, ce qui est dû au commerçant, ce qu'il doit lui-même, ses négociations, acceptations ou endossements d'effets, et généralement tout ce qu'il reçoit et paie à quelque titre que ce soit. Une observation importante pour les femmes qui appartiennent le plus souvent au commerce de détail, c'est que dans ce cas, il suffit de porter en masse, à la fin de chaque jour, le produit des ventes de la journée. Enfin le journal doit énoncer, mois par mois, les sommes employées par le commerçant aux dépenses de sa maison, de sa famille et de son ménage. (Code de com., 8).

Le livre de *copie de lettres* doit contenir la transcription de toutes les lettres qu'il envoie; et en même temps, pour que la série de tout ce qu'il traite par correspondance soit complète, il doit mettre en liasse et conserver toutes celles qu'il reçoit *(ibid.)*.

Enfin, il est tenu de faire tous les ans, sous seing privé, un inventaire de ses effets mobiliers et immobiliers, de ce qu'il doit et de ce qui lui est dû, et de le copier, année par année, sur un registre particulier appelé, pour cette raison, *livre des inventaires* (Code de com., 9).

Les livres de commerce doivent être conservés pendant dix ans.

La loi laisse la liberté de les tenir, soit *en partie simple*, soit *en partie double*. Quel que soit le mode de comptabilité qu'on adopte, ils ont également la prérogative de faire foi en justice, sauf quelques exceptions (Code de com., 11 et 12).

En cas de faillite, celui qui présenterait des livres irrégulièrement tenus, ou qui ne les présenterait pas tous, serait réputé de droit banqueroutier (Code de com., 587).

La femme marchande publique est soumise, pour tous les actes relatifs à son négoce, à la juridiction des tribunaux de commerce. Les condamnations prononcées contre elle emporteraient la contrainte par corps. La faveur de son sexe a dû, dans ce cas, céder à la nécessité de donner de sûres garanties à ceux qui contractent avec elle.

Lorsqu'une femme exerçant la profession de commerçante vient à se marier, il doit être affiché dans la salle d'audience des tribunaux civils et de commerce, dans les chambres des notaires et avoués, un extrait de son contrat de mariage, énonçant sous quel régime elle s'est mariée. (Code de com., 67).

L'exécution de cette formalité est spécialement mise à la charge du notaire, contre lequel la loi, en cas d'omission, prononce des peines plus ou moins sévères.

Mais dans le cas où la femme séparée de biens ou mariée sous le régime dotal embrasserait la profession de commerçante postérieurement à son mariage, c'est alors elle seule qui est tenue de remettre l'extrait de son contrat de mariage dans le mois du jour où elle aura ouvert son commerce, sous peine d'être assimilée, en cas de faillite, aux banqueroutiers frauduleux (Code de com., 63).

Enfin, quand, durant le mariage, intervient entre la femme et son mari une séparation de biens judiciaire, elle doit veiller à ce que le jugement qui la prononce soit lu et affiché publiquement au tribunal de commerce (Code de procéd., 872).

Faute de s'être conformée à cette disposition, la femme ne pourrait exciper contre des tiers de la séparation qu'elle aurait obtenue (Code de com., 66).

Ce que nous avons dit jusqu'à présent s'applique à la femme mariée faisant un commerce distinct de celui que son mari peut faire de son côté ; on ne répute pas marchande publique celle qui ne fait que détailler les marchandises du commerce de son mari (Code de com., 5). Elle est considérée comme son préposé ; elle l'engage de la même manière et dans les mêmes circonstances où un commis engage son maître.

Il en est de même, à plus forte raison, dans le cas si fréquent où elle tient les écritures, fait la correspondance, et signe les billets et lettres de change.

§ VI.

Des droits de la femme dans la faillite de son mari. — Des garanties nombreuses ont été accordées à la femme par la législation civile contre son mari, pour la sûreté des biens qu'elle a apportés en mariage, de ceux qui lui sont échus par la suite, et en général pour l'exécution de ses conventions matrimoniales. Mais le code de commerce a considérablement restreint ces droits et ces avantages à l'égard de la femme dont le mari vient à tomber en état de faillite.

Sans doute ces dispositions exceptionnelles pourront paraître d'une rigueur excessive, puisqu'elles font tomber sur la femme les conséquences fâcheuses d'une administration imprudente qu'elle ne pouvait empêcher, ou de fautes dont elle n'a pas été complice ; mais beaucoup de considérations peuvent justifier, ou au moins expliquer l'extrême sévérité du Code de commerce contre l'épouse du commerçant failli.

D'abord, il était juste et raisonnable que la femme qui se marie à un négociant, et qui est ainsi appelée à partager l'opulence qu'il peut acquérir par ses opérations commerciales, fût associée à ses revers comme elle l'avait été à ses espérances.

D'ailleurs, si les droits de la femme étaient respectables, ceux des créanciers légitimes ne l'étaient pas moins ; on a dû prendre des mesures sévères pour qu'ils ne fussent point trompés. On a craint qu'un commerçant de mauvaise foi ne leur dérobât une partie de ses biens, en les faisant passer, à l'aide de simulations frauduleuses, sur la tête de sa femme.

Sous quelque régime que la femme du négociant failli ait été mariée, elle ne peut reprendre en nature que les immeubles qui lui appartenaient au jour du mariage, ou ceux qui lui sont survenus postérieurement par succession, donation ou legs, et qui ne sont point entrés dans la communauté (Code de com., 545).

Quant à ceux qui ont été acquis pendant le mariage, bien qu'achetés sous le nom de la femme, et déclarés payés de ses deniers, ils font partie de l'acte de la faillite dévolu aux créanciers (Code de com., 546). On suppose en effet que l'acquisition a été faite avec les deniers du mari, et que les énonciations portées dans l'acte n'ont eu pour but que d'en assurer frauduleusement la propriété à la femme.

Cette présomption devrait céder devant la preuve du contraire. Par exemple, s'il était prouvé, par actes notariés, que les deniers employés provenaient réellement à la femme de donations ou successions à elle échues, elle aurait dans ce cas, et par exception à la règle générale, la faculté de reprendre les immeubles acquis pendant le mariage (Code de com., 547).

Elle ne peut rien distraire des objets mobiliers, tels que

diamants, tableaux, vaisselle d'or et d'argent, etc.; à l'exception seulement des habits et linge à son usage. Dans ce cas encore, on présume que toutes ces choses ont été acquises des deniers du mari seul; mais cette supposition peut aussi être détruite, lorsque le contraire est démontré.

Ainsi, elle peut reprendre les bijoux, diamants et vaisselle d'argent ou d'or qu'elle justifie, par acte en bonne forme, lui avoir été donnés par contrat de mariage, ou lui être advenus par succession. Mais la prohibition générale ne cesse que pour ces objets, qui sont plus spécialement à l'usage de la femme; quant à tous les autres objets mobiliers, elle prouverait vainement qu'ils lui appartiennent en propre.

Si, au mépris de ces dispositions, elle détournait des objets dévolus au créancier, elle serait poursuivie judiciairement (Code de com., 554).

Elle est déchue de tous les dons et avantages dont elle avait été gratifiée par contrat de mariage, ou au moins elle ne peut les exercer qu'après tous les créanciers payés (Code de com., 551).

Enfin, et c'est en ce point que sa position diffère surtout de celle de la femme dont le mari n'est pas commerçant, elle n'a d'hypothèque légale, pour les reprises de toute nature qu'elle peut avoir à exercer contre lui, que sur les biens qui lui appartenaient lors de la célébration du mariage.

Elle ne peut exercer aucun privilége sur les biens acquis postérieurement (Code de com., 549), parce que ces biens sont censés achetés avec l'argent des créanciers, qui, pour cette raison, sont préférés à la femme.

Toutes les dispositions qu'on vient d'analyser s'appliqueront non-seulement à la femme qui épouse un commerçant, mais encore à celle dont le mari, fils de commerçant, sans profession déterminée au moment du mariage, prend par suite celle de négociant. Ou bien encore à celle dont le mari n'étant ni commerçant ni fils de commerçant, entreprendrait le commerce dans l'année de son mariage. (Code de com., 552, 553).

Il faut bien remarquer que ces dérogations au droit commun, introduites par le Code de commerce, ne s'appliquent point aux femmes qui se sont mariées sous la foi de l'ancienne législation. Ainsi toutes celles dont le mariage est antérieur au 12 septembre 1807, époque de la promulgation du titre du Code de commerce relatif aux faillites, conservent l'intégralité des droits que leur assurent leurs conventions matrimoniales.

Nota. On cherchera à la table des matières pour trouver les modèles de formules d'autorisation à donner à la femme dans toutes les circonstances nécessaires.

CHAPITRE SUPPLÉMENTAIRE.

DES DROITS CIVILS ET DES ACTES DE L'ÉTAT CIVIL.

Avant de passer aux actes qui sont les conséquences nécessaires de la vie sociale, nous devons donner quelques détails sur les droits civils et les actes de l'état civil. Il est vrai que peu de personnes ignorent ces détails ; mais notre traité devant s'appliquer à toutes les circonstances de la vie, il était indispensable que ces explications s'y trouvassent, au moins en abrégé, pour l'instruction de ceux qui pourraient les ignorer.

§ 1.

DES DROITS CIVILS. — Tout Français jouit des droits civils.

Ces droits se perdent : 1° en renonçant à la qualité de Français, pour se faire naturaliser dans une autre nation ; 2° par l'acceptation de fonctions publiques conférées par un gouvernement étranger, si l'on n'y est autorisé par le roi ; 3° par suite de condamnations judiciaires.

Les biens que le condamné possède au moment de sa mort

civile, sont aussitôt partagés entre ses héritiers légitimes; ceux qu'il a acquis après cette époque, appartiennent à l'État.

§ II.

DES ACTES DE L'ÉTAT CIVIL. — *Conception et naissance de l'enfant.* — L'enfant, dès qu'il est conçu, appartient à la cité, qui veille aussitôt à sa conservation, et la loi punit de peines sévères tous moyens employés pour procurer l'avortement des femmes enceintes.

Elle protège aussi ses intérêts civils, et il est de principe que l'enfant conçu est censé né, toutes les fois qu'il s'agit de son intérêt. La loi l'appelle en conséquence à succéder et à recueillir les donations faites à son profit, comme s'il avait vu la lumière.

Pendant le mariage, le père veille aux intérêts de son enfant; mais s'il vient à décéder laissant sa femme enceinte, il doit être nommé un curateur au ventre par le conseil de famille. A la naissance de l'enfant, la mère devient alors sa tutrice légale, et le curateur est de plein droit subrogé-tuteur.

Aussitôt qu'il a vu le jour, la loi s'occupe de fixer son état civil. Sa naissance doit être déclarée dans les *trois jours* de l'accouchement à l'officier de l'état civil (au maire). C'est une obligation impérieuse pour le père; à défaut du père, ce sont ou l'accoucheur, ou la personne chez laquelle la mère est accouchée, qui doivent faire cette déclaration, et toute négligence à cet égard est punie de peines correctionnelles.

L'acte de naissance est rédigé tout de suite en présence de deux témoins. Les maires et les adjoints chargés de la rédaction de ces actes en observent les formalités qui leur sont indiquées par la loi; mais les parents doivent veiller à ce que le nom de famille soit orthographié correctement, et éviter, autant que possible, de donner un trop grand nombre de prénoms au nouveau-né. Le déplacement des prénoms ou l'incorrection du nom sont des causes d'embarras dans le cours de la vie. Il faut obtenir des jugeménts ou faire dresser des actes de notoriété coûteux pour les faire rectifier.

Nota. Comme les requêtes pour obtenir cette rectification se font par le ministère d'avoués, nous nous dispenserons d'en dresser les formules; notre but dans cet ouvrage étant seulement de donner des modèles d'actes sous seings privés.

Surveillance de l'enfant. — Depuis sa naissance jusqu'à sa majorité, l'enfant reste soumis à la surveillance de ses père et mère. Le père seul exerce cette autorité durant le mariage. Les biens particuliers de l'enfant, s'il en possède, sont administrés par le père, et la loi lui accorde la jouissance légale de ces biens jusqu'à l'âge de 18 ans accomplis, ou jusqu'à l'émancipation de son fils. Après la mort du père, la mère qui est tutrice légale, a aussi la jouissance des biens personnels de ses enfants; mais elle la perd si elle se remarie, et que le conseil de famille ne lui conserve pas la tutelle. Si le père avait disparu, et qu'on n'eût pas de ses nouvelles, la mère exercerait tous les droits du mari quant à la surveillance, l'éducation et l'administration des biens des enfants communs. L'enfant a droit d'être nourri, entretenu et élevé par ses père et mère; mais là se bornent ses droits, et la loi lui refuse une action contre ses père et mère pour un établissement par mariage ou autrement. Enfin, il y a obligation réciproque pour les père et mère et leurs enfants, de se fournir des aliments proportionnés à leurs besoins et aux facultés de ceux qui les doivent.

§ III.

DU MARIAGE. — La loi permet à l'homme âgé de dix-huit ans accomplis, à la femme de quinze ans révolus, de contracter mariage; mais elle veut que le fils âgé de moins de vingt-cinq ans, et la fille qui n'a pas atteint vingt-un ans, ne puissent se marier qu'avec le consentement de leurs père et mère, et, à défaut de ceux-ci, de leurs aïeuls et aïeules; et que, lorsqu'ils ont atteint cet âge, ils soient obligés, à défaut

de consentement, de leur notifier des sommations respectueuses, mais qu'après avoir rempli ces formalités, ils puissent passer outre à la célébration du mariage. A vingt-cinq
ans, ces sommations doivent se renouveler trois fois; à trente
ans, une seule sommation suffit. Si l'enfant légitime n'a pas
d'ascendants, il ne peut se marier avant vingt-un ans sans
avoir obtenu l'autorisation du conseil de famille; l'enfant naturel, mineur de vingt-un ans, doit aussi obtenir le consentement d'un tuteur *ad hoc*.

Le mariage est célébré publiquement devant le maire du
domicile de l'un des deux époux; il doit être précédé des
publications : le tout à peine de nullité. Le maire dresse l'acte
de célébration, qui seul peut prouver la réalité du mariage
entre les époux.

Lorsque le mariage est contracté pour réparer un premier
égarement, et que les époux veulent, comme c'est un devoir
rigoureux, légitimer leur enfant naturel né avant le mariage,
il faut qu'ils le reconnaissent par acte devant notaires, *avant*
leur mariage, ou au moins dans l'acte de célébration.

La prudence exige que les époux règlent avant la célébration les conditions civiles de leur mariage; c'est le moyen de
constater régulièrement leurs apports respectifs, les dons
qu'ils veulent se faire réciproquement, ou qui leur sont faits,
soit par leurs parents, soit par des étrangers.

Quoique le mineur même émancipé ne jouisse pas de la
capacité indéfinie de contracter, cependant la faveur due au
mariage a fait admettre qu'il est habile à consentir toutes les
conventions dont ce contrat est susceptible, comme s'il était
majeur, pourvu qu'il soit assisté de ceux dont le consentement est nécessaire pour autoriser son mariage. Les conventions matrimoniales doivent être rédigées par acte devant
notaires, à peine de nullité. Ces conventions ne peuvent recevoir aucune modification après la cérémonie du mariage.

Nota. 1° Un contrat de mariage sous seing privé est valable, s'il a été déposé avant la célébration en l'étude d'un notaire, surtout si, dans l'acte de

dépôt, les parties ont déclaré persister dans toutes les stipulations portées au contrat, les ratifier et les réitérer en tant que de besoin. (Arrêt de la cour de Rouen, du 11 janvier 1826'.

2° Sont nuls les contrats de mariage auxquels n'ont assisté que les parents des époux, lesquels ne peuvent être témoins, d'après les art. 8 et 10 de la loi du 25 ventôse an 11, et qui n'a été reçu que par un notaire au lieu de deux.

3° Les droits proportionnels sont restituables lorsqu'il est prouvé que les contrats n'auront point d'effet.

4° Les contrats de mariage qui ne contiennent d'autres dispositions que des déclarations de la part des futurs, de ce qu'ils apportent eux-mêmes en en mariage et se constituent sans aucune stipulation avantageuse entre eux, sont sujets au droit fixe de 5 francs. Art. 68. § 3 de la loi du 22 frimaire an VII. art. 45 de celle du 28 avril 1816. (Voir au dict. de l'enregistrement, à la fin du vol.)

5° Pour les divers régimes qui régissent l'association conjugale, voir le chapitre des droits, devoirs et intérêts de la femme.

CHAPITRE IV.

DE LA TUTELLE.

Si l'un des époux vient à décéder, la tutelle des enfants mineurs non émancipés appartient de plein droit au survivant des père et mère. Toutefois la loi permet au père, avant son décès, de nommer à la mère survivante, lorsqu'il la croit inhabile aux actes de la tutelle, un conseil sans l'avis duquel elle ne pourra faire aucun des actes de la tutelle, ou ceux qu'il aura spécifiés.

La mère n'est pas tenue d'accepter la tutelle de son enfant; mais, en ce cas, elle doit provoquer la nomination d'un tuteur et en remplir provisoirement les devoirs. Si elle convole en secondes noces, elle perd la tutelle, à moins qu'elle ne fasse décider par le conseil de famille qu'elle la conservera ; et, en ce cas, le second mari devient co-tuteur et solidairement responsable avec sa femme.

La loi permet aussi au dernier mourant des père et mère de choisir à ses enfants mineurs un tuteur ; mais s'il n'a pas fait ce choix, la tutelle appartient de droit à l'aïeul paternel du mineur ; à défaut de celui-ci, à l'aïeul maternel, et ainsi en remontant de manière que l'ascendant paternel soit toujours préféré à l'ascendant maternel au même degré. À défaut d'ascendant, c'est le conseil de famille qui nomme le tuteur, et la tutelle est alors *dative*. C'est au juge-de-paix que l'on doit s'adresser pour obtenir la convocation au conseil de famille, et cet officier public donnera tous les renseignements nécessaires pour cette convention. Toute partie intéressée doit lui dénoncer le fait qui donne lieu à la nomination d'un tuteur.

Du subrogé-tuteur. — Dans toute tutelle, même celle qui est déférée par la loi aux ascendants, il doit y avoir un subrogé-tuteur. Ses fonctions consistent à agir pour les intérêts du mineur, lorsqu'ils sont en opposition avec ceux du tuteur. Toute personne qui porte intérêt au mineur et le tuteur lui-même, doivent provoquer sa nomination ; elle est faite par le conseil de famille en présence du juge-de-paix.

De la cessation de la tutelle. — La tutelle prend fin, le plus ordinairement, par la majorité, qui est fixée par la loi à 21 ans accomplis, ou par l'émancipation. Le tuteur rend compte, dans le premier cas, au mineur seul, et, en cas d'émancipation, au mineur assisté de son curateur. L'émancipation a lieu par une déclaration faite par le père ou la mère, devant le juge-de-paix, pourvu que le mineur ait atteint sa quinzième année, et, à défaut de père et de mère, par une délibération du conseil de famille, reçue par le même officier civil, pourvu que le mineur ait atteint sa dix-huitième année. Enfin, l'émancipation a lieu de plein droit par le mariage.

Des comptes de tutelle. — Tout tuteur est comptable de sa gestion, lorsqu'elle finit.

Tout tuteur autre que le père et la mère, peut être tenu, même durant la tutelle, de remettre au subrogé-tuteur des états de situation de sa gestion, aux époques que le conseil de famille aurait jugé à propos de fixer, sans néanmoins que le tuteur puisse être astreint à en fournir plus d'un chaque année. — Ces états de situation sont rédigés sur papier non timbré, et remis sans frais, et sans aucune formalité de justice.

Le compte définitif de tutelle est remis aux dépens du mineur, lorsqu'il a atteint sa majorité ou obtenu son émancipation. On y alloue au tuteur toutes les dépenses suffisamment justifiées, et dont l'objet est utile. En cas de contestations sur ce compte, elles sont poursuivies et jugées comme les autres contestations en matière civile.

La somme à laquelle s'élève le reliquat dû par le tuteur, porte intérêts, sans demande, à compter de la clôture du compte. — Les intérêts de ce qui est dû au tuteur par le mineur ne courent que du jour de la sommation de payer qui a suivi la clôture du compte.

Toute action du mineur contre son tuteur, relativement aux frais de la tutelle, se prescrit par dix ans, à compter de la majorité.

TARIF DES HONORAIRES DUS AUX NOTAIRES.

Les honoraires dûs aux notaires sont fixes, ou par vacations, ou proportionnels.

Les vacations dues aux notaires et de 3 heures, sont taxées comme suit :

Dans les villes dont la population excède 100,000 âmes. . . .   9f. » c.
Dans le ressort des cours royales. 8   10
Dans les chefs-lieux d'arrondissement. 6   »
Dans les chefs-lieux de canton. 4   »

Aux honoraires sus–établis, il y a encore à ajouter les frais d'expédition ou de grosse qui se paient comme suit :

Le rôle en deux pages de vingt-cinq lignes par chaque page, dans les villes au-dessus de 100,000 âmes . . . . 4f. » c.
Dans les cours royales. 2   70
Dans les chefs-lieux d'arrondissement. 2   »
Dans les chefs-lieux de canton 1   50

Dans tous ces frais et honoraires ne sont pas compris les droits du timbre qui est employé pour les minutes, grosses et expéditions des actes.

Pour les droits d'enregistrement, le dixième en sus doit y être ajouté pour tous sans aucune exception.

ACTE Ier.

FORMULE D'UN ÉTAT DE SITUATION FOURNI PAR LE TUTEUR AU SUBROGÉ-TUTEUR.

Cejourd'hui (*jour, mois et an*), moi A. N, tuteur du mineur B. F., ai remis à son subrogé-tuteur, le sieur C., l'état de situation de tutelle qui suit :

I. Je suis entré en fonctions de tuteur le .... par décision du conseil de famille assemblé chez M. le juge de paix du canton de..., en date du...

II. Les biens du mineur ci-après détaillés, rapportent annuellement la somme de..., ils consistent : 1° En une maison en ville, affermée 500 francs, ci . . . .   500 f.

2° En un pré de la contenance de..., affermé 300 francs, ci .   300

3° En *tant* d'hectares ...ares ... centiares de terres labourables, situées à ... et affermées 1,500 francs, ci.   1,500

4° En une rente perpétuelle sur *telle propriété*, 700 fr., ci.   700

TOTAL.   3,000

Droit fixe d'enregistrement , ...   1 f.

Si l'acte est notarié, il se paie par vacations.

III. Les frais funéraires et de dernière maladie, des scellés, de la vente des meubles, de l'inventaire, etc., ont été payés sur les recettes de la vente, et se montaient à la somme de 500 fr. Le produit de la vente a été de quatre mille trois cents francs net, après lesdites dépenses payées, suivant l'état remis par le commissaire-priseur; et la dite somme a été placée sur *telle propriété*, appartenant au sieur..., à raison de 2 pour 0/0 avec hypothèque.

IV. Il a été dépensé cette année, à la charge de ladite rente de 3,000 fr. et pour les besoins du mineur, savoir :

1° Pour son entretien, suivant quittance des fournisseurs, 400 f., ci. . . . .   400 f.

2° Sa pension à *tel endroit*, 500 fr., ci.   500

A reporter   900

Report. . . . .   900 f.

3° Pour deux maîtres d'agrément, et fournitures diverses, 300 fr., ci   300

4° Pour frais d'aller et retour à la pension, et consommation pendant les vacances, 200 fr., ci   200

TOTAL DES DÉPENSES . . . .   1,400 f.

Il reste donc au profit dudit mineur, une somme de *seize cents* francs, qui sera placée dès qu'on en pourra trouver l'emploi, au taux légal de *cinq* pour 0⁄0, et dont les intérêts seront cumulés jusqu'à sa majorité; *ou bien* la dite somme de 1,600 fr. excédant des recettes de cette année, sera affectée à l'achat de *telle propriété*.

Certifié sincère et véritable, le présent état, à..., le..., mil huit cent quarante...   (*La signature.*)

ACTE II.

FORMULE DE COMPTE DE TUTELLE RENDU PAR LE TUTEUR AU MINEUR DEVENU MAJEUR.

Situation du compte de tutelle que moi M. A., nommé tuteur du sieur M. B., par son conseil de famille en présence du juge-de-paix de.., le.., rends audit sieur M., B. devenu majeur.

1° D'après le résultat de la vente des meubles et effets provenant de la succession des parents du mineur, tous les frais de dernière maladie, funérailles, apposition de scellés, inventaire, procès-verbaux, vente, etc., étant payés, il m'a été remis, pour en avoir la gestion, une somme de cinq mille francs, ci . . . .   5,000 f.

2° Les recettes générales et particulières pour rentes, intérêts d'argent, provenant de *tel bien*, affermé *tant* par année, et de *tel autre bien* affermé *tant* par année, ont produit un total de 17,000 francs, en cumulant toutes les recettes de chaque année pour n'en faire qu'un seul total, ci   17,000

3° Les papiers actifs inventoriés qui m'ont été déposés entre les mains, et que je remets à l'oyant-compte, se montent à la somme de dix mille francs, rapportant annuellement 500 francs; lesquels cumulés pendant les cinq années que j'ai conservé la tutelle, donnent un produit total de 2,500 francs, ci   2,500

TOTAL DES RECETTES. . . . 24,500

DÉPENSES.

1° J'ai dépensé pour frais d'éducation, de pension, pendant cinq années, pour le mineur, une somme de 1,000 fr. par chaque année, payée au sieur N., principal du collége de..., suivant quittances représentées dudit sieur N. Total 5,000 fr., ci. . . . . 5,000 f.

2° Pour frais d'habillement, entretien, etc., suivant les mémoires acquittés représentés des sieurs..., 4,000 fr., ci . .   4,000

3° A divers, pour fournitures faites au mineur, suivant quittances représentées, 2,000 fr., ci 2,000

4° A divers, pour réparations de bâtiments, salaire des gens de journée, etc., suivant quittances représentées; lesquelles réparations ont été faites pour la conservation des biens du mineur, et déclarées urgentes, 5,000 fr., ci 5,000

TOTAL DES DÉPENSES. . . . . 14,000 f.

RECOUVREMENTS A FAIRE.

Il est dû en ce moment, 1° par le sieur..., pour *telle raison*, la somme de 500 fr., ci . . . . 500 f.

2° Par *tel autre*, la somme de 500 fr., ci   500

3° Par *tel autre*, la somme de 500 fr., ci   500

TOTAL. 1,500

DETTES A ACQUITTER.

Je déclare qu'il est demandé par le sieur..., pour *tels* travaux exécutés dans *telle* propriété, la somme de 750 fr. ci . . . .   750 f.

Par *tel* autre pour..., la somme de 750 f., ci   750

TOTAL. . . . . . . 1,500 f.

BALANCE.

La recette, en différents articles, est de 24,500 fr., ci . . . . 24,500 f.

La dépense, aussi en différents articles, de 14,000 fr., ci . . . 14,000

La recette excède donc la dépense de. . . . 10,500 f.

(*La signature du rendant compte.*)

Droit fixe d'enregistrement 1 f.

Si l'acte est notarié, il se paie par vacations.

ACTE III.

FORMULE DE REÇU A DONNER PAR L'OYANT COMPTE.

Je soussigné, reconnais avoir reçu de Monsieur...., mon tuteur, lequel cesse ses fonctions à compter du.... pour cause de..., le compte de sa gestion de tutelle, et toutes les pièces justificatives à l'appui dudit compte, pour que je puisse l'examiner et lui donner décharge après que j'aurai fait ledit examen. En foi de quoi je lui ai délivré le présent. A..., le..., mil huit cent quarante

(La signature de l'oyant-compte.)

Droit proportionnel d'enregistrement 50 c. par 100 fr.
Si l'acte est notarié, il se paie par vacations.

ACTE IV.

FORMULE DE DÉCHARGE DE QUITTANCE DONNÉE AU TUTEUR APRÈS EXAMEN DES COMPTES.

Je soussigné, déclare avoir examiné bien attentivement les comptes que m'a remis le sieur..., mon tuteur, avec toutes les pièces justificatives à l'appui desdits comptes, que je reconnais être de la plus scrupuleuse exactitude; je déclare en outre que j'ai reçu dudit sieur..., mon tuteur, la somme de dix mille cinq cents francs excédant de la recette sur la dépense; et que je n'ai qu'à me louer de son aptitude et de sa bonne foi dans ladite gestion, dont je les décharge et l'acquitte entièrement. A..., le... mil huit cent quarante...

(La signature.)

Droit proportionnel d'enregistrement 50 c. par 100 fr.
Si l'acte est notarié, il se paie par vacations.

CHAPITRE V.

DE LA VENTE.

§ I.

DE LA NATURE ET DE LA FORME DE LA VENTE. — La vente est une convention par laquelle l'un s'oblige à livrer une chose, et l'autre à la payer. (Code civil, 1582.)

Elle peut être faite par acte authentique ou sous seing privé.

Elle est parfaite entre les parties, et la propriété est acquise de droit à l'acheteur à l'égard du vendeur, dès qu'on est convenu de la chose et du prix, quoique la chose n'ait pas encore été livrée ni le prix payé (1583).

Tout le monde sait qu'il faut trois conditions pour constituer une vente : 1° l'objet qu'on veut vendre, 2° le prix de cet objet; 5° le consentement des deux parties.

La vente peut être faite purement et simplement, ou sous une condition soit suspensive soit résolutoire.

Elle peut aussi avoir pour objet deux ou plusieurs choses alternatives.

Dans tous ces cas, son effet est réglé par les principes généraux des conventions (1584).

Lorsque des marchandises ne sont pas vendues en bloc, mais au poids, au compte, ou à la mesure, la vente n'est point parfaite, en ce sens que les choses vendues sont aux risques du vendeur jusqu'à ce qu'elles soient pesées, comptées ou mesurées; mais l'acheteur peut en demander ou la délivrance, ou des dommages-intérêts, s'il y a lieu, en cas d'inexécution de l'engagement.

Si au contraire les marchandises ont été vendues en bloc, la vente est parfaite quoique les marchandises n'aient pas encore été pesées, comptées ou mesurées (1585, 1586).

A l'égard du vin, de l'huile et des autres choses que l'on est dans l'usage de goûter avant d'en faire l'achat, il n'y a point de vente tant que l'acheteur ne les a pas goûtés et agréés (1587).

La vente faite à l'essai est toujours présumée faite sous une condition-suspensive.

La promesse de vente vaut vente, lorsqu'il y a consentement réciproque des deux parties sur la chose et sur le prix (1588, 1589).

Si la promesse de vendre a été faite avec des arrhes, chacun des contractants est maître de s'en départir, celui qui les a données, en les perdant;

Et celui qui les a reçues, en restituant le double (1590).

Le prix de la vente doit être déterminé et désigné par les parties (1591).

Les frais d'actes et autres accessoires à la vente sont à la charge de l'acheteur (1593).

§ II.

DES PERSONNES QUI PEUVENT ACHETER OU VENDRE. — Tous ceux auxquels la loi ne l'interdit pas, peuvent acheter ou vendre (1594).

Ainsi, les mineurs non autorisés à faire le commerce, les interdits, les femmes non autorisées par leur mari ou par justice, sont incapables de contracter, et par conséquent d'acheter ou de vendre.

Le contrat de vente ne peut avoir lieu entre époux que dans les trois cas suivants :

1° Celui où l'un des deux époux cède des biens à l'autre, séparé judiciairement d'avec lui, en paiement de ses droits;

2° Celui où la cession que le mari fait à sa femme, même non séparée, a une cause légitime, telle que le remploi de ses immeubles aliénés, ou de deniers à elle appartenants, si ces immeubles ou deniers ne tombent pas en communauté;

3° Celui où la femme cède ses biens à son mari en paiement d'une somme qu'elle lui aurait promise en dot, et lorsqu'il y a exclusion de communauté;

Sauf, dans ces cas, les droits des héritiers des parties contractantes, s'il y a avantage indirect (1595).

Ne peuvent se rendre adjudicataires, sous peine de nullité, ni par eux-mêmes, ni par personnes interposées :

Les tuteurs, des biens de ceux dont ils ont la tutelle;

Les mandataires, des biens qu'ils sont chargés de vendre;

Les administrateurs, de ceux des communes ou des établissements publics confiés à leurs soins;

Les officiers publics, des biens nationaux dont les ventes se font par leur ministère (1596).

Les juges, leurs suppléants, les magistrats remplissant le ministère public, les greffiers, huissiers, défenseurs officieux et notaires, ne peuvent devenir cessionnaires des procès, droits et actions litigieux qui sont de la compétence du tribunal dans le ressort duquel ils exercent leurs fonctions, à peine de nullité, et des dépens, dommages et intérêts (1597).

§ III.

DES CHOSES QUI PEUVENT ÊTRE VENDUES. — Tout ce qui est dans le commerce peut être vendu, lorsque des lois particulières n'en ont pas prohibé l'aliénation (1598).

La vente de la chose d'autrui est nulle : elle peut donner lieu à des dommages-intérêts, lorsque l'acheteur a ignoré que la chose fût à autrui (1599).

On ne peut vendre la succession d'une personne vivante, même de son consentement (1600).

Si, au moment de la vente, la chose vendue était périe en totalité, la vente serait nulle.

Si une partie de la chose seulement est périe, il est au choix de l'acquéreur d'abandonner la vente ou de demander la partie conservée, en faisant déterminer le prix par la ventilation (1601).

On appelle ventilation, l'estimation de chaque partie d'un tout.

§ IV.

DES OBLIGATIONS DU VENDEUR. — Le vendeur est obligé d'expliquer clairement ce à quoi il s'oblige. — Tout pacte obscur ou ambigu s'explique contre lui (1602).

Il y a deux obligations principales : 1° celle de délivrer ; 2° celle de garantir la chose qu'il vend (1603).

1° *De la délivrance.* — La délivrance est le transport de la chose vendue en la puissance et possession de l'acheteur (1604).

L'obligation de délivrer les immeubles est remplie de la part du vendeur, lorsqu'il a remis les clefs, s'il s'agit d'un bâtiment, ou lorsqu'il a remis les titres de propriété (1605).

La délivrance des effets mobiliers s'opère,

Ou par la tradition réelle,

Ou par la remise des clefs des bâtiments qui la contiennent,

Ou même par le seul consentement des parties, si le transport ne peut pas s'en faire au moment de la vente, ou si l'acheteur les avait déjà en son pouvoir à un autre titre (1606).

La tradition des droits incorporels se fait ou par la remise des titres, ou par l'usage que l'acquéreur en fait, du consentement du vendeur (1607).

Les frais de la délivrance sont à la charge du vendeur, et ceux de l'enlèvement à la charge de l'acheteur, s'il n'y a eu stipulation contraire (1608).

La délivrance doit se faire au lieu où était, au temps de la vente, la chose qui en a fait l'objet, s'il n'en a été autrement convenu (1609).

Si le vendeur manque à faire la délivrance dans le temps convenu entre les parties, l'acquéreur pourra, à son choix, demander la résolution de la vente, ou sa mise en possession, si le retard ne vient que du fait du vendeur (1610).

Dans tous les cas, le vendeur doit être condamné aux dommages et intérêts, s'il résulte un préjudice pour l'acquéreur, du défaut de délivrance au terme convenu (1611).

Le vendeur n'est pas tenu de délivrer la chose, si l'acheteur n'en paie pas le prix, et que le vendeur ne lui ait pas accordé un délai pour le paiement (1612).

Il ne sera pas non plus obligé à la délivrance, quand même il aurait accordé un délai pour le paiement, si, depuis la vente, l'acheteur est tombé en faillite ou en état de déconfiture, en sorte que le vendeur se trouve en danger imminent de perdre le prix ; à moins que l'acheteur ne lui donne caution de payer au terme (1613).

La chose doit être délivrée en l'état où elle se trouve au moment de la vente.

Depuis ce jour, tous les fruits appartiennent à l'acquéreur (1614).

L'obligation de délivrer la chose comprend ses accessoires et tout ce qui a été destiné à son usage perpétuel (1615).

Les autres obligations du vendeur, eu égard à la délivrance, consistent à délivrer la contenance telle qu'elle est exprimée au contrat, sauf quelques modifications ci-après exprimées :

Si la vente a été faite, concernant un immeuble, avec indication de contenance et à tant la mesure, le vendeur est tenu de délivrer la quantité exprimée au contrat, si l'acheteur l'exige. Dans le cas où l'acheteur ne l'exigerait pas, et que la chose ne fût pas possible, le vendeur serait obligé de subir une diminution proportionnelle du prix. Dans le cas où la contenance serait plus grande, l'acquéreur a le choix, ou de fournir le supplément du prix, ou de se désister du contrat, si cet excédant est d'un vingtième au-dessus de la contenance déclarée.

Dans tous les autres cas, peu importe la quantité ou la contenance, il n'y a de recours, ni pour l'acheteur ni pour le vendeur, pour la diminution ou pour l'excédant de mesure, parce que la vente est censée faite en bloc, quoiqu'il y ait indication de mesure.

Dans tous les cas où l'acquéreur a le droit de se désister du contrat, le vendeur est tenu de lui restituer, outre le prix, s'il l'a reçu, les frais de ce contrat.

L'action en supplément de prix de la part du vendeur, et celle en diminution de prix ou en résiliation du contrat de la part de l'acquéreur, doivent être intentées dans l'année, à compter du jour du contrat, à peine de déchéance (1616 et suivants).

2° *De la garantie.* — La garantie que le vendeur doit à l'acquéreur a deux objets : le premier est la possession paisible de la chose vendue ; le second, les défauts cachés de cette chose, ou les vices rédhibitoires (1625).

1° *De la garantie en cas d'éviction.* — Quoique, lors de la vente, il n'ait été fait aucune stipulation sur la garantie, le vendeur est obligé de droit à garantir l'acquéreur de l'éviction qu'il souffre dans la totalité ou partie de l'objet vendu, ou des charges prétendues sur cet objet, et non déclarées lors de la vente (1626).

Les parties peuvent, par des conventions particulières, ajouter à cette obligation de droit, ou en diminuer l'effet; elles peuvent même convenir que le vendeur ne sera soumis à aucune garantie (1627). — Mais quoiqu'il soit dit que le vendeur ne sera soumis à aucune garantie, il demeure cependant tenu de celle qui résulte d'un fait qui lui est personnel : toute convention contraire est nulle.

En cas d'éviction, le vendeur est toujours tenu à la restitution du prix, à moins que l'acquéreur n'ait connu, lors de la vente, le danger de l'éviction, ou qu'il n'ait acheté à ses périls et risques. — Dans tous les cas où la garantie a été promise, ou qu'il n'a rien été stipulé à ce sujet, si l'acquéreur est évincé, il a droit de demander contre le vendeur : 1° la restitution du prix; 2° celle des fruits, lorsqu'il est obligé de les rendre au propriétaire qui l'évince; 3° les frais faits sur la demande en garantie de l'acheteur, et ceux faits par le demandeur originaire; enfin, les dommages et intérêts, ainsi que les frais et loyaux coûts du contrat (1628 et suivants).

Lorsqu'à l'époque de l'éviction, la chose vendue se trouve diminuée de valeur, ou considérablement détériorée, soit par la négligence de l'acheteur, soit par des accidents de force majeure, le vendeur n'en est pas moins tenu de restituer la totalité du prix. — Mais si l'acquéreur a tiré profit des dégradations par lui faites, le vendeur a le droit de retenir sur le prix une somme égale à ce profit.

Si la chose vendue se trouve avoir augmenté de prix à l'époque de l'éviction, indépendamment même du fait de l'acquéreur, le vendeur est tenu de lui payer ce qu'elle vaut au-dessus du prix de la vente. — Le vendeur est tenu de rembourser ou de faire rembourser à l'acquéreur, par celui qui l'évince, toutes les réparations et améliorations utiles qu'il aura faites au fonds. Le vendeur de mauvaise foi, qui vend le fonds d'autrui, doit même rembourser à l'acquéreur les dépenses de pur agrément faites audit fonds. — Si l'acquéreur n'était évincé que d'une partie de la chose, il pourrait faire résilier la vente, ou se faire rembourser de cette partie, suivant l'estimation qui en aurait été faite à l'époque de l'éviction.

Les servitudes non apparentes dont un bien est grévé, lorsqu'elles sont importantes et qu'elles n'ont pas été déclarées, donnent lieu à la résiliation du contrat, à moins que l'acquéreur n'aime mieux se contenter d'une indemnité.

Mais la garantie pour cause d'éviction cesse lorsque l'acquéreur s'est laissé condamner par un jugement en dernier ressort, ou dont l'appel n'est plus recevable, sans appeler son vendeur, si celui-ci prouve qu'il existait des moyens suffisants pour faire rejeter la demande (1629 et suivants).

2° *De la garantie des défauts de la chose vendue.* — Le vendeur est tenu de la garantie à raison des défauts cachés de la chose vendue qui la rendent impropre à l'usage auquel on la destine, ou qui diminuent tellement cet usage, que l'acheteur ne l'aurait pas acquise, ou n'en aurait donné qu'un moindre prix, s'il les avait connus (1641).

Le vendeur n'est pas tenu des vices apparents et dont l'acheteur a pu se convaincre lui-même; il n'est tenu que des vices cachés, quand même il ne les aurait pas connus, à moins qu'il ait stipulé en vendant, qu'il ne s'obligeait à aucune garantie. Dans le cas contraire, l'acheteur a le droit ou de se faire restituer le prix de l'objet, en le rendant, ou de se faire donner une indemnité.

De plus, si le vendeur connaissait les vices de la chose, il serait tenu à des dommages-intérêts envers l'acheteur.

Si la chose vendue périt par suite de sa mauvaise qualité, la perte est pour le vendeur; mais si la perte arrive par cas fortuit, elle est pour le compte de l'acheteur. Les ventes faites par autorité de justice, ne sont point soumises à ces conditions (1642 et suivants).

§ V.

Des obligations de l'acheteur. — La principale obligation de l'acheteur est de payer le prix au jour et au lieu réglés par la vente. — S'il n'a rien été réglé à cet égard lors de la vente, l'acheteur doit payer au lieu et dans le temps où doit se faire la délivrance.

L'acheteur doit l'intérêt du prix de la vente dans les trois cas suivants :

1° S'il a été ainsi convenu lors de la vente :

2° Si la chose vendue et livrée produit des fruits ou autres revenus ;

3° Si l'acheteur a été sommé de payer.

Mais dans ce dernier cas, l'intérêt ne court que depuis le jour où la sommation a été faite (1650 et suivants).

Si l'acheteur est troublé, ou a juste sujet de craindre d'être troublé par une action, soit hypothécaire, soit en revendication, il peut suspendre le paiement du prix jusqu'à ce que le vendeur ait fait cesser le trouble, si mieux n'aime celui-ci donner caution, à moins qu'il n'ait été stipulé que nonobstant ce trouble, l'acheteur paiera.

Si l'acheteur ne paie pas le prix, le vendeur peut demander la résolution de la vente; laquelle est prononcée de suite lorsqu'il s'agit d'immeubles et qu'il y a danger de perdre pour le vendeur. Mais si ce danger n'existe pas, le juge peut accorder à l'acheteur un délai plus ou moins long, suivant les circonstances.

En matière de denrées et effets mobiliers, la résolution de la vente aura lieu, de plein droit et sans sommation, au profit du vendeur, après l'expiration du terme convenu pour le retirement (1653 et suivants).

§ VI.

De la nullité et de la résolution de la vente. — Indépendamment des causes de nullité ou de résolution déjà expliquées dans les paragraphes précédents, et de celles qui sont communes à toutes les conventions, le contrat de vente peut être résolu par l'exercice de la faculté de rachat et par la vilité du prix (1658).

1° *De la faculté de rachat.* — La faculté de rachat ou de réméré est un pacte par lequel le vendeur se réserve de reprendre la chose vendue, moyennant la restitution du prix principal, et le remboursement dont il est parlé plus haut (1659).

La faculté de rachat ne peut être stipulée pour un terme excédant cinq années ; dans le cas contraire, elle est réduite à ce terme, qui ne saurait être prolongé par le juge. — Faute par le vendeur d'avoir exercé son action de réméré dans le temps prescrit, l'acquéreur demeure propriétaire irrévocable.

Si plusieurs ont vendu conjointement et par un seul contrat un héritage commun entre eux, chacun ne peut exercer l'action en réméré que pour la part qu'il y avait (1660 et suivants).

En un mot, le contrat de vente à réméré est fait sur une condition résolutoire et non suspensive ; il donne à l'acquéreur la propriété de la chose vendue et le droit de l'aliéner sous une condition résolutoire, et il ne laisse pas au vendeur le droit de conférer une hypothèque sur l'immeuble vendu. Il ne peut céder que l'action en réméré, c'est là la seule chose dont ses créanciers peuvent se prévaloir. (Arrêt de la cour de cassation du 21 décembre 1835.)

2° *De la rescision de la vente pour cause de lésion.* — Si le vendeur a été lésé de plus de sept douzièmes dans le prix d'un immeuble, il a le droit de demander la rescision de la vente, quand même il aurait expressément renoncé dans le contrat à la faculté de demander cette rescision, et qu'il aurait déclaré donner la plus-value (1674).

Pour savoir s'il y a lésion de plus de sept douzièmes, il faut estimer l'immeuble suivant son état et sa valeur au moment de la vente (1675).

La demande n'est plus recevable après l'expiration de deux années, à compter du jour de la vente.

La preuve de lésion ne peut s'établir que par un jugement, et sur le rapport de trois experts qui ne formeront qu'un seul procès-verbal sur un seul avis à la pluralité des voix.

La rescision pour lésion n'a pas lieu en faveur de l'acheteur ; elle n'a pas lieu non plus pour toutes les ventes qui, d'après la loi, ne peuvent être faites que d'autorité de justice (1575 et suivants).

§ VII.

DE LA LICITATION OU VENTE AUX ENCHÈRES. — Lorsque, pour différentes raisons, on ne veut pas ou l'on ne peut pas vendre de gré à gré et à l'amiable, alors la vente se fait aux enchères, et le prix en est partagé entre les co-propriétaires, qui tous ont eu le droit de faire appeler les étrangers à la licitation. Si l'un des co-propriétaires est mineur, il faut nécessairement que les étrangers soient appelés à la vente.

Nous verrons au chapitre des successions, le mode et les formalités à observer pour la licitation (1686 et suivants).

§ VIII.

DU TRANSPORT DES CRÉANCES ET AUTRES DROITS INCORPORELS. — Dans le transport d'une créance, d'un droit ou d'une action sur un tiers, la délivrance s'opère entre le cédant et le cessionnaire par la remise du titre (1689).

La vente ou cession d'une créance comprend les accessoires de la créance, tels que caution, privilége et hypothèque (1692).

Le cessionnaire n'est saisi à l'égard des tiers, que par la signification du transport faite au débiteur. — Néanmoins, le cessionnaire peut être également saisi par l'acceptation du transport, faite par le débiteur dans un acte authentique.

Si avant que le cédant ou le cessionnaire eût signifié le

transport au débiteur, celui-ci avait payé le cédant, il sera valablement libéré (1690 et suivants).

Celui qui vend une créance ou un autre droit incorporel, doit en garantir l'existence au temps du transport, quoiqu'il soit fait sans garantie.

Il ne répond de la solvabilité du débiteur que lorsqu'il s'y est engagé, et jusqu'à concurrence seulement du prix qu'il a retiré de la créance.

Lorsqu'il a promis la garantie de la solvabilité du débiteur, cette promesse ne s'entend que de la solvabilité actuelle, et ne s'étend pas au temps à venir, si le cédant ne l'a expressément stipulé.

Celui qui vend une hérédité sans en spécifier en détail les objets, n'est tenu que de garantir sa qualité d'héritier.

S'il avait déjà profité des fruits de quelque fonds, ou reçu le montant de quelque créance appartenant à cette hérédité, ou vendu quelques effets de la succession, il est tenu de les rembourser à l'acquéreur, s'il ne les a expressément réservés lors de la vente.

L'acquéreur doit de son côté rembourser au vendeur ce que celui-ci a payé pour les dettes et charges de la succession, et lui faire raison de tout ce dont il était créancier, s'il n'y a stipulation contraire.

Celui contre lequel on a un droit litigieux, peut s'en faire tenir quitte par le cessionnaire, en lui remboursant le prix réel de la cession, avec les frais et loyaux coûts, et avec les intérêts à compter du jour où le cessionnaire a payé le prix de la cession à lui faite.

La chose est censée litigieuse, dès qu'il y a contestation et procès sur le fonds du droit.

La disposition portée en l'article précédent cesse, 1° dans le cas où la cession a été faite à un co-héritier ou co-propriétaire du droit cédé ; 2° lorsqu'elle a été faite à un créancier en paiement de ce qui lui est dû ; 3° lorsqu'elle a été faite au possesseur de l'héritage sujet au droit litigieux. (Art. 1692 et suivants).

ACTE V.

FORMULE D'UN CONTRAT DE VENTE SOUS SEING PRIVÉ, EMBRAS-SANT DIVERS OBJETS MOBILIERS.

Entre nous soussignés, (*Gabriel-Philippe Durand, tanneur, demeurant à Bourges, rue des Petits-Champs, n° 26*) d'une part; et (*Eustache-Jean-Marie Gousset, coiffeur, demeurant aussi à Bourges, rue St-Avoye, n° 42*) d'autre part, a été convenu ce qui suit :

Art. 1er. Moi, *Gabriel-Philippe Durand*, je vends pour la somme de trois cents francs, au sieur *Eustache-Jean-Marie Gousset*, les meubles et effets dont le détail suit, savoir :

1° Deux lits complets, 2° une armoire, 3° deux pièces de vin.

Ou bien un cheval de cinq ans, sous poil blanc, de *telle* taille, à crins façonnés.

Ou bien la pêche de *tel* étang, situé à..., commune de..., de la contenance de tant d'hectares, sous l'obligation de lâcher les eaux dudit étang pour que la pêche pisse s'e ectuer sans nuire aux terres ou prairies du voisinage.

Ou la récolte de *tel* pré, *ou* de *telle* vigne, située à..., commune de...

Art. 2. Le sieur *Eustache-Jean-Marie Gousset*, s'engage à faire enlever de suite lesdites récoltes, *ou* ledit cheval, *ou*, etc., dans l'espace de *quinze jours.*

Art. 3. Il s'oblige de m'en payer la valeur en trois paiements égaux, dont le premier aura lieu le *quinze août prochain;* le second, *le 30 septembre*, et le troisième, *le premier novembre suivant.*

Art. 4. Il est expressément convenu entre nous, que le sieur *Gousset* prendra les objets en *tel état*, ou que le cheval sera nourri à ses frais jusqu'au jour où il le fera prendre (*ou autres conditions qu'il plaira à l'une des parties contractantes d'imposer à l'autre*).

Art. 5. En cas d'inexécution de tout ou partie des conventions dudit traité, celui qui y manquerait serait tenu de payer à l'autre la somme de..., à titre de dommages-intérêts.

Art. 6. *Eustache-Jean-Marie Gousset* accepte tous les articles de ce traité, qu'il déclare consentir, après avoir mûrement délibéré.

Fait double entre nous, pour être exécuté de bonne foi, sous nos signatures privées, à *Bourges, le cinq juin mil huit cent quarante-deux.*

J'approuve l'écriture ci-dessus (*et d'autre part, s'il y en a sur plusieurs pages*).   Gabriel-Philippe Durand.

J'approuve, etc. (*comme le précédent.*)

       Eustache-Jean-Marie Gousset.

Nota. Il faudra bien observer que tous les sous-seings soient de la même écriture. On n'aura, en général, à changer aux modèles que nous donnons ici que, 1° les noms et prénoms; 2° la demeure; 3° l'objet du contrat; 4° les dates. Nous exposerons toujours ces quatre choses, parce que nos modèles, par ce moyen, seront plus faciles à suivre pour la plupart des personnes. Il est bien clair que lorsqu'il s'agira d'une propriété rurale, il faudra désigner sa contenance en hectares, ares, centiares, etc.

Droit proportionnel d'enregistrement, 2 fr. par 100 fr.

Si l'acte est notarié, il se paie 50 c. par 100 fr.

ACTE VI.

FORMULE D'UN CONTRAT DE VENTE D'IMMEUBLES SOUS SEING PRIVÉ.

Nous soussignés, sommes convenus de ce qui suit :

Moi, *Étienne Blanchet*, *propriétair e*, demeurant *à Nazelle*, commune de *Chantecorps*, canton de *Menigoutte*, arrondissement de *Parthenay*, département des *Deux-Sèvres*, vends, par ces présentes, à M. *Pierre Dubois*, propriétaire, demeurant *à la Maison-Blanche*, commune de *Pruniers*, arrondissement de *Romorantin*, département *de Loir-et-Cher*, acquéreur pour lui et les siens, le domaine de *Grandmont*, dont le principal manoir est situé commune de *Genouilly*, canton de *Graçay*, département du *Cher*, et le reste de ses dépendances sur ladite commune de *Genouilly*, et sur celle de *Doulçay*, département de *Loir-et Cher*, ainsi que ce domaine se poursuit et comporte, et qu'en jouissait, dans le courant de l'année 1840, le sieur *Loriou* fils, par bail verbal, moyennant la somme de 1,200 francs de fermages annuels; tel qu'en jouit aujourd'hui le sieur *Dominique*, aussi par bail verbal, à titre de moitié perte et profit pour les grains et les bestiaux; et au surplus, qu'il m'est provenu dans le partage des biens de feu *Christophe-Henri Blanchet*, mon père, dont acte a été passé devant Me *Georges*, notaire à *Graçay*, en date du 3ᵉ septembre 1840, dûment enregistré. Les dépendances de ce domaine sont *d'un seul morceau*, contenant environ deux cent cinquante hectares, clos de fossés et haies en dépendant en grande partie; joignant, du levant, *aux héritages de la Chaume, aux communes du Faon à Genouilly, et à diverses pièces de terre, fossés et haies entre; du midi, à un pré de M. Lenoir; du couchant, aux terres et dépendances du Masvert; et du nord, aux prés et pacages de la Chaume et du village du Faon.*————————

Je me réserve généralement tous les bestiaux servant à l'exploitation dudit domaine, ensemble tous les bois, de quelque essence qu'ils soient, complantés sur les dépendances intérieures dudit domaine, attendu que j'en ai disposé avant ce jour ; ainsi, les bois qui se trouvent complantés sur les clôtures extérieures de cette propriété, font seuls partie de la vente. ————

Monsieur *Dubois* entre en propriété et jouissance dudit domaine, à compter de ce jour. Il exécutera, de manière à ce que je n'éprouve aucune réclamation, le bail du sieur *Dominique*, dont il connaît les conditions, et il paiera, à partir de ce même jour, les contributions dudit domaine et dépendances. ————

Je le subroge au surplus dans tous mes droits relativement à ladite propriété, soit à l'égard du sieur *Dominique*, qui en est fermier, soit à l'égard de toute autre personne, par rapport aux entreprises ou anticipations qui pourraient avoir été commises sur les dépendances dudit domaine. En conséquence, il pourra exercer ses droits comme il l'entendra, mais sans aucun recours contre moi. ————

Cette vente a été ainsi faite moyennant la somme de cinquante mille francs, que M. *Dubois* me paiera *en billets à ordre avec son endos, sur place à sa convenance, et dans un délai de cinq ans, du premier mars dernier, avec intérêt à cinq pour cent par an à partir dudit jour premier mars*, et jusqu'à parfait paiement. Je conserve le privilége de droit. Je lui ai en outre fait la remise de tous les titres de propriété que j'avais concernant le domaine de *Grandmont*. ————

Et moi, *Pierre Dubois*, acceptant la vente que m'a faite ci-dessus M. *Étienne Blanchet*, je me soumets à toutes les obligations qu'elle m'impose.

C'est ainsi que le tout a été arrêté et accepté par nous, sous nos seings privés. ————

Fait double, à Poitiers, le cinq mars mil huit cent quarante-deux.

J'approuve l'écriture ci-dessus et d'autre part.
Etienne Blanchet.
J'approuve, etc. (comme dessus.)
Pierre Dubois.

Nota. 1° Toutes les fins de lignes qui restent en blanc doivent être remplies par des traits, comme dans le modèle.

2° Une ordonnance du ministre des finances, en date du 23 mai 1831, autorise l'enregistrement de ces sortes d'actes, ce qui leur donne autant de valeur qu'à ceux passés par devant notaires, à l'exception seulement du cas où l'on voudrait plaider ou faire purger l'hypothèque légale ; alors, il faudrait, pour leur donner le caractère d'authenticité, les déposer chez un notaire, pour, par lui, être classés dans ses minutes. Alors, ils ont la même valeur que s'ils avaient été passés par devant notaires.

3° Le coût de l'enregistrement pour ces sortes d'actes, est d'environ cinq francs cinquante centimes pour cent, pour le droit simple, plus le décime en sus sur le droit simple. Ainsi, un tel acte pourrait coûter à l'enregistrement :

Droit simple, à 5 fr. 50 c. p. 0/0. . . . .   2,750 f.
Décime, dix centimes par franc sur le droit simple.   275

TOTAL. . . . .   5,025 f.

Droit proportionnel d'enregistrement, 5 fr. 50 c. par 100 fr.
Si l'acte est notarié, il se paie 1 fr. par 100 fr.

ACTE VII.

AUTRE FORMULE D'UN CONTRAT DE VENTE D'IMMEUBLES
SOUS SEING PRIVÉ.

Entre nous soussignés, a été convenu ce qui suit :

Moi, *Prosper Mignard, marchand épicier, demeurant à Toulouse, rue des Balances, n° 40*, reconnais par ces présentes, avoir vendu, cédé et délaissé les biens ci-après désignés, que je promets et m'engage à garantir de tous troubles et empêchements quelconques présents et futurs.

Au sieur *Germain Desprès, marchand quincaillier, demeurant à Lyon, département du Rhône, rue du Coq, n° 24*, et à la dame *Sylvine Dumas*, son épouse, qu'il autorise à l'effet des présentes, demeurant en son domicile à Lyon, qui acceptent et se rendent acquéreurs, tant pour eux que pour leurs héritiers ou descendants, savoir :

1° Un domaine appelé le .., situé à..., commune de..., arrondissement de..., département de..., consistant en un bâtiment principal, avec cour, hangar, jardin, écurie, remise, grange, étable...

2° *Cinquante* hectares de terres labourables, situées ...

3° *Vingt* hectares de prés, situés...

4° *Deux* hectares de bois, situés...

5° Une pièce de vigne contenant *trente-six* ares, située...

Ainsi que lesdits biens existent et se comportent, sans en rien retenir, excepter ni réserver, sous quelque prétexte ni à aucun titre que ce soit, sans pourtant m'engager à garantir les différentes mesures ou contenances ci-dessus énoncées, à M. *Germain Desprès*, qui déclare bien connaître toutes ces différentes pièces pour les avoir vues et visitées à loisir. Je m'engage donc à les remettre en sa possession, tels qu'ils m'ont été cédés par *Jean Thouret*, ancien propriétaire desdits biens, demeurant actuellement à..., canton de..., département de..., pour le prix et somme de..., par acte passé devant Me *Leliban*, notaire à..., le..., du mois de... l'an..., et dont les quittances pour solde existent à la suite dudit contrat ; tels enfin que j'en ai joui jusqu'à ce jour, sans y rien ajouter ni en rien retrancher.

Pour, par lesdits sieur et dame acquéreurs, jouir, faire et déposer des biens à eux cédés comme de choses leur appartenant en toute propriété, en toucher les loyers et fermages dès leur entrée en possession, qui aura lieu à dater de... A la charge par eux de les prendre dans l'état où ils se trouvent actuellement, de faire jouir le locataire jusqu'à la fin de son bail, et aux mêmes conditions exprimées dans ce bail, de telle sorte que moi, vendeur, je ne puisse être inquiété en aucune manière à c·t égard.

Lesdits sieur et dame acquéreurs souffriront les servitudes passives apparentes ou non apparentes qui peuvent exister, et ils s'en défendront à leurs risques et périls, comme aussi il leur sera libre de jouir des servitudes actives auxquelles ils pourraient avoir droit, et d'en tirer toutes les indemnités qu'ils jugeront convenables, sans que pour cela j'aie rien à exiger d'eux outre le prix convenu entre nous cejourd'hui. Il seront tenus en outre de payer les contributions assises sur lesdits biens, à compter du...., et à acquitter les droits d'enregistrement et autres frais auxquels ladite vente aura donné lieu.

La dite vente est faite moyennant le prix et somme de..., que les sieur et dame *Després*, acquéreurs, s'engagent de payer à moi *Mignard*, vendeur, en *trois paiements différents*, dont le 1ʳʳ de..., aura lieu le...; le 2ᵉ de.., aura lieu le..., le 3ᵉ et dernier de..., aura lieu le... Il est bien entendu que tous ces paiements se feront en espèces d'or et d'argent ayant cours. Ils s'engagent en outre à me payer l'intérêt légal de 5 p. 0ʯ0, à compter du jour de leur entrée en jouissance, lequel intérêt cessera d'avoir lieu pour les sommes payées, à mesure qu'elles auront été versées.

Lesdits biens demeureront, par premier privilége, obligés et hypothéqués spécialement au paiement du prix de la présente vente.

Moi, *Prosper Mignard*, sur la foi de ladite promesse de paiement, je me dessaisis au profit des sieur et dame *Després*, acquéreurs, de tous droits de propriété et jouissance sur les biens ci-dessus vendus ; voulant qu'ils en jouissent et en soient mis en possession par qui et ainsi qu'il appartiendra.

Ils pourront, s'ils le jugent à propos, ainsi que moi vendeur, faire transcrire l'expédition du présent contrat au bureau des hypothèques, ou donner tout pouvoir à cet effet.

Je m'oblige en outre à remettre aux acquéreurs, aussitôt après le paiement définitif de cette vente, tous les actes et titres de propriété que j'ai en ma possession concernant lesdits biens.

Et nous, *Germain Després* et *Sylvine Dumas*, nous acceptons la vente ci-dessus que nous a faite le sieur *Prosper Mignard*, et nous soumettons à toutes les obligations qu'elle nous impose.

C'est ainsi que le tout a été arrêté et accepté par nous, sous nos seings privés.
Fait double à..., le... du mois de... l'an mil huit cent quarante-trois.

J'approuve, etc.   *(Les signatures.)*

Nota. On peut faire transcrire les ventes d'immeubles faites par actes sous seings privés, enregistrés. *Avis du conseil d'état du 3 floréal an XIII, approuvé le 12, et arrêt de la cour de cassation du 6 juillet 1809.* Il faut toujours éviter avec soin de mettre en chiffres les quantités et les dates. Il est absolument nécessaire de les écrire en toutes lettres.

Droit proportionnel d'enregistrement, 5 fr. 50 c. par 100 fr.

Si l'acte est notarié, il se paie 1 fr. par 100 fr.

ACTE VIII.

FORMULE D'UN CONTRAT DE VENTE D'IMMEUBLES, AVEC FACULTÉ DE RACHAT OU DE RÉMÉRÉ.

Lorsque la vente d'immeubles se fait avec la faculté de rachat et de réméré, on peut se servir du modèle de l'acte VIIe; mais il faudrait ajouter après ces mots : « Pour par lesdits sieur et dame acquéreurs, jouir, faire et disposer des biens à eux cédés comme de choses leur appartenant en toute propriété, *« sauf le droit de réméré du vendeur. »*

Et avant la clause : « Et nous *Germain Després* et *Sylvine Dumas,* nous acceptons la vente ci-dessus, etc. » il faut encore ajouter cette clause :

Moi, Prosper Mignard, je me réserve pendant *deux, trois, quatre ou cinq années,* la faculté de réméré sur les biens que je vends par ces présentes : en conséquence, je me réserve pendant *tant* d'années, le droit de rentrer en possession desdits biens, en remboursant aux sieur et dame acquéreurs le montant de leurs versements qu'ils auraient faits pour s'acquitter envers moi; et de plus, le montant de leurs déboursés pour frais et loyaux coûts du contrat, d'actes de transcription, d'enregistrement, de réparations et d'embellissement de ladite propriété, ainsi que tous autres frais faits pour dépenses qui auraient augmenté la valeur du fonds.

Ce remboursement ne pourra se faire par moi, qu'en espèces d'or et d'argent ayant cours, et non par billets ou tout autre mode de paiement; en outre, je devrai le faire en un seul versement, et non à différentes reprises, ou à différents termes. Comme aussi, faute par moi de remplir toutes ces conditions dans le délai prescrit par les présentes, il me sera interdit le droit de racheter lesdits biens, et les sieur et dame acquéreurs en resteront, tant qu'il leur plaira, libres et paisibles possesseurs, ainsi que leurs héritiers ou ayant-cause.

Et nous, *Germain Després* et *Sylvine Dumas*, nous acceptons la vente ci-dessus, que nous a faite le sieur...

Nota. Les reçus se mettent ordinairement à la fin du contrat.

(*Les signatures.*)

Droit proportionnel d'enregistrement, 5 fr. 50 c. par 100 fr.

Si l'acte est notarié, il se paie 1 fr. par 100 fr.

ACTE IX.

FORMULE D'UN TRANSPORT DE CRÉANCE SOUS SEING PRIVÉ.

Je soussigné, cède et transporte à M... qui accepte la créance qui m'est légitimement due, par M..., et dont la reconnaissance, ou l'extrait de mon registre qui la constate, est transcrit d'autre part, afin qu'il en puisse, en mon lieu et place, toucher le montant et en disposer comme de chose à lui appartenant, en donner quittance en son propre nom, et faire toutes poursuites afin de recouvrer cette somme, avec les intérêts. Laquelle somme était payable le..., et se monte à..., dont par le présent transfert, je donne quittance, déclarant en avoir reçu comptant la valeur en espèces, cejourd'hui *six mars mil huit cent quarante-trois.*

(*Les signatures.*)

Nota. 1º On doit transcrire au bas de cet acte, ou sur une autre feuille, l'acte, ou la reconnaissance, ou l'extrait du registre de commerce, qui constate la créance.

2º On prend ordinairement pour toutes ces sortes d'actes du papier au timbre de 0 f. 70 c.

Droit proportionnel d'enregistrement, 1 fr. par 100 fr.

Si l'acte est notarié, il se paie 1 fr. par 100 fr.

ACTE X.

FORMULE D'UNE CESSION D'HÉRÉDITÉ, PAR ACTE SOUS SEING PRIVÉ.

Je soussigné, *Jean-Baptiste Bouchet*, marchand confiseur, demeurant à..., commune de..., arrondissement de..., département de..., en ma qualité d'héritier bénéficiaire pour un *quart*, ou le *tiers*, ou la *moitié*, etc., de la succession de feu *Isaac Bouchet, mon père, ou mon oncle,* au moyen de l'acceptation sous bénéfice d'inventaire que j'ai faite au greffe du tribunal de première instance de.., le.., assisté de Me.. avoué près ledit tribunal, vends, cède et transporte à M..., la part qui me revient de ladite succession, afin qu'il puisse, en mon lieu et place et agissant en son propre nom, exercer tous ses droits et les faire valoir pour se mettre en possession de ladite part de succession que je lui abandonne, comme je pourrais le faire moi-même si je ne lui avais pas fait cette cession qui lui transfère tous mes droits. La présente cession est faite pour le prix et somme de..., que M..... s'oblige de me payer dans le délai de..., et dont il m'a déjà donné à compte... ou qu'il m'a entièrement payé. Je ne me réserve de ladite succession que *tel meuble* ou *tel objet*, que je prétends conserver comme souvenir du défunt. M.... n'ayant pas besoin d'autre titre que ces présentes pour se mettre en possession de ladite succession, je les déclare bonnes et valables pour cet effet.

Fait à..., commune de..., le.... mil huit cent quarante-trois.

JEAN-BAPTISTE BOUCHER.

Droit proportionnel d'enregistrement, 5 fr. 50 c. par 100 fr.

Si l'acte est notarié, il se paie 1 fr. par 100 fr.

ACTE XI.

FORMULE D'UNE CESSION DE DROITS LITIGIEUX.

Je soussigné, *Marie-Augustin Fortat*, charron, demeurant à..., commune de..., arrondissement de..., département de..., me prétendant créancier du sieur N..., selon les droits que m'en donnent *tels actes passés entre nous*, sous nos signes privés, à..., le.., ou *telles conventions entre nous faites*, et pour le recouvrement de laquelle créance j'ai déjà commencé à le poursuivre judiciairement devant le tribunal de première instance séant à..., département de..., cède, abandonne et transporte à M..., qui accepte et s'en rend acquéreur, tant pour lui que pour ses héritiers ou ayant-cause, tous mes droits à ladite créance, pour le prix et somme de..., qu'il s'engage à me payer en espèces dans le délai de..., ou qu'il m'a payé comptant en espèces. Il est bien entendu que ledit sieur N...,ou ses ayant-cause, en vertu des présentes, pourront agir en mon lieu et place dans cette affaire, comme d'une chose qui leur est personnelle, et que ce sera à leurs frais, risques et périls, sans qu'ils puissent jamais avoir aucun recours contre moi, pour quelle cause que ce soit relative à ladite créance.

Tout étant ainsi réglé, convenu et d'accord entre nous, je lui lègue tous mes pouvoirs, afin qu'il puisse se faire reconnaître pour créancier du sieur N..., en mon lieu et place.

Fait à..., le... du mois de... mil huit cent quarante...

MARIE-AUGUSTIN FORTAT.

Droit proportionnel d'enregistrement, 1 fr. par 100 fr.

Si l'acte est notarié, il se paie 1 fr. par 100 fr.

§ IX.

DE LA VENTE DES RENTES. — Les rentes sont des créances réelles établies ou sur l'Etat, ou sur des particuliers. Tous les jours on voit des exemples de cession de pareilles créances; elles se font ordinairement par-devant notaire, quoiqu'on puisse de même en faire la cession par acte sous seing privé.

Quelquefois aussi, elles se font par autorité de justice; alors les formalités qu'il y a à remplir dans ce cas, sont réglées par le code de procédure civile, au titre de *la saisie des rentes constituées sur particuliers,* art. 636 et suiv.

Dans le cas où quelques-uns de nos souscripteurs voudraient faire cette vente par acte sous seings privés, nous allons en dresser une formule.

ACTE XII.

FORMULE D'UN TRANSPORT DE RENTES SUR PARTICULIER.

Je soussigné (*noms, prénoms, profession ou qualité et demeure*), vends, cède et transporte, par ces présentes, au sieur (*noms, prénoms, profession ou qualité et demeure*), qui accepte, tant pour lui que pour ses héritiers ou ayant cause, une rente de...., constituée sur l'Etat, dont le capital est de... Cette rente est annuelle et perpétuelle, exempte de toute retenue, et m'a été cédée, le.... de l'an..., par M..., par acte passé par-devant M...., notaire à..., ou par acte sous seing privé, le... du mois de... l'an...; Je cède en outre à M... les arrérages de ladite rente à compter du dernier terme.

Ainsi, à compter de ce jour, le sieur..., acquéreur de la dite rente, pourra en jouir, faire et disposer comme de chose à lui appartenant en pleine propriété, et toucher tous les revenus, arrérages et toutes sommes quelles qu'elles soient concernant cette rente, même le capital, s'il lui vient offert ou si le remboursement en devient exigible. Ce que j'entends, en le mettant à mon lieu et place pour user de tous mes droits qui désormais sont les siens, et au moyen desquels il pourra conserver les titres, priviléges et hypothèques ci-dessus énoncés dans l'acte que je remets entre ses mains, et principalement dans l'effet de l'inscription prise à *tel* bureau, le... volume..., n°...

Ledit transport est fait moyennant la somme de..., que je reconnais avoir reçue présentement en espèces, et dont le présent acte servira de quittance définitive. Le cessionnaire s'engage à acquitter tous les frais résultant du présent transport et à gérer sa rente et sa créance, à ses risques et périls, de manière à ce que je n'éprouve jamais aucun trouble ni inquiétude à cet égard.

Et moi, cessionnaire de la dite rente, je reconnais que le sieur..., m'a remis tous les titres et actes au moyen desquels je puis faire valoir les droits que j'ai acquis et qui me rendent propriétaire de cette rente ainsi que du capital mentionné dans le présent acte.

Fait double, sous nos signatures privées, à...., le..., mil huit cent quarante.

J'approuve l'écriture ci-dessus.

J'approuve, etc.   (*Les signatures.*)

Droit proportionnel d'enregistrement, 1 fr. par 100 fr.

Si l'acte est notarié, il se paie 1 fr. par 100 fr.

CHAPITRE VI.

DE L'ÉCHANGE.

L'échange est un contrat par lequel les parties se donnent réciproquement une chose pour une autre. (Code civil, art. 1702.)

L'échange s'opère, par le seul consentement, de la même manière que la vente (*ibid.* art. 1703).

Si l'un des co-permutants a déjà reçu la chose à lui donnée en échange, et qu'il prouve ensuite que l'autre contractant n'est pas propriétaire de cette chose, il ne peut pas être forcé à livrer celle qu'il a promise en contre-échange, mais seulement à rendre celle qu'il a reçue.

Le co-permutant qui est évincé de la chose qu'il a reçue en échange, a le droit de conclure à des dommages et intérêts, ou de répéter sa chose.

La rescision pour cause de lésion n'a pas lieu dans le contrat d'échange.

Toutes les autres règles prescrites pour le contrat de vente, s'appliquent d'ailleurs à l'échange (art. 1704 à 1707).

ACTE XIII.

FORMULE D'UN CONTRAT D'ÉCHANGE DE CHOSES MOBILIÈRES.

Nous soussignés, P. J., propriétaire, demeurant à..., commune de..., arrondissement de..., département de..., d'une part, et J.-M. F., cultivateur, demeurant à..., commune de..., département de...., d'autre part, sommes convenus de ce qui suit :

Moi P. J., cède et délaisse au sieur J.-M. F., à titre d'échange, avec garantie de tous vices rédhibitoires, ou sans garantie, *un cheval de trait*, sous *tel* poil, âgé de *cinq* ans, qu'il a reconnu propre à son usage et qu'il déclare connaître parfaitement.

Et moi, J.-M. F., je cède et délaisse au sieur P. J., en contre-échange, et de la même manière qu'il a été stipulé pour l'objet qu'il me cède, une *vache de grande branche*, sous *tel* poil, âgée de *trois* ans (*ou bien tout autre objet*).

Le présent échange se fait but à but, sans soult ou retour de part ni d'autre (ou bien moyennant *vingt-cinq francs que je reconnais avoir reçu aujourd'hui dudit sieur P. J., dont quittance.*

Fait double entre nous, sous nos signatures privées, à..., le..., *mil huit cent quarante-trois.*

J'approuve l'écriture ci-desus, P. J.

J'approuve, etc. . . . .J-M. F.

Droit proportionnel d'enregistrement, 2 fr. par 100 fr.

Si l'acte est notarié, il se paie 50 c. par 100. fr.

ACTE XIV.

FORMULE D'UN CONTRAT D'ÉCHANGE D'IMMEUBLES.

Nous soussignés, S... F..., *propriétaire*, demeurant à..., commune de :.., arrondissement de ..., département de..., d'une part, et M... D..., *rentier*, demeurant à..., commune de....., arrondissement de..., département de..., d'autre part, sommes convenus de ce qui suit :

Moi S. N., je cède et abandonne en toute propriété, à titre d'échange, avec garantie de tous troubles, évictions et empêchements quelconques, au sieur M. D., qui accepte, tant pour lui que pour ses héritiers ou ayant cause, une maison située à..., rue de..., portant le numéro..., composée de... cour, *jardin, écurie, remises, étages*, etc. Le corps de logis tenant du midi à..., de l'orient à..., du nord à..., et du couchant à..., ainsi que la dite maison se comporte, et dans l'état où elle se trouve actuellement; pour en jouir, faire et disposer, par ledit sieur M. D., comme de chose à lui appar-tenant en toute propriété, à compter de ce jour, *ou de telle époque*. La dite maison m'appartient et j'en puis disposer en vertu de *tel titre* ou de *tel acte*, qui m'en a rendu propriétaire ; ou elle m'est échue en partage dans la *succession de...*

Et moi, M. D., je cède, abandonne et délaisse en contre-échange, au sieur S. M., qui accepte tant pour lui que pour ses héritiers ou ayant cause, une terre labourable de la contenance de... hectares... ares... centiares, si-tuée à..., commune de..., tenant d'un côté à..., etc., dont ledit sieur co-permutant pourra jouir, faire et disposer tant par lui que par les siens, comme de chose à lui appartenant en toute propriété, à compter de ce jour *ou de telle époque*. La dite pièce de terre m'appartient, et j'en puis dis-poser en vertu *de tel titre* ou *de tel acte*, qui m'en a rendu proprié taire; ou elle m'est échue en partage dans la succession de...

Le présent échange est fait but à but, sans soulte ou retour de part ni d'autre, *ou* moyennant *telle somme* que je donnerai comptant au sieur S. N.. à titre de soulte ou retour, *ou bien* moyennant *telle somme* que m'a don-née comptant le sieur S. N., dont je lui donne ici quittance par ces pré-sentes.

Chacun de nous supportera les servitudes passives ou apparentes dont est chargé l'immeuble qui lui a été cédé, et en paiera les contributions à comp-ter de *tel jour*.

Moi, M. D., je déclare que la valeur de la terre que j'ai cédée et échan-gée au sieur S. N., est de.... Et moi, S. N., je déclare que la valeur de la maison que j'ai cédée et échangée au sieur M. D., est de *telle somme*.

Nous nous obligeons en outre réciproquement, chacun en ce qui nous concerne, et à nos propres frais, dans le délai de *tant de mois*, de remplir les formalités nécessaires pour purger les priviléges et hypothèques. Et en cas d'inscription procédant du fait des co-permutants ou de leurs auteurs, le co-permutant du chef duquel elles procèdent, s'oblige à en rapporter à l'autre main-levée et certificat de radiation, dans le mois de la notification qui lui en aura été faite, et à le garantir et indemniser de toutes enchères, reventes et de tous frais extraordinaires, de sorte qu'il n'en coûte à celui-ci que les frais extraordinaires de transcription et d'exposition au tableau de l'auditoire du tribunal civil, s'il y a lieu.

Nous reconnaissons aussi réciproquement avoir reçu chacun, les titres de la propriété qui nous a été cédée, et nous obligeons chacun de notre côté à remplir exactement et de bonne foi toutes les clauses et conditions énoncées dans le présent traité.

Fait double entre nous, pour être exécuté de bonne foi, sous nos signatu-

res privées, à..., commune de..., arrondissement de..., département de...,
le..., du mois de..., mil huit cent quarante...

    J'approuve l'écriture ci-dessus.

   J'approuve, etc.   *(Les signatures.)*

Droit proportionnel d'enregistrement, 2 fr. par 100 fr.

Si l'acte est notarié, il se paie 1 fr. par 100 fr. S'il y a retour, on paierait 5 fr. 50 c. par 100 fr. sur la plus-value pour l'enregistrement.

CHAPITRE VII.

DU CONTRAT DE LOUAGE.

ART. 1er. — DISPOSITIONS GÉNÉRALES. — On peut définir le louage, un contrat par lequel un individu s'engage à céder ou à prêter, pendant un certain temps à un autre individu, l'usage d'une chose, soit mobilière, soit immobilière, ou même son travail, à un autre individu, moyennant un certain prix convenu entre les deux individus.

Il y a deux sortes de contrats de louage : celui des choses, et celui d'ouvrage.

Le louage des choses est un contrat par lequel l'une des parties s'oblige à faire jouir l'autre, d'une chose, pendant un certain temps, et moyennant un certain prix que celle-ci s'oblige de lui payer.

Le louage d'ouvrage est un contrat par lequel l'une des parties s'engage à faire quelque chose pour l'autre, moyennant un prix convenu entre elles.

Ces deux genres de louage se subdivisent encore en plusieurs espèces particulières.

On appelle *bail à loyer,* le louage des maisons et celui des meubles ;

Bail à ferme, celui des héritages ruraux ;

Loyer, le louage du travail ou du service ;

Bail à cheptel, celui des animaux dont le profit se partage entre le propriétaire et celui à qui il les confie.

Les *devis*, *marché* ou *prix fait* pour l'entreprise d'un ouvrage moyennant un prix déterminé, sont aussi un louage lorsque la matière est fournie par celui pour qui l'ouvrage se fait.

Ces trois dernières espèces ont des règles particulières. (art. 1708 à 1702).

ART. 2. DU LOUAGE DES CHOSES. — On peut louer toutes sortes de biens meubles ou immeubles (1713).

§ Ier.

DES RÈGLES COMMUNES AUX BAUX DES MAISONS ET DES BIENS RURAUX. — On peut louer par écrit ou verbalement.

Si le bail fait sans écrit n'a encore reçu aucune exécution, et que l'une des parties le nie, la preuve ne peut être reçue par témoins, quelque modique qu'en soit le prix, et quoiqu'on allègue qu'il y a eu des arrhes données.

Le serment peut seulement être déféré à celui qui nie le bail.

Lorsqu'il y aura constestation sur le prix du bail verbal dont l'exécution a commencé et qu'il n'existera point de quittance, le propriétaire en sera cru sur son serment si mieux n'aime le locataire demander l'estimation par experts ; auquel cas, les frais de l'expertise restent à sa charge, si l'estimation excède le prix qu'il a déclaré.

Le preneur a droit de sous-louer, et même de céder son bail à un autre, si cette faculté ne lui a pas été interdite. — Elle peut être interdite pour le tout ou partie. — Cette clause est toujours de rigueur.

Les articles du titre *du contrat de mariage et des droits respectifs des époux* relatifs aux baux des femmes mariées, sont applicables aux biens des mineurs.

Le bailleur est obligé, par la nature du contrat, et sans qu'il soit besoin d'aucune stipulation particulière :

1° De délivrer au preneur la chose louée ;

2° D'entretenir cette chose en état de servir à l'usage pour lequel elle a été louée ;

3° D'en faire jouir paisiblement le preneur pendant la durée du bail.

Le bailleur est tenu de délivrer la chose en bon état de réparations de toute espèce. — Il doit y faire pendant la durée du bail, toutes les réparations qui peuvent devenir nécessaires, autres que les locatives.

Il est dû garantie au preneur pour tous les vices ou défauts de la chose louée qui en empêchent l'usage, quant même le bailleur ne les aurait pas connues lors du bail. — S'il résulte de ces vices ou défauts, quelque perte pour le preneur, le bailleur est tenu de l'indemniser. Si pendant la durée du bail, la chose louée est détruite en totalité par cas fortuit, le bail est résilié de plein droit : si elle n'est détruite qu'en partie, le preneur peut, suivant les circonstances, demander, ou une diminution de prix, ou la résiliation même du bail. Dans l'un et l'autre cas, il n'y a lieu à aucun dédommagement.

Le bailleur ne peut, pendant la durée du bail, changer la forme de la chose louée.

Si, durant le bail, la chose louée a besoin de réparations urgentes et qui ne puissent être différées jusqu'à sa fin, le preneur doit les souffrir, quelque incommodité qu'elles lui causent, et quoiqu'il soit privé, pendant qu'elles se font, d'une partie de la chose louée.

Mais si ces réparations durent plus de quarante jours, le prix du bail sera diminué à proportion du temps et de la partie de la chose louée dont il aura été privé. Si les réparations sont de telle nature qu'elles rendent inhabitable ce qui est nécessaire au logement du preneur et de sa famille, celui-ci fera résilier le bail.

Le bailleur n'est pas tenu de garantir le preneur du trouble que des tiers apportent par voies de fait à sa jouissance, sans prétendre d'ailleurs aucun droit sur la chose louée ; sauf au preneur à les poursuivre en son nom personnel.

Si au contraire le locataire ou le fermier ont été troublés dans leur jouissance par suite d'une action concernant la

propriété du fonds, ils ont droit à une diminution proportionnée sur le prix du bail à loyer, ou à ferme, pourvu que
le trouble ou l'empêchement ait été dénoncé au propriétaire.

Le preneur est tenu de deux obligations principales : 1°
d'user de la chose louée en bon père de famille, et suivant la
destination qui lui a été donnée par le bail, ou suivant celle
présumée par les circonstances, à défaut de convention ; 2°
de payer le prix du bail aux termes convenus.

Si le preneur emploie la chose louée à un autre usage que
celui auquel elle a été destinée, ou dont il puisse résulter un
dommage pour le bailleur, celui-ci peut, suivant les circonstances, faire résilier le bail.

S'il a été fait un état des lieux entre le bailleur et le preneur, celui-ci doit rendre la chose telle qu'il l'a reçue, suivant cet état, excepté ce qui a péri ou a été dégradé par vétusté ou force majeure.

S'il n'a pas été fait d'état des lieux, le preneur est présumé les avoir reçus en bon état de réparations locatives, et
doit les rendre tels, sauf la preuve contraire.

Il répond des dégradations et des pertes qui arrivent pendant sa jouissance, à moins qu'il ne prouve qu'elles ont eu
lieu sans sa faute.

Il répond de l'incendie, à moins qu'il ne prouve que l'incendie est arrivé par cas fortuit ou force majeure, ou par
vice de construction, ou que le feu a été communiqué par
une maison voisine.

S'il y a eu plusieurs locataires, tous sont solidairement
responsables de l'incendie, à moins qu'ils ne prouvent que
l'incendie a commencé dans l'habitation de l'un d'eux : auquel cas, celui-là seul en est tenu ; ou que quelques-uns ne
prouvent que l'incendie n'a pu commencer chez eux : auquel
cas, ceux-là n'en sont pas tenus.

Le preneur est tenu des dégradations et des pertes qui arrivent par le fait des personnes de sa maison, ou de ses
sous-locataires.

Si le bail a été fait sans écrit, l'une des parties ne pourra donner congé à l'autre qu'en observant les délais fixés par l'usage des lieux.

Le bail cesse de plein droit à l'expiration du terme fixé lorsqu'il a été fait par écrit, sans qu'il soit nécessaire de donner congé.

Si, à l'expiration des baux écrits, le preneur reste et est laissé en possession, il s'opère un nouveau bail, dont l'effet est réglé par l'article relatif aux locations faites sans écrit.

Lorsqu'il y a un congé signifié, le preneur, quoiqu'il ait continué sa jouissance, ne peut invoquer la tacite reconduction.

Le contrat de louage se résout par la perte de la chose louée, et par le défaut respectif du bailleur et du preneur de remplir leurs engagements.

Le contrat de louage n'est point résolu par la mort du bailleur ni par celle du preneur.

Si le bailleur vend la chose louée, l'acquéreur ne peut expulser le fermier ou le locataire qui a un bail authentique, ou dont la date est certaine, à moins qu'il ne se soit réservé ce droit par le contrat de bail.

S'il a été convenu, lors du bail, qu'en cas de vente l'acquéreur pourrait expulser le fermier ou le locataire, et qu'il n'ait été fait aucune stipulation sur les dommages et intérêts, le bailleur est tenu d'indemniser le fermier ou le locataire de la manière suivante :

S'il s'agit d'une maison, appartement ou boutique, le bailleur paie, à titre de dommages et intérêts, au locataire évincé, une somme égale au prix de loyer pendant le temps qui, suivant l'usage des lieux, est accordé entre le congé et la sortie.

S'il s'agit de biens ruraux, l'indemnité que le bailleur doit payer au fermier est du tiers du prix du bail pour tout le temps qui reste à courir.

L'indemnité se réglera par experts, s'il s'agit de manufactures, usines, ou autres établissements qui exigent de grandes avances.

L'acquéreur qui veut user de la faculté réservée par le bail d'expulser le fermier ou locataire, en cas de vente, est en outre tenu d'avertir le locataire au temps d'avance usité dans le lieu pour les congés. — Il doit aussi avertir le fermier des biens ruraux, au moins un an à l'avance.

Les fermiers ou les locataires ne peuvent être expulsés qu'ils ne soient payés par le bailleur, ou, à son défaut, par le nouvel acquéreur, des dommages et intérêts ci-dessus expliqués.

Si le bail n'est pas fait par acte authentique, ou n'a point de date certaine, l'acquéreur n'est tenu d'aucuns dommages et intérêts.

L'acquéreur à pacte de rachat ne peut user de la faculté d'expulser le preneur, jusqu'à ce que, par l'expiration du délai fixé pour le réméré, il devienne propriétaire incommutable (1714 et suiv.).

§ II.

Des règles particulières aux baux à loyer. — Le locataire qui ne garnit pas la maison de meubles suffisants, peut être expulsé, à moins qu'il ne donne des sûretés capables de répondre du loyer.

Le sous-locataire n'est tenu envers le propriétaire que jusqu'à concurrence du prix de la sous-location dont il peut être débiteur au moment de la saisie, et sans qu'il puisse opposer des paiements faits par anticipation.

Les paiements faits par le sous-locataire, soit en vertu d'une stipulation portée en son bail, soit en conséquence de l'usage des lieux, ne sont pas réputés faits par anticipation.

Les réparations locatives ou de menu entretien dont le locataire est tenu, s'il n'y a clause contraire, sont celles désignées comme telles par l'usage des lieux, et entre autres, les réparations à faire :

1° Aux âtres, contre-cœurs, chambranles et tablettes de cheminées;

2° Au recrépiment du bas des murailles des appartements et autres lieux d'habitation, à la hauteur d'un mètre;

3° Aux pavés et carreaux des chambres, lorsqu'il y en a seulement quelques-uns de cassés;

4° Aux vitres, à moins qu'elles ne soient cassées par la grêle ou autres accidents extraordinaires et de force majeure, dont le locataire ne peut être tenu;

5° Aux portes, croisées, planches de cloison ou de fermeture de boutique, gonds, targettes et serrures.

Aucune des réparations réputées locatives n'est à la charge des locataires, quand elles ne sont occasionnées que par vétusté ou force majeure.

Le curement des puits et celui des fosses d'aisance sont à la charge du bailleur, s'il n'y a clause contraire.

Le bail des meubles fournis pour garnir une maison entière, un corps de logis entier, une boutique ou tous autres appartements, est censé fait pour la durée ordinaire des baux de maisons, corps de logis, boutiques ou autres appartements, selon l'usage des lieux.

Le bail d'un appartement meublé est censé fait à l'année, quand il a été fait à tant par an; — Au mois, quand il a été fait à tant par mois; — Au jour, s'il a été fait à tant par jour. — Si rien ne constate que le bail a été fait à tant par an, par mois ou par jour, la location est censée faite suivant l'usage des lieux.

Si le locataire d'une maison ou d'un appartement continue sa jouissance après l'expiration du bail par écrit, sans opposition de la part du bailleur, il sera censé les occuper aux mêmes conditions pour le terme fixé par l'usage des lieux, et ne pourra plus en sortir ni en être expulsé qu'après un congé donné suivant le délai fixé par l'usage des lieux.

En cas de résiliation par la faute du locataire, celui-ci est tenu de payer le prix du bail pendant le temps nécessaire à la relocation, sans préjudice des dommages et intérêts qui ont pu résulter de l'abus.

Le bailleur ne peut résoudre la location, encore qu'il déclare vouloir occuper par lui-même la maison louée, s'il n'y a eu convention contraire.

S'il a été convenu dans le contrat de louage que le bailleur pourrait venir occuper la maison, il est tenu de signaler d'avance un congé aux époques déterminées par l'usage des lieux (1752 et suiv.).

§ III.

Des règles particulières aux baux a ferme. — Celui qui cultive sous la condition d'un partage de fruits avec le bailleur ne peut ni sous-louer, ni céder, si la faculté ne lui en a été expressément accordée par le bail.

En cas de contravention, le propriétaire a droit de rentrer en jouissance, et le preneur est condamné aux dommages-intérêts résultant de l'inexécution du bail.

Si, dans un bail à ferme, on donne aux fonds une contenance moindre ou plus grande que celle qu'ils ont réellement, il n'y a lieu à augmentation ou diminution de prix pour le fermier, que dans les cas et suivant les règles exprimées au titre de vente.

Si le preneur d'un héritage rural ne le garnit pas de bestiaux et des ustensiles nécessaires à son exploitation, s'il abandonne la culture, s'il ne cultive pas en bon père de famille, s'il emploie la chose louée à un autre usage que celui auquel elle a été destinée, ou en général s'il n'exécute pas les clauses du bail, et qu'il en résulte un dommage pour le bailleur, celui-ci peut, suivant les circonstances, faire résilier le bail. — En cas de résiliation provenant du fait du preneur, celui-ci est tenu des dommages et intérêts, ainsi qu'il est dit dans l'art. 1764.

Tout preneur de bien rural est tenu d'engranger dans les lieux à ce destinés d'après le bail.

Le preneur d'un bien rural est tenu, sous peine de tous dépens, dommages et intérêts, d'avertir le propriétaire des usurpations qui peuvent être commises sur les fonds. Cet avertissement doit être donné dans le même délai que celui qui est réglé en cas d'assignation, suivant la distance des lieux.

Si le bail est fait pour plusieurs années, et que, pendant la durée du bail, la totalité ou la moitié d'une récolte au moins soit enlevée par des cas fortuits, le fermier peut demander une remise du prix de sa location, à moins qu'il ne soit indemnisé par les récoltes précédentes. — S'il n'est pas indemnisé, l'estimation de la remise ne peut avoir lieu qu'à la fin du bail, auquel temps il se fait une compensation de toutes les années de jouissance. — Et cependant le juge peut provisoirement dispenser le preneur de payer une partie du prix, en raison de la perte soufferte.

Si le bail n'est que d'une année, et que la perte soit de la totalité des fruits, ou au moins de la moitié, le preneur sera déchargé d'une partie proportionnelle du prix de la location. — Il ne pourra prétendre à aucune remise, si la perte est moindre de moitié.

Le fermier ne peut obtenir de remise lorsque la perte des fruits arrive après qu'ils sont séparés de la terre, à moins que le bail ne donne au propriétaire une quotité de la récolte en nature ; auquel cas, le propriétaire doit supporter sa part de la perte, pourvu que le preneur ne fût pas en demeure de lui délivrer sa portion de récolte. — Le fermier ne peut également demander une remise, lorsque la cause du dommage était existante et connue à l'époque où le bail a été passé.

Le preneur peut être chargé des cas fortuits par une stipulation expresse, laquelle stipulation ne s'entend que des cas fortuits ordinaires, tels que grêle, feu du ciel, ou coulure ; elle ne s'entend pas des cas fortuits extraordinaires, tels que les ravages de la guerre, ou une inondation auxquels le pays n'est pas ordinairement sujet, à moins que le preneur n'ait été chargé de tous les cas fortuits prévus ou imprévus.

Le bail sans écrit d'un fonds rural est censé fait pour le temps qu'il est nécessaire, afin que le preneur recueille tous les fruits de l'héritage affermé. — Ainsi le bail à ferme d'un pré, d'une vigne et de tout autre fonds dont les fruits se recueillent en entier dans le cours de l'année, est censé fait pour un an. Le bail des terres labourables, lorsqu'elles se divisent par soles ou saisons, est censé fait pour autant d'années qu'il y a de soles.

Le bail des héritages ruraux, quoique fait sans écrit, cesse de plein droit à l'expiration du temps pour lequel il est censé fait.

Si, à l'expiration des baux ruraux écrits, le preneur reste et est laissé en possession, il s'opère un nouveau bail, dont l'effet est réglé par l'article 1774.

Le fermier sortant doit laisser à celui qui lui succède dans la culture, les logements convenables et autres facilités pour les travaux de l'année suivante, et réciproquement le fermier entrant doit procurer à celui qui sort, les logements convenables et autres facilités pour la consommation des fourrages, et pour les récoltes restant à faire. — Dans l'un et l'autre cas, on doit se conformer à l'usage des lieux.

Le fermier sortant doit aussi laisser les pailles et engrais de l'année, s'il les a reçus lors de son entrée en jouissance ; et quand même il ne les aurait pas reçus, le propriétaire pourra les retenir suivant l'estimation (art. 1763 et suiv.).

ART. 2. — DU LOUAGE D'OUVRAGE ET D'INDUSTRIE. — Il y a trois espèces principales de louage et d'industrie :

1° Le louage des gens de travail, qui s'engagent au service de quelqu'un ;

2° Celui des voituriers, tant par terre que par eau, qui se chargent du transport des personnes ou des marchandises ;

3° Celui des entrepreneurs d'ouvrages, par suite de devis et marchés (1779).

§ Ier.

DU LOÙAGE DES DOMESTIQUES ET OUVRIERS. — On ne peut engager ses services qu'à temps, ou pour une entreprise déterminée.

Le maître est cru sur son affirmation :

1° Pour la quotité des gages ;

2° Pour le paiement du salaire de l'année échue ;

3° Et pour les à-comptes donnés pour l'année courante (1780, 1781).

§ II.

DES VOITURIERS PAR TERRE ET PAR EAU. — Les voituriers par terre et par eau sont assujétis, pour la garde et la conservation des choses qui leur sont confiées, aux mêmes obligations que les aubergistes, dont il est parlé au titre *du dépôt et du séquestre.*

Ils répondent non-seulement de ce qu'ils ont déjà reçu dans dans leur bâtiment ou voiture, mais encore de ce qui leur a été remis sur le port ou dans l'entrepôt, pour être placé dans leur bâtiment ou voiture.

Ils sont responsables de la perte ou des avaries des choses qui leur sont confiées, à moins qu'ils ne prouvent qu'elles ont été perdues et avariées par cas fortuit ou force majeure.

Les entrepreneurs de voitures publiques par terre et par eau, et ceux des roulages publics, doivent tenir registre de l'argent, des effets et des paquets dont ils se chargent.

Les entrepreneurs et directeurs de voitures et roulages publics, les maîtres de barques et navires sont en outre assujétis à des règlements particuliers qui font la loi entre eux et les autres citoyens (1782 et suivants).

§ III.

DES DEVIS ET MARCHÉS. — Lorsqu'on charge quelqu'un de faire un ouvrage, on peut convenir qu'il fournira seulement son travail ou son industrie, ou bien qu'il fournira aussi la matière.

Si dans le cas où l'ouvrier fournit la matière, la chose vient à périr, de quelque manière que ce soit, avant d'être livrée, la perte en est pour l'ouvrier, à moins que le maître ne soit en demeure de recevoir la chose.

Dans le cas où l'ouvrier fournit seulement son travail ou son industrie, si la chose vient à périr, l'ouvrier n'est tenu que de sa faute.

Si, dans le cas de l'article précédent, la chose vient à périr, quoique sans aucune faute de la part de l'ouvrier, avant que l'ouvrage ait été reçu et sans que le maître fût en demeure de le vérifier, l'ouvrier n'a point de salaire à réclamer, à moins que la chose n'ait péri par le vice de la matière.

S'il s'agit d'un ouvrage à plusieurs pièces ou à la mesure, la vérification peut s'en faire par partie ; elle est censée faite pour toutes les parties payées, si le maître paie l'ouvrier en proportion de l'ouvrage fait.

Si l'édifice construit à prix fait, périt en tout ou en partie par le vice de la construction, même par le vice du sol, les architectes et entrepreneurs en sont responsables pendant dix ans.

Lorsqu'un architecte ou un entrepreneur s'est chargé de la construction à forfait d'un bâtiment, d'après un plan arrêté et convenu avec le propriétaire du sol, il ne peut demander aucune augmentation de prix, ni sous le prétexte d'augmentation de la main-d'œuvre ou des matériaux, ni sous celui d'augmentation ou de changements faits sur ce plan, si ces changements ou augmentation n'ont pas été autorisés par écrit, et le prix convenu avec le propriétaire.

Le maître peut résilier, par sa seule volonté, le marché à forfait, quoique l'ouvrage soit déjà commencé, en dédommageant l'entrepreneur de toutes ses dépenses, de tous ses travaux, et de tout ce qu'il aurait pu gagner dans cette entreprise.

Le contrat de louage d'ouvrage est dissous par la mort de l'ouvrier, de l'architecte ou entrepreneur. Mais le propriétaire est tenu de payer, en proportion du prix porté par la convention, à leur succession, la valeur des ouvrages faits et celle des matériaux préparés, lors seulement que ces travaux ou matériaux peuvent lui être utiles.

L'entrepreneur répond du fait des personnes qu'il emploie.

Les maçons, charpentiers et autres ouvriers qui ont été employés à la construction d'un bâtiment ou d'autres ouvrages faits à l'entreprise, n'ont d'action contre celui pour lequel les ouvrages ont été faits, que jusqu'à concurrence de ce dont il se trouve débiteur envers l'entrepreneur au moment où leur action est intentée.

Les maçons, charpentiers, serruriers et autres ouvriers qui font directement des marchés à prix fait, sont astreints aux règles prescrites dans la présente section : ils sont entrepreneurs dans la partie qu'ils traitent (1787 et suivants).

ART. 4. — DU BAIL À CHEPTEL.

§ Ier.

DISPOSITIONS GÉNÉRALES. — Le bail à cheptel est un contrat par lequel l'une des parties donne à l'autre un fonds de bétail pour le garder, le nourrir et le soigner, sous les conditions convenues entre elles.

Il y a plusieurs sortes de cheptels :

1° Le cheptel simple ou ordinaire ;

2° Le cheptel à moitié ;

3° Le cheptel donné au fermier ou au colon partiaire ;

4° Une quatrième espèce de contrat, improprement appelée *cheptel*.

On peut donner à cheptel toute espèce d'animaux susceptibles du croît ou de profit pour l'agriculture ou le commerce.

A défaut de conventions particulières, ces contrats se règlent par les principes qui suivent.

§ II.

Du cheptel simple. — Le bail à cheptel simple est un contrat par lequel on donne à un autre des bestiaux à garder, nourrir et soigner, à condition que le preneur profitera de la moitié du croît, et qu'il supportera aussi la moitié de la perte.

L'estimation donnée au cheptel dans le bail, n'en transporte pas la propriété au preneur ; elle n'a d'autre objet que de fixer la perte ou le profit qui pourra se trouver à l'expiration du bail.

Le preneur doit les soins d'un bon père de famille à la conservation du cheptel. Il n'est tenu du cas fortuit que lorsqu'il a été précédé de quelque faute de sa part, sans laquelle la perte ne serait pas arrivée.

En cas de contestation, le preneur est tenu de prouver le cas fortuit, et le bailleur est tenu de prouver la faute qu'il impute au preneur. Lorsque celui-ci est déchargé du cas fortuit, il est toujours tenu de rendre compte des peaux des bêtes.

Si le cheptel périt en entier sans la faute du preneur, la perte en est pour le bailleur. S'il n'en périt qu'une partie, la perte est supportée en commun, d'après le prix de l'estimation originaire et celui de l'estimation à l'expiration du cheptel.

On ne peut stipuler que le preneur supportera la perte totale du cheptel, quoique arrivée par cas fortuit et sans sa faute ; — Ou qu'il supportera dans la perte une part plus grande que dans le profit ; — Ou que le bailleur prélèvera, à la fin du bail, quelque chose de plus que le cheptel qu'il a fourni.

Toute convention semblable est nulle. — Le preneur profite seul des laitages, du fumier et du travail des animaux donnés à cheptel. — La laine et le croît se partagent.

Le preneur ne peut disposer d'aucune bête du troupeau,

soit du fonds, soit du croît, sans le consentement du bailleur, qui ne peut lui-même en disposer sans le consentement du preneur.

Lorsque le cheptel est donné au fermier d'autrui, il doit être notifié au propriétaire de qui ce fermier tient ; sans quoi il peut le saisir et le faire vendre pour ce que son fermier lui doit.

Le preneur ne pourra tondre sans en prévenir le bailleur.

S'il n'y a pas de temps fixé par la convention pour la durée du cheptel, il est censé fait pour trois ans. — Le bailleur peut néanmoins en demander plus tôt la résolution, si le preneur ne remplit pas ses obligations.

A la fin du bail, ou lors de sa résolution, il se fait une nouvelle estimation du cheptel. — Le bailleur peut prélever des bêtes de chaque espèce jusqu'à concurrence de la première estimation ; l'excédant se partage. — S'il n'existe pas assez de bêtes pour remplir la première estimation, le bailleur prend ce qui reste, et les partages se font à raison de la perte (1804 et suivants).

§ III.

Du cheptel a moitié. — Le cheptel à moitié est une société dans laquelle chacun des contractants fournit la moitié des bestiaux, qui demeurent communs pour le profit ou pour la perte.

Le preneur profite seul, comme dans le cheptel simple, des laitages, du fumier et des travaux des bêtes. — Le bailleur n'a droit qu'à la moitié des laines et du croît. — Toute convention contraire est nulle, à moins que le bailleur ne soit propriétaire de la métairie dont le preneur est fermier ou colon partiaire.

Toutes les autres règles du cheptel simple s'appliquent aussi au cheptel à moitié.

§ IV.

Du cheptel donné par le propriétaire a son fermier ou colon partiaire : 1° *Du cheptel donné au fermier.* — Ce cheptel (aussi appelé *cheptel de fer*), est celui par lequel le propriétaire d'une métairie le donne à ferme, à la charge qu'à l'expiration du bail, le fermier laissera des bestiaux d'une valeur égale au prix de l'estimation de ceux qu'il aura reçus.

L'estimation du cheptel donné au fermier ne lui en transfère pas la propriété, mais néanmoins le met à ses risques.

Tous les profits appartiennent au fermier pendant la durée de son bail, s'il n'y a convention contraire.

Dans les cheptels donnés au fermier, le fumier n'est point dans les profits personnels des preneurs, mais il appartient à la métairie, à l'exploitation de laquelle il doit être uniquement employé.

La perte, même totale et par cas fortuit, est en entier pour le fermier, s'il n'y a convention contraire.

A la fin du bail, le fermier ne peut retenir le cheptel, en en payant l'estimation originaire ; il doit en laisser un de valeur pareille à celui qu'il a reçu. — S'il y a du déficit, il doit le payer ; et c'est seulement l'excédant qui lui appartient.

2° *Du cheptel donné au colon partiaire.* — Si le cheptel périt en entier sans la faute du colon, la perte est pour le bailleur.

On peut stipuler que le colon délaissera au bailleur sa part de la toison à un prix inférieur à la valeur ordinaire ; — Que le bailleur aura une plus grande part du profit ; — Qu'il aura la moitié des laitages ; — Mais on ne peut pas stipuler que le colon sera tenu de toute la perte.

Ce cheptel finit avec le bail à métairie. Il est d'ailleurs soumis à toutes les règles du cheptel simple (1818 et suivants).

§ V.

Du contrat improprement appelé cheptel. — Lorsqu'une

ou plusieurs vaches sont données pour les loger et les nourrir, le bailleur en conserve la propriété ; il a seulement la propriété des profits qui en naissent.

ACTE XV.

FORMULE DE BAIL SOUS SEING PRIVÉ, POUR UN PETIT APPARTEMENT.

Je soussigné, *Jacques Sylvain, propriétaire ou principal locataire* de la maison située rue de..., n°..., loue au sieur *Amédée Saintoin, journalier*, à titre de bail à loyer, un petit appartement *au second étage* de ladite maison, composé seulement d'une chambre à cheminée donnant sur *la cour*, et d'un petit cabinet à côté donnant aussi sur la cour, moyennant le prix et somme de *cent-vingt francs par an*, payable en deux termes égaux ; le premier, de *soixante francs*, aura lieu à Noël prochain, 25 décembre 1844, et le second, aussi de *soixante francs*, à la Saint-Jean, 24 juin suivant 1845. Le présent bail a lieu pour un an seulement, au bout duquel il sera résilié de plein droit, sans que les parties soient obligées de se faire les sommations ou avertissements ordinaires pour se prévenir.

Les impôts des portes et fenêtres pour cette année seront à la charge du *preneur*, ou bien resteront à la charge du *bailleur*.

Et moi, *Amédée Saintoin*, prends la présente location comme et ainsi qu'elle est développée ci-dessus, et sous toutes les obligations imposées aux locataires et réglées par le code civil.

Fait double entre nous, sous nos signatures privées, à...., le..., du mois de... 1844.

J'approuve l'écriture ci-dessus. (*Les signatures.*)

Droit proportionnel d'enregistrement 20 c. par 100 fr.

Si l'acte est notarié, il se paie par vacations, 3 fr. On cumule 2 années pour les honoraires et toutes les années pour l'enregistrement.

ACTE XVI.

FORMULE D'UN AUTRE BAIL SIMPLE SOUS SEING PRIVÉ.

Entre nous soussignés, P... D..., avocat, et V... D..., propriétaire, a été convenu ce qui suit :

Moi, P... D... ai affermé à M. V... D... une partie basse de maison, sise à..., rue..., n°... Cette partie de maison consiste en un petit salon sur la rue, cabinet à la suite, chambre à coucher, autre cabinet et petite cuisine. Il est convenu que M. V... D... aura le droit exclusivement de la bassie située dans la cour, ainsi que du poulailler placé au-dessus.

Le grenier situé au-dessus du principal corps de bâtiment, appartiendra à M. V... D..., ainsi que la jouissance commune des latrines, de la cave, de la cour et du puits. Il est en outre convenu que les locataires du haut n'auront le droit de jouir de la partie de la cour qui se trouve immédiatement devant les fenêtres de M. V... D... que pour leur passage.

Le présent bail pour le prix et somme de deux cent cinquante francs par an, payables en deux termes égaux, à Noël et à la Saint-Jean. Il est convenu encore que M. V.... D.... paiera *ou* ne paiera pas l'impôt des portes et fenêtres.

Le présent bail est fait pour une année, qui commencera à courir de la Saint-Jean, vingt-quatre juin mil huit cent quarante-*trois*, au bout de laquelle ledit bail devient nul de plein droit, sans que les parties soient tenues à se prévenir suivant l'usage.

Fait double, sous nos signatures privées, pour être exécuté de bonne foi, à..., le.... du mois de..... mil huit cent quarante-*trois*.

J'approuve *l'écriture ci-dessus.*

J'approuve, etc. *(Les signatures).*

Nota. 1° Il faut bien avoir soin de toujours spécifier si l'impôt des portes et fenêtres doit être payé par le preneur ou par le bailleur ; car lorsqu'il n'en est pas fait mention, il reste à la charge du locataire.

2° On fait ordinairement ces sortes de baux sur du papier au timbre de 35 centimes.

SUIT L'ÉTAT DES LIEUX :

Dans la pièce sur la rue, la glace de la cheminée, le devant de cheminée, la grande tringle placée au-dessus de la fenêtre et celle de l'alcôve appartiennent à M. P.... D.... Dans le salon, la grande glace de la cheminée, le devant de cheminée et les pitons servant à fixer les tringles, appartiennent aussi à M. P... D..., qui laisse en outre les objets suivants : Dans le cabinet entre le salon et la cuisine, deux carrés en planches ayant chacun deux tablettes ; un porte-manteau à sept champignons, dont un cassé ; une petite tablette au-dessus de la porte ; une grande tablette dans toute la largeur du cabinet ; dans la cuisine, une grande tablette double et un porte-manteau à cinq champignons.

Le bas des murs de la cour, de la cuisine et de l'allée n'ont point été recrépis. Le carrelage du grenier est en mauvais état.

J'approuve, etc.

7

Droit proportionnel d'enregistrement, 20 c. par 100 fr.

Si l'acte est notarié, il se paie 50 c. par 100 fr. On cumule 5 années pour les honoraires et toutes les années pour l'enregistrement.

ACTE XVII.

FORMULE D'UN BAIL PLUS CONSIDÉRABLE ET PLUS DÉTAILLÉ
SOUS SEING PRIVÉ.

Les soussignés, G... C... fils, entrepreneur de travaux publics, demeurant à..., d'une part, et M. L.... P..., docteur en médecine, demeurant aussi à..., d'autre part, sont convenus de ce qui suit :

Le sieur G... C... donne, par ces présentes, à titre de bail à loyer, à M. L... P..., ce acceptant, pour six années consécutives qui commenceront le jour de la Saint-Jean-Baptiste (24 juin) prochain, pour finir à pareille époque de l'an dix-huit cent quarante..., une maison et ses dépendances, sise à.... rue....., n°..., actuellement occupée par M. L... P... et M. B..., et consistant : par le bas, en deux chambres à feu, deux cabinets, une cave sous le tout; un petit jardin, des lieux d'aisances, un hangar, à côté de ce hangar une cuisine, avec le droit de puiser au puits qui est dans la maison dudit sieur G... C...; et par le haut, en trois chambres à feu, en un cabinet et en un grenier régnant sur ces trois chambres et sur ce cabinet.

M. G... C... fera séparer la cave en trois parties. Il se réserve la partie où se trouve sa cuve, et cette partie sera la moins étendue.

Bien que le grenier soit en entier pour M. L... P..., M. G... C... le fera séparer en deux parties qui seront occupées par le preneur.

Il sera fait entre le bailleur et le preneur, à l'époque du vingt-quatre juin prochain, un état des lieux présentement affermés.

M. G... C... fera alors procéder à toutes les réparations locatives qui seraient à faire et réparera les dégradations qui existeraient seulement dans la partie basse de ladite maison, la partie haute ayant été reconnue en bon état de réparations locatives.

M. L... P... s'oblige à jouir des lieux à lui présentement loués, en bon père de famille, et à les rendre à sa sortie, en aussi bon état de réparations locatives qu'il les recevra.

Le prix du bail ci-dessus est fixé, pendant tout le temps qu'il aura cours, à *cinq cent francs par an*, payables moitié à Noël et moitié à la saint Jean-Baptiste. Le premier paiement aura lieu le vingt-cinq décembre mil huit cent quarante..., le second, le vingt-quatre juin mil huit cent quarante..., et il en sera ainsi, de six mois en six mois, jusqu'à la cessation de la jouissance.

L'impôt des portes et fenêtres de ladite maison est à la charge du preneur.

Fait double, sous les seings privés desdits sieurs G... C... et L... P..., pour être exécuté de bonne foi, à.... le..., du mois de... l'an mil huit cent quarante...

J'approuve l'écriture ci-dessus.

J'approuve, etc.   *(Les signatures)*.

Droit proportionnel d'enregistrement, 20 c. par 100 fr.

Si l'acte est notarié, il se paie 50 c. par 100 fr. On cumule 3 années pour les honoraires et toutes les années pour l'enregistrement.

§ VI.

MANIÈRE DONT LE BAIL FINIT. — Le bail finit, comme nous l'avons déjà vu dans les articles du code que nous avons cités, par la perte de la chose louée, par l'inexécution des engagements de la part du preneur ou du bailleur, par l'expiration du temps convenu ; de plus, si le bail est verbal, il finit par le congé que le bailleur ou le preneur se donnent respectivement, et en se conformant à l'usage des lieux.

L'usage à Paris, constaté par la jurisprudence, fixe ces délais de la manière suivante :

Six mois, pour les maisons entières, corps-de-logis entiers ou boutiques :

Trois mois, pour les logements au-dessus de 400 fr. sans limitation ; six semaines, pour les logements de 400 fr. et au-dessous.

L'usage fixe aussi les quatre termes de l'année au 1er janvier, avril, juillet et octobre. L'intervalle qui doit être observé entre le congé et la sortie ne commence à courir que de ces diverses époques, lors même que le congé aurait été signifié auparavant.

Dans les provinces, les termes d'usage sont ordinairement la saint Jean-Baptiste (vingt-quatre juin), et Noël (vingt-cinq décembre), et les congés se donnent en général trois mois ou six mois d'avance. Cela dépend absolument de l'usage des lieux et des conventions particulières des parties contractantes.

Lorsque les parties ne sont pas d'accord, le congé doit être signifié par huissier ; si elles sont d'accord, il peut être donné et reçu amiablement par écrit.

ACTE XVIII.

FORMULE DE CONGÉ AMIABLE.

Les soussignés, M. A. (*nom, prénoms, profession et demeure*), d'une part ; et M. B. (*idem*), d'autre part, sont convenus de ce qui suit :

M. A.. propriétaire d'une maison sise à..., actuellement habitée par M. B., locataire par bail verbal, donne par ces présentes, à M. B., congé pour le..., prochain.

M. B. accepte le congé pour ledit jour, et promet de remettre les clefs, au plus tard, la veille du jour fixé pour sa sortie, et de rendre les lieux en bon état de réparations locatives.

Fait double à..., le....,

(Approuvé l'écriture ci-dessus de la main des parties, avec leurs signatures).

Droit proportionnel d'enregistrement, 20 c. par 100 fr.

Si l'acte est notarié, il se paie par vacations, 3 fr. On cumule 5 années pour les honoraires et toutes les années pour l'enregistrement.

ACTE XIX.

AUTRE FORMULE DE BAIL A LOYER.

Les soussignés, M. A. (*nom, prénoms, profession et demeure*), propriétaire d'une maison sise à..., rue..., n°..., d'une part ; et M. B. (*idem*), d'autre part, ont dit et arrêté ce qui suit :

M. A. a, par ces présentes, fait bail et donné à loyer, pour trois, six, ou neuf années consécutives, qui commenceront à courir le... prochain, et ce, au choix respectif des parties, et s'avertissant mutuellement au moins six mois à l'avance, avant l'expiration des trois ou six premières années, à M. B..., qui l'accepte, une maison sise à..., consistant en (la désigner sommairement) ; ainsi d'ailleurs qu'elle se comporte, avec toutes ses dépendances, M. B. déclarant la connaître et l'avoir visitée.

Pour en jouir, par M. B., audit titre de bail et pendant le temps ci-dessus exprimé.

Ce bail est fait aux conditions suivantes, que M. B. s'oblige d'exécuter et accomplir, sans diminution du prix du bail ci-après fixé, savoir :

1° De garnir et tenir ladite maison garnie de meubles et effets mobiliers suffisants pour répondre en tout temps des loyers ;

2° De l'entretenir en bon état de réparations locatives ;

3° De ne pouvoir faire aucun changement dans la destination des localités sans le consentement du propriétaire, et de rendre les lieux à la fin du bail, conformément à l'état qui en sera dressé incessamment entre les parties, aux frais du preneur, et en double ;

4° De payer l'impôt des portes et fenêtres et de satisfaire à toutes les charges de ville ou de police, dont les locataires sont ordinairement tenus ;

5° De ne pouvoir céder son droit au présent bail, en tout ou en partie, ni même sous-louer, sans le consentement exprès et par écrit du bailleur ;

6° En outre, le présent bail est fait moyennant la somme de.., que M. B. promet et s'oblige de payer, par chaque année, à M. A., en sa demeure, ou, pour lui, au porteur de ses pouvoirs, en quatre termes et paiements égaux, aux quatre termes ordinaires de l'année : le premier desquels paiements, de la somme de…, aura lieu le… ; le second, le… ; pour ainsi continuer, de trois en trois mois, jusqu'à la fin du présent bail. — Ces paiements devront être faits en espèces métalliques ayant cours, et non autrement. M. B. a présentement payé à M. A., qui le reconnaît, la somme de…, pour six mois d'avance desdits loyers, imputables sur les six derniers mois de jouissance du présent bail, pour ne pas intervertir l'ordre des paiements ci-devant établi.

De son côté, M. A. promet et s'oblige de tenir M. B., clos et couvert, suivant l'usage.

Fait double à…, le…

(Approuvé l'écriture ci-dessus de la main des parties, avec leurs signatures).

Droit proportionnel d'enregistrement, 20 c. par 100 fr.

Si l'acte est notarié, il se paie 50 c. par 100 fr. On cumule 5 années pour les honoraires et toutes les années pour l'enregistrement.

§ VII.

Du sous-locataire. — Nous avons vu aussi que le preneur peut sous-louer, si cette faculté ne lui a pas été expressément interdite dans son bail ; elle peut l'être pour tout ou partie.

Le sous-locataire est tenu des mêmes obligations que le locataire, etc. (Voir chapitre VI, § II.)

ACTE XX.

FORMULE DU SOUS-BAIL.

Les soussignés, M. A. (*nom, prénoms, profession et demeure*), locataire à titre de bail pour neuf années consécutives, qui ont commencé à courir du..., suivant bail sous signatures privées, en date du..., fait entre lui et M. propriétaire de la maison ci-après désignée, d'une part, et M. B. (*idem*), d'autre part ; ont dit et arrêté ce qui suit :

M. A., en sadite qualité, sous-loue à M. B..., qui l'accepte, pour trois, six ou neuf années consécutives, au choix des parties, en s'avertissant réciproquement six mois d'avance avant l'expiration des trois premières années ; le tout à partir du..., un appartement au premier étage composé de.. , et dépendant d'une maison sise à..., tel que ledit appartement se compose dans l'état où il se trouve actuellement, M. B. déclarant le connaître.

Ce sous-bail est fait aux conditions suivantes :

1º De garnir les lieux de meubles et effets mobiliers suffisants pour répondre en tout temps des loyers ;

2º D'entretenir les lieux en bon état de réparations locatives ;

3º De souffrir les grosses réparations qui deviendraient nécessaires pendant le cours dudit sous-bail, pourvu qu'elles ne durent pas plus de *tant de temps.*

4º De payer l'impôt des portes et fenêtres et de satisfaire à toutes les charges de ville ou de police, dont les locataires sont ordinairement tenus ;

5º De ne pouvoir faire aucune percement, changement et distribution nouvelle, sans le consentement de M. X., propriétaire ;

6º De ne pouvoir céder son droit au présent sous-bail sans le consentement exprès et par écrit de M. A..., principal locataire.

En outre, ce sous-bail est fait moyennant la somme de..., que M. B... promet et s'oblige de payer, pour chaque année, à M. A..., en sa demeure, ou, pour lui, au porteur de ses pouvoirs, en quatre termes et paiements égaux, aux quatre termes ordinaires de l'année, le premier desquels paiements, de la somme de..., aura lieu le...; le second le..., pour ainsi continuer, de trois mois en trois mois, jusqu'à la fin du présent bail.

Ces paiements devront être faits en espèces métalliques ayant cours, et non autrement.

M. B... a présentement payé à M. A..., qui le reconnaît, la somme de..., pour six mois d'avance desdits loyers, imputable sur les six derniers mois de jouissance du présent bail, pour ne pas intervertir l'ordre des paiements ci-devant établi.

De son côté, M. A... promet et s'oblige de tenir M. B... clos et couvert, suivant l'usage.

Fait double, à..., le..., etc.

(Approuvé l'écriture ci-dessus de la main des parties, avec leurs signatures.)
Droit proportionnel d'enregistrement, 20 c. par 100 fr.

Si l'acte est notarié, il se paie 50 c. par 100 fr. On cumule 3 années pour les honoraires et toutes les années pour l'enregistrement.

ACTE XXI.

FORMULE DE CONTINUATION DE BAIL.

Les soussignés, M. A... (*noms, prénoms, professions et demeure*), d'une part; M. B... (*idem*), d'autre part, sont convenus de ce qui suit :

Le bail fait par M. A... à M. B..., suivant acte sous seings privés, en date du..., pour *tant* d'années consécutives, qui ont commencé le..., pour finir le..., à raison de... francs par chacune desdites années ;

D'une maison sise à..., sera continué pour *tant* d'années qui commenceront le..., et finiront le..., *ou*, à pareil jour de l'année.

Cette continuation de bail est consentie moyennant pareille somme de..., que M. B... s'oblige de payer à M. A..., par chacune desdites années, de la manière, aux époques et aux lieux fixés au bail susdaté, et aux conditions qui y sont relatées, auxquelles il n'est nullement dérogé.

Fait double, à..., le..., etc.

Nota. 1° S'il s'agit du bail d'un petit appartement, ou d'un bail de peu de conséquence, il suffira d'écrire à la fin du bail :

« Les parties consentent à prolonger la durée du présent bail jusqu'à *telle époque*, à la fin de laquelle il restera nul de plein droit. Il est bien entendu que c'est aux mêmes clauses et conditions énoncées dans ledit bail.

» Fait double, à..., le..., etc. »

2° Nous ne saurions donner ici trop de modèles de ces sortes d'actes dont on a si souvent besoin, et dont les clauses et conditions sont si variées ; c'est pourquoi nous ajouterons encore une nouvelle série de baux à loyer, après le désistement amiable qui suit :

Droit proportionnel d'enregistrement, 20 c. par 100 fr.

Si l'acte est notarié, il se paie 50 c. par 100 fr. On cumule 3 années pour les honoraires et toutes les années pour l'enregistrement.

ACTE XXII.

FORMULE DE DÉSISTEMENT AMIABLE.

Les soussignés (*comme aux autres actes*), reconnaissent, par ces présentes, s'être volontairement désistés du bail à loyer fait par M. A... à M. B..., pour *tant* d'années consécutives, qui ont commencé à courir le..., à raison de .. pour chaque année, d'une maison, sise à..., suivaut acte sous seings privés, fait double entre les parties le..., enregistré..., consentant que ledit bail soit et demeure définitivement annulé entre eux, sans aucune indemnité de part ni d'autre, pour tout le temps qui reste à courir à partir du... prochain, auquel jour ledit sieur B..., preneur, promet et s'oblige de rendre lesdits lieux, et de payer les loyers qui seront alors dus, et sous la réserve de tous les droits du propriétaire pour raison des réparations locatives à la charge du preneur, lesquelles pourraient exister.

Fait double, à..., etc.   (*Les signatures.*)

Droit proportionnel d'enregistrement, 20 c. par 100 fr.

ACTE XXIII.

AUTRE FORMULE DE BAIL A LOYER SOUS SEING PRIVÉ.

Nous soussignés, M. A... (*noms, prénoms, profession ou qualité et demeure*) d'une part, et M. B... (*idem.*), d'autre part, sommes convenus de ce qui suit :

Moi, M. A..., propriétaire ou principal locataire, ou fondé de pouvoir du propriétaire, ou tuteur du mineur..., propriétaire, donne à loyer, par le présent bail, à M. B..., locataire ou preneur, ce acceptant, une maison sise rue..., n°..., consistant en *tant* d'étages (*détailler ici la maison et ses dépendances*); laquelle, circonstances et dépendances, M. B..., a déclaré bien connaître, pour l'avoir vue et examinée dans tous ses détails.

Le présent bail est fait pour trois, ou six, ou neuf années, au choix de..., en nous avertissant trois ou six mois d'avance pour sa cessation, avant le commencement de la quatrième ou de la septième année, lesquelles trois, six, ou neuf années commenceront à compter de... Ledit bail est fait pour le prix et somme de... par année, payable par moitié, de six mois en six mois, ou par quart, de trois mois en trois mois (*on suit en cela l'usage des lieux, comme aussi pour les époques de paiement*), en monnaie d'or ou d'argent ayant cours, et non autrement. Le premier paiement se fera le..., le second, le..., pour ainsi continuer de terme en terme, aux différentes époques ci-dessus énoncées, jusqu'à la fin du présent bail. (*Il y a beaucoup de circonstances où l'on ajoute encore cette clause, qui n'a pas lieu ordinairement dans les provinces*) : et à la charge, par ledit M. B..., preneur ou locataire, de me payer six mois d'avance, lequel paiement sera imputable sur les six derniers mois de la location, de telle sorte que l'ordre des paiements qui vient d'être fixé, n'en soit nullement interverti.

A la charge encore par ledit sieur preneur ou locataire, de garnir les lieux à lui loués de meubles et effets suffisants pour répondre du prix de sa location au moins pendant une année ; d'user desdits lieux en bon père de famille, de les entretenir des réparations locatives nécessaires pendant toute la durée du bail, à la fin duquel il devra les rendre en bon état et tels qu'il les a reçus, conformément à l'état des lieux qui en a été fait, *ou* qui en sera fait entre nous avant son entrée en jouissance.

Il sera obligé en outre de supporter *telle* ou *telle* servitude (*s'il y en a, on doit bien les énoncer*), de souffrir les grosses réparations dont le besoin serait, de payer l'impôt des portes et fenêtres, ses contributions personnelles, de justifier de leur acquittement total avant sa sortie ; en un mot, de satisfaire à toutes les obligations des locataires.

Le sieur M. B..., preneur ou locataire, pourra, *ou* ne pourra pas faire *tel* ou *tel* changement. (*Dans le cas où il serait permis de faire des changements, on ajouterait*) : à la charge par lui de remettre à sa sortie les lieux dans l'état où il les avait pris ; *ou bien*, de me laisser ces changements, s'il me plaît de les garder.

Il pourra, ou il ne pourra pas sous-louer tout ou partie des lieux à lui cédés par le présent bail.

Nous pourrons respectivement nous désister du présent bail, à la charge par celui qui voudra s'en départir, de payer à l'autre une indemnité de... pour chaque année qui restera encore à courir, et de le prévenir au moins trois ou six mois d'avance.

Si, dans le courant du bail, je venais à échanger ou à vendre les lieux loués par le présent bail, l'acquéreur serait en droit de résilier le bail ou d'en ordonner la continuation, à sa volonté, sans que M. B..., locataire, eût aucun recours contre moi ni contre l'acquéreur ; *ou bien*, dans ce cas, je lui tiendrai compte d'une indemnité de six mois, *ou* un an, du prix de location.

Et moi, M. B..., preneur *ou* locataire, je prends à loyer de M. A..., les lieux ci-dessus désignés, pour le temps, pour le prix et sous toutes les obligations et conventions énoncées dans le présent acte.

Fait double entre nous, sous nos signatures privées, pour être exécuté de bonne foi, à..., le... mil huit cent quarante...

J'approuve l'écriture ci-dessus et d'autre part.

J'approuve, etc.   (*Les signatures.*)

Droit proportionnel d'enregistrement, 20 c. par 100 fr.

Si l'acte est notarié, il se paie 50 c. par 100 fr. On cumule 5 années pour les honoraires et toutes les années pour l'enregistrement.

ACTE XXIV.

AUTRE FORMULE DE CONTINUATION DE BAIL.

Nous soussignés, M. A..., etc., et M. B..., qualifiés et domiciliés au bail dont la teneur est ci dessus et d'autre part, sommes convenus que ledit bail, fait double sous nos signatures privées, à..., le... mil huit cent quarante... et dont la durée expirera le..., est prorogé, et continuera d'avoir cours pendant l'espace de..., aux mêmes charges, clauses et conditions, et pour le même prix par chaque année, payable de la manière et aux époques qui y sont exprimées.

Fait double entre nous, sous nos signatures privées, à..., le... mil huit cent quarante...

J'approuve, etc.   *(Les signatures.)*

Droit proportionnel d'enregistrement, 20 c. par 100 fr.

Si l'acte est notarié, il se paie 50 c. par 100 fr. On cumule 5 années pour les honoraires et toutes les années pour l'enregistrement.

ACTE XXV.

FORMULE D'UN CONGÉ SOUS SEING PRIVÉ.

Nous soussignés, M. A... (*nom, prénoms, profession ou qualité et demeure*), et M. B.. (*de même*), sommes convenus que le bail fait entre nous par-devant notaires, *ou* sous nos signatures privées, le..., ayant pour objet une maison située à..., n°..., composée de..., et appartenant à..., au moyen du congé que nous nous donnons respectivement, *ou bien* que M. B... me donne par ces présentes, et que j'accepte, est et demeure résolu pour le terme prochain; M. B... promettant de remettre les lieux par lui occupés, le..., heure de midi, et que ledit jour, à cette heure, il sortira, rendra lesdits lieux comme il les a reçus, vides et en état de réparations locatives, qu'il justifiera de l'acquit de ses contributions, paiera les loyers alors échus, et remettra, à qui de droit, les clefs de ladite maison.

Fait double entre nous, sous nos signatures privées, à..., le... mil huit cent quarante...   *(Les signatures.)*

Nota. 1° Cette formule doit être faite en deux originaux sur papier timbré.

2° Les propriétaires et principaux locataires des maisons sont tenus, un mois avant le déménagement de leurs locataires ou sous-locataires, de se faire représenter les quittances de leurs contributions, à peine d'en demeurer responsables.

Droit fixe d'enregistrement, 2 fr.
Si l'acte est notarié, il se paie par vacations, 5 fr.

ACTE XXVI.

AUTRE FORMULE D'UN CONGÉ DONNÉ AU BAS D'UNE QUITTANCE.

Je soussigné, propriétaire d'une maison située à..., rue..., n°.. , accepte le congé que M. B..., locataire de ladite maison, me donne pour le terme de... prochain, promettant le sieur M. B... de sortir *tel jour*, heure de midi, et de rendre ledit jour, à cette heure, les lieux vides et en état de réparations locatives, justifier de l'acquit de ses contributions, payer les loyers échus, et remettre les clefs desdits appartements.

(Les signatures.)

Droit fixe d'enregistrement, 2 f.
Si l'acte est notarié, il se paie par vacations, 5 fr.

ACTE XXVII.

FORMULE D'UN BAIL A FERME POUR UN BIEN RURAL.

Les soussignés, M. A... (*nom, prénoms et demeure*), propriétaire de la ferme de..., située à..., commune de..., arrondissement de..., département de..., d'une part ; et M. B... (*nom et prénoms*), cultivateur, et dame..., son épouse, qu'il autorise à l'effet des présentes, demeurant à..., d'autre part ;

Sont convenus de ce qui suit :

M. A... donne à titre de bail à ferme, pour dix-huit années consécutives, pour la récolte entière et dépouille de tous les fruits et produits qui pourront être perçus et recueillis pendant lesdites dix-huit années qui commenceront au... prochain, aux sieur et dame M. B..., ce acceptant, preneurs audit titre de bail pendant ledit temps ;

Les biens ci-après désignés, savoir :

1° Un corps de ferme situé à..., consistant en un bâtiment principal servant de logement au fermier, avec cour et puits dans cette cour, grande porte pour y entrer, deux bâtiments en aile servant d'écurie, étables à vaches, plusieurs greniers, grange derrière le principal corps-de-logis, et autres bâtiments servant à l'exploitation, jardins potagers et à fruits, entourés de murs (*ou haies vives*), et autres circonstances et dépendances ; le tout tenant du levant à..., du couchant à..., du nord à..., du midi à..., et contenant en superficie... hectares... ares...

2° Dans divers ustensiles servant à la culture et à l'exploitation de cette ferme, desquels il a été fait un état entre les parties, qui, à leur réquisition, demeure ci-joint.

3° ... hectares... ares... centiares de terres labourables, en *tant* de pièces, savoir :

La première pièce, contenant... hectares... ares... centiares, située à..., terroir de..., tenant d'un bout et du levant à..., d'autre bout et du couchant à..., d'un autre côté et du midi à..., d'autre côté et du nord à...

La seconde pièce, même terroir, contenant, etc.

La troisième (*désigner ainsi et successivement toutes les pièces*.)

Ainsi que tous ces biens s'étendent, poursuivent et comportent, sans en rien excepter, retenir ni réserver, sans aucune garantie de mesure.

Ce bail est fait aux charges, clauses et conditions suivantes, que les preneurs s'obligent solidairement entre eux d'exécuter et accomplir sans pouvoir prétendre aucune diminution du prix ci-après fixé :

1° De garnir ladite ferme et de la tenir garnie de meubles, grains et fourrages, chevaux, bestiaux et autres effets exploitables et suffisants pour répondre des fermages ;

2° D'entretenir les bâtiments de toutes réparations locatives et de les rendre, à l'expiration du bail, en bon état de réparations, conformément à l'état qui en sera dressé entre les soussignés avant l'entrée en jouissance desdits preneurs ;

3° De souffrir les grosses réparations qu'il conviendra de faire, et de fournir les voitures et charrois pour transporter les matériaux qui seront nécessaires pour faire ces grosses réparations ;

4° De labourer, fumer et ensemencer les terres par soles et saisons convenables ;

5° De convertir toutes les pailles en fumier pour l'engrais desdites terres, sans pouvoir en distraire ni vendre aucune partie, et de laisser à la fin de leur bail, toutes celles qui s'y trouveront ;

6° D'entretenir toutes les clôtures qui se trouvent dans ladite ferme, de replanter de nouvelles haies partout où elles pourraient manquer, et de faire vider et curer les fossés quand il en sera besoin ;

7° De bien façonner et cultiver, en suivant les usages des lieux, les vignes, de les provigner, ou d'en replanter d'autres à la place de celles qui périraient ou qu'il faudrait arracher ;

8° D'écheniller les arbres toutes les fois qu'il en sera besoin, et de replanter d'autres arbres à la place de ceux qui mourraient ;

9° D'avertir le bailleur des usurpations, empiètements et dégâts qui pourraient être faits sur les biens présentement loués ;

10° De rendre, à la fin de son bail, les ustensiles de culture et de labour qui y sont compris, et ce, en bon état, tels qu'ils les auront reçus, et tous lesdits biens en bon état de culture, fumure et labourage ;

11° De ne pouvoir céder ni transporter leur droit au présent bail, sans le consentement exprès et par écrit du bailleur.

En outre, ce bail est fait moyennant la somme de..., de fermage annuel que les preneurs s'obligent, sous ladite solidarité, de payer, par chaque année du présent bail, audit bailleur, en sa demeure à..., ou pour lui, au porteur de ses pouvoirs, en trois paiements égaux, aux époques ordinaires, — Noël, — Pâques et Saint-Jean-Baptiste ; — le premier desquels, de la somme de..., aura lieu et sera fait à Noël prochain ; le 2°, de pareille somme, à Pâques suivant ; le 3°, à la Saint-Jean-Baptiste, pour ainsi continuer à être payé d'année en année, aux mêmes époques.

De son côté, M. A..., bailleur, s'oblige de tenir les preneurs clos et couverts, suivant l'usage.

Fait double, à..., le..., etc., (*comme aux autres sous-seings*).

(*Les signatures.*)

Nota. Le *Journal des connaissances utiles,* auquel nous empruntons en partie ce modèle de sous-seing, fait ici une réflexion bien juste, en disant :

« Les longs baux sont extrêmement favorables à l'agriculture ; ils permettent au fermier de se livrer à des améliorations agricoles qui, en faisant sa fortune, enrichissent aussi le fonds et le propriétaire. Les baux de neuf années sont beaucoup trop courts pour qu'un fermier, qui doit craindre que le propriétaire ne l'augmente au renouvellement de son bail, en raison même de la plus-value qu'il aura donnée au fonds, se livre sérieusement à l'amélioration du sol. Comment consentira-t-il à introduire dans la culture un système de rotation qui, en purgeant le sol des plantes parasites, le rendra plus productif, si la série de ses diverses cultures doit embrasser la presque totalité de la durée de son bail, et si les résultats les plus positifs doivent profiter à son successeur ?

» Les longs baux vivifient l'agriculture ; c'est à cette habitude qu'il faut attribuer une partie de la supériorité de l'agronomie anglaise. Le fermier se considère comme co-propriétaire, et ne craint plus de se livrer à toutes les améliorations, quelles que soient les avances qu'elles exigent. »

Nota. 2° Le bail à ferme finit de la même manière que le bail à loyer. Toutefois lors même qu'il n'est que verbal, il cesse de plein droit à l'expiration du temps nécessaire pour recueillir tous les fruits de l'héritage. Il n'est pas nécessaire, comme dans les baux à loyer, de signifier un congé, parce qu'il a, en quelque sorte, un temps fixé par la nature pour la durée de ce bail.

Si le bail finissait par la volonté exprimée par le propriétaire, en vertu d'une réserve expresse qu'il aurait faite dans le bail, et que l'indemnité due au fermier n'eût pas été fixée, celle que le bailleur doit au fermier est du tiers du prix du bail, pour tout le temps qui en reste à courir.

D'ailleurs, le bail ne finit ni par la mort du bailleur, ni par celle du preneur ; il se continue avec leurs héritiers ou ayant-cause.

Nota. Nous croyons devoir prévenir encore une fois les personnes qui se serviront du *Guide universel* pour faire leurs actes, qu'il est indispensable que tous les contractants sachent signer ; car si une seule des parties ne savait pas signer, il faudrait alors que l'acte fût passé devant notaire. Cette règle ne s'applique point à la femme, qui ne fait qu'une seule et même partie avec son mari ; en conséquence, il suffit que le mari sache signer. Mais il n'en serait pas de même si la femme seule savait signer.

Droit proportionnel d'enregistrement, 20 c. par 100 fr.

Si l'acte est notarié, il se paie 50 c. par 100 fr. On cumule 3 années pour les honoraires et toutes les années pour l'enregistrement.

ACTE XXVIII.

FORMULE D'UN BAIL DE CHEPTEL SIMPLE, SOUS SEING PRIVÉ.

Entre nous soussignés, M. A... (*noms, prénoms, qualité ou profession, et demeure*), d'une part ; et M. B... (*de même*), d'autre part ;

A été convenu et arrêté ce qui suit :

Moi, M. A... ai, par ces présentes, donné et baillé à titre de cheptel simple, pour trois, six ou neuf années, à compter de ce jour, au sieur M. B..., qui accepte, le fonds de bétail ci-après désigné, savoir :

1° Cent brebis et dix béliers, qui sont désignés par *telle* marque ;

2° Dix vaches laitières, dont cinq sous *tel* poil, et cinq sous *tel autre*, âgées les unes de... années, et les autres de... années ;

3° Quatre bœufs de labour sous *tel* poil, de *tel* âge, et deux taureaux : tous lesquels bestiaux appartiennent au bailleur, et viennent d'être remis par lui au sieur M. B..., preneur, qui le reconnaît.

Pour, par ledit M. B..., preneur, en jouir à titre de cheptel simple pendant lesdites trois, six, ou neuf années, profiter seul pendant ledit temps, des laitages, du fumier et du travail desdits animaux, et partager par moitié avec le bailleur les laines et le croît que les bestiaux produiront pendant le même temps.

Ce bail est fait aux charges, clauses et conditions suivantes :

1° Le sieur M. B..., preneur, sera tenu de nourrir à ses frais tous lesdits

bestiaux, de les garder, gouverner et héberger comme il convient, et de prendre pour leur conservation, le soin qu'en prendrait un bon père de famille,
le tout pendant la durée du bail ;

2° Il ne pourra faire aucune tonte sans m'en prévenir, moi bailleur ;

3° Il ne pourra disposer d'aucune bête du cheptel, soit du fonds, soit du
croît, sans mon consentement, de même que moi, je n'en pourrai, pendant
toute la durée du présent bail, en disposer sans son consentement ;

4° Le fonds du cheptel est estimé entre nous et d'un commun accord, valoir
la somme de...., sur laquelle sera réglé, à l'expiration du bail, le profit ou la
perte à partager ou à supporter, par moitié, entre nous bailleur et preneur :
cette estimation ne transportera pas la propriété du cheptel au preneur ;

5° Pour constater le profit ou la perte du fonds du cheptel à la fin du bail,
il en sera fait, à cette époque, une nouvelle estimation par un seul expert, ou
par trois experts, dont nous conviendrons ensemble d'un commun accord.

S'il se trouve du profit, je pourrai prélever des bêtes de chaque espèce, jusqu'à concurrence de la première estimation, l'excédant sera ensuite partagé
par moitié. — Si au contraire il se trouve de la perte, je prendrai ce qui restera du fonds du bétail, et le preneur me paiera moitié de la perte ;

6° Moi, M. A., bailleur, et le sieur M. B., preneur, aurons réciproquement la faculté d'exiger, à la fin de chaque année, ou quand bon nous semblera, le partage du croît et de la tonte des laines ; le partage du croît n'aura
lieu néanmoins que lorsqu'il aura été constaté, par une prisée, que le fonds
du cheptel n'est pas diminué de valeur ; dans tous les cas, le profit seul sera
mis en partage, en sorte qu'il sera toujours pris sur le croît, avant partage,
de quoi remplacer la diminution de valeur du fonds du bétail ;

7° Si le cheptel périt en entier, sans la faute du preneur, la perte en sera
pour moi bailleur ; s'il n'en périt qu'une partie, la perte sera supportée en
commun, d'après le prix de l'estimation originaire et celui de l'estimation à
l'expiration du bail ;

8° Le preneur ne sera tenu des cas fortuits, que lorsqu'ils auront été précé-
dés de quelque faute de sa part, sans laquelle la perte ne serait point arrivée ;

9° Dans tous les cas, le preneur sera tenu de rendre compte des peaux des
bêtes et de les représenter, à moins qu'elles n'aient été enfouies pour cause de
maladie épizootique, enfouissement qui sera attesté par certificat du maire ou
de l'adjoint de la commune, ou constaté par procès-verbal d'huissier en due
forme.

10° Si quelques animaux du chef du cheptel viennent à périr sans qu'il y
ait de la faute du preneur, ils seront d'abord remplacés par les croîts ; le surplus seul sera partagé entre nous bailleur et preneur ;

11° Mais si quelques-unes périssent ou se perdent par la faute ou la négligence du preneur, il me sera payé sur-le-champ, par le sieur M. B., *telle* somme pour chaque brebis, *telle* somme pour chaque bélier, *telle* somme pour chaque vache, *telle* somme pour chaque bœuf, *telle* somme pour chaque taureau, et enfin la somme de..., si c'est la totalité du bétail, et ce, tant pour la valeur réelle des dites bêtes que pour dommages-intérêts ;

12° Le sieur M. B., preneur, ne pourra céder ledit cheptel, à qui que ce soit, sans mon consentement exprès, à peine d'en répondre en son propre nom, et de dommages-intérêts que nous fixons présentement à la somme de..., pour le seul fait de la cession du cheptel ;

13° Le présent bail sera résilié de plein droit, à défaut, par le preneur, de satisfaire à tout ou partie des obligations par lui ci-dessus contractées.

Et moi, M. B., ainsi que mon épouse, que j'autorise à l'effet des présentes, j'accepte toutes les conditions contenues dans ledit traité, et me soumets à toutes les obligations qu'il m'impose.

Fait double entre nous, sous nos signatures privées, pour être exécuté de bonne foi, à..., le... du mois de... mil huit cent quarante...

J'approuve l'écriture ci-dessus et d'autre part.

J'approuve, etc.   (*Les signatures.*)

Nota. Il sera facile, pour le cheptel simple d'une seule ou de quelques bêtes, de résumer la formule que nous venons de donner.

Droit proportionnel d'enregistrement, 25 c. par 100 fr.

Si l'acte est notarié, il se paie 50 c. par 100 fr. On cumule 5 années pour les honoraires et toutes les années pour l'enregistrement.

ACTE XXIX.

FORMULE D'UN BAIL DE CHEPTEL A MOITIÉ, SOUS SEING PRIVÉ.

Nous soussignés, M. A... (*noms, prénoms, qualité ou profession et demeure*), d'une part, et M. B... (*de même*), d'autre part ;

Sommes convenus et avons arrêté ce qui suit :

Moi, M. A..., propriétaire, et moi M. B..., fermier, déclarons, par ces présentes, mettre en société et à titre de cheptel à moitié, pour trois, ou six, ou neuf années consécutives qui commenceront le..., le fonds du bétail ci-après désigné, savoir :

Moi, M. A..., à titre de bailleur, *tels* ou *tels* bestiaux ;

Et moi, M. B..., fermier, *tels* ou *tels* bestiaux. (*Chacun les désignera séparément.*)

Pour jouir, par le sieur M. B..., fermier, à titre de preneur, pendant les dites trois, ou six, ou neuf années, de tous les bestiaux ci-dessus désignés et mis dans la présente société, les faire servir dans la culture des terres qu'il tient à bail du sieur..., et de toutes autres terres qu'il pourra prendre à bail par la suite, et profiter seul des laitages, fumiers et labours desdits bestiaux.

Le présent bail est fait, en outre, aux charges, clauses et conditions suivantes :

1° Le preneur sera seul chargé de les nourrir, loger, garder, gouverner et héberger à ses frais comme il convient, et de prendre pour leur conservation, le soin qu'y prendrait un bon père de famille, le tout pendant la durée du bail;

2° Les laines et croîts seront partagés par moitié à la fin de chaque année;

3° Le preneur ne pourra disposer d'aucune bête du cheptel, soit du fonds, soit du croît, sans mon consentement, comme aussi je ne pourrai le faire moi-même sans son consentement;

4° Il ne pourra pareillement faire aucune tonte sans m'en prévenir;

5° Le fonds du cheptel est estimé par nous, d'un commun accord, valoir la somme de..., sur laquelle sera réglé, à l'expiration du bail, le profit ou la perte à partager ou à supporter par moitié entre nous : cette estimation ne transportera pas la propriété du cheptel au preneur;

6° Les bêtes qui auront péri sans la faute ou la négligence du preneur, seront d'abord remplacées par les croîts; dans tous les cas, le preneur sera tenu de rendre compte des peaux des bêtes et de les représenter, à moins qu'elles n'aient été enfouies pour cause de maladie épizootique, enfouissement qui devra être constaté par certificat du maire ou de l'adjoint de la commune, ou par procès-verbal d'huissier en due forme;

7° A l'expiration du terme de la présente société, il sera, par des experts dont nous conviendrons ensemble, procédé à l'amiable, à l'estimation du cheptel; il sera ensuite composé par eux deux lots desdites bêtes, et ces lots seront tirés au sort entre nous bailleur et preneur.

Tous les deux susnommés et qualifiés, nous acceptons toutes les conditions contenues dans le présent traité, et nous soumettons à toutes les obligations qu'il nous impose à l'un et à l'autre.

Fait double entre nous, sous nos signatures privées, pour être exécuté de bonne foi à..., le.... du mois de... mil huit cent quarante...

J'approuve, etc.

(Les signatures.)

Droit proportionnel d'enregistrement, 20 c. par 100 fr.

Si l'acte est notarié, il se paie 50 c. par 100 fr. On cumule 3 années pour les honoraires et toutes les années pour l'enregistrement.

ACTE XXX.

FORMULE D'UN BAIL A CHEPTEL DE FER, SOUS SEING PRIVÉ.

Entre nous soussignés, M. A... (*noms, prénoms, profession ou qualité et demeure*), d'une part, et M. B... (*de même*), d'autre part,

A été convenu ce qui suit :

Moi, M. A... ai, par ces présentes, donné à bail et affermé pour neuf années entières et neuf dépouilles consécutives, à commencer du... prochain,

Au sieur M. B..., qui accepte, tant pour lui que pour ses héritiers ou ayant-cause, la métairie appelée..., située à..., commune de..., consistant en (*la détailler ici*), ainsi qu'elle s'étend, se poursuit et comporte, sans en rien excepter.

Ce bail est fait aux charges, clauses et conditions suivantes, que ledit sieur M. B..., preneur, s'oblige d'exécuter sans pouvoir prétendre aucune diminution des fermages ci-dessus fixés, savoir :

1º De garnir la ferme de meubles et effets, de grains et fourrages, des bestiaux et ustensiles nécessaires à son exploitation, et en quantité suffisante pour répondre des fermages;

2º D'entretenir les bâtiments de toutes réparations locatives et de les rendre, à la fin du bail, tels qu'ils seront énoncés en l'état qui sera fait double entre nous, *ou* dont copie est jointe au présent bail, — de curer les puits et les mares lorsqu'il en sera besoin;

3º De souffrir les grosses réparations, si quelques-unes sont à faire pendant la durée du bail, et de faire les transports des matériaux qui seront nécessaires pour ces réparations.

Ce bail est fait, en outre, moyennant la somme de... de loyers et fermages, payable...

Le sieur M. B..., preneur, jouira, à titre de *cheptel de fer*, pendant la durée du présent bail, ainsi que moi, bailleur, m'oblige de l'en faire jouir, de tous les bestiaux et animaux qui garnissent ladite métairie; lesquels m'appartiennent et sont désignés en un état qui est demeuré ci-annexé, à la réquisition du preneur, après avoir été signé par chacun de nous.

Tous les croîts et profits dudit cheptel appartiendront au sieur M. B... preneur, sauf les fumiers, qui seront employés à l'engrais des terres, sans qu'il en puisse être distrait ni vendu aucune partie.

Le sieur M. B... ne pourra se servir desdits bestiaux, ni souffrir qu'on s'en serve pour aucun autre usage que pour la culture desdites terres.

La valeur du présent cheptel a été fixée à l'amiable, entre nous, à la somme de... Cette estimation n'en constituera pas le preneur propriétaire;

mais le fonds dudit cheptel sera, pendant la durée du bail, à ses risques, périls et fortune, et il devra me laisser, à moi bailleur, lors de l'expiration du bail, un fonds de bétail et d'animaux de même nature et valeur, suivant l'estimation qui en sera faite alors par experts nommés à l'amiable.

Et moi, M. B..., preneur, accepte toutes les conventions spécifiées dans le présent acte, et me soumets à toutes les conditions qu'elles m'imposent.

Fait double entre nous, sous nos signatures privées, pour être exécuté de bonne foi à..., le... du mois de... mil huit cent quarante...

J'approuve l'écriture ci-dessus et d'autre part.

J'approuve, etc.   (*Les signatures.*)

Nota. Lorsque, dans un acte, on a rayé un ou plusieurs mots, il faut les numéroter par 1, 2, 3, etc., et ajouter à la fin de l'acte : « *tant* de mots rayés nuls, » et signer de nouveau au bas de cette approbation.

Observation. Les modèles des devis et marchés, ainsi que ceux des lettres de voiture, se trouveront au titre *du commerce*.

Droit proportionnel d'enregistrement, 20 c. par 100 fr.

Si l'acte est notarié, il se paie 30 c. par 100 fr. On cumule 3 années pour les honoraires et toutes les années pour l'enregistrement.

CHAPITRE VIII.

DU CONTRAT DE SOCIÉTÉ.

ART. 1er. — DISPOSITIONS GÉNÉRALES. — La société est un contrat par lequel deux ou plusieurs personnes conviennent de mettre quelque chose en commun, dans la vue de partager le bénéfice qui pourra en résulter.

Toute société doit avoir un objet licite, et être contractée pour l'intérêt commun des parties. — Chaque associé doit y apporter ou de l'argent, ou d'autres biens, ou son industrie.

Toutes sociétés doivent être rédigées par écrit, lorsque leur objet est d'une valeur de plus de cent cinquante francs. — La preuve testimoniale n'est point admise contre et outre le contenu en l'acte de société, ni sur ce qui serait allégué avoir été dit avant, lors ou depuis cet acte, encore qu'il s'agisse d'une somme ou valeur moindre de cinquante francs (1822 et suivants).

ART. 2. — DES DIVERSES ESPÈCES DE SOCIÉTÉS. — Les sociétés sont universelles ou particulières (1835).

§ Ier.

On distingue deux sortes de sociétés universelles, la société de tous biens présents, et la société universelle de gains.

La société de tous biens présents est celle par laquelle les parties mettent en commun tous les biens meubles et immeubles qu'elles possèdent actuellement, et les profits qu'elles pourront en tirer. — Elles peuvent aussi y comprendre toute autre espèce de gains ; mais les biens qui pourraient leur avenir par succession, donation ou legs, n'entrent dans cette société que pour la jouissance : toute stipulation tendant à y faire entrer la propriété de ces biens est prohibée, sauf entre époux, et conformément à ce qui est réglé à leur égard.

La société universelle de gains renferme tout ce que les parties acquerront par leur industrie, à quelque titre que ce soit, pendant le cours de la société : les meubles que chacun des associés possède au moment du contrat, y sont aussi compris ; mais leurs immeubles personnels n'y entrent que pour la jouissance seulement.

La simple convention de société universelle, faite sans autre explication, n'emporte que la société universelle de gains.

Nulle société universelle ne peut avoir lieu qu'entre personnes respectivement capables de se donner ou de recevoir l'une de l'autre, et auxquelles il n'est point défendu de s'avantager au préjudice d'autres personnes (1836 et suiv.).

§ II.

DE LA SOCIÉTÉ PARTICULIÈRE. — La société particulière est celle qui ne s'applique qu'à certaines choses déterminées, ou à leur usage, ou aux fruits à en percevoir (1841).

Le contrat par lequel plusieurs personnes s'associent, soit pour une entreprise désignée, soit pour l'exercice de quelque métier ou profession, est aussi une société particulière (1842).

ART. 3. — DES ENGAGEMENTS DES ASSOCIÉS ENTRE EUX ET A L'ÉGARD DES TIERS.

§ Ier.

DES ENGAGEMENTS DES ASSOCIÉS ENTRE EUX. — La société commence à l'instant même du contrat, s'il ne désigne une autre époque. — S'il n'y a pas de convention sur la durée de la société, elle est censée contractée pour toute la vie des associés, sous la modification portée en l'article 1869 du code civil ; ou, s'il s'agit d'une affaire dont la durée soit limitée, pour tout le temps que doit durer cette affaire.

Chaque associé est débiteur envers la société de tout ce qu'il a promis d'y apporter. — Lorsque cet apport consiste en un corps certain, et que la société en est évincée, l'associé en est envers la société de la même manière qu'un vendeur l'est envers son acheteur.

L'associé qui devait apporter une somme dans la société, et qui ne l'a point fait, devient de plein droit, et sans demande, débiteur des intérêts de cette somme, à compter du jour où elle devait être payée. Il en est de même à l'égard des sommes qu'il a prises dans la caisse sociale, à compter du jour où il les en a tirées pour son profit particulier ; le tout sans préjudice de plus amples dommages-intérêts, s'il y a lieu.

Les associés qui se sont soumis à apporter leur industrie à la société, lui doivent compte de tous les gains qu'ils ont faits par l'espèce d'industrie qui est l'objet de cette société.

Lorsque l'un des associés est, pour son compte particulier, créancier d'une somme exigible envers une personne qui se trouve aussi devoir à la société une somme également exigible, l'imputation de ce qu'il reçoit de ce débiteur doit se faire sur la créance de la société et sur la sienne, dans la proportion de deux créances, encore qu'il eût par sa quittance dirigé l'imputation intégrale sur sa créance particulière ; mais s'il a exprimé dans sa quittance que l'imputation serait faite en entier sur la créance de la société, cette stipulation sera exécutée.

Lorsqu'un des associés a reçu sa part entière de la créance commune, et que le débiteur est depuis devenu insolvable, cet associé est tenu de rapporter à la masse commune ce qu'il a reçu, encore qu'il eût spécialement donné quittance *pour sa part.*

Chaque associé est tenu envers la société des dommages qu'il lui a causés par sa faute, sans pouvoir compenser avec ces dommages les profits que son industrie lui aurait procurés dans d'autres affaires.

Un associé a action contre la société, non-seulement à raison des sommes qu'il a déboursées pour elle, mais encore à raison des obligations qu'il a contractées de bonne foi pour les affaires de la société, et des risques inséparables de sa gestion.

Lorsque l'acte de société ne détermine point la part de chaque associé dans les bénéfices ou pertes, la part de chacun est en proportion de sa mise dans le fonds de la société.

A l'égard de celui qui n'a apporté que son industrie, sa part dans les bénéfices ou dans les pertes est réglée comme si sa mise eût été égale à celle de l'associé qui a le moins apporté.

Si les associés sont convenus de s'en rapporter à l'un d'eux ou à un tiers pour le règlement des parts, ce règlement ne peut être attaqué, s'il n'est évidemment contraire à l'équité. — Nulle réclamation n'est admise à ce sujet, s'il s'est écoulé trois mois depuis que la partie qui se prétend lésée a eu connaissance du règlement, ou si ce règlement a reçu de sa part un commencement d'exécution.

La convention qui donnerait à l'un des associés la totalité des bénéfices est nulle. Il en est de même de la stipulation qui affranchirait de toute contribution aux pertes les sommes ou effets mis dans le fonds de la société par un ou plusieurs des associés.

L'associé chargé de l'administration par une clause spéciale du contrat de société, peut faire, nonobstant l'opposition des autres associés, tous les actes qui dépendent de son administration, pourvu que ce soit sans fraude. Ce pouvoir ne peut être révoqué sans cause légitime, tant que la société dure ; mais s'il n'a été donné que par acte postérieur au contrat de société, il est révocable comme un simple mandat.

Lorsque plusieurs associés sont chargés d'administrer sans que leurs fonctions soient déterminées, ou sans qu'il ait été exprimé que l'un ne pourrait agir sans l'autre, ils peuvent faire chacun séparément tous les actes de cette administration. — Mais s'il a été stipulé que l'un des administrateurs ne pourra rien faire sans l'autre, un seul ne peut, sans une nouvelle convention, agir en l'absence de l'autre, lors même que celui-ci serait dans l'impossibilité actuelle de concourir aux actes d'administration.

A défaut de stipulations spéciales sur le mode d'administration, on suit les règles suivantes :

1° Les associés sont censé s'être donné réciproquement le pouvoir d'administrer l'un pour l'autre. Ce que chacun fait est valable même pour la part de ses associés, sans qu'il ait pris leur consentement ; sauf le droit qu'ont ces derniers, ou l'un d'eux, de s'opposer à l'opération, avant qu'elle soit conclue ;

2° Chaque associé peut se servir des choses appartenant à la société, pourvu qu'il les emploie à leur destination fixée par l'usage, et qu'il ne s'en serve pas contre l'intérêt de la société, ou de manière à empêcher ses associés d'en user selon leur droit ;

3° Chaque associé a le droit d'obliger ses associés à faire

avec lui les dépenses qui sont nécessaires pour la conservation des choses de la société;

4° L'un des associés ne peut faire d'innovations sur les
immeubles dépendant de la société, même quand il les sou-
tiendrait avantageuses à cette société, si les autres associés
n'y consentent.

L'associé qui n'est point administrateur, ne peut aliéner,
ni engager les choses même mobilières qui dépendent de la
société.

Chaque associé peut, sans le consentement de ses associés,
s'associer une tierce personne relativement à la part qu'il a
dans la société ; il ne peut pas, sans ce consentement, l'associer à la société, lors même qu'il en aurait l'administration
(1843 et suiv.).

§ II.

DES ENGAGEMENTS DES ASSOCIÉS A L'ÉGARD DES TIERS. —
Dans les sociétés autres que celles de commerce, les associés ne sont pas tenus solidairement des dettes sociales, et
l'un des associés ne peut obliger les autres si ceux-ci ne lui
en ont conféré le pouvoir.

Les associés sont tenus envers le créancier avec lequel ils
ont contracté, chacun pour une somme et part égales, encore
que la part de l'un d'eux dans la société fût moindre, si l'acte
n'a pas spécialement restreint l'obligation de celui-ci sur le
pied de cette dernière part.

La stipulation que l'obligation est contractée pour le
compte de la société, ne lie que l'associé contractant et non
les autres ; à moins que ceux-ci ne lui aient donné pouvoir,
ou que la chose n'ait tourné au profit de la société (1862
et suivants).

ART. 4. — DES DIFFÉRENTES MANIÈRES DONT FINIT LA SOCIÉTÉ.

La société finit :

1° Par l'expiration du temps pour lequel elle a été contractée;

2° Par l'extinction de la chose ou la consommation de la négociation ;

3° Par la mort naturelle de quelqu'un des associés ;

4° Par la mort civile, l'interdiction ou la déconfiture de l'un d'eux ;

5° Par la volonté qu'un seul ou plusieurs exprimeront de n'être plus en société.

La prorogation d'une société à temps limité ne peut être prouvée que par un écrit revêtu des mêmes formes que le contrat de société.

La dissolution des sociétés à terme ne peut être demandée par l'un des associés avant le terme convenu, qu'autant qu'il en a de justes motifs, comme lorsqu'un des associés manque à ses engagements, ou qu'une infirmité habituelle le rend inhabile aux affaires de la société, ou autres cas semblables, dont la légitimité ou la gravité sont laissées à l'arbitrage des juges.

Les règles concernant le partage des successions, la forme de ce partage et les obligations qui en résultent entre les cohéritiers, s'appliquent aux partages entre associés.

DISPOSITIONS RELATIVES AUX SOCIÉTÉS DE COMMERCE. — Les dispositions précédentes ne s'appliquent aux sociétés de commerce, que dans les points qui n'ont rien de contraire aux lois et usages du commerce (1865 et suivants).

ACTE XXXI.

FORMULE D'ACTE DE SOCIÉTÉ UNIVERSELLE DE GAINS,
SOUS SEING PRIVÉ.

Nous soussignés, M. A...; *marchand épicier, dûment patenté, demeurant à Orléans, rue St-Liphard, n°...,* d'une part; et le sieur M. B...; *aussi marchand épicier, demeurant à Orléans, rue Pierre-Percée, n°...,* d'autre part ;

Dans la vue et le dessein de nous associer pour exercer ensemble, à frais communs, le commerce d'épicerie, nous sommes convenus et avons arrêté les clauses et conditions de notre société universelle de gains, ainsi qu'il suit:

ART. 1er. — Il y aura société entre moi, M. A... et le sieur M. B...., pour la fabrication, l'achat et la vente de tout ce qui concerne le commerce d'épicerie.

ART. 2. — La durée de cette société est fixée pour neuf années consécutives, qui commenceront à dater du... prochain. Le commerce et la fabrication se feront dans la maison que le sieur M. A... occupe présentement et tient à titre de bail à loyer du sieur J. L..., pour la somme de trois mille francs par chaque année, comme le prouve l'acte sous seings privés qui restera annexé aux présentes.

ART. 3. — Chacun de nous apporte pour sa part dans ladite société, 1° son industrie; 2° une valeur de cinq mille francs en objets divers nécessaires à ce genre de commerce; 3° une somme de vingt mille francs en argent comptant, comme il résulte de l'inventaire d'entrée que nous avons dressé, collationné, reconnu et signé de part et d'autre; lequel inventaire d'entrée restera aussi annexé aux présentes.

ART. 4. — Les quarante mille francs formant la mise en deniers comptant seront versés, cejourd'hui même, dans une caisse située dans le lieu le plus sûr et le plus commode de l'établissement. Cette caisse sera gardée par deux serrures différentes, et chacun des associés tiendra continuellement en sa possession une des deux clefs, de sorte que ladite caisse ne puisse être ouverte sans le consentement et la coopération de l'un de nous deux.

ART. 5. — Chacun de nous contribuera également pour sa part aux dépenses, aux gains et aux pertes résultant des opérations de ladite société; lesquelles opérations seront constatées sur deux registres différents, dont moi, M. A..., je tiendrai celui qui devra contenir les achats et les ventes, et le sieur M. B..., mon associé, tiendra celui des dépenses et des recettes.

ART. 6. — La raison de la société sera M. A... et M. B... Chacun de nous aura la signature; mais, l'un et l'autre nous ne pourrons en faire usage que pour les affaires relatives à ladite société, à peine de nullité de tout ce qui contreviendrait à ladite clause.

ART. 7. — Chaque année, il sera fait entre nous un inventaire pour constater l'actif et le passif de la société et établir la balance des comptes; après laquelle balance, qui aura justifié du profit ou de la perte, chacun de nous prendra une part égale de ce profit; et en cas de perte, chacun de nous aussi sera tenu de combler, à parts égales, le déficit qui existerait; bien entendu que dans le cas où il y aurait profit, et que d'un commun accord nous désirassions augmenter le fonds social, alors nous pourrions laisser en caisse chacun notre part du profit, en en faisant mention expresse au bas du présent acte de société ; mais, dans tous les cas, ce versement ne pourra être de moins de mille francs pour chacun de nous.

ART. 8. — Il est bien entendu que toutes les dépenses, charges et dettes de la société seront prélevées avant partage de bénéfices. Dans ces charges et dépenses, nous comprendrons en premier lieu le loyer pour tout ce qui concerne ladite fabrique et ledit commerce, le paiement des commis et ouvriers, lesquels seront toujours choisis au gré des deux associés.

ART. 9. — Chacun de nous se nourrira à ses frais, et aura un logement pour lui et sa famille dans l'établissement.

ART. 10. — A l'expiration du temps convenu pour la durée de ladite société, nous nous entendrons à l'amiable sur la liquidation, le droit au bail des lieux, le partage de ce qui constituera le fonds et l'achalandage. — En cas de contestations, nous promettons de nous en rapporter à la décision de deux arbitres choisis par chacun de nous, et pris tous les deux parmi les épiciers de cette ville afin d'éviter tous frais, procès, appels, requêtes, etc., déclarant que tous frais autres que ceux des susdits deux arbitres, resteraient à la charge de celui de nous qui les aurait occasionnés en passant outre le jugement et la décision des arbitres.

Fait double, sous nos signatures privées, pour être exécuté de bonne foi à Orléans, le... du mois de... mil huit cent quarante...

J'approuve l'écriture ci-dessus et d'autre part.

J'approuve, etc.   (*Les signatures.*)

Nota. Quand on ne veut pas faire enregistrer un acte, pour éviter les frais de l'enregistrement, on ajoute au bas de l'acte cette dernière clause :

« L'enregistrement du présent acte n'aura lieu qu'en cas de contestations,
» et les frais d'enregistrement et d'amende, s'il y a lieu, resteront à la charge
» de celui qui les aura occasionnés, et seront payés par lui. »

Ou bien encore : « Les frais d'enregistrement seront supportés par celui
» qui forcera l'autre à remplir cette formalité, en contrevenant à quelqu'une
» des clauses contenues et approuvées dans le présent acte. »

Avertissement. On trouvera d'autres formules de sociétés de commerce, au chapitre du *commerce*.

Droit fixe d'enregistrement, 5 fr.

Si l'acte est notarié, il se paie 1 fr. par 100 fr.

CHAPITRE IX.

DU PRÊT.

Il y a deux sortes de prêt :

1° Celui des choses dont on peut user sans les détruire ;
2° et celui des choses qui se consomment par l'usage qu'on en fait.

La première espèce s'appelle *prêt à usage* ou *commodat*.

La seconde s'appelle *prêt de consommation* ou simplement *prêt* (1874).

ART. 1ᵉʳ. — DU PRÊT A USAGE OU COMMODAT.

§ Iᵉʳ.

DE LA NATURE DU PRÊT A USAGE. — Le prêt à usage ou commodat est un contrat par lequel l'une des parties livre une chose à l'autre pour s'en servir, à la charge par le preneur de la rendre après s'en être servi.

Ce prêt est essentiellement gratuit.

Le prêteur demeure propriétaire de la chose prêtée.

Tout ce qui est dans le commerce et qui ne se consomme pas par l'usage, peut être l'objet de cette convention.

Les engagements qui se forment par le commodat, passent aux héritiers de celui qui prête, et aux héritiers de celui qui emprunte.

Mais si l'on n'a prêté qu'en considération de l'emprunteur, et à lui personnellement, alors ses héritiers ne peuvent continuer de jouir de la chose prêtée (1875 et suiv.).

§ II.

DES ENGAGEMENTS DE L'EMPRUNTEUR. — L'emprunteur est tenu de veiller en bon père de famille à la garde et à la conservation de la chose prêtée. Il ne peut s'en servir qu'à l'usage déterminé par sa nature ou par la convention, le tout à peine de dommages-intérêts, s'il y a lieu.

Si l'emprunteur emploie la chose à un autre usage, ou pour un temps plus long qu'il ne le devait, il sera tenu de la perte arrivée, même par cas fortuit. — Si la chose périt par cas fortuit dont l'emprunteur aurait pu la garantir en employant la sienne propre, ou si, ne pouvant conserver que l'une des deux, il a préféré la sienne, il est tenu de la perte de l'autre.

Si la chose a été estimée en la prêtant, la perte qui arrive, même par cas fortuit, est pour l'emprunteur, s'il n'y a convention contraire.

Si la chose se détériore par le seul effet de l'usage pour lequel elle a été empruntée, et sans aucune faute de la part de l'emprunteur, il n'est pas tenu de la détérioration.

L'emprunteur ne peut pas retenir la chose par compensation de ce que le prêteur lui doit.

Si pour user de la chose, l'emprunteur a fait quelque dépense, il ne peut pas la répéter.

Si plusieurs ont conjointement emprunté la même chose, ils en sont solidairement responsables envers le prêteur.

§ III.

Des engagements de celui qui prête a usage. — Le prêteur ne peut réclamer la chose prêtée qu'après le terme convenu, ou, à défaut de convention, qu'après qu'elle a servi à l'usage pour lequel elle a été empruntée. — Néanmoins si, pendant ce délai et avant que le besoin de l'emprunteur ait cessé, il survient au prêteur un besoin pressant et imprévu de sa chose, le juge peut, suivant les circonstances, obliger l'emprunteur à la lui rendre.

Si, pendant la durée du prêt, l'emprunteur a été obligé pour la conservation de la chose à quelque dépense extraordinaire nécessaire, et tellement urgente qu'il n'ait pas pu en prévenir le prêteur, celui-ci sera tenu de la lui rembourser.

Lorsque la chose prêtée a des défauts tels qu'elle puisse causer du préjudice à celui qui s'en sert, le prêteur est responsable, s'il connaissait les défauts et n'en a pas averti l'emprunteur. (1888 et suiv.)

ART. 2. — DU PRÊT DE CONSOMMATION, OU SIMPLE PRÊT.

§ I.

DE LA NATURE DU PRÊT DE CONSOMMATION. — Le prêt de consommation est un contrat par lequel l'une des parties livre à l'autre une certaine quantité de choses qui se consomment par l'usage, à la charge par cette dernière de lui en rendre autant de même espèce et qualité.

On ne peut pas donner à titre de prêt de consommation des choses qui, quoique de même espèce, diffèrent dans l'individu, comme les animaux : alors, c'est un prêt à usage. — L'obligation qui résulte d'un prêt en argent n'est toujours que de la somme numérique énoncée au contrat. — S'il y a eu augmentation ou diminution d'espèces avant l'époque du paiement, le débiteur doit rendre la somme numérique prêtée, et ne doit rendre que cette somme dans les espèces ayant cours au moment du paiement. — Lorsqu'il s'agit de denrées prêtées, le débiteur doit toujours rendre la même quantité à l'époque de la restitution, quel qu'en soit le prix à ce moment (1892 et suiv.).

§ II.

DES OBLIGATIONS DU PRÊTEUR. — Dans le prêt de consommation, le prêteur est tenu de la responsabilité établie par l'article 1891, pour le prêt à usage. — Il ne peut pas redemander les choses prêtées avant le terme convenu. — S'il n'a pas été fixé de terme pour la restitution, le juge peut accorder à l'emprunteur un délai, suivant les circonstances,

S'il a été seulement convenu que l'emprunteur paierait quand il le pourrait, ou quand il en aurait les moyens, le juge fixera un terme de paiement, suivant les circonstances (1898 et suiv.).

§ III.

DES ENGAGEMENTS DE L'EMPRUNTEUR. — L'emprunteur est tenu de rendre les choses prêtées en même quantité et qualité, et au terme convenu. — S'il est dans l'impossibilité d'y satisfaire, il est tenu d'en payer la valeur, eu égard au temps et au lieu où la chose devait être rendue d'après la convention. — Si l'emprunteur ne rend pas les choses prêtées ou leur valeur, il en doit l'intérêt du jour de la demande en justice (1902 et suiv.).

Art. 3. — DU PRÊT A INTÉRÊT. Il est permis de stipuler des intérêts pour simple prêt, soit d'argent, soit de denrées ou autres choses mobilières.

L'emprunteur qui a payé des intérêts qui n'étaient pas stipulés, ne peut ni les répéter ni les stipuler sur le capital. — L'intérêt est légal ou conventionnel. L'intérêt légal est fixé par la loi : l'intérêt conventionnel peut excéder celui de la loi, toutes les fois que la loi ne le prohibe pas. — Le taux de l'intérêt conventionnel doit être fixé par écrit. — La quittance du capital, donné sans réserve des intérêts, en fait présumer le paiement et en opère la libération. — On peut stipuler un intérêt moyennant un capital que le prêteur s'interdit d'exiger. — Dans ce cas, le prêt prend le nom de *constitution de rente*. — Cette rente peut être constituée de deux manières, en perpétuel ou en viager. — La rente constituée en perpétuel est essentiellement rachetable. — Les parties peuvent seulement convenir que le rachat ne sera pas fait avant un délai qui ne pourra excéder dix ans, ou sans avoir averti le créancier au terme d'avance qu'elles auront déterminé.

Le débiteur d'une rente constituée en perpétuel peut être contraint au rachat, 1° s'il cesse de remplir ses obligations pendant deux années ; 2° s'il manque à fournir au prêteur les sûretés promises par le contrat.

Le capital de la rente constituée en perpétuel devient aussi exigible en cas de faillite ou de déconfiture du débiteur.

Les règles concernant les rentes viagères sont établies au titre des *contrats aléatoires.*

ACTE XXXII.

FORMULE DE RECONNAISSANCE DE PRÊT A USAGE.

Je soussigné, M. A... (*nom, prénoms, profession et demeure*), reconnais et déclare que le sieur M. B... (*de même*), m'a prêté pour mon usage *tel objet*, aux conditions suivantes :

1° Que j'en userai avec tout le soin et les précautions nécessaires, que je ne ferai point servir à d'autre usage que celui auquel il est destiné spécialement par sa nature ou par l'habitude, qu'en bon père de famille je veillerai à sa conservation ; 2° Que toutes les dépenses que je serai obligé de faire pour l'entretien de l'objet ou de la chose prêtée, seront à mes frais, *ou* seront aux frais de M. B...; 3° Que je m'engage à rendre ledit objet à *telle époque*, au sieur M. B..., son véritable propriétaire, et de plus une somme de.., à titre de prix de loyer dudit objet. A..., le... du mois de... mil huit cent quarante.

J'approuve l'écriture ci-dessus. (*La signature.*)

Droit proportionnel d'enregistrement, 1 fr. par 100 fr.

Si l'acte est notarié, il se paie 1 fr. par 100 fr.

ACTE XXXIII.

FORMULE DE RECONNAISSANCE D'UN PRÊT DE CONSOMMATION OU SIMPLE PRÊT.

Je soussigné, M. A... (*nom, prénoms, profession et demeure*), reconnais et déclare que le sieur M. B... (*de même*), m'a donné cejourd'hui, à titre de simple prêt, une pièce de vin contenant deux hectolitres trente litres, et deux hectolitres cinquante litres d'avoine, que je m'engage à lui rendre dans trois mois à dater de ce jour, et en nature, même quantité et même qualité. Bien entendu que dans le cas où je ne pourrais lui rendre à cette époque lesdits objets en nature, je devrai les lui payer en espèces monnayées, au prix réel qu'ils vaudront au moment où je serai tenu de les lui rendre; et que, si je laisse passer cette époque, je devrai encore lui tenir compte des intérêts à compter du jour fixé pour la restitution desdits objets. A..., le.... du mois de... mil huit cent quarante...

J'approuve l'écriture ci-dessus. *(La signature.)*

Droit proportionnel d'enregistrement, 4 fr. par 100 fr.

Si l'acte est notarié, il se paie 1 fr. par 100 fr.

ACTE XXXIV.

FORMULE DE RECONNAISSANCE DE PRÊT A INTÉRÊT.

Je soussigné *(nom, prénoms, profession ou qualité et demeure)*, reconnais que monsieur *(de même)*, m'a prêté aujourd'hui la somme de... que je m'engage à lui rembourser à *telle époque*, ainsi que les intérêts, à raison de cinq pour cent par an, ce qui fera en totalité la somme de..., que je promets lui payer à ladite époque, sans aucune retenue. A..., le... du mois de... mil huit cent quarante...

(La signature.)

Bon pour 00 fr. 00 c.

Droit proportionnel d'enregistrement, 1 fr. par 100 fr.

Si l'acte est notarié, il se paie 1 fr. par 100 fr.

ACTE XXXV.

FORMULE DE RECONNAISSANCE DE PRÊT A INTÉRÊT, CONSENTIE PAR LE MARI ET LA FEMME.

Nous soussignés, M. A... *(nom, prénoms, profession et demeure)*, et dame *(nom et prénoms)*, mon épouse, que j'autorise, reconnaissons devoir à monsieur *(nom, prénoms, etc.)*, la somme de...; pour prêt en argent, qu'il nous a fait aujourd'hui, et laquelle somme nous nous obligeons solidairement à lui rendre en sa demeure à..., à sa volonté, avec l'intérêt annuel et légal de cinq pour cent, à partir de ce jour. A..., le... du mois de... mil huit cent quarante...

(Signature du mari.)

Bon pour 00 fr. 00 c.

(Signature de la femme.)

Bon pour 00 fr. 00 c.

Nota. — Il sera bien d'exprimer en toutes lettres la somme déclarée dans le *bon pour.*

Droit proportionnel d'enregistrement, 1 fr. par 100 fr.

Si l'acte est notarié, il se paie 1 fr. par 100 fr.

CHAPITRE X.

DU DÉPÔT ET DU SÉQUESTRE.

ART. 1ᵉʳ. — DU DÉPÔT EN GÉNÉRAL ET DE SES DIVERSES ESPÈCES. — Le dépôt en général est un acte par lequel on reçoit la chose d'autrui, à la charge de la garder et de la restituer en nature.

Il y a deux espèces de dépôts : le dépôt proprement dit, et le séquestre (1915 et 1916).

ART. 2. — DU DÉPÔT PROPREMENT DIT.

§ Iᵉʳ.

DE LA NATURE ET DE L'ESSENCE DU CONTRAT DE DÉPÔT. — Le dépôt proprement dit est un contrat essentiellement gratuit. — Il ne peut avoir pour objet que des choses mobilières. — Il n'est parfait que par la tradition réelle ou feinte de la chose déposée. — La tradition feinte suffit quand le dépositaire se trouve déjà nanti, à quelque autre titre, de la chose que l'on consent à lui laisser à titre de dépôt.

Le dépôt est volontaire ou nécessaire.

§ II.

DU DÉPÔT VOLONTAIRE. — Le dépôt volontaire se forme par le consentement réciproque de la personne qui fait le dépôt et de celle qui le reçoit. — Le dépôt volontaire ne peut régulièrement être fait que par le propriétaire de la chose déposée, ou de son consentement exprès ou tacite. — Le dépôt volontaire doit être prouvé par écrit. La preuve testimoniale n'en est point reçue pour valeur excédant cent cinquante fr.

Lorsque le dépôt étant au-dessus de cent cinquante francs n'est point prouvé par écrit, celui qui est attaqué comme dépositaire en est cru sur sa déclaration, soit pour le fait même du dépôt, soit pour la chose qui en faisait l'objet, soit pour le fait de sa restitution.

Le dépôt volontaire ne peut avoir lieu qu'entre personnes capables de contracter. — Néanmoins, si une personne capable de contracter accepte le dépôt fait par une personne incapable, elle est tenue de toutes les obligations d'un véritable dépositaire; elle peut être poursuivie par le tuteur ou administrateur de la personne qui a fait le dépôt.

Si le dépôt a été fait par une personne capable à une personne qui ne l'est pas, la personne qui a fait le dépôt n'a que l'action en revendication de la chose déposée, tant qu'elle existe dans la main du dépositaire, ou une action en restitution jusqu'à concurrence de ce qui a tourné au profit de ce dernier.

§ III.

DES OBLIGATIONS DU DÉPOSITAIRE. — Le dépositaire doit apporter dans la garde de la chose déposée, les mêmes soins qu'il apporte dans la garde des choses qui lui appartiennent. La disposition de cet article doit être appliquée avec plus de rigueur, 1° si le dépositaire s'est offert lui-même pour recevoir le dépôt; 2° s'il a stipulé un salaire pour la garde du dépôt; 3° si le dépôt a été fait uniquement pour l'intérêt du dépositaire; 4° s'il a été convenu expressément que le dépositaire répondrait de toute espèce de faute.

Le dépositaire n'est tenu, en aucun cas, des accidents de la force majeure, à moins qu'il n'ait été mis en demeure de restituer la chose déposée. — Il ne peut se servir de la chose déposée sans la permission expresse ou présumée du déposant. — Il ne doit point chercher à connaître quelles sont les choses qui lui ont été déposées, si elles lui ont été confiées dans un coffre fermé ou sous une enveloppe cachetée. — Il doit rendre identiquement la chose même qu'il a reçue. Ainsi, le dépôt des choses monnayées doit être rendu dans les mêmes espèces qu'il a été fait, soit dans le cas d'augmentation, soit dans le cas de diminution de leur valeur. — Il n'est tenu de rendre la chose déposée que dans l'état où elle se trouve au moment de la restitution. Les détériorations qui ne sont pas survenues par son fait, sont à la charge du déposant. — Le dépositaire auquel la chose a été enlevée par une force majeure, et qui a reçu un prix ou quelque chose à la place, doit restituer ce qu'il a reçu en échange. — L'héritier du dépositaire qui a vendu de bonne foi la chose dont il ignorait le dépôt, n'est tenu que de rendre le prix qu'il a reçu, ou de céder son action contre l'acheteur s'il n'a pas touché le prix. — Si la chose déposée a produit des fruits qui aient été perçus par le dépositaire, il est obligé de les restituer ; il ne doit aucun intérêt de l'argent déposé, si ce n'est du jour où il a été mis en demeure de faire la restitution. — Le dépositaire ne doit restituer la chose déposée qu'à celui qui la lui a confiée, ou à celui au nom duquel le dépôt a été fait, ou à celui qui a été indiqué pour le recevoir. — Il ne peut pas exiger de celui qui a fait le dépôt la preuve qu'il était propriétaire de la chose déposée. — Néanmoins, s'il découvre que la chose a été volée et quel en est le véritable propriétaire, il doit dénoncer à celui-ci le dépôt qui lui a été fait, avec sommation de le réclamer dans un délai déterminé et suffisant. Si celui auquel la dénonciation a été faite néglige de réclamer le dépôt, le dépositaire est valablement déchargé par la tradition qu'il en fait à celui duquel il l'a reçu. — En cas de mort naturelle ou civile de la personne qui a fait le dépôt, la chose déposée ne peut être rendue qu'à son héritier. S'il a plusieurs héritiers, elle doit être rendue à chacun d'eux pour leur part et portion. Si la chose déposée est indivisible, les héritiers doivent s'accorder entre eux pour la recevoir. — Si la personne qui a fait le dépôt a changé d'état : par exemple, si la femme libre au moment où le dépôt a été fait, s'est mariée depuis et se trouve en puissance de mari ; si le majeur déposant se trouve frappé d'interdiction ; dans tous ces cas et autres de même nature, le dépôt ne peut être restitué qu'à celui qui a l'administration des droits et des biens du déposant. — Si le dépôt a été fait par un tuteur, par un mari, ou par un administrateur, dans l'une de ces qualités, il ne peut être restitué qu'à la personne que ce tuteur, ce mari ou cet administrateur représentaient, si leur gestion ou leur administration est finie. — Si le contrat de dépôt désigne le lieu dans lequel la restitution doit être faite, le dépositaire est tenu d'y porter la chose déposée. S'il y a des frais de transport, ils sont à la charge du déposant. — Si le contrat ne désigne point le lieu de la restitution, elle doit être faite dans le lieu même du dépôt.

Le dépôt doit être remis au déposant aussitôt qu'il le réclame, lors même que le contrat aurait fixé un délai déterminé pour la restitution, à moins qu'il n'existe entre les mains du dépositaire une saisie-arrêt, ou une opposition à la restitution et au déplacement de la chose déposée. — Le dépositaire infidèle n'est point admis au bénéfice de cession. — Toutes les obligations du dépositaire cessent s'il vient à découvrir et à prouver qu'il est lui-même propriétaire de la chose déposée.

§ IV.

DES OBLIGATIONS DE LA PERSONNE PAR LAQUELLE LE DÉPÔT A ÉTÉ FAIT. — La personne qui a fait le dépôt est tenue de rembourser au dépositaire les dépenses qu'il a faites pour la conservation de la chose déposée, et de l'indemniser de toutes les pertes que le dépôt peut lui avoir occasionnées. — Le dépositaire peut retenir le dépôt jusqu'à l'entier paiement de ce qui lui est dû à raison du dépôt.

§ V.

Du dépôt nécessaire. — Le dépôt nécessaire est celui qui a été forcé par quelque accident, tel qu'un incendie, une ruine, un pillage, un naufrage, ou autre évènement imprévu. La preuve par témoins peut être reçue pour le dépôt nécessaire, même quand il s'agit d'une valeur au-dessus de cent cinquante francs. — Le dépôt nécessaire est d'ailleurs régi par toutes les règles précédemment énoncées.

Les aubergistes ou hôteliers sont responsables, comme dépositaires, des effets apportés par le voyageur qui loge chez eux : le dépôt de ces sortes d'effets doit être regardé comme un dépôt nécessaire. — Ils sont responsables du vol ou du dommage des effets du voyageur, soit que le vol ait été fait, soit que le dommage ait été causé par les domestiques et préposés de l'hôtellerie, ou par des étrangers allant et venant dans l'hôtellerie ; mais ils ne sont pas responsables des vols faits avec force armée ou autre force majeure (Code civil, art. 1917 et suiv.).

Art. 3. — Du séquestre.

§ Ier.

Des diverses espèces le séquestre. — Le séquestre est ou conventionnel ou judiciaire (1955).

§ II.

Du séquestre conventionnel. — Le séquestre conventionnel est le dépôt fait par une ou plusieurs personnes, d'une chose contentieuse, entre les mains d'un tiers qui s'oblige de la rendre, après la contestation terminée, à la personne qui sera jugée devoir l'obtenir. — Le séquestre peut n'être pas gratuit. — Lorsqu'il est gratuit, il est soumis aux règles du dépôt proprement dit, sauf les différences ci-après énoncées. — Le séquestre peut avoir pour objet non-seulement des effets mobiliers, mais même des immeubles. — Le dépositaire chargé du séquestre ne peut être déchargé, avant la contestation terminée, qué du consentement de toutes les parties intéressées, ou pour une cause jugée légitime.

§ III.

DU SÉQUESTRE OU DÉPÔT JUDICIAIRE. — La justice peut ordonner le séquestre, 4°. des meubles saisis sur un débiteur; 2° d'un immeuble ou d'une chose immobilière dont la propriété ou la possession est litigieuse entre deux ou plusieurs personnes; 3° des choses qu'un débiteur offre pour sa libération.

L'établissement d'un gardien judiciaire produit entre le saisissant et le gardien des obligations réciproques. Le gardien doit apporter, pour la conservation des effets saisis, les soins d'un bon père de famille. Il doit les représenter, soit à la décharge du saisissant pour la vente, soit à la partie contre laquelle les exécutions ont été faites, en cas de mainlevée de la saisie. L'obligation du saisissant consiste à payer au gardien le salaire fixé par la loi.

Le séquestre judiciaire est donné, soit à une personne dont les parties intéressées sont convenues entre elles, soit à une personne nommée d'office par le juge. Dans l'un et l'aucas, celui auquel la chose a été confiée est soumis à toutes les obligations qu'emporte le séquestre conventionnel (1956 et suivants).

ACTE XXXVI.

FORMULE DE RECONNAISSANCE D'UN DÉPÔT VOLONTAIRE.

Je soussigné (*nom, prénoms, profession ou qualité et demeure*), reconnais et déclare, par ces présentes, que Monsieur (*nom, prénoms, profession ou qualité et demeure*), m'a, aujourd'hui même, remis entre les mains, à titre de dépôt volontaire, *telle somme ou tels effets*, enfermés dans un sac *ou* une cassette (*faire ici la description détaillée de l'objet qui contient le dépôt*); lequel objet, *ou* laquelle somme, *ou* lesquels effets, je m'oblige à lui remettre à lui-même ou à toute personne spécialement et dûment autorisée par lui à cet effet, à sa première demande et réquisition ; reconnaissant que lesdits effets, *ou*, etc., lui appartiennent en toute propriété. Si cependant tout ou partie du présent dépôt périssait sans qu'il y eût de ma faute, je ne prétends pas l'obligation de m'en rendre responsable, comme aussi je m'engage à apporter tous mes soins à sa conservation, comme je le ferais pour des choses qui m'appartiendraient. A..., le... du mois de... mil huit cent quarante...

(La signature.)

Droit fixe d'enregistrement, 2 fr.

Si l'acte est notarié, il se paie 1 fr. par 100 fr.

ACTE XXXVII.

FORMULE D'UN ACTE DE SÉQUESTRE CONVENTIONNEL.

Nous soussignés (*noms, prénoms, professions, qualités et demeures de toutes les personnes qui consentent le séquestre*), d'une part ; et le sieur (*nom, prénoms, profession ou qualité et demeure*), d'autre part, sommes convenus et avons arrêté ce qui suit :

En attendant que le tribunal de première instance séant à..., que M. le juge-de-paix du canton de... ait statué sur la question de savoir à qui d'entre nous doivent appartenir *tels meubles ou tels effets*, dépendant de la succession de..., nous déclarons tous, d'un commun accord, consentir à charger le sieur... d'être dépositaire-séquestre desdits meubles ou effets dont l'état, signé par chacun de nous, est joint à la présente déclaration. Le sieur... déclare, de son côté, vouloir bien se charger de les conserver jusqu'à ladite décision à laquelle nous promettons conjointement nous en rapporter, sans qu'il soit plus besoin d'autre discussion ; promettant en outre, ledit sieur.., pourvoir à leur conservation comme il le ferait pour une chose à lui appartenant, et, en outre, il s'engage à les remettre à la première demande et réquisition de celui à qui ils appartiendront, dès que, pour sa décharge, on lui aura notifié la décision du tribunal *ou* du juge-de-paix de..., qui déclarera lequel de nous est le véritable propriétaire desdits meubles *ou* effets.

Fait double entre nous et le sieur..., sous nos signatures privées, à...., le..., du mois de... mil huit cent quarante...

(Les signatures.)

Nota. Chaque signataire doit écrire en toutes lettres :

J'approuve l'écriture ci-dessus.

Droit fixe d'enregistrement, 2 fr.

Si l'acte est notarié, il se paie par vacation 5 fr.

CHAPITRE XI.

DES CONTRATS ALÉATOIRES.

Les contrats aléatoires sont ceux qui sont purement fondés sur le hasard, et dont les chances de succès paraissent égales de part et d'autre ; c'est à proprement parler un jeu de hasard.

Le contrat aléatoire est une convention réciproque dont les effets, quant aux avantages et aux pertes, soit pour toutes les parties, soit pour l'une ou plusieurs d'entre elles, dépendent d'un évènement incertain. Tels sont, 1° le contrat d'assurance ; 2° le prêt à grosse aventure ; 3° le jeu et le pari ; 4° le contrat de rente viagère. — Les deux premiers sont régis par les lois maritimes (1964).

Art. 1er. — Du jeu et du pari. — La loi n'accorde aucune action pour une dette de jeu ou pour le paiement d'un pari.

Les jeux propres à exercer au fait des armes, les courses à pied ou à cheval, les courses de chariot, le jeu de paume, et autres jeux de même nature, qui tiennent à l'adresse et à l'exercice du corps, sont exceptés de la disposition précédente. Néanmoins le tribunal peut rejeter la demande, quand la somme lui paraît excessive.

Dans aucun cas le perdant ne peut répéter ce qu'il a volontairement payé, à moins qu'il n'y ait eu de la part du gagnant dol, supercherie ou escroquerie.

Art. 2. — Du contrat de rente viagère.

§ Ier.

Des conditions requises pour la validité du contrat. — La rente viagère peut être constituée à titre onéreux, moyennant une somme d'argent, ou pour une chose mobilière appréciable, ou pour un immeuble. — Elle peut aussi être constituée à titre purement gratuit, par donation entre-vifs, ou par testament. Elle doit être alors revêtue des formes requises par la loi.

Dans le cas de l'article précédent, la rente viagère est réductible, si elle excède ce dont il est permis de disposer ; elle est nulle, si elle est au profit d'une personne incapable de recevoir.

La rente viagère peut être constituée, soit sur la tête de celui qui en fournit le prix, soit sur la tête d'un tiers qui n'a aucun droit d'en jouir. — Elle peut être constituée sur une ou plusieurs têtes. — Elle peut être constituée au profit d'un tiers, quoique le prix en soit fourni par une autre personne. Dans ce dernier cas, quoiqu'elle ait les caractères d'une libéralité, elle n'est point assujettie aux formes requises pour les donations, sauf les cas de réduction et de nullité énoncés plus haut.

Tout contrat de rente viagère créée sur la tête d'une personne qui était morte au jour du contrat, ne produit aucun effet. — Il en est de même du contrat par lequel la rente a été créée sur la tête d'une personne atteinte de la maladie dont elle est décédée dans les vingt jours de la date du contrat.

La rente viagère peut être constituée au taux qu'il plaît aux parties contractantes de fixer.

§ II.

DES EFFETS DU CONTRAT ENTRE LES PARTIES CONTRACTANTES. — Celui au profit duquel la rente viagère a été constituée moyennant un prix, peut demander la restitution du contrat, si le constituant ne lui donne pas les sûretés stipulées pour son exécution.

Le seul défaut de paiement des arrérages de la rente, n'autorise point celui en faveur de qui elle est constituée à demander le remboursement du capital, ou à rentrer dans le fonds par lui aliéné ; il n'a que le droit de saisir et de faire vendre les biens de son débiteur, et de faire ordonner ou consentir, sur le produit de la vente, l'emploi d'une somme suffisante pour le service des arrérages.

Le constituant ne peut se libérer du paiement de la rente en offrant de rembourser le capital, et en renonçant à la répétition des arrérages payés ; il est tenu de servir la rente pendant toute la vie de la personne ou des personnes sur la tête desquelles la rente a été constituée, quelle que soit la durée de la vie de ces personnes, et quelque onéreux qu'ait pu devenir le service de la rente.

La rente viagère n'est acquise au propriétaire que dans la proportion du nombre de jours qu'il a vécu. Néanmoins, s'il a été convenu qu'elle serait payée d'avance, le terme qui a dû être payé est acquis du jour où le paiement a dû en être fait.

La rente viagère ne peut être stipulée insaisissable, que lorsqu'elle a été stipulée à titre gratuit.

La rente viagère ne s'éteint que par la mort civile du propriétaire ; le paiement doit en être continué pendant sa vie naturelle.

Le propriétaire d'une rente viagère n'en peut demander les arrérages qu'en justifiant de son existence, ou de celle de la personne sur la tête de laquelle elle a été constituée.

ACTE XXXVIII.

FORMULE D'UN CONTRAT DE CONSTITUTION DE RENTE VIAGÈRE.

Entre nous soussignés, M. A. (*nom, prénoms, profession ou qualité et demeure*), d'une part ; et M. B. (*de même*), d'autre part ; a été arrêté et convenu ce qui suit :

Moi, M. A., reconnais avoir reçu de M. B. la somme de..., pour laquelle somme je lui fais et constitue une rente viagère de..., que je lui paierai sa vie durant, et annuellement par portions égales de..., moitié à *telle époque* et moitié à *telle autre époque*. Et, pour sûreté de ladite rente, je m'oblige à hypothéquer *telle maison*, ou tel autre immeuble, dont M. B. touchera les loyers jusqu'à due concurrence, dans le cas où j'aurais laissé passer le délai de huit jours à chaque époque, sans lui rembourser moi-même les arrérages de ladite rente.

Et moi, M. B., j'accepte les conditions contenues dans le présent acte, et déclare avoir donné au sieur M. A. en toute propriété et à titre de rente viagère, la somme ou l'immeuble ci-dessus énoncé, aux conditions spécifiées dans les présentes.

Fait double entre nous, sous nos signatures privées, pour être exécuté de bonne foi, à..., le... du mois de... mil huit cent quarante...

... J'approuve l'écriture ci-dessus.

(Les signatures.)

Nota. Nous parlerons plus bas des contrats d'assurance, et principalement des assurances militaires. En attendant, nous devons prévenir nos lecteurs que tout contrat passé avec une société non autorisée est nul de plein droit et ne peut avoir aucun effet. Ainsi, quand les pères de famille veulent faire assurer leurs enfants, ils doivent d'abord bien s'assurer si la société avec laquelle ils traitent est autorisée par ordonnance royale.

Droit proportionnel d'enregistrement, 2 fr. par 100 fr.

Si l'acte est notarié, il se paie 1 fr. par 100 fr.

CHAPITRE XII.

DU MANDAT ET DE LA PROCURATION.

ART. 1er. — DE LA NATURE ET DE LA FORME DU MANDAT. — Le mandat ou procuration est un acte par lequel une personne donne à une autre le pouvoir de faire quelque chose pour le mandant et en son nom. — Le contrat ne se forme que par l'acceptation du mandataire.

Le mandat peut être donné, ou par acte public, ou par acte sous seing privé, même par lettre. Il peut aussi être donné verbalement, mais la preuve testimoniale n'en est reçue que conformément au titre des *contrats ou des obligations conventionnelles en général.* L'acceptation du contrat peut n'être que tacite, et résulter de l'exécution qui lui a été donnée par le mandataire.

Le mandat est gratuit, s'il n'y a convention contraire. — Il est ou spécial, et pour une affaire ou certaines affaires seulement; ou général, et pour toutes les affaires du mandant.

Le mandat conçu en termes généraux n'embrasse que les actes d'administration. S'il s'agit d'aliéner ou hypothéquer, ou de quelque autre acte de propriété, le mandat doit être exprès. — Le mandataire ne peut rien faire au-delà de ce qui est porté dans son mandat : le pouvoir de transiger ne renferme pas celui de compromettre.

Les femmes et les mineurs émancipés peuvent être choisis pour mandataires; mais le mandant n'a d'action contre le mandataire mineur que d'après les règles générales relatives aux obligations des mineurs; et contre la femme mariée, qui a accepté le mandat sans autorisation de son mari, que d'après les règles établies au *titre du contrat de mariage et des droits respectifs des époux.*

ART. 2. — DES OBLIGATIONS DU MANDATAIRE. — Le mandataire est tenu d'accomplir le mandat tant qu'il en demeure chargé, et répond des dommages-intérêts qui pourraient résulter de son inexécution. — Il est tenu de même d'achever la chose commencée au décès du mandant, s'il y a péril en la demeure.

Le mandataire répond non-seulement du dol, mais encore des fautes qu'il commet dans sa gestion. Néanmoins, la responsabilité relative aux fautes est appliquée moins rigoureusement à celui dont le mandat est gratuit qu'à celui qui reçoit un salaire.

Tout mandataire est tenu de rendre compte de sa gestion, et de faire raison au mandant de tout ce qu'il a reçu en vertu de sa procuration, quand même ce qu'il aurait reçu n'eût point été dû au mandant. — Le mandataire répond de celui qu'il s'est substitué dans la gestion, 1° quand il n'a pas reçu le pouvoir de substituer quelqu'un; 2° quand ce pouvoir lui a été conféré sans désignation d'une personne, et que celle dont il a fait choix était notoirement incapable ou insolvable.

Dans tous les cas, le mandant peut agir directement contre la personne que le mandataire s'est substitué. — Quand il y a plusieurs fondés de pouvoir ou mandataires établis par le même acte, il n'y a de solidarité entre eux qu'autant qu'elle est exprimée. — Le mandataire doit l'intérêt des sommes qu'il a employées à son usage, à dater de cet emploi, et de celles dont il est reliquataire, à compter du jour qu'il est mis en demeure. — Le mandataire qui a donné à la partie avec laquelle il contracte en cette qualité, une suffisante connaissance de ses pouvoirs, n'est tenu d'aucune garantie pour ce qui a été fait au-delà, s'il ne s'y est personnellement soumis (1994 et suivants).

Art. 3. — Des obligations du mandant. — Le mandant est tenu d'exécuter les engagements contractés par le mandataire, conformément au pouvoir qui lui a été donné. Il n'est tenu de ce qui a pu être fait au-delà, qu'autant qu'il l'a ratifié expressément ou tacitement.

Le mandant doit rembourser au mandataire les avances et frais que celui-ci a faits pour l'exécution du mandat, et lui payer ses salaires lorsqu'il en a été promis. S'il n'y a aucune faute imputable au mandataire, le mandant ne peut se dispenser de faire ces remboursement et paiement, lors même que l'affaire n'aurait pas réussi ; ni faire réduire le montant des frais et avances, sous le prétexte qu'ils pouvaient être moindres. — Le mandant doit aussi indemniser le mandataire des pertes que celui-ci a essuyées à l'occasion de sa gestion, sans imprudence qui lui soit imputable. L'intérêt des avances faites par le mandataire lui est dû par le mandant, à dater du jour des avances constatées.

Lorsque le mandataire a été constitué par plusieurs personnes pour une affaire commune, chacune d'elles est tenu solidairement envers lui de tous les effets du mandat (1998 et suivants).

Art. 4. — Des différentes manières dont finit le mandat. — Le mandat finit, 1° par la révocation du mandataire;

2° par la renonciation de celui-ci au mandat ; 3° par la mort naturelle ou civile, l'interdiction ou la déconfiture, soit du mandant, soit du mandataire.

Le mandant peut révoquer sa procuration quand bon lui semble, et contraindre, s'il y a lieu, le mandataire à lui remettre, soit l'écrit sous seing privé qui la contient, soit l'original de la procuration, si elle a été délivrée en brevet, soit l'expédition, s'il en a été gardé minute. — La révocation notifiée au seul mandataire ne peut être opposée aux tiers qui ont traité dans l'ignorance de cette révocation, sauf au mandant son recours contre le mandataire.

La constitution d'un nouveau mandataire pour la même affaire vaut révocation du premier, à compter du jour où elle a été notifiée à celui-ci.

Le mandataire peut renoncer au mandat, en notifiant au mandant sa renonciation. Néanmoins, si cette renonciation préjudicie au mandant, il devra en être indemnisé par le mandataire, à moins que celui-ci ne se trouve dans l'impossibilité de continuer le mandat sans en éprouver lui-même un préjudice considérable. — Si le mandataire ignore la mort du mandant, ou l'une des autres causes qui font cesser le mandat, ce qu'il a fait dans cette ignorance est valide.

Dans les cas ci-dessus, les engagements du mandataire sont exécutés à l'égard des tiers qui sont de bonne foi.

En cas de mort du mandataire, les héritiers doivent en donner avis au mandant, et pourvoir, en attendant, à ce que les circonstances exigent pour l'intérêt de celui-ci (2003 et suivants).

ACTE XXXIX.

FORMULE D'UNE PROCURATION COMPRENANT DIVERS OBJETS.

Je soussigné (*nom, prénoms, profession ou qualité et demeure*), déclare donner, par ces présentes, plein pouvoir à M. (*nom, prénoms, profes-*

sion et demeure), de faire pour moi et en mon nom (*telle chose ; énoncer ici en toutes lettres l'affaire dont on charge le fondé de pouvoir*).

Ou, de recevoir pour moi et en mon nom, *telle somme...* qui m'est légitimement due pour *telle cause*, d'en donner quittance, ou à défaut de paiement, de faire toutes les poursuites qu'il jugera nécessaires.

Ou de vendre *tel meuble*, ou *tel immeuble* à moi appartenant, aux charges et conditions qu'il jugera les plus avantageuses, d'en recevoir le prix, d'en donner quittance en mon lieu et place, comme je l'y autorise, et promets d'approuver tout ce qu'il aura fait en mon nom, dans la circonstance présente.

Ou, d'emprunter pour moi *telle somme*, d'en stipuler les intérêts, de fixer le terme du remboursement, et de signer tous actes nécessaires à cet effet, même d'engager *tel* ou *tel* de mes immeubles pour cette cause.

Ou, de paraître pour moi et en mon nom au bureau de la justice-de-paix de... pour y former *telle* demande, s'y concilier, si faire se peut, traiter, transiger, composer ; et en cas de non-conciliation, assigner et poursuivre devant tous tribunaux compétents, constituer tel avoué qu'il lui plaira ; enfin agir en mon nom pour cette affaire, comme il le ferait en son propre nom, s'il s'agissait d'une affaire qui le concernât lui-même.

Ou, de transiger sur la contestation qui existe présentement entre le sieur... et moi, ou de la terminer à l'amiable, aux charges, clauses et conditions auxquelles il croira devoir me soumettre et qui lui sembleront les plus avantageuses pour moi ; promettant bien d'agir toujours dans mes intérêts, et comme il le ferait pour lui-même en pareille circonstance.

Ou, de compromettre sur ladite contestation, de nommer tel arbitre qu'il lui plaira de choisir et de signer tous actes à cet effet.

Je déclare encore, par les présentes, que j'aurai pour agréable, et que je ratifierai toutes les clauses et conditions auxquelles il m'aura soumis dans l'exécution loyale de son mandat. A..., le... du mois de... mil huit cent quarante...

(La signature.)

Droit fixe d'enregistrement, 2 fr.
S'il est notarié, il se paie par vacation 3 fr. 50 c.

ACTE XL.

FORMULE D'UNE PROCURATION PAR LETTRE.

Monsieur,

Je vous prie de vouloir bien m'obliger de vous charger de *telle affaire*, qui réclame ma présence en votre ville. Comme je ne puis m'absenter en ce moment, et que le temps qu'elle nécessiterait pourrait me causer une absence préjudiciable, je vous envoie plein pouvoir de traiter pour moi et en mon nom, relativement à cette affaire. Confiant dans le zèle éclairé avec lequel vous voudrez bien m'obliger en cette circonstance, je vous promets de ratifier tout ce que vous aurez fait à cet égard, et vous prie de croire par avance à toute la reconnaissance avec laquelle j'ai l'honneur d'être, etc.

(La signature.)

A Monsieur, etc.

Droit fixe d'enregistrement, 2 fr.

Si l'acte est notarié, il se paie par vacation 3 fr. 50 c.

ACTE XLI.

FORMULE D'UNE PROCURATION GÉNÉRALE.

Je soussigné (*nom, prénoms, profession ou qualité et demeure*), déclare, par ces présentes, reconnaître pour mon mandataire général et spécial le sieur (*nom, prénoms, profession et demeure*), que j'autorise pour tout ce qu'il fera en mon nom, en vertu du présent mandat, et auquel je donne tout pouvoir de, et en mon nom, régir, gérer et administrer, tant activement que passivement, tous mes biens et affaires, soit commerciales, soit civiles ou particulières; recevoir tous loyers, fermages, intérêts, arrérages de rentes échus et à échoir, toucher le remboursement de toutes rentes, de tous capitaux, et recevoir généralement toutes les sommes qui me sont dues présentement ou me seront dues par la suite, à quelque titre et pour quelque cause que ce soit. — Entendre, débattre, clore et arrêter tous comptes, fixer, payer ou recevoir le reliquat, suivant qu'il y aura lieu; passer, renouveler et résilier tous baux de mes biens, en toucher les loyers et fermages, donner et accepter tous congés. — Faire faire toutes réparations et constructions, arrêter et signer tous marchés à ce sujet; faire faire tous procès-verbaux de visites, réglements et états des lieux, soit à l'effet de constater l'état des biens à réparer ou à reconstruire, soit pour les louer ou recevoir à l'expiration des baux. — Faire tous emplois et placements de fonds, acquérir tous effets publics ou particuliers, toutes créances, tous meubles et immeubles. — Faire tous emprunts, consentir et accorder tous priviléges et hypothèques, donner tous meubles et immeubles en nantissement ou antichrèse, passer et accepter toutes constitutions de rentes viagères ou perpétuelles. — Vendre tout ou partie des biens meubles et immeubles qui m'appartiennent ou qui m'appartiendront. — Faire tous échanges, transporter toutes créances, m'obliger à toutes garanties; vendre toutes actions et transférer toutes rentes ou créances sur l'Etat. — Régir, gérer et administrer toutes les affaires de mon commerce,

10

acheter et vendre toutes marchandises, se charger de toutes négociations et commissions, les exécuter et les remplir. — Faire tous changements, fréter tous navires, prendre toutes assurances, souscrire tous billets à ordre, effets de commerce et autres engagements. — Tirer et accepter toutes traites, lettres de change ; signer tous endossements et avals ; me soumettre à la contrainte par corps ; passer tous marchés, recevoir et payer, arrêter tous comptes courants et de commerce ; faire tous prêts, dénonciations, comptes de retour, exercer tous recours en garantie ; tenir tous registres nécessaires, faire et signer la correspondance. — En cas de faillite de quelques débiteurs, paraître à toute assemblée de créanciers, accepter, signer ou refuser tout concordat, faire vérifier mes créances, affirmer qu'elles sont sincères et véritables, et qu'il ne prête son nom ni directement ni indirectement à qui que ce soit, ainsi qu'il l'a lui-même présentement affirmé. — S'intéresser dans toutes entreprises et établissements, contracter et dissoudre toutes sociétés, acheter ou vendre toutes actions. — Suivre toutes liquidations, tant de sociétés de commerce que de créances et autres intérêts, soit sur le gouvernement, soit sur particuliers ; retirer toutes ordonnances, inscriptions, bons, mandats et autres effets qui seront donnés en paiement ; faire toutes déclarations et affirmations qui seront requises. — Recueillir toutes successions, donations et legs qui écherront à mon profit ; requérir toutes appositions, reconnaissances et levées de scellés ; faire procéder à tous inventaires et récolements, y faire tous dires, protestations, réquisitions et réserves ; nommer tous officiers gardiens et dépositaires. — Prendre connaissance de l'état des forces et charges desdites successions, donations et legs ; se faire communiquer tous testaments, codiciles, titres et papiers ; — accepter lesdites successions, donations et legs purement et simplement, ou y renoncer, ou n'accepter lesdites successions que sous bénéfice d'inventaire, suivant qu'il le jugera convenable. — Consentir ou contester l'exécution de tous testaments ; faire ou refuser la délivrance de legs y portés ; faire procéder à toutes liquidations et partages, en composer les masses, former les lots, les tirer au sort ou les partager à l'amiable ; — accepter celui ou ceux qui m'écherront en partage ; payer ou recevoir toutes soultes ; faire ou accepter tous abonnements et délaissements nécessaires. Poursuivre toutes licitations ou y défendre ; surenchérir et se rendre adjudicataire. — Rendre tous comptes de bénéfice d'inventaire et autres. — Faire et accepter toutes donations entre-vifs ; consentir tous délaissements ; m'obliger sous toute solidarité, avec renonciation au bénéfice de droit. — Citer et comparaître devant tous juges-de-paix et bureaux de conciliation ; introduire et suivre toute instance devant tous juges et tribunaux civils ou de commerce, former toutes demandes, défendre à celles qui seraient intentées contre moi ; constituer tous avoués, avocats et défenseurs, les révoquer, en constituer d'autres ; plaider, s'opposer, appeler, se pourvoir en cassation ou par requête civile. — Obtenir tous jugements, les mettre à exécution ; exercer toutes poursuites, contraintes et diligences nécessaires, même la contrainte par corps ; consigner les aliments. — Poursuivre pareillement par les voies criminelles et extraordinaires ; rendre plainte, s'inscrire en faux, former toutes oppositions et saisies-arrêts ; faire faire toutes saisies, exécutions et ventes; prendre des inscriptions ; donner tous désistements et toutes mains-levées; consentir toute radiation et tout délaissement ; suivre toutes expropriations forcées, donner tous pouvoirs nécessaires à cet égard; surenchérir, provoquer tous ordres, contributions et distributions de deniers, retirer tous bordereaux de collocation, tous mandements de paiement, en recevoir le montant et en donner quittance. — Se faire substituer par un ou plusieurs sous-mandataires, en cas de besoin. — Et généralement faire pour mon intérêt, dans tous les cas prévus ci-dessus comme dans ceux non prévus, ce qu'il jugera le plus convenable à mes intérêts ; m'obligeant de mon côté à ratifier tout ce qu'il aura fait en mon nom pour l'exécution des clauses renfermées dans le présent mandat. A…, le… du mois de… mil huit cent quarante…

J'approuve l'écriture ci-dessus et d'autre part.   (*Les signatures.*)

Nota. 1° Toute autorisation générale d'aliéner les immeubles donnés à la femme, soit par contrat de mariage, soit depuis, est nulle. (Art. 1538 du code civil.)

2° La formule de procuration générale que nous donnons ici est extraite en grande partie d'un acte notarié ; elle peut servir à tous les besoins en général. Mais comme il est rare qu'une procuration s'étende à la fois à tous les cas prévus dans cette formule, on pourra facilement, en conservant le cadre que nous avons tracé, choisir celui ou ceux des cas dont on aura besoin, et négliger les autres.

3° Le mandataire, avant de faire usage de sa procuration, doit toujours la faire enregistrer. Le prix de l'enregistrement pour toute procuration est de *deux francs vingt centimes,* décime compris.

Droit fixe d'enregistrement, 2 f.

Si l'acte est notarié, il se paie par vacations, 3 fr. 50 c.

CHAPITRE XIII.

DU CAUTIONNEMENT.

On appelle cautionnement, l'acte par lequel une personne s'engage à répondre pour une autre personne, et donne par ce moyen sûreté de l'engagement qu'elle a contracté.

ART. 1er. — DE LA NATURE ET DE L'ÉTENDUE DU CAUTION-
NEMENT. — Celui qui se rend caution d'une obligation se
soumet envers le créancier à satisfaire à cette obligation, si
le débiteur n'y satisfait pas lui-même. — Le cautionnement
ne peut exister que sur une obligation valable. On peut néanmoins cautionner une obligation, encore qu'elle pût être
annulée par une exception purement personnelle à l'obligé;
par exemple, dans le cas de minorité (Art. 2012).

La nullité de la vente d'un immeuble dotal n'étant relative
qu'à l'intérêt de la femme, un étranger et les enfants de la
femme peuvent valablement cautionner une semblable vente
(Arrêt de la cour de cassation du 3 août 1825).

Le cautionnement ne peut excéder ce qui est dû par le débiteur, ni être contracté sous des conditions plus onéreuses.
Il peut être contracté pour une partie de la dette seulement,
et sous des conditions moins onéreuses. Le cautionnement
qui excède la dette, ou qui est contracté sous des conditions
plus onéreuses, n'est point nul; il est seulement réductible à
la mesure de l'obligation principale.

On peut se rendre caution sans ordre de celui pour lequel
on s'oblige, et même à son insu. On peut aussi se rendre caution non-seulement du débiteur principal, mais encore de
celui qui l'a cautionné.

Le cautionnement ne se présume point; il doit être exprès,
et on ne peut pas l'étendre au-delà des limites dans lesquelles
il a été contracté. — Le cautionnement indéfini d'une obligation principale s'étend à tous les accessoires de la dette,
même aux frais de la première demande, et à tous ceux postérieurs à la dénonciation qui en est faite à la caution. — Les
engagements des cautions passent à leurs héritiers, à l'exception de la contrainte par corps, si l'engagement était tel que
la caution y fût obligée.

Le débiteur obligé à fournir une caution, doit en présenter une qui ait la capacité de contracter, qui ait un bien suffisant pour répondre de l'objet de l'obligation, et dont le do-

micile soit dans le ressort de la cour d'appel où elle doit être donnée.

La solvabilité d'une caution ne s'estime que eu égard à ses propriétés foncières, excepté en matière de commerce ou lorsque la dette est modique. On n'a point égard aux immeubles litigieux ou dont la discussion deviendrait trop difficile par l'éloignement de leur situation.

Lorsque la caution reçue par le créancier, volontairement ou en justice, est ensuite devenue insolvable, il doit en être donné une autre. Cette règle reçoit exception dans le cas seulement où la caution n'a été donnée qu'en vertu d'une convention par laquelle le créancier a exigé une telle personne pour caution (Art. 2013 et suivants).

ART. 2. — DE L'EFFET DU CAUTIONNEMENT.

§ Ier.

DE L'EFFET DU CAUTIONNEMENT ENTRE LE CRÉANCIER ET LA CAUTION. — La caution n'est obligée envers le créancier à le payer, qu'à défaut du débiteur, qui doit être préalablement discuté dans ses biens, à moins que la caution n'ait renoncé au bénéfice de discussion, ou à moins qu'elle ne soit obligée solidairement avec le débiteur; auquel cas l'effet de son engagement se règle par les principes qui ont été établis pour les dettes solidaires. — Le créancier n'est obligé de discuter le débiteur principal que lorsque la caution le requiert, sur les premières poursuites dirigées contre elle.

La caution qui requiert la discussion doit indiquer au créancier les biens du débiteur principal, et avancer les deniers suffisants pour faire la discussion. Elle ne doit indiquer ni des biens du débiteur principal situés hors de l'arrondissement de la cour d'appel du lieu où le paiement doit être fait, ni des biens litigieux; ni ceux hypothéqués à la dette, qui ne sont plus en possession du débiteur.

Toutes les fois que la caution a fait l'indication de biens autorisée par l'article précédent, et qu'elle a fourni les deniers suffisants pour la discussion, le créancier est, jusqu'à concurrence des biens indiqués, responsable, à l'égard de la caution, de l'insolvabilité du débiteur principal survenue par le défaut de poursuites.

Lorsque plusieurs personnes se sont rendues cautions d'un même débiteur pour une même dette, elles sont obligées chacune à toute la dette. Néanmoins, chacune d'elles peut, à moins qu'elle n'ait renoncé au bénéfice de division, exiger que le créancier divise préalablement son action et la réduise à la part et portion de chaque caution. Lorsque, dans le temps où une des cautions a fait prononcer la division, il y en avait d'insolvables, cette caution est tenue proportionnellement de ces insolvabilités ; mais elle ne peut être recherchée à raison des insolvabilités survenues depuis la division.

Si le créancier a divisé lui-même et volontairement son action, il ne peut revenir contre cette division, quoiqu'il y eût, même antérieurement au temps où il l'a ainsi consentie, des cautions insolvables (2024 et suivants).

<h3 style="text-align:center">§ II.</h3>

DE L'EFFET DU CAUTIONNEMENT ENTRE LE DÉBITEUR ET LA CAUTION. — La caution qui a payé a son recours contre le débiteur principal, soit que le cautionnement ait été donné à su ou à l'insu du débiteur. — Ce recours a lieu tant pour le principal que pour les intérêts et les frais ; néanmoins la caution n'a de recours que pour les frais par elle faits depuis qu'elle a dénoncé au débiteur principal les poursuites dirigées contre elle. Elle a aussi recours pour les dommages et intérêts, s'il y a lieu.

La caution qui a payé la dette est subrogée à tous les droits qu'avait le créancier contre le débiteur. — Lorsqu'il y a plusieurs débiteurs principaux solidaires d'une même dette, la caution qui les a tous cautionnés, a contre chacun d'eux le recours pour la répartition du total de ce qu'elle a payé.

La caution qui a payé une première fois, n'a point de recours contre le débiteur principal qui a payé une seconde fois, lorsqu'elle ne l'a point averti du paiement par elle fait, sauf son action en répétition contre le créancier.

Lorsque la caution aura payé sans être poursuivie et sans avoir averti le débiteur principal, elle n'aura point de recours contre lui dans le cas où, au moment du paiement, ce débiteur aurait eu des moyens pour faire déclarer la dette éteinte, sauf son action en répétition contre le créancier.

La caution, même avant d'avoir payé, peut agir contre le débiteur pour être par lui indemnisée :

1° Lorsqu'elle est poursuivie en justice pour le paiement;

2° Lorsque le débiteur a fait faillite, ou est en déconfiture;

3° Lorsque le débiteur s'est obligé de lui rapporter sa décharge dans un certain temps;

4° Lorsque la dette est devenue exigible par l'échéance du terme sous lequel elle avait été contractée;

5° Au bout de dix années, lorsque l'obligation principale n'a point de terme fixe d'échéance, à moins que l'obligation principale, telle qu'une tutelle, ne soit pas de nature à pouvoir être éteinte avant un temps déterminé (2028 et suiv.).

§ III.

De l'effet du cautionnement entre les cofidéjusseurs. — Lorsque plusieurs personnes ont cautionné un même débiteur pour une même dette, la caution qui a acquitté la dette a recours contre les autres cautions, chacune pour sa part et portion. — Mais ce recours n'a lieu que lorsque la caution a payé dans l'un des cas énoncés dans l'article précédent (2033).

Art. 3. — De l'extinction du cautionnement. — L'obligation qui résulte du cautionnement s'éteint par les mêmes causes que les autres obligations. — La confusion qui s'opère dans la personne du débiteur principal et de sa caution, lorsqu'ils deviennent héritiers l'un de l'autre, n'éteint point l'action du créancier contre celui qui s'est rendu caution de la caution. — La caution peut opposer au créancier toutes les exceptions qui appartiennent au débiteur principal, et qui sont inhérentes à la dette ; mais elle ne peut opposer les exceptions qui sont purement personnelles au débiteur.

La caution est déchargée lorsque la subrogation aux droits, hypothèques et priviléges du créancier ne peut plus, par le fait de ce créancier, s'opérer en faveur de la caution. — L'acceptation volontaire que le créancier a faite d'un immeuble ou d'un effet quelconque en paiement de la dette principale, décharge la caution, encore que le créancier vienne à en être évincé.

La simple prorogation de terme accordée par le créancier au débiteur principal ne décharge point la caution qui peut, en ce cas, poursuivre le débiteur pour le forcer au paiement (2034 et suivants).

Art. 4. — De la caution légale et de la caution judiciaire. — Toutes les fois qu'une personne est obligée, par la loi ou par une condamnation, à fournir une caution, la caution offerte doit remplir les conditions prescrites par les articles 2018 et 2019 du code civil. — Lorsqu'il s'agit d'un cautionnement judiciaire, la caution doit être susceptible de contrainte par corps.

Celui qui ne peut pas trouver une caution, est reçu à donner à sa place un gage en nantissement suffisant. — La caution judiciaire ne peut point demander la discussion du débiteur principal.

Celui qui a simplement cautionné la caution judiciaire, ne peut demander la discussion au débiteur principal et de la caution (2040 et suivants).

ACTE XLII.

FORMULE D'ACTE DE CAUTIONNEMENT.

Je soussigné (*nom, prénoms, profession ou qualité et demeure*), déclare, par ces présentes, me porter caution pour la somme de…, en faveur du sieur A..., que je prétends obliger; laquelle somme de... je m'engage à payer au sieur B... dans le délai de quinze jours après l'échéance du billet que lui a souscrit le sieur A..., et dans le cas où ce dernier ne le pourrait pas payer à cette époque; et je déclare renoncer, à cet égard, au bénéfice de discussion des biens de mondit sieur N... A..., le... du mois de... mil huit cent quarante...

(La signature.)

Droit proportionnel d'enregistrement, 50 c. par 100 fr.

Si l'acte est notarié, il se paie 50 c. par 100 fr.

Nota. Il est un moyen bien plus simple de se rendre caution; le voici : c'est d'endosser un billet à ordre, par exemple :

Pierre promet et s'oblige de payer à Paul une somme de six cents francs, à telle époque. Paul consent à accorder le terme demandé; mais il veut une caution : alors Jacques se présente et consent à devenir caution. Dans ce cas, Pierre est supposé être le débiteur de Jacques, et fait en sa faveur le billet suivant :

ACTE XLIII.

FORMULE DE CAUTIONNEMENT PAR BILLET A ORDRE.

Au... prochain, je paierai au sieur Jacques..., où à son ordre, la somme de six cents francs, valeur reçue comptant dudit en marchandises, *ou* espèces. A..., le... mil huit cent quarante...

Bon pour 600 fr. (La signature, Pierre.)

Le billet sera ensuite, par Jacques, passé à l'ordre de Paul de la manière suivante : Payez à l'ordre de Paul..., valeur reçue comptant dudit. A..., le... mil huit cent quarante...

(Signé Jacques)

Droit proportionnel d'enregistrement, 50 c. par 100 fr.

Si l'acte est notarié, il se paie 50 c. par 100 fr.

ACTE XLIV.

AUTRE FORMULE DE CAUTIONNEMENT.

Je soussigné déclare me porter caution et répondre pour le sieur M. A. pour l'entreprise qu'il a faite de..., et je promets, dans le cas où il manquerait de remplir quelqu'une des obligations qu'il a contractées dans la circonstance présente envers *tel*..., de payer à sa place et pour lui les sommes indiquées...; à cet effet, j'engage *tel* ou *tel* bien, afin de détourner les poursuites qui pourraient être dirigées contre lui, dans le cas où il ne paierait pas. A..., le... mil huit cent quarante...

(La signature.)

Nota. Cette formule de cautionnement peut servir dans le cas où on répondrait pour un entrepreneur.

Droit proportionnel d'enregistrement, 50 c. par 100 fr.

Si l'acte est notarié, il se paie 50 c. par 100 fr.

CHAPITRE XIV.

DES TRANSACTIONS.

La transaction est un contrat par lequel les parties terminent une contestation née, ou préviennent une contestation à naître. — Ce contrat doit être rédigé par écrit.

Pour transiger, il faut avoir la capacité de disposer des objets compris dans la transaction. — Le tuteur ne peut transiger pour le mineur ou l'interdit, que conformément à l'article 467 du code civil, et il ne peut transiger avec le mineur devenu majeur, sur le compte de tutelle, que conformément à l'article 472 du même code. — Les communes et établissements publics ne peuvent transiger qu'avec l'autorisation expresse du roi.

On peut transiger sur l'intérêt civil qui résulte d'un délit. — La transaction n'empêche pas la poursuite du ministère public.

On peut ajouter à une transaction la stipulation d'une peine contre celui qui manquera de l'exécuter.

Les transactions se renferment dans leur objet; la renonciation qui y est faite à tous droits, actions et prétentions, ne s'entend que de ce qui est relatif au différend qui y a donné lieu. — Les transactions ne règlent que les différends qui s'y trouvent compris, soit que les parties aient manifesté leur intention par des expressions spéciales ou générales, soit que l'on reconnaisse cette intention pour une suite nécessaire de ce qui est exprimé.

Si celui qui avait transigé sur un droit qu'il avait de son chef, acquiert ensuite un droit semblable du chef d'une autre personne, il n'est point, quant au droit nouvellement acquis, lié par la transaction antérieure. — La transaction faite par l'un des intéressés ne lie point les autres intéressés, et ne peut être opposée par eux.

Les transactions ont, entre les parties, l'autorité de la chose jugée en dernier ressort. Elles ne peuvent être attaquées pour cause d'erreur de droit ni pour cause de lésion. — Néanmoins une transaction peut être rescindée lorsqu'il y a erreur dans la personne ou sur l'objet de la contestation. Elle peut l'être dans tous les cas où il y a dol ou violence. — Il y a également lieu à l'action en rescision contre une transaction lorsqu'elle a été faite en exécution d'un titre nul, à moins que les parties n'aient expressément traité sur la nullité.

La transaction faite sur pièces qui depuis ont été reconnues fausses, est entièrement nulle.

La transaction sur un procès terminé par un jugement passé en force de chose jugée, dont les parties ou l'une d'elles n'avaient point connaissance, est nulle. — Si le jugement ignoré des parties était susceptible d'appel, la transaction serait valable.

Lorsque les parties ont transigé généralement sur toutes les affaires qu'elles pouvaient avoir ensemble, les titres qui leur étaient alors inconnus et qui auraient été postérieurement découverts, ne sont point une cause de rescision, à moins qu'ils n'aient été retenus par le fait de l'une des parties; mais la transaction serait nulle si elle n'avait qu'un objet sur lequel il serait constaté, par des titres nouvellement découverts, que l'une des parties n'avait aucun droit. — L'erreur de calcul dans une transaction doit être réparée (article 2044 et suiv. du code civil).

ACTE XLV.

FORMULE DE TRANSACTION.

Nous soussignés, M. A... (*noms, prénoms, profession ou qualité et demeure*), d'une part; et M. B... (*de même*), d'autre part; voulant rétablir entre nous la paix et la bonne intelligence, et mettre fin à la longue discussion qui a eu lieu entre nous au sujet de *telle chose*, sommes convenus et avons arrêté ce qui suit :

Moi, M. A., m'oblige, 1° à... ; 2° à...; 3° à...; etc.; et moi, M. B., m'oblige, de mon côté, 1° à...; 2° à...; 3° à...

De notre commun consentement, nous sommes convenus de payer chacun une part des frais qui ont été faits jusqu'à présent, relativement à cette discussion, et nous promettons l'un et l'autre de maintenir et d'observer fidèlement et de bonne foi toutes les clauses et conditions du présent traité, au moyen duquel nous reconnaissons pour jamais terminé tout désaccord et tout différend au sujet de..., ci-dessus énoncé; convenant en outre, d'un commun accord, que celui de nous deux qui contreviendrait à quelqu'un des articles du présent traité paiera à l'autre une somme de..., à titre d'indemnité.

Fait double entre nous, sous nos signatures privées, pour être exécuté de bonne foi, à..., le... du mois de... mil huit cent quarante...

J'approuve l'écriture ci-dessus.

J'approuve, etc.   (*Les signatures.*)

Droit fixe d'enregistrement, 3 fr.

Si l'acte est notarié, il se paie par vacations.

ACTE XLVI.

FORMULE DE TRANSACTION SUR DÉBIT.

Nous soussignés, M. A. (*nom, prénoms, profession ou qualité et demeure*), d'une part; et M. B. (*de même*), d'autre part, sommes convenus et nous avons arrêté ce qui suit:

Le... du mois de... de la présente année mil huit cent quarante..., le sieur M. B. passant en voiture dans la rue de..., dans laquelle je demeure, renversa par imprudence mon jeune fils qui jouait devant la porte, et l'aurait infailliblement écrasé si des voisins, témoins de la chute de l'enfant, ne fussent accourus à son secours et n'eussent arrêté la voiture dudit sieur M. B. L'enfant, quoiqu'il n'ait pas été dangereusement blessé, a cependant été long-temps malade des suites de sa chute et de la frayeur qu'il a éprouvée. C'est pourquoi M. B., se reconnaissant l'auteur de l'accident, m'offre à moi, M. A., *telle somme* pour indemnité, et de plus, la somme de... pour frais de pansements, de visites de médecin et chirurgien, etc.

Moi, M. A., quoique je pense bien que je pourrais obtenir de l'autorité des tribunaux une somme beaucoup plus forte, voulant éviter les chances d'un procès et épargner au sieur M. B. les désagréments de paraître en justice pour cette cause, je déclare consentir et accepter, pour tous dommages et indemnités, les sommes ci-dessus énoncées; promettant en outre de renoncer à toutes prétentions de droits de plaintes et de poursuites contre ledit sieur M. B.

Fait double entre nous, sous nos signatures privées, pour être exécuté de bonne foi, à..., le... du mois de... mil huit cent quarante...

(Les signatures.)

Droit fixe d'enregistrement, 3 fr.

Si l'acte est notarié, il se paie par vacations.

CHAPITRE XV.

DE LA CONTRAINTE PAR CORPS EN MATIÈRE CIVILE.

La contrainte par corps en matière civile a lieu pour le stellionat. — Il y a stellionat, lorsqu'on vend ou qu'on hypothèque un immeuble dont on sait n'être pas propriétaire;

— Lorsqu'on présente comme libres des biens hypothéqués, ou que l'on déclare des hypothèques moindres que celles dont ces biens sont chargés.

La contrainte par corps a lieu pareillement,

1° Pour dépôt nécessaire;

2° En cas de réintégrande pour le délaissement ordonné par justice, d'un fonds dont le propriétaire a été dépouillé par voie de fait, pour la restitution des fruits qui en ont été perçus pendant l'indue possession, et pour le paiement des dommages et intérêts adjugés au propriétaire;

3° Pour répétition de deniers consignés entre les mains des personnes publiques établies à cet effet;

4° Pour la représentation des choses déposées aux séquestres, commissaires et autres gardiens;

5° Contre les cautions judiciaires et contre les cautions des contraignables par corps, lorsqu'elles se sont soumises à cette contrainte;

6° Contre tous officiers publics, pour la représentation de leurs minutes, quand elle est ordonnée;

7° Contre les notaires, les avoués et les huissiers, pour la restitution des titres à eux confiés et des deniers par eux reçus pour leurs clients, par suite de leurs fonctions.

Ceux qui, par un jugement rendu au pétitoire et passé en force de chose jugée, ont été condamnés à désemparer un fonds, et qui refusent d'obéir, peuvent, par un second jugement, être contraints par corps, quinzaine après signification du premier jugement à personne ou domicile. Si le fonds ou l'héritage est éloigné de plus de cinq myriamètres du domicile de la partie condamnée, il sera ajouté au délai de quinzaine un jour par cinq myriamètres.

La contrainte par corps ne peut être ordonnée contre les fermiers pour le paiement des fermages des biens ruraux, si elle n'a été stipulée formellement dans l'acte du bail ; néanmoins les fermiers et les colons partiaires peuvent être contraints par corps, faute par eux de représenter, à la fin du bail, le cheptel de bétail, les semences et les instruments aratoires qui leur ont été confiés, à moins qu'ils ne justifient que le déficit de ces objets ne procède point de leur fait.

Hors les cas déterminés par les articles précédents, et ceux qui le sont par la nouvelle loi que nous allons citer en entier, il est défendu à tous juges de prononcer la contrainte par corps, à tous notaires et greffiers de recevoir des actes dans lesquels elle serait stipulée, et à tous Français de consentir pareils actes, encore qu'ils eussent été passés en pays étranger : le tout à peine de nullité, dépens, dommages et intérêts.

Dans les cas même ci-dessus énoncés, la contrainte par corps ne peut être prononcée contre les mineurs, ni contre les septuagénaires, les femmes et les filles, que dans le cas de stellionat. — Il suffit que la soixante-dixième année soit commencée pour jouir de la faveur accordée aux septuagénaires. La contrainte par corps pour cause de stellionat pendant le mariage, n'a lieu contre les femmes mariées que lorsqu'elles sont séparées de biens, ou lorsqu'elles ont des biens dont elles se sont réservé la libre administration, et à raison des engagements qui concernent ces biens. — Les femmes qui, étant en communauté, se seraient obligées conjointement ou solidairement avec leurs maris, ne pourront être réputées stellionataires à raison de ces contrats.

La contrainte par corps ne peut être appliquée qu'en vertu d'un jugement. Elle n'empêche ni ne suspend les poursuites et les exécutions sur les biens. (2059 et suivants.)

Nota. Le débiteur pour affaire commerciale ne peut être incarcéré de nouveau pour la même dette, lorsqu'il a été élargi faute de consignation d'aliments par le créancier.

Les aliments doivent être consignés la veille du jour où le mois commence. Ainsi le créancier qui oublierait que le mois n'a que trente jours et consignerait les aliments du prisonnier le premier du mois suivant, ne serait pas admis dans sa demande, et le prisonnier aurait été élargi le 30 au soir.

LOI DU 17 AVRIL 1832, SUR LA CONTRAINTE PAR CORPS.

Dispositions relatives à la contrainte par corps en matière de commerce.

ART. 1er. La contrainte par corps sera prononcée, sauf les exceptions et les modifications ci-après, contre toute personne condamnée pour dette commerciale au paiement d'une somme principale de 200 francs et au-dessus.

2. Ne sont point soumis à la contrainte par corps en matière de commerce :

Les femmes et les filles non réputées marchandes publiques;

Les mineurs non commerçants ou qui ne sont point réputés majeurs pour fait de leur commerce;

Les veuves et héritiers des justiciables des tribunaux de commerce, assignés devant ces tribunaux en reprise d'instance, ou par action nouvelle en raison de leur qualité.

3. Les condamnations prononcées par les tribunaux de commerce contre des individus non négociants, pour signatures apposées, soit à des lettres de change réputées simples promesses, soit à des billets à ordre, n'emportent point la contrainte par corps, à moins que ces signatures et engage-

ments n'aient eu pour cause des opérations de commerce, trafic, change, banque ou courtage.

4. La contrainte par corps en matière de commerce, ne pourra être prononcée contre les débiteurs qui auront commencé leur soixante et dixième année.

5. L'emprisonnement pour dette commerciale cesse de plein droit après un an, lorsque le montant de la condamnation principale ne s'élèvera pas à 500 fr. ; — Après deux ans, lorsqu'il ne s'élèvera pas à 1,000 fr. ; — Après trois ans, lorsqu'il ne s'élèvera pas à 3,000 fr. ; — Après quatre ans, lorsqu'il ne s'élèvera pas à 5,000 fr. et au-dessus.

6. Il cessera pareillement de plein droit le jour où le débiteur aura commencé sa soixante et dixième année.

Contrainte par corps en matière civile ordinaire.

7. Dans tous les cas où la contrainte par corps a lieu en matière civile ordinaire, la durée en sera fixée par le jugement de condamnation ; elle sera d'un an au moins et de dix ans au plus. Néanmoins, s'il s'agit de fermages de biens ruraux aux cas prévus par l'art. 2062 du code civil, ou de l'exécution des condamnations intervenues dans le cas où la contrainte par corps n'est pas obligée, et où la loi attribue seulement aux juges la faculté de la prononcer, la durée de la contrainte ne sera que d'un an au moins et de 5 ans au plus.

Contrainte par corps en matière de deniers et effets
mobiliers publics.

8. Sont soumis à la contrainte par corps, pour raison de reliquat de leurs comptes, déficit ou débet constaté à leur charge et dont ils ont été déclarés responsables :

1° Les comptables de deniers publics ou d'effets mobiliers publics et leurs cautions ;

2° Leurs agents ou préposés qui ont personnellement géré ou fait la recette ;

3° Toutes personnes qui ont perçu les deniers publics dont elles n'ont point effectué le versement ou l'emploi, ou qui, ayant reçu les effets mobiliers appartenant à l'Etat, ne les représentent pas ou ne justifient pas de l'emploi qui leur avait été prescrit.

9. Sont compris dans les dispositions de l'article précédent, les comptables chargés de la perception des deniers ou de la garde et de l'emploi des effets mobiliers appartenant aux communes, aux hospices et aux établissements publics, ainsi que leurs cautions, et leurs agents et préposés ayant personnellement géré ou fait la recette.

10. Sont également soumis à la contrainte par corps : tous entrepreneurs, fournisseurs, soumissionnaires et traitants qui ont passé des marchés ou traités intéressant l'Etat, les communes, les établissements de bienfaisance et autres établissements publics, et qui sont déclarés débiteurs par suite de leurs entreprises. — Leurs cautions, ainsi que leurs agents et préposés qui ont personnellement géré l'entreprise, et toutes personnes déclarées responsables des mêmes services.

11. Seront encore soumis à la contrainte par corps, tous redevables, débiteurs et cautions de droits de douanes, d'octrois et autres contributions indirectes, qui ont obtenu un crédit et qui n'ont pas acquitté à échéance le montant de leurs soumissions ou obligations.

12. La contrainte par corps pourra être prononcée, en vertu des quatre articles précédents, contre les femmes et les filles. Elle ne pourra l'être contre les septuagénaires.

13. Dans le cas énoncé dans la présente section, la contrainte par corps n'aura jamais lieu que pour une somme principale excédant trois cents francs. — La durée sera fixée dans les limites de l'article 7 de la présente loi.

Dispositions relatives à la contrainte par corps
contre les étrangers.

14. Tout jugement qui interviendra au profit d'un Français contre un étranger non domicilié en France, emportera la contrainte par corps, à moins que la somme principale

de la condamnation ne soit inférieure à 150 fr., sans distinction entre les dettes civiles et les dettes commerciales.

15. Avant le jugement de condamnation, mais après l'échéance ou l'exigibilité de la dette, le président du tribunal de première instance dans l'arrondissement duquel se trouvera l'étranger non domicilié, pourra, s'il n'y a de suffisants motifs, ordonner son arrestation provisoire, sur la requête du créancier français. — Dans ce cas, le créancier sera tenu de se pourvoir en condamnation dans la huitaine de l'arrestation du débiteur, faute de quoi celui-ci pourra demander son élargissement.

La mise en liberté sera prononcée par ordonnance de référé, sur une assignation donnée au créancier par l'huissier que le président aura commis dans l'ordonnance même qui autorisait l'arrestation, et, à défaut de cet huissier, par tel autre qui sera commis spécialement.

16. L'arrestation provisoire n'aura pas lieu ou cessera, si l'étranger justifie qu'il possède sur le territoire français un établissement de commerce ou des immeubles, le tout d'une valeur suffisante pour assurer le paiement de la dette, ou s'il fournit pour caution une personne domiciliée en France et reconnue solvable.

17. La contrainte par corps exercée contre un étranger, en vertu d'un jugement pour dette civile ordinaire, ou pour dette commerciale, cessera de plein droit après deux ans, lorsque le montant de la condamnation principale ne s'élèvera pas à 500 fr.; après quatre ans, lorsqu'il ne s'élèvera pas à 1,000 fr.; après six ans lorsqu'il ne s'élèvera pas à 3,000 fr.; après huit ans lorsqu'il ne s'élèvera pas à 5,000 fr. ; après dix ans, lorsqu'il sera de 5,000 fr. et au-dessus. — S'il s'agit d'une dette civile pour laquelle un Français serait soumis à la contrainte par corps, les dispositions de l'art. 7 seront applicables aux étrangers, sans que toutefois le minimum de la contrainte puisse être au-dessous de deux ans.

18. Le débiteur étranger condamné pour dette commer-

ciale, jouira du bénéfice des articles 4 et 6 de la présente loi. En conséquence, la contrainte par corps ne sera point prononcée contre lui, ou elle cessera dès qu'il aura commencé sa soixante-dixième année. — Il en sera de même à l'égard de l'étranger condamné pour dette civile, le cas de stellionat excepté. — La contrainte par corps ne sera pas prononcée contre les étrangères pour dette civile, sauf aussi le cas de stellionat.

Dispositions communes aux trois titres précédents.

19. La contrainte par corps n'est jamais prononcée contre le débiteur au profit :

1° De son mari ni de sa femme.

2° De ses ascendants, descendants, frères ou sœurs ou alliés au même degré.

3° Les individus mentionnés dans les deux paragraphes ci-dessus, contre lesquels il serait intervenu des jugements de condamnations par corps, ne pourront être arrêtés en vertu desdits jugements.

20. Dans les affaires où les tribunaux civils ou de commerce statuent en dernier ressort, la disposition de leur jugement relative à la contrainte par corps sera sujette à l'appel; cet appel ne sera pas suspensif.

21. Dans ce cas, la contrainte par corps ne pourra être exécutée contre le mari et contre la femme simultanément pour la même dette.

22. Tout huissier, garde de commerce ou exécuteur des mandements de justice, qui, lors de l'arrestation d'un débiteur, se refuserait à le conduire en référé devant le président du tribunal de première instance, aux termes de l'article 786 du code de procédure civile, sera condamné à 1,000 fr. d'amende, sans préjudice des dommages-intérêts.

23. Les frais liquidés que le débiteur doit consigner pour empêcher l'exercice de la contrainte par corps, ou pour obtenir son élargissement, ne seront jamais que les frais de l'instance, ceux de l'expédition et de la signification du jugement

et de l'arrêt, s'il y a lieu, ceux enfin de l'exécution relative à la contrainte par corps seulement.

24. Le débiteur, si la contrainte par corps n'a pas été prononcée pour dette commerciale, obtiendra son élargissement en payant ou consignant le tiers de la dette principale et de ses accessoires, et en donnant pour le surplus une caution acceptée par le créancier, ou reçue par le tribunal civil dans le ressort duquel le débiteur sera détenu.

25. La caution sera tenue de s'engager solidairement avec le débiteur à payer, dans un délai qui ne pourra excéder une année, les deux tiers qui resteront dus.

26. A l'expiration du délai prescrit par l'article précédent, le créancier, s'il n'est pas intégralement payé, peut exercer de nouveau la contrainte par corps contre le débiteur principal, sans préjudice de ses droits contre la caution.

27. Le débiteur qui aura obtenu son élargissement de plein droit après l'expiration des délais fixés par les articles 5, 7, 13 et 17 de la présente loi, ne pourra plus être détenu ou arrêté pour dettes contractées antérieurement à son arrestation, et échues au moment de son élargissement, à moins que ces dettes n'entraînent par leur nature et leur quotité une contrainte plus longue que celle qu'il aura subie, et qui, dans ce dernier cas, lui sera toujours comptée pour la durée de la nouvelle incarcération.

28. La somme destinée à pourvoir aux aliments des détenus pour dettes devra être consignée d'avance et pour trente jours au moins. — Les consignations pour plus de trente jours ne vaudront qu'autant qu'elles seront d'une seconde ou de plusieurs périodes de trente jours.

29. La somme destinée aux aliments sera de 30 francs pour Paris, et de 25 francs dans les autres villes, pour chaque période de trente jours.

30. En cas d'élargissement faute de consignation d'aliments, il suffira que la requête présentée au président du tribunal civil soit signée par le débiteur détenu et par le gar-

dien de la maison d'arrêt pour dettes, ou même certifiée véritable par le gardien, si le détenu ne sait pas signer. — Cette requête sera présentée en *duplicata* : l'ordonnance du président, aussi rendue par *duplicata*, sera exécutée sur l'une des minutes qui restera entre les mains du gardien ; l'autre minute sera déposée au greffe du tribunal et enregistrée *gratis*.

31. Le débiteur élargi faute de consignation d'aliments, ne pourra plus être incarcéré pour la même dette.

Dispositions relatives à la contrainte par corps en matière criminelle, correctionnelle et de police.

32. Les arrêts, jugements et exécutoires portant condamnation, au profit de l'Etat, à des amendes, restitutions, dommages-intérêts et frais en matière criminelle, correctionnelle ou de police, ne pourront être exécutés par la voie de la contrainte par corps, que cinq jours après le commandement qui sera fait aux condamnés, à la requête du receveur de l'enregistrement et des domaines.

Dans le cas où le jugement de condamnation n'aurait pas été précédemment signifié au débiteur, le commandement portera en tête un extrait de ce jugement, lequel contiendra le nom des parties et le dispositif. — Sur le vu du commandement et sur la demande du receveur de l'enregistrement, le procureur du roi adressera des réquisitions nécessaires aux agents de la force publique et aux fonctionnaires chargés de l'exécution des mandements de justice.

Si le débiteur est détenu, la recommandation pourra être ordonnée immédiatement après la notification du commandement.

33. Les individus contre lesquels la contrainte par corps aura été mise à exécution aux termes de l'article précédent, subiront l'effet de cette contrainte jusqu'à ce qu'ils aient payé le montant des condamnations, ou fourni une caution admise par le receveur des domaines, ou, en cas de contestation de sa part, déclarée bonne et valable par le tribunal civil de

l'arrondissement. — La caution devra s'exécuter dans le mois, à peine de poursuites.

34. Néanmoins les condamnés qui justifieront de leur insolvabilité, suivant le mode prescrit par l'article 420 du code d'instruction criminelle, seront mis en liberté, après avoir subi quinze jours de contrainte, lorsque l'amende et les autres condamnations pécuniaires n'excèderont pas 15 fr.; un mois, lorsqu'elles s'élèveront de 15 à 50 fr.; deux mois, lorsque l'amende et les autres condamnations s'élèveront de 50 à 100 fr.; et quatre mois, lorsqu'elles excèderont 100 fr.

35. Lorsque la contrainte par corps aura cessé en vertu de l'article précédent, elle pourra être reprise, mais une seule fois, et quant aux restitutions, dommages-intérêts et frais seulement, s'il est jugé contradictoirement avec le débiteur qu'il lui est survenu des moyens de solvabilité.

36. Dans tous les cas, la contrainte par corps exercée en vertu de l'art. 33 est indépendante des peines prononcées contre les condamnés.

37. Les arrêts et jugements contenant des condamnations en faveur des particuliers pour réparation de crimes, délits ou contraventions commis à leur préjudice, seront, à leur diligence, signifiés et exécutés suivant les mêmes formes et voies de contrainte que les jugements portant condamnation au profit de l'Etat.

Toutefois les parties poursuivantes seront tenues de pourvoir à la consignation d'aliments, lorsque la contrainte aura lieu à leur requête et dans leur intérêt.

38. Lorsque la condamnation prononcée n'excèdera pas 300 francs, la mise en liberté des condamnés, arrêtés ou détenus à la requête et dans l'intérêt des particuliers, ne pourra avoir lieu qu'autant que la validité des cautions et l'insolvabilité des condamnés auront été, en cas de contestations, jugées contradictoirement avec le créancier. — La durée de la contrainte sera déterminée par le jugement de condamnation, dans les limites de six mois à cinq ans.

39. Dans tous les cas, et quand bien même l'insolvabilité du débiteur pourrait être constatée, si la condamnation prononcée, soit en faveur d'un particulier, soit en faveur de l'Etat, s'élève à 300 fr., la durée de la contrainte sera déterminée par le jugement de condamnation, dans les limites fixées par l'art. 7 de la présente loi. — Néanmoins, si le débiteur a commencé sa soixante-dixième année avant le jugement, les juges pourront réduire le minimum à six mois, et ils ne pourront dépasser un maximun de cinq ans. — S'il atteint sa soixante-dixième année pendant la durée de la décision, sa détention sera de plein droit réduite à la moitié du temps qu'elle avait encore à courir aux termes du jugement.

40. Les art. 19, 21 et 22 sont applicables à la contrainte par corps exercée par suite des condamnations criminelles, correctionnelles et de police.

Nota. Il sera traité plus loin, des formes de l'exécution de la contrainte par corps, des temps et des lieux où elle peut être exécutée, etc. (Voyez à la table le chapitre de *l'exécution des jugements*).

CHAPITRE XVI.

DU NANTISSEMENT.

Le nantissement est un contrat par lequel un débiteur remet une chose à son créancier pour sûreté de la dette (2071).

Le nantissement d'une chose mobilière s'appelle *gage;* celui d'une chose immobilière s'appelle *antichrèse* (2072).

Art. 1er. — Du gage. — Le gage confère au créancier le droit de se faire payer sur la chose qui en est l'objet, par privilége et préférence aux autres créanciers.

Ce privilége n'a lieu qu'autant qu'il y a eu acte public ou sous seing privé, dûment enregistré, contenant la déclaration de la somme due, ainsi que l'espèce et la nature des choses

remises en gage, ou un état annexé de leur qualité, poids et
mesure. — La rédaction de l'acte par écrit et son enregistrement ne sont néanmoins prescrits qu'en matière excédant la
valeur de cent cinquante francs.

Le privilége énoncé en l'article précédent ne s'établit sur
les meubles incorporels, tels que les créances mobilières,
que par acte public ou sous seing privé, aussi enregistré et
signifié au débiteur de la créance donnée en gage. Dans tous
les cas, le privilége ne subsiste sur le gage qu'autant que ce
gage a été mis et reste en possession du créancier, ou d'un
tiers convenu entre les parties. — Le gage peut être donné
par un tiers pour le débiteur.

Le créancier ne peut, à défaut de paiement, disposer du
gage, sauf, à lui, à faire ordonner en justice que ce gage lui
restera en paiement et jusqu'à due concurrence, d'après une
estimation faite par experts, ou qu'il sera vendu aux enchères. — Toute clause qui autoriserait le créancier à s'appro-
prier le gage ou à en disposer sans les formalités ci-dessus,
est nulle. — Jusqu'à l'expropriation du débiteur, s'il y a lieu,
il reste propriétaire du gage, qui n'est, dans la main du
créancier, qu'un dépôt assurant le privilége de celui-ci.

Le créancier répond de la perte ou détérioration du gage
qui serait survenue par sa négligence. — De son côté, le débiteur doit tenir compte au créancier des dépenses utiles et
nécessaires que celui-ci a faites pour la conservation du gage.

S'il s'agit d'une créance donnée en gage, et que cette
créance porte intérêts, le créancier impute ses intérêts sur ceux
qui peuvent lui être dus. Si la dette pour sûreté de laquelle
la créance a été donnée en gage ne porte point elle-même
intérêts, l'imputation se fait sur le capital de la dette.

Le débiteur ne peut, à moins que le détenteur du gage
n'en abuse, en réclamer la restitution qu'après avoir entièrement payé, tant en principal qu'intérêts et frais, la dette
pour sûreté de laquelle le gage a été donné. S'il existait de
la part du même débiteur envers le même créancier une au-

tre dette contractée postérieurement à la mise en gage, et devenue exigible avant le paiement de la première dette, le créancier ne pourra être tenu de se dessaisir du gage avant d'être entièrement payé de l'une et de l'autre dette, lors même qu'il n'y aurait eu aucune stipulation pour affecter le gage au paiement de la seconde.

Le gage est indivisible, nonobstant la divisibilité de la dette entre les héritiers du débiteur et ceux du créancier. — L'héritier du débiteur qui a payé sa portion de la dette ne peut demander la restitution de sa portion dans le gage tant que la dette n'est pas entièrement acquittée. Réciproquement, l'héritier du créancier qui a reçu sa portion de la dette ne peut remettre le gage au préjudice de ceux de ses co-héritiers qui ne sont pas payés.

Les dispositions ci-dessus ne sont applicables ni aux matières de commerce, ni aux maisons de prêt sur gage non autorisées, et à l'égard desquelles on suit les lois et règlements qui les concernent (2073 et suivants).

Art. 2. — De l'antichrèse. — On appelle antichrèse l'acte par lequel un débiteur met en possession d'un fonds qui lui appartient son créancier qui touche et perçoit les revenus dudit fonds, tant pour se payer des intérêts de la somme qui lui est due, que pour éteindre le capital; et aussi il tient ce fonds en sa possession, comme sûreté de la chose ou de la somme qui lui est due (*l'auteur*).

L'antichrèse ne s'établit que par écrit. — Le créancier n'acquiert par ce contrat que la faculté de percevoir les fruits de l'immeuble, à la charge de les imputer annuellement sur les intérêts, s'il lui en est dû, et ensuite sur le capital de sa créance.

Le créancier est tenu, s'il n'en est autrement convenu, de payer les contributions et les charges annuelles de l'immeuble qu'il tient en antichrèse. Il doit également, sous peine de dommages et intérêts, pourvoir à l'entretien et aux réparations utiles et nécessaires de l'immeuble, sauf à prélever sur les fruits, toutes les dépenses relatives à ces divers objets.

Le débiteur ne peut, avant l'entier acquittement de la dette, réclamer la jouissance de l'immeuble qu'il a remis en antichrèse. Mais le créancier qui veut se décharger des obligations exprimées dans l'article précédent, peut toujours, à moins qu'il n'ait renoncé à ce droit, contraindre le débiteur à reprendre la jouissance de son immeuble.

Le créancier ne devient point propriétaire de l'immeuble, par le seul défaut de paiement au terme convenu ; toute clause contraire est nulle : en ce cas, il peut poursuivre l'expropriation de son débiteur par les voies légales.

Lorsque les parties ont stipulé que les frais se compenseront avec les intérêts, ou totalement, ou jusqu'à une certaine concurrence, cette convention s'exécute comme tout autre qui n'est point prohibée par les lois.

Tout ce qui est statué au présent chapitre ne préjudicie point aux droits que des tiers pourraient avoir sur le fonds de l'immeuble remis à titre d'antichrèse ; si le créancier, muni à ce titre, a d'ailleurs sur le fonds des priviléges ou hypothèques légalement établis et conservés, il les exerce à son ordre et comme tout autre créancier (2085 et suivants).

ACTE XLVII.

FORMULE D'ACTE DE NANTISSEMENT.

Nous soussignés (*nom, prénoms, profession ou qualité et demeure*), d'une part ; et *un tel (de même)*, d'autre part ; sommes convenus et avons arrêté ce qui suit :

Moi, M. A., déclare, par ces présentes, avoir remis cejourd'hui en gage ou nantissement, entre les mains du sieur..., qui l'a accepté, *tel* objet-mobilier (*le bien détailler*), *ou* telle créance, payable le..., à..., pour sûreté de la somme de... qu'il m'a prêtée aujourd'hui, et que je m'engage à lui rembourser à *telle époque*.

Et moi, M. B., je reconnais et déclare avoir reçu du sieur..., à titre de gage ou nantissement, ledit objet mobilier *ou* ladite créance, détaillée ci-dessus, et m'engage à le lui remettre aussitôt qu'il m'aura payé la somme de..., que je lui prête aujourd'hui.

Il est en outre bien convenu entre nous que, dans le cas où ledit sieur M.
A. ne m'aurait pas remboursé cette somme à *telle époque*, il m'autorise à
faire vendre à mon profit, après en avoir obtenu, à ses frais, l'autorisation du tribunal compétent, ledit objet mobilier *ou* ladite créance, sous la seule réserve
de lui remettre le surplus ou excédant de la somme qu'aura produite le gage
après tous les frais payés, ainsi que la somme que je lui ai prêtée.

Fait double entre nous, sous nos signatures privées, pour être exécuté de
bonne foi, à..., le... du mois de... mil huit cent quarante...

J'approuve l'écriture ci-dessus.   (*Les signatures.*)

Nota. Il est facile de stipuler les intérêts par avance, et de les joindre à la
somme principale, pour éviter la longueur du sous-seing.

Droit proportionnel d'enregistrement, 1 fr. par 100 fr.

Si l'acte est notarié, il se paie 1 fr. par 100 fr.

ACTE XLVIII.

FORMULE D'UN CONTRAT D'ANTICHRÈSE.

Nous soussignés, M. A. (*nom, prénoms, profession et demeure*), d'une
part ; et M. B. (*de même*, d'autre part ; sommes convenus et avons arrêté
ce qui suit :

Moi, M. A., reconnais et déclare, par ces présentes, avoir emprunté du sieur
M. B. la somme de..., qu'il m'a remise en espèces et que je m'engage à lui
rendre à *telle époque*, avec les intérêts au taux légal de cinq pour cent par
an ; et pour sûreté tant de la rente que du capital dont je me reconnais débiteur à compter de ce jour envers le sieur M. B., je lui remets et abandonne
la jouissance de *tel immeuble* (*le désigner ici complètement et exactement*), dont il percevra les fruits et les revenus, sur ses simples quittances
des fermiers *ou* locataires à compter du *tel jour*; en compensation 1° des
intérêts ; 2° à valoir sur le capital, jusqu'à ce que j'aie remboursé le montant
intégral de ma dette. En outre, le sieur M. B. jouira dudit immeuble comme
s'il en était réellement propriétaire, donnera valables quittances, affermera de
nouveau et à son gré, dans le cas où les baux viendraient à expirer ; il paiera
toutes les contributions relatives à ladite propriété, y fera toutes les réparations
nécessaires, et en jouira en bon père de famille jusqu'à ce que je sois entièrement libéré de la dette que j'ai contractée envers lui.

Dans le cas où je ne lui rembourserais pas le reste de la somme due à *telle
époque*, il sera libre d'user des droits que lui accorde la loi pour se faire rembourser.

Et moi, M. B., j'accepte le présent traité et toutes les conditions qu'il m'impose et qui y sont contenues, et reconnais que ledit immeuble, dont j'acquiers

aujourd'hui la jouissance, ne cessera pas pour cela d'être la propriété du sieur M. A.

Fait double entre nous, sous nos signatures privées, pour être exécuté de bonne foi, à..., le... du mois de... mil huit cent quarante...

J'approuve l'écriture ci-dessus.   (*Les signatures.*)

J'approuve, etc.

Droit proportionnel d'enregistrement, 2 fr. par 100 fr.

Si l'acte est notarié, il se paie 1 fr. par 100 fr.

CHAPITRE XVII.

DES PRIVILÉGES ET HYPOTHÈQUES.

Art. 1er. — Dispositions générales. — Quiconque s'est obligé personnellement, est tenu de remplir son engagement sur tous ses biens mobiliers et immobiliers, présents et à venir.

Les biens du débiteur sont le gage commun de ses créanciers, et le prix s'en distribue entre eux par contribution, à moins qu'il n'y ait entre les créanciers des causes légitimes de préférence. — Les causes légitimes de préférence sont les priviléges et hypothèques (2692 et suivants).

Art. 2. — Des priviléges. — Le privilége est un droit que la qualité de la créance donne à un créancier d'être préféré aux autres créanciers, même hypothécaires.

Entre les créanciers privilégiés, la préférence se règle par les différentes qualités des priviléges. — Les créanciers privilégiés qui sont dans le même rang, sont payés par concurrence.

Les priviléges à raison des droits du trésor public et l'ordre dans lequel ils s'exercent, sont réglés par les lois qui les concernent. Le trésor royal ne peut cependant obtenir de privilége au préjudice des droits antérieurement acquis à des tiers. — Les priviléges peuvent être sur les meubles et sur les immeubles (2095 et suivants).

SECTION PREMIÈRE. — DES PRIVILÉGES SUR LES MEUBLES. — Les priviléges sont ou généraux ou particuliers sur certains meubles (2100).

§ Iᵉʳ.

DES PRIVILÉGES GÉNÉRAUX SUR LES MEUBLES. — Les créances privilégiées sur la généralité des meubles sont celles ci-après exprimées, et s'exercent dans l'ordre suivant :

1° Les frais de justice ;

2° Les frais funéraires ;

3° Les frais quelconques de la dernière maladie, concurremment entre ceux à qui ils sont dus ;

4° Les salaires des gens de service pour l'année échue et ce qui est dû pour l'année courante ;

5° Les fournitures de subsistances faites au débiteur et à sa famille, savoir : pendant les six derniers mois, par les marchands en détail, tels que boulangers, bouchers et autres; et pendant la dernière année, par les maîtres de pension et marchands en gros (2101 et suiv.).

§ II.

DES PRIVILÉGES SUR CERTAINS MEUBLES. — Les créances privilégiées sur certains meubles sont :

1° Les loyers et fermages des immeubles sur les fruits de la récolte de l'année et sur le prix de tout ce qui garnit la maison louée ou la ferme, et de tout ce qui sert à l'exploitation de la ferme, savoir : pour tout ce qui est échu et pour tout ce qui est à échoir, si les baux sont authentiques, ou si, étant sous signature privée, ils ont une date certaine; et, dans ces deux cas, les autres créanciers ont le droit de relouer la maison, ou la ferme pour le restant du bail, et de faire leur profit des baux ou fermages, à la charge toutefois de payer au propriétaire tout ce qui lui serait encore dû. Et à défaut de baux authentiques, ou lorsqu'étant sous signature privée ils n'ont pas une date certaine, pour une année à partir de l'année courante. — Le même privilége a lieu pour les réparations locatives, et pour tout ce qui concerne l'exécution du bail. Néanmoins les sommes dues pour les semences ou pour les frais de la récolte de l'année, sont payées sur le prix de la récolte; et celles dues pour ustensiles, sur le prix de ces ustensiles, par préférence au propriétaire dans l'un et l'autre cas. — Le propriétaire peut saisir les meubles qui garnissent sa maison ou sa ferme, lorsqu'ils ont été déplacés sans son consentement, et il conserve sur eux son privilége, pourvu qu'il ait fait la revendication, savoir : lorsqu'il s'agit du mobilier qui garnissait une ferme, dans le délai de quarante jours; et dans celui de quinzaine, s'il s'agit des meubles garnissant une maison.

2° La créance sur le gage dont le créancier est saisi ;

3° Les frais faits pour la conservation de la chose ;

4° Le prix d'effets mobiliers non payés, s'ils sont encore en la possession du débiteur, soit qu'il ait acheté à terme ou sans terme. — Si la vente a été faite sans terme, le vendeur peut même revendiquer ces effets tant qu'ils sont en la possession de l'acheteur, et en empêcher la revente, pourvu que la revendication soit faite dans la huitaine de la livraison, et que les effets se trouvent dans le même état dans lequel cette livraison a été faite.

Le privilége du vendeur ne s'exerce toutefois qu'après celui du propriétaire de la maison ou de la ferme, à moins qu'il ne soit prouvé que le propriétaire avait connaissance que les meubles et autres objets garnissant sa maison ou sa ferme n'appartenaient pas au locataire.

Nota. Nous verrons au chapitre du commerce, les lois et usages sur la revendication.

5° Les fournitures d'un aubergiste, sur les effets du voyageur qui ont été transportés dans son auberge ;

6° Les frais de voiture et les dépenses accessoires, sur la chose voiturée ;

7° Les créances résultant d'abus et prévarications commis

par les fonctionnaires publics dans l'exercice de leurs fonctions, sur les fonds de leur cautionnement et sur les intérêts qui en peuvent être dus (2102 et suivants).

SECTION DEUXIÈME. — DES PRIVILÉGES SUR LES IMMEUBLES.

— Les créanciers privilégiés sur les immeubles sont :

1° Le vendeur sur l'immeuble vendu, pour le paiement du prix. S'il y a plusieurs ventes successives dont le prix soit dû en tout ou en partie, le premier vendeur est préféré au second, le deuxième au troisième, et ainsi de suite ;

2° Ceux qui ont fourni les deniers pour l'acquisition des immeubles, pourvu qu'il soit authentiquement constaté, par l'acte d'emprunt, que la somme était destinée à cet emploi, et par la quittance du vendeur, que ce paiement a été fait des deniers empruntés ;

3° Les co-héritiers, sur les immeubles de la succession, pour la garantie des partages faits entre eux, et des soultes ou retours de lots ;

4° Les architectes, entrepreneurs, maçons et autres ouvriers employés pour édifier, reconstruire ou réparer les bâtiments, canaux ou autres ouvrages quelconques, pourvu néanmoins que, par un expert nommé d'office par le tribunal de première instance dans le ressort duquel les bâtiments sont situés, il ait été dressé préalablement un procès-verbal, à l'effet de constater l'état des lieux relativement aux ouvrages que le propriétaire déclare avoir dessein de faire, et que les ouvrages aient été, dans les six mois au plus de leur perfection, reçus par un expert également nommé d'office.

— Mais le montant du privilége ne peut excéder les valeurs constatées par le second procès-verbal, et il se réduit à la plus-value existante à l'époque de l'aliénation de l'immeuble, et résultant des travaux qui y ont été faits ;

5° Ceux qui ont prêté les deniers pour payer ou rembourser les ouvriers, jouissent du même privilége, pourvu que cet emploi soit authentiquement constaté par l'acte d'emprunt et par la quittance des ouvriers, ainsi qu'il a été dit ci-dessus pour ceux qui ont prêté les deniers pour l'acquisition d'un immeuble (2103 et suiv.).

SECTION TROISIÈME. — DES PRIVILÉGES QUI S'ÉTENDENT SUR LES MEUBLES ET LES IMMEUBLES. — Les priviléges qui s'étendent sur les meubles et les immeubles sont ceux énoncés en l'article 2101, que nous venons de rapporter.

SECTION QUATRIÈME. — COMMENT SE CONSERVENT LES PRIVILÉGES. — Entre les créanciers, les priviléges ne produisent d'effet, à l'égard des immeubles, qu'autant qu'ils sont rendus publics par inscriptions sur les registres du conservateur des hypothèques, de la manière déterminée par la loi et à compter de la date de cette inscription, sous les seules exceptions qui suivent :

Sont exceptées de la formalité de l'inscription les créances énoncées en l'article 2101, que nous avons rapporté *section première.*

Le vendeur privilégié conserve son privilége par la transcription du titre qui a transféré la propriété à l'acquéreur, et qui constate que la totalité ou partie du prix lui est due, à l'effet de quoi la transcription du contrat faite par l'acquéreur vaudra inscription pour le vendeur et pour le prêteur qui lui aura fourni les deniers payés, et qui sera subrogé aux droits du vendeur par le même contrat : sera néanmoins le conservateur des hypothèques tenu, sous peine de tous dommages et intérêts envers les tiers, de faire d'office l'inscription sur son registre des créances résultant de l'acte translatif de propriété, tant en faveur du vendeur qu'en faveur des prêteurs, qui pourront aussi faire faire, si elle ne l'a été, la transcription du contrat de vente, à l'effet d'acquérir l'inscription de ce qui lui est dû sur le prix.

Le co-héritier ou co-partageant conserve son privilége sur les biens de chaque lot, ou sur le bien licité, pour les soultes et retours de lots, ou pour le prix de la licitation, par l'inscription faite à sa diligence, dans soixante jours à dater de l'acte de partage ou de l'adjudication par licitation ; durant lequel temps aucune hypothèque ne peut avoir lieu sur le bien chargé de soulte ou adjugé par licitation, au préjudice du créancier de la soulte et du prix.

Les architectes, entrepreneurs, maçons et autres ouvriers employés pour édifier, reconstruire ou réparer des bâtiments, canaux ou autres ouvrages, et ceux qui ont, pour les payer et rembourser, prêté les deniers dont l'emploi a été constaté, conservent, par la double inscription faite, 1° du procès-verbal qui constate l'état des lieux, 2° du procès-verbal de réception, leur privilége à la date de l'inscription du premier procès-verbal (2106 et suiv.).

ART. 3. — DES HYPOTHÈQUES. — L'hypothèque est un droit réel sur les immeubles affectés à l'acquittement d'une obligation. — Elle est, de sa nature, indivisible, et subsiste en entier sur tous les immeubles affectés, sur chacun et sur chaque partie des immeubles.

Elle les suit dans quelques mains qu'ils passent.

L'hypothèque légale est celle qui résulte de la loi. — L'hypothèque judiciaire est celle qui résulte des jugements ou actes judiciaires. — L'hypothèque conventionnelle est celle qui dépend des conventions et de la forme extérieure des actes et des contrats.

Sont seuls susceptibles d'hypothèques :

1° Les biens immobiliers qui sont dans le commerce, et leurs accessoires réputés immeubles ;

2° L'usufruit des mêmes biens et accessoires, pendant le temps de sa durée.

Les meubles n'ont pas de suite par hypothèque (2114 et suivants).

§ Ier.

DES HYPOTHÈQUES LÉGALES. — Les droits et créances auxquels l'hypothèque légale est attribuée, sont :

Ceux des femmes mariées, sur ceux de leurs maris ;

Ceux des mineurs et interdits, sur les biens de leurs tuteurs.

Ceux de l'Etat, des communes et des établissements publics, sur les biens des receveurs et administrateurs comptables.

Le créancier qui a une hypothèque légale peut exercer son droit sur tous les immeubles appartenant à son débiteur, et sur ceux qui pourront lui appartenir dans la suite, sous les modifications qui seront ci-après exprimées.

§ II.

DES HYPOTHÈQUES JUDICIAIRES. — L'hypothèque judiciaire résulte des jugements, soit contradictoires, soit par défaut, définitifs ou provisoires, en faveur de celui qui les a obtenus. Elle résulte aussi des reconnaissances ou vérifications faites en jugement, des signatures apposées à un acte obligatoire sous seing privé. Elle peut s'exercer sur les immeubles actuels du débiteur et sur ceux qu'il pourra acquérir, sauf aussi les modifications qui seront ci-après exprimées.

Les décisions arbitrales n'emportent hypothèques qu'autant qu'elles sont revêtues de l'ordonnance judiciaire d'exécution. — L'hypothèque ne peut pareillement résulter des jugements rendus en pays étranger, qu'autant qu'ils ont été déclarés exécutoires par un tribunal français, sans préjudice des dispositions contraires qui peuvent être dans les lois politiques ou dans les traités (2123 et suiv.).

§ III.

DES HYPOTHÈQUES CONVENTIONNELLES. — Les hypothèques conventionnelles ne peuvent être consenties que par ceux qui ont la capacité d'aliéner les immeubles qu'ils y soumettent.

Ceux qui n'ont sur l'immeuble qu'un droit suspendu par une condition, ou résoluble dans certains cas, ou sujet à rescision, ne peuvent consentir qu'une hypothèque soumise aux mêmes conditions ou à la même rescision.

Les biens des mineurs, des interdits, et ceux des absents, tant que la possession n'en est déférée que provisoirement, ne peuvent être hypothéqués que pour les causes et dans les formes établies par la loi, ou en vertu des jugements. — L'hypothèque conventionnelle ne peut être consentie que par acte passé en forme authentique devant deux notaires, ou devant un notaire et deux témoins.

Les contrats passés en pays étranger ne peuvent donner d'hypothèque sur les biens de France, s'il n'y a des dispositions contraires à ce principe dans les lois politiques ou dans les traités.

Il n'y a d'hypothèque valable que celle qui, soit dans le titre authentique constitutif de la créance, soit dans un acte authentique postérieur, déclare spécialement la nature et la situation de chacun des immeubles actuellement appartenant au débiteur, sur lesquels il consent l'hypothèque de la créance. Chacun de tous ses biens présents peut être nominativement soumis à l'hypothèque.

Les biens à venir ne peuvent pas être hypothéqués. — Néanmoins si les biens présents et libres du débiteur sont insuffisants pour la sûreté de la créance, il peut, en exprimant cette insuffisance, consentir que chacun des biens qu'il acquerra par la suite y demeure affecté à mesure des acquisitions.

L'hypothèque acquise s'étend à toutes les améliorations survenues à l'immeuble hypothéqué (2124 et suiv.).

Nota. La femme commune en biens, qui s'engage solidairement et hypothécairement avec son mari sur un bien de la communauté, est censée renoncer à son hypothèque légale en faveur du créancier, lequel est préféré à un créancier postérieur que la femme aurait subrogé expressément à son hypothèque légale. (*Arrêt de la cour de cassation du 13 juin 1825.*)

§ IV.

Du rang que les hypothèques ont entre elles. — Entre les créanciers, l'hypothèque, soit légale, soit judiciaire, soit conventionnelle n'a de rang que du jour de l'inscription prise par le créancier sur les registres du conservateur, dans la forme et de la manière prescrites par la loi, sauf les exceptions ci-après :

L'hypothèque existe indépendamment de toute inscription :

1° Au profit des mineurs et interdits, sur les immeubles appartenant à leur tuteur, à raison de sa gestion, du jour de l'acceptation de la tutelle ;

2° Au profit des femmes, pour raison de leur dot et conventions matrimoniales, sur les immeubles de leurs maris, à compter du jour du mariage.

La femme n'a hypothèque pour les sommes dotales qui proviennent de successions à elle échues ou de donations à elles faites pendant le mariage, qu'à compter de l'ouverture des successions, ou du jour que les donations ont eu leur effet.

Sont toutefois, les maris et les tuteurs, tenus de rendre publiques les hypothèques dont leurs biens sont grevés, et, à cet effet, de requérir eux-mêmes, sans aucun délai, inscription aux bureaux à ce établis, sur les immeubles à eux appartenant et sur ceux qui pourront leur appartenir par la suite, sous peine d'être réputés stellionataires, et comme tels d'être contraignables par corps, dans le cas où ils consentiraient à laisser prendre de nouvelles hypothèques sur lesdits immeubles.

Les subrogés-tuteurs sont tenus de veiller à ce que cette disposition de la loi soit ponctuellement accomplie (2134 et suivants).

ART. 4. — DU MODE DE L'INSCRIPTION DES PRIVILÉGES ET HYPOTHÈQUES. — Les inscriptions se font au bureau de conservation des hypothèques dans l'arrondissement duquel sont situés les biens soumis au privilége ou à l'hypothèque.

Elles ne produisent aucun effet, si elles sont prises dans le délai pendant lequel les actes faits avant l'ouverture des faillites sont déclarés nuls. — Il en est de même entre les créanciers d'une succession, si l'inscription n'a été faite par l'un d'eux que depuis l'ouverture, et dans le cas où la succession n'est acceptée que par bénéfice d'inventaire.

Tous les créanciers inscrits le même jour exercent en concurrence une hypothèque de la même date, sans distinction de l'inscription du matin et celle du soir, quand cette différence serait marquée par le conservateur.

Pour opérer l'inscription, le créancier représente, soit par lui-même, soit par un tiers, au conservateur des hypothèques, l'original en brevet ou une expédition authentique du jugement ou de l'acte qui donne naissance au privilége ou à l'hypothèque. Il y joint deux bordereaux écrits sur papier timbré, dont l'un peut être porté sur l'expédition du titre; ils contiennent :

1° Les nom, prénoms, domicile du créancier, sa profession, s'il en a une, et l'élection d'un domicile pour lui dans un lieu quelconque de l'arrondissement du bureau ;

2° Les nom, prénoms, domicile du débiteur, sa profession, s'il en a une connue, ou une désignation individuelle et spéciale, telle que le conservateur puisse reconnaître et distinguer dans tous les cas l'individu grevé d'hypothèque ;

3° La date et la nature du titre ;

4° Le montant du capital des créances exprimées dans le titre, ou évaluées par l'inscrivant, pour les rentes et prestations, ou pour les droits éventuels, conditionnels ou indéterminés, dans le cas où cette évaluation est ordonnée ; comme aussi le montant des accessoires de ces capitaux, et l'époque de l'exigibilité ;

5° L'indication de l'espèce et de la situation des biens sur lesquels il entend conserver son privilége ou son hypothèque. — Cette dernière disposition n'est pas nécessaire dans le cas des hypothèques légales ou judiciaires : à défaut de convention, une seule inscription, pour ces hypothèques, frappe tous les immeubles compris dans l'arrondissement du bureau.

Les inscriptions à faire sur les biens d'une personne décédée pourront être faites sous la simple désignation du défunt.

Les inscriptions conservent les hypothèques et le privilége pendant dix années à compter du jour de leur date : leur effet cesse, si ces inscriptions n'ont été renouvelées avant l'expiration de ce délai.

Les frais des inscriptions sont à la charge du débiteur, s'il n'y a stipulation contraire ; l'avance en est faite par l'inscrivant, si ce n'est quant aux hypothèques légales, pour l'inscription desquelles le conservateur a recours contre le débiteur. Les frais de la transcription, qui peut être requise par le vendeur, sont à la charge de l'acquéreur.

Les actions auxquelles les inscriptions peuvent donner lieu contre les créanciers seront intentées devant le tribunal compétent, par exploits faits à leur personne ou à leur dernier domicile, et ce, nonobstant le décès soit des créanciers, soit de ceux chez lesquels ils auront fait élection de domicile (2146 et suiv.).

ART. 5.—DE LA RADIATION ET RÉDUCTION DES INSCRIPTIONS. — Les inscriptions sont rayées du consentement des parties intéressées et ayant capacité à cet effet, ou en vertu d'un jugement en dernier ressort ou passé en force de chose jugée. — Dans l'un et l'autre cas, ceux qui requièrent la radiation déposent au bureau du conservateur l'expédition de l'acte authentique portant consentement, ou celle du jugement.

La radiation non consentie est demandée au tribunal dans le ressort duquel l'inscription a été faite. — Elle doit être ordonnée par les tribunaux, lorsque l'inscription a été faite sans être fondée ni sur la loi, ni sur un titre, ou lorsqu'elle l'a été en vertu d'un titre irrégulier, soit éteint ou soldé, ou lorsque les droits de privilége ou d'hypothèque sont effacés par les voies légales (2157 et suiv.).

ART. 6. — DE L'EFFET DES PRIVILÉGES ET HYPOTHÈQUES CONTRE LES TIERS DÉTENTEURS. —Les créanciers ayant privilége ou hypothèque inscrite sur un immeuble, le suivent, en quelques mains qu'il passe, pour être colloqués et payés suivant l'ordre de leurs créances ou inscriptions. — Si le tiers détenteur ne remplit pas les formalités ci-après établies pour purger sa propriété, il demeure seul, par l'effet des inscriptions, obligé comme détenteur à toutes les dettes hypothécaires, et jouit des termes et délais accordés au débiteur originaire.

Le tiers détenteur est tenu, dans le même cas, ou de payer tous les intérêts et capitaux exigibles, à quelque somme qu'ils puissent monter, ou de délaisser l'immeuble hypothéqué, sans aucune réserve. — Faute par lui de satisfaire pleinement à l'une de ces obligations, chaque créancier hypothécaire a droit de faire vendre sur lui l'immeuble hypothéqué, trente jours après commandement fait au débiteur originaire, et sommation faite au tiers détenteur de payer la dette exigible ou de délaisser l'héritage. Cependant, le détenteur qui n'est pas personnellement obligé à la dette, peut s'opposer à la vente s'il y a d'autres immeubles du même créancier hypothéqués, et obtenir un sursis jusqu'à ce que la vente de ces derniers ait été effectuée. — Dans tous les cas, il a recours en garantie contre le débiteur principal.

Le tiers détenteur qui veut purger sa propriété en en payant le prix observe les formalités établies à l'article VIII. (2166 et suivants).

ART. 7. — DE L'EXTINCTION DES PRIVILÉGES ET HYPOTHÈQUES. — Les priviléges et hypothèques s'éteignent :

1° Par l'extinction de l'obligation principale ;

2° Par la renonciation du créancier à l'hypothèque ;

3° Par l'accomplissement des formalités et conditions prescrites aux tiers détenteurs, pour purger les biens par eux acquis ;

4° Par la prescription.

La prescription est acquise au débiteur, quant aux biens

qui sont dans ses mains, par le temps fixé pour la prescription des actions qui donnent l'hypothèque ou le privilége. —
Quant aux biens qui sont dans la main d'un tiers détenteur,
elle lui est acquise par le temps réglé pour la prescription de
la propriété à son profit : dans le cas où la prescription suppose un titre, elle ne commence à courir que du jour où il a
été transcrit sur les registres du conservateur.

Les inscriptions prises par le créancier n'interrompent pas
le cours de la prescription établie par la loi en faveur du débiteur ou du tiers détenteur (2180).

ART. 8. — DU MODE DE PURGER LES PROPRIÉTÉS DES PRIVI-
LÉGES ET HYPOTHÈQUES. — Les contrats translatifs de la propriété d'immeubles que les tiers détenteurs voudront purger,
seront transcrits en entier par le conservateur des hypothèques dans l'arrondissement duquel les biens sont situés. Cette
transcription se fera sur un registre à ce destiné, et le conservateur sera tenu d'en donner reconnaissance au requérant.

La simple transcription des titres translatifs de propriété sur
le registre du conservateur, ne purge pas les hypothèques et
priviléges établis sur l'immeuble. — Le vendeur ne transmet
à l'acquéreur que la propriété et les droits qu'il avait lui-
même sur la chose vendue : il les transmet sous l'affectation
des mêmes priviléges et hypothèques dont il était chargé.

Si le nouveau propriétaire veut se garantir de l'effet des
poursuites dont on a parlé à l'article 7e, il est tenu, soit avant
les poursuites, soit dans le mois au plus tard, à compter de
la première sommation qui lui est faite, de notifier aux
créanciers, aux domiciles élus par eux dans leurs inscriptions:

1° Extrait de son titre, contenant seulement la date et la
qualité de l'acte, le nom et la désignation précise du vendeur ou du donateur, la nature et la situation de la chose
vendue ou donnée, et, s'il s'agit d'un corps de biens, la dénomination générale seulement du domaine et des arrondissements dans lesquels il est situé, le prix et les charges faisant

partie du prix de la vente, ou l'évaluation de la chose, si elle est donnée ;

2° Extrait de la transcription de l'acte de vente ;

3° Un tableau sur trois colonnes, dont la première contiendra la date des hypothèques et celle des inscriptions ; la seconde, le nom des créanciers ; la troisième, le montant des créances inscrites.

L'acquéreur ou le donataire déclarera, par le même acte, qu'il est prêt à acquitter, sur-le-champ, les dettes et charges hypothécaires, jusqu'à concurrence seulement du prix, sans distinction des dettes exigibles ou non exigibles.

Lorsque le nouveau propriétaire a fait cette notification dans le délai fixé, tout créancier dont le titre est inscrit peut requérir la mise de l'immeuble aux enchères et adjudications publiques, à la charge

1° Que cette réquisition sera signifiée au nouveau propriétaire dans quarante jours, au plus tard, de la notification faite à la requête de ce dernier, en y ajoutant deux jours par cinq myriamètres de distance entre le domicile élu et le domicile réel de chaque créancier requérant ;

2° Qu'elle contiendra soumission du requérant, de porter ou faire porter le prix à un dixième en sus de celui qui aura été stipulé dans le contrat, ou déclaré par le nouveau propriétaire ;

3° Que la même signification sera faite dans le même délai au précédent propriétaire, débiteur principal ;

4° Que l'original et les copies de ces exploits seront signés par le créancier requérant, ou par son fondé de procuration expresse, lequel, en ce cas, est tenu de donner copie de sa procuration ;

5° Qu'il offrira de donner caution jusqu'à concurrence du prix et des charges : le tout à peine de nullité.

A défaut, par les créanciers, d'avoir requis la mise aux enchères dans le délai et les formes prescrites, la valeur de l'immeuble demeure définitivement fixée au prix stipulé dans

le contrat. — Et en cas de revente sur enchères, elle aura
lieu suivant les formes établies pour les expropriations forcées.

L'adjudicataire est tenu, au-delà du prix de son adjudication, de restituer à l'acquéreur ou au donataire dépossédé
les frais et loyaux coûts de son contrat, ceux de la transcription sur les registres du conservateur, ceux de notification
et ceux faits par lui pour parvenir à la revente.

L'acquéreur ou le donataire qui conserve l'immeuble mis
aux enchères en se rendant dernier enchérisseur, n'est pas
tenu de faire transcrire le jugement d'adjudication.

Le désistement du créancier requérant, la mise aux enchères, ne peut, même quand le créancier paierait le montant de la soumission, empêcher l'adjudication publique, si
ce n'est du consentement exprès de tous les autres créanciers hypothécaires (2184 et suivants).

Art. 9. — Du mode de purger les hypothèques quand il
n'existe pas d'inscription sur les biens des maris et des
tuteurs. — Pourront les acquéreurs d'immeubles appartenant à des maris ou à des tuteurs, lorsqu'il n'existera pas
d'inscription sur lesdits immeubles à raison de la gestion du
tuteur, ou des dots, reprises et conventions matrimoniales
de la femme, purger les hypothèques qui existeraient sur les
biens par eux acquis.

A cet effet, ils déposeront copie dûment collationnée du
contrat translatif de propriété au greffe du tribunal civil du
lieu de la situation des biens, et ils certifieront par acte signifié, tant à la femme ou au subrogé-tuteur, qu'au procureur du roi près le tribunal, le dépôt qu'ils auront fait : extrait
de ce contrat, contenant sa date, les noms, prénoms, professions et domiciles des contractants, la désignation de la nature et de la situation des biens, le prix et les autres charges
de la vente, sera et restera affiché pendant deux mois dans
l'auditoire du tribunal, pendant lequel temps, les femmes,
les maris, tuteurs, subrogés-tuteurs, mineurs, interdits,

rents ou amis, et le procureur du roi, seront reçus à requérir, s'il y a lieu, et à faire faire au bureau du conservateur des hypothèques, des inscriptions sur l'immeuble aliéné, qui auront le même effet que si elles avaient été prises le jour du contrat de mariage ou le jour de l'entrée en gestion du tuteur; sans préjudice des poursuites qui pourraient avoir lieu contre les maris et les tuteurs, pour hypothèques par eux consenties au profit de tierces personnes sans leur avoir déclaré que les immeubles étaient déjà grevés d'hypothèques, en raison de mariage ou de la tutelle.

Si, dans le cours de deux mois de l'exposition du contrat, il n'a pas été fait d'inscription du chef des femmes, mineurs ou interdits, sur les immeubles vendus, ils passent à l'acquéreur sans aucune charge à raison des dots, reprises ou conventions matrimoniales de la femme, ou de la gestion du tuteur, et sauf recours, s'il y a lieu, contre le mari et le tuteur.

S'il a été pris des inscriptions du chef desdites femmes, mineurs ou interdits, et s'il existe des créanciers antérieurs qui absorbent le prix en totalité ou en partie, l'acquéreur est libéré du prix ou de la portion du prix par lui payé aux créanciers placés en ordre utile, et les inscriptions du chef des femmes, mineurs ou interdits, seront rayées, ou en totalité, ou jusqu'à due concurrence.

Si les inscriptions du chef des femmes, mineurs, ou interdits, sont les plus anciennes, l'acquéreur ne pourra faire aucun paiement du prix au préjudice desdites inscriptions, qui auront toujours la date du contrat de mariage ou de l'entrée en gestion du tuteur; et, dans ce cas, les inscriptions des autres créanciers qui ne viennent pas en ordre utile seront rayées (2193 et suivants).

Avis essentiel de l'auteur. Nous devons faire observer à nos lecteurs que souvent les avoués s'opposent à ce que les particuliers fassent eux-mêmes leur purge d'hypothèques, sans le secours de leur ministère. Il faut avouer qu'il est fâcheux pour eux que cette question soit résolue contre eux, car leurs honoraires, en pareille circonstance, sont assez considérables. Il est de notre devoir de publier, 1° que la purge d'hypothèques est une procédure que tout le monde peut faire, même l'acquéreur, s'il en est capable, sans le ministère d'avoué. Le tribunal de Senlis, la cour royale d'Amiens, et enfin la cour de cassation ont rendu cette décision.

2° Pour faire la purge légale, on devra suivre exactement le mode indiqué ci-dessus, art. 9.

ART. 10. — DE LA PUBLICITÉ DES REGISTRES, ET DE LA RESPONSABILITÉ DES CONSERVATEURS.

— Les conservateurs des hypothèques sont tenus de délivrer à tous ceux qui le requièrent, copie des actes transcrits sur leurs registres, et celle des inscriptions subsistantes, ou certificat qu'il n'en existe aucune.

Ils sont responsables du préjudice résultant :

1° De l'omission sur leurs registres des transcriptions, requises en leurs bureaux ;

2° Du défaut de mention dans leurs certificats d'une ou de plusieurs des inscriptions existantes, à moins, dans ce dernier cas, que l'erreur ne provînt de désignations insuffisantes qui ne pourraient leur être imputées.

Dans aucun cas, les conservateurs ne peuvent refuser ni retarder la transcription des actes de mutation, l'inscription des droits hypothécaires, ni la délivrance des certificats requis, sous peine des dommages et intérêts des parties ; à l'effet de quoi, procès-verbaux des refus ou retardements seront, à la diligence des requérants, dressés sur-le-champ, soit par un huissier audiencier du tribunal, soit par un autre huissier ou un notaire assisté de deux témoins (2196 et suiv.).

SALAIRES DES CONSERVATEURS DES HYPOTHÈQUES, TIMBRES NON COMPRIS.

	f.	c.
1° Chaque pièce déposée pour recevoir une formalité . . .	»	25
2° Chaque inscription	1	»
3° Chaque radiation.	1	»
4° Chaque subrogation	»	50
5° Chaque extrait d'inscription.	1	»
6° Chaque certificat négatif d'inscription ou de transcription.	1	»

7° Chaque transcription de vente, de saisie, etc., par ligne du
registre à ce destiné . . . . »   02
8° Mentions de dénonciations de saisie 1   »
9° Mentions de notifications de saisie. 1   »
10° Déclarations de changement de domicile. . . . . . »   50
11° Oppositions à radiation 1   »

CHAPITRE XVIII.

DES SUCCESSIONS.

Art. 1. — De l'ouverture des successions. — Les successions s'ouvrent par la mort naturelle et par la mort civile.

La loi règle l'ordre de succéder entre les héritiers légitimes; à leur défaut, les biens passent aux enfants naturels; ensuite à l'époux survivant; et s'il n'y en a pas, à l'Etat.

Art. 2. — Des qualités requises pour succéder. — Pour succéder, il faut nécessairement exister à l'instant de l'ouverture de la succession. Ainsi, sont incapables de succéder:

1° Celui qui n'est pas encore conçu; 2° l'enfant qui n'est pas né viable; 3° celui qui est mort civilement.

Sont indignes de succéder, et comme tels, exclus des successions, 1° celui qui serait condamné pour avoir donné ou tenté de donner la mort au défunt; 2° celui qui a porté contre le défunt une accusation capitale jugée calomnieuse; 3° l'héritier majeur qui, instruit du meurtre du défunt, ne l'aura pas dénoncé à la justice.

Le défaut de dénonciation ne peut être opposé aux ascendants ni descendants du meurtrier, ni à ses alliés au même degré, ni à son époux ou à son épouse, ni à ses frères ou sœurs, ni à ses oncles et tantes, ni à ses neveux et nièces.

Les enfants de l'indigne ne sont pas exclus pour la faute de leur père.

ART. 3. — DES DIVERS ORDRES DE SUCCESSION.

§ Ier.

DISPOSITIONS GÉNÉRALES. — Les successions sont déférées aux enfants et descendants du défunt, à ses ascendants et à ses parents collatéraux, dans l'ordre suivant les règles ci-après déterminées.

La loi ne considère ni la nature, ni l'origine des biens pour en régler la succession. Toute succession échue à des ascendants ou à des collatéraux, se divise en deux parts égales : l'une, pour les parents de la ligne paternelle ; l'autre, pour ceux de la ligne maternelle.

La proximité de parenté s'établit par le nombre de générations ; chaque génération s'appelle un *degré*. On appelle *ligne directe*, la suite des degrés entre personnes qui descendent l'une de l'autre ; *ligne collatérale* la suite des degrés entre personnes qui ne descendent pas les unes des autres, mais qui descendent d'un auteur commun. La ligne directe est ascendante ou descendante. La première lie un chef avec ceux qui descendent de lui. La ligne directe se compte par chaque génération, laquelle forme un degré. En ligne collatérale, les degrés se comptent par les générations, depuis l'un des parents jusques et non compris l'auteur commun, et depuis celui-ci jusqu'à l'autre parent. Ainsi, deux frères sont au deuxième degré ; l'oncle et le neveu sont au troisième degré ; les cousins-germains au quatrième ; ainsi de suite.

§ II.

DE LA REPRÉSENTATION. — La représentation est une fiction de la loi, dont l'effet est de faire entrer les représentants dans la place, dans le degré et dans les droits du représenté.

La représentation a lieu à l'infini dans la ligne directe descendante. Elle est admise dans tous les cas, soit que les enfants du défunt concourent avec les descendants d'un enfant prédécédé, soit que tous les enfants du défunt étant morts avant lui, les descendants desdits enfants se trouvent entre eux en degrés égaux ou inégaux. — La représentation n'a pas lieu en faveur des ascendants ; le plus proche dans chacune des deux lignes exclut toujours le plus éloigné.

En ligne collatérale, la représentation est admise en faveur des enfants et descendants de frères ou sœurs du défunt, soit qu'ils viennent à sa succession concurremment avec des oncles ou tantes, soit que tous les frères ou sœurs du défunt étant prédécédés, la succession se trouve dévolue à leurs descendants en degrés égaux ou inégaux. — Dans tous les cas où la représentation est admise, le partage s'opère par souche : si une même souche a produit plusieurs branches, la subdivision se fait aussi par souche dans chaque branche, et les membres de la même branche partagent entre eux par tête.

§ III.

DES SUCCESSIONS DÉFÉRÉES AUX DESCENDANTS. — Les enfants ou leurs descendants succèdent à leurs père et mère, aïeuls, aïeules, ou autres ascendants sans distinction de sexe ni de progéniture, et encore qu'ils soient issus de différents mariages. — Ils succèdent par égales portions et par tête, quand ils sont tous au premier degré et appelés de leur chef ; ils succèdent par souche, lorsqu'ils viennent tous, ou en partie, par représentation.

§ IV.

DES SUCCESSIONS DÉFÉRÉES AUX ASCENDANTS. — Lorsque le défunt n'a point laissé de postérité ni de frères et sœurs, la succession remonte à l'ascendant le plus proche qui recueille la moitié affectée à sa ligne. — Les ascendants au même degré succèdent par tête.

Les ascendants succèdent, à l'exclusion de tous autres, aux choses par eux données à leurs enfants ou descendants décédés sans postérité, lorsque les objets donnés se retrouvent en nature dans la succession. — Si les objets ont été

aliénés, les ascendants recueillent le prix qui peut en être dû.
Ils succèdent aussi à l'action en reprise que pouvait avoir le
donataire.

Lorsque les père et mère d'une personne morte sans postérité lui ont survécu, si elle a laissé des frères, sœurs, ou
descendants d'eux, la succession se divise en deux portions
égales, dont moitié seulement est déférée au père et à la mère
qui la partagent entre eux également.—L'autre moitié appartient aux frères, sœurs ou descendants d'eux.

§ V.

DES SUCCESSIONS COLLATÉRALES. — Si les père et mère de
la personne morte sans postérité lui ont survécu, ses frères,
sœurs, ou leurs représentants, ne sont appelés qu'à la moitié
de la succession. Si le père ou la mère seulement a survécu,
ils sont appelés à recueillir les trois quarts.

Le partage de la moitié ou des trois quarts dévolus aux
frères ou sœurs, aux termes de l'article précédent, s'opère
entre eux par égales portions s'ils sont tous du même lit;
s'ils sont de lits différents, la division se fait par moitié entre
les deux lignes paternelle et maternelle du défunt; les ger-
mains prennent part dans les deux lignes, et les utérins et
consanguins chacun dans leur ligne seulement ; s'il n'y a de
frères ou sœurs que d'un côté, ils succèdent à la totalité, à
l'exception de tous les autres parents de l'autre ligne.

A défaut de frères ou sœurs ou de descendants d'eux, et à
défaut d'ascendants dans l'une ou l'autre ligne, la succession
est déférée pour moitié aux ascendants survivants, et pour
l'autre moitié aux parents les plus proches de l'autre ligne.
— S'il y a concours de parents collatéraux au même degré,
ils partagent par tête.

Les parents au-delà du douzième degré ne succèdent pas.
— A défaut de parents au degré successible dans une ligne,
les parents de l'autre ligne succèdent pour le tout.

ART. 4. — DES SUCCESSIONS IRRÉGULIÈRES.

§ Ier.

DES DROITS DES ENFANTS NATURELS SUR LES BIENS DE LEURS PÈRE OU MÈRE, ET DE LA SUCCESSION AUX ENFANTS NATURELS DÉCÉDÉS SANS POSTÉRITÉ. — Les enfants naturels ne sont point héritiers : la loi ne leur accorde de droit sur les biens de leurs père ou mère décédés, que lorsqu'ils ont été légalement reconnus. Elle ne leur accorde aucun droit sur les biens des parents de leurs père ou mère. — Les droits de l'enfant naturel sur les biens de ses père ou mère décédés est réglé ainsi qu'il suit :

Si le père ou la mère a laissé des descendants légitimes, ce droit est d'un tiers de la portion héréditaire que l'enfant naturel aurait eue s'il eût été légitime. Il est de la moitié, lorsque les père ou mère ne laissent pas de descendants, mais bien des ascendants, ou des frères ou sœurs ; il est des trois quarts, lorsque les père ou mère ne laissent ni descendants, ni ascendants, ni frères ni sœurs.

L'enfant naturel a droit à la totalité des biens, lorsque ses père ou mère ne laissent pas de parents au degré successible. — En cas de prédécès de l'enfant naturel, ses enfants ou descendants peuvent réclamer les droits qu'ils avaient à la succession de leurs père ou mère.

La succession de l'enfant naturel décédé sans postérité, est dévolue au père ou à la mère qui l'a reconnu ; ou par moitié à tous les deux, s'il a été reconnu par l'un ou par l'autre. — En cas de prédécès des père et mère de l'enfant naturel, les biens qu'il en avait reçus passent aux frères ou sœurs légitimes, s'ils se retrouvent en nature dans la succession : tous les autres biens passent aux frères et sœurs naturels, ou à leurs descendants.

§ II.

DES DROITS DU CONJOINT SURVIVANT ET DE L'ÉTAT. — Lorsque le défunt n'a ni parents au degré successible, ni enfants naturels, les biens de sa succession appartiennent au conjoint non divorcé qui lui survit. A défaut de conjoint survivant, la succession est acquise à l'Etat.

ART. 5. — DE L'ACCEPTATION ET DE LA RÉPUDIATION DES SUCCESSIONS.

§ Ier.

DE L'ACCEPTATION. — Une succession peut être acceptée purement et simplement, ou sous bénéfice d'inventaire. — Nul n'est tenu d'accepter une succession qui lui est échue.

Les femmes mariées ne peuvent pas valablement accepter une succession sans l'autorisation de leur mari ou de justice. — Les successions échues aux mineurs et aux interdits ne pourront être valablement acceptées que conformément aux dispositions des lois de la *minorité*, de la *tutelle* et de l'*émancipation*.

L'effet de l'acceptation remonte au jour de l'ouverture de la succession.

L'acceptation peut être expresse ou tacite.

La donation, vente ou transport que fait de ses droits successifs un des co-héritiers, soit à un étranger, soit à tous ses co-héritiers, soit à quelques-uns d'eux, emporte de sa part acceptation de la succession.

Il en est de même : 1° de la renonciation, même gratuite, que fait un des héritiers au profit d'un ou de plusieurs de ses co-héritiers;

2° De la renonciation qu'il fait même au profit de tous ses co-héritiers indistinctement, lorsqu'il reçoit le prix de sa renonciation.

§ II.

DE LA RENONCIATION AUX SUCCESSIONS. — La renonciation aux successions ne se présume pas : elle ne peut être faite qu'au greffe du tribunal de première instance dans l'arrondissement duquel la succession s'est ouverte. — La part du renonçant est donnée à ses co-héritiers. S'il est seul, elle est dévolue au degré subséquent.

Les créanciers de celui qui renonce au préjudice de leurs droits peuvent se faire autoriser en justice à accepter la succession du chef de leur débiteur, en son lieu et place. — La faculté d'accepter ou de répudier une succession se prescrit par le laps de temps requis pour la prescription la plus longue des droits immobiliers.

On ne peut, même par contrat de mariage, renoncer à la succession d'un homme vivant, ni aliéner les droits éventuels qu'on peut avoir à cette succession.

Les héritiers qui auraient diverti ou recélé les effets d'une succession sont déchus de la faculté d'y renoncer. Ils demeurent héritiers purs et simples, nonobstant leur renonciation, sans pouvoir prétendre aucune part dans les objets divertis ou recélés.

§ III.

Du bénéfice d'inventaire, de ses effets, et des obligations de l'héritier bénéficiaire. — La déclaration d'un héritier, qu'il entend ne prendre cette qualité que sous bénéfice d'inventaire, doit être faite au greffe du tribunal de première instance dans l'arrondissement duquel la succession s'est ouverte. Cette déclaration n'a d'effet qu'autant qu'elle est précédée ou suivie d'un inventaire fidèle et exact des biens de la succession, dans les formes réglées par les lois sur la procédure, et dans les délais ci-après désignés.

L'héritier a trois mois pour faire inventaire, à compter du jour de l'ouverture de la succession. Il a de plus, pour délibérer sur son acceptation ou sa renonciation, un délai de quarante jours qui commencent à courir du jour de l'expiration des trois mois donnés pour l'inventaire ou du jour de la clôture de l'inventaire, s'il a été terminé avant les trois mois. — Si cependant il existe dans la succession des objets susceptibles de dépérir ou dispendieux à conserver, l'héritier peut se faire autoriser par justice à procéder à la vente de ces effets, laquelle vente doit être faite par officier public.

L'héritier peut n'accepter la succession qu'à titre de bénéfice d'inventaire.

L'effet du bénéfice d'inventaire est de donner à l'héritier l'avantage,

1° De n'être tenu du paiement des dettes de la succession que jusqu'à concurrence de la valeur des biens qu'il a recueillis, même de pouvoir se décharger du paiement des dettes, en abandonnant tous les biens de la succession aux créanciers et aux légataires;

2° De ne pas confondre ses biens personnels avec ceux de la succession, et de conserver contre elle le droit de réclamer le paiement de ses créances.

L'héritier bénéficiaire est chargé d'administrer les biens de la succession, et doit rendre compte de son administration aux créanciers et aux légataires. Il n'est tenu que des fautes graves dans l'administration dont il est chargé.

L'héritier qui s'est rendu coupable de recélé, ou qui a omis sciemment et de mauvaise foi de comprendre dans l'inventaire, des effets de la succession, est déchu du bénéfice d'inventaire.

Nota. La circonstance que dans l'inventaire des effets d'un négociant, ses héritiers ont omis de comprendre les marchandises, livres et papiers relatifs au commerce, ne suffit pas pour les faire déclarer déchus du bénéfice d'inventaire, s'il est reconnu qu'ils n'ont point agi de mauvaise foi. (*Arrêt de la cour de cassation du 11 mai 1825.*)

Tous les frais de scellés, d'inventaire de compte, quels qu'ils puissent être, sont à la charge de la succession.

ART. 6. — DU PARTAGE DES SUCCESSIONS ET DES RAPPORTS.

§ Ier.

DE L'ACTION EN PARTAGE ET DE SA FORME. — Le partage

peut toujours être provoqué, nonobstant prohibition et conventions contraires. On peut cependant convenir de suspendre le partage pendant un temps limité : cette convention ne peut être obligatoire au-delà de cinq ans ; mais elle peut être renouvelée. — L'action en partage à l'égard des co-héritiers mineurs ou interdits, peut être exercée par leurs tuteurs spécialement autorisés par un conseil de famille.

Si tous les héritiers sont présents et majeurs, l'apposition de scellés sur les effets de la succession n'est point nécessaire, et le partage peut être fait dans la forme et par tel acte que les parties intéressées jugent convenable. — Si tous les héritiers ne sont pas présents, s'il y a parmi eux des mineurs et des interdits, le scellé doit être apposé dans le plus bref délai, soit à la requête des héritiers, soit à la diligence du procureur du roi près le tribunal de première instance, soit d'office par le juge-de-paix dans l'arrondissement duquel la succession est ouverte.

Si l'un des co-héritiers refuse de consentir au partage, ou s'il s'élève des contestations, soit sur le mode d'y procéder, soit sur la manière de le terminer, le tribunal prononce, ou commet, s'il y a lieu, pour les opérations du partage, un des juges, sur le rapport duquel il décide les contestations. — L'estimation des immeubles est faite par experts choisis par les parties intéressées, ou, à leur refus, nommés d'office. — Le procès-verbal des experts doit présenter la base de l'estimation : il doit indiquer si l'objet estimé peut être commodément partagé ; de quelle manière ; fixer enfin, en cas de division, chacune des parts qu'on peut en former, et leur valeur. — L'estimation des meubles, s'il n'y a pas eu de prisée faite dans un inventaire régulier, doit être faite par des gens à ce connaissant, à juste prix et sans crue.

Chacun des co-héritiers peut demander sa part en nature des meubles et immeubles de la succession ; néanmoins, s'il y a des créanciers saisissants ou opposants, ou si la majorité des co-héritiers juge la vente nécessaire pour l'acquit des dettes et charges de la succession, les meubles sont vendus publiquement en la forme ordinaire.

Si les immeubles ne peuvent se partager commodément, il doit être procédé à la vente par licitation devant le tribunal. — Cependant les parties, si elles sont toutes majeures, peuvent consentir que la licitation soit faite devant un notaire.

Chaque co-héritier fait rapport à la masse des dons qui lui ont été faits, et des sommes dont il est le débiteur. — Si le rapport n'est pas fait en nature, les co-héritiers à qui il est dû, prélèvent une portion égale sur la masse de la succession. — Après les prélèvements faits, il est procédé, sur ce qui reste dans la masse, à la composition d'autant de lots qu'il y a d'héritiers co-partageants, ou de souches co-partageantes.

L'inégalité des lots en nature se compense par un retour, soit en rente, soit en argent. Ensuite les lots sont tirés au sort.

Si tous les co-héritiers ne sont pas présents, ou s'il y a parmi eux des interdits ou des mineurs, même émancipés, le partage doit être fait en justice. S'il y a plusieurs mineurs qui aient des intérêts opposés dans le partage, il doit leur être donné à chacun un tuteur spécial et particulier.

§ II.

Des rapports. — Tout héritier, même bénéficiaire, venant à une succession, doit rapporter à ses co-héritiers tout ce qu'il a reçu du défunt, par donation entre-vifs, directement ou indirectement : il ne peut retenir les dons ni réclamer les legs à lui faits par le défunt, à moins que les dons et legs ne lui aient été faits par préciput et hors part, ou avec dispense du rapport. — Dans ce cas même, l'héritier venant à partager ne peut les retenir que jusqu'à concurrence de la quotité disponible : l'excédant est sujet à rapport. — Les dons et legs faits au fils de celui qui se trouve successible à l'époque de l'ouverture de la succesion, sont toujours réputés faits avec dispense du rapport. Le père venant à la succession du donateur, n'est pas tenu de les rapporter. — Pareillement le fils venant de son chef à la succession du donateur, n'est pas tenu de rapporter le don fait à son père, quand même il aurait accepté la donation de celui-ci.

Le rapport ne se fait qu'à la succession du donateur. — Le rapport est dû de ce qui a été employé pour l'établissement d'un des co-héritiers ou pour le paiement de ses dettes. — Les frais de nourriture, d'entretien, d'éducation, d'apprentissage, les frais ordinaires d'équipement, ceux de noces et de présents d'usage, ne doivent pas être rapportés. — Le rapport n'est dû que par le co-héritier à son co-héritier ; il n'est pas dû aux légataires ni aux créanciers de la succession. Il se fait en nature ou en moins prenant. — Le rapport de l'immeuble se fait ordinairement en nature ; celui du mobilier et de l'argent reçu se fait en moins prenant.

§ III.

Du paiement des dettes. — Les co-héritiers contribuent entre eux au paiement des dettes et charges de la succession, chacun dans la proportion de ce qu'il y prend. — Le légataire à titre universel contribue avec les héritiers au prorata de son émolument ; mais le légataire particulier n'est pas tenu des dettes et charges, sauf toutefois l'action hypothécaire sur l'immeuble légué. — Les héritiers sont tenus des dettes et charges de la succession, personnellement pour leur part et portion virile, et hypothécairement pour le tout ; sauf leur recours, soit contre les co-héritiers, soit contre les légataires universels, à raison de la part pour laquelle ils doivent y contribuer.

§ IV.

Des effets du partage et de la garantie des lots. — Chaque co-héritier est censé avoir succédé seul et immédiatement à tous les effets compris dans son lot ou à lui échus par licitation, et n'avoir jamais eu la propriété des autres effets de la succession. — Les co-héritiers demeurent respectivement garants les uns envers les autres des troubles et évictions seulement qui procèdent d'une cause antérieure au partage.

§ V.

DE LA RESCISION EN MATIÈRE DE PARTAGE. — Les partages peuvent être rescindés pour cause de violence, de dol. — Il peut aussi y avoir lieu à rescision lorsqu'un des co-héritiers établit à son préjudice une lésion de plus du quart. La simple omission d'un objet de la succession ne donne pas ouverture à l'action en rescision, mais seulement à un supplément à l'acte de partage. — Le défendeur à la demande en rescision peut en arrêter le cours et empêcher un nouveau partage, en offrant et fournissant au demandeur le supplément de sa portion héréditaire, soit en numéraire, soit en nature.

ACTE XLIX.

FORMULE DE NOMINATION D'EXPERTS PAR LES HÉRITIERS.

Nous soussignés (*noms, prénoms, âges, professions ou qualités et demeures de chacun des héritiers*), tous *quatre* ou *cinq* également habiles à nous dire héritiers du sieur..., ou de la dame..., en qualité de..., et ne pouvant nous accorder par nous-mêmes sur le mode de partage à faire des biens mobiliers et immobiliers dudit sieur..., dont nous sommes les héritiers, voulant d'ailleurs éviter toute contestation à ce sujet et nous accommoder à l'amiable, nous avons, d'un commun accord et par le présent acte, nommé pour experts, à l'effet de procéder sous quinzaine, à dater de ce jour, à la visite et à l'estimation desdits meubles et immeubles, les sieurs... (nommer ici les experts, avec toutes les désignations nécessaires). Lesquels, après avoir prêté serment devant M. le juge-de-paix du canton de..., dresseront le rapport de leur estimation à laquelle nous promettons nous en rapporter, et consentir à tirer ensuite au sort les lots qu'ils auront désignés d'une valeur égale, toute compensation faite. Et dans le cas ou lesdits experts seraient d'un avis différent, nous nommons pour tiers-expert le sieur..., lequel sera tenu, en tout honneur et conscience, de joindre son avis à celui des deux qu'il croira justement devoir adopter. Nous déclarons tous *quatre* ou *cinq* promettre nous en rapporter à ladite décision, sous peine, par celui qui y contreviendrait, de payer à chacun des co-héritiers la somme de..., à titre de dommages-intérêts, pour inexécution des présentes.

Fait *quadruple* ou *quintuple*, entre nous, sous nos signatures privées, pour être exécuté de bonne foi à..., le... du mois de... mil huit cent quarante... (Tous les héritiers doivent mettre : *J'approuve l'écriture ci-dessus, puis signer.*)

Droit fixe d'enregistrement, 1 fr.

Si l'acte est notarié, il se paie par vacations, 5 fr.

CHAPITRE L.

FORMULE DE PROCÈS-VERBAL D'EXPERTS.

L'an mil huit cent quarante..., le..., nous soussignés (*noms, prénoms, professions et demeures de tous les experts*), nommés experts par les sieurs (*tous les noms, prénoms, etc., de chacun des héritiers*), habiles à se porter héritiers de défunt *ou* défunte..., suivant l'acte passé entre eux le..., et dont copie dûment collationnée nous a été remise, à l'effet de voir et estimer les biens meubles et immeubles qui leur seront échus en partage par la succession de..., et énoncés dans l'inventaire ci-joint ; après avoir prêté serment devant M. le juge-de-paix du canton de..., de remplir en honneur et conscience la mission dont nous nous étions chargés, nous nous sommes d'abord transportés à la demeure du défunt, sise à..., commune de... Et après avoir vu et examiné tous les meubles, nous en avons fait tant de lots, estimés chacun la somme de..., en tout . . . . 4,000 fr.

Nous avons examiné ensuite la maison qui est composée de *tant de pièces* (*il faut en faire ici tout le détail*), et nous l'avons estimée valoir, avec tous ses accessoires et dépendances, dix mille francs, ci 10,000

Nous avons aussi examiné *telle* pièce de terres labourables, contenant quinze hectares soixante ares quatre-vingt-cinq centiares, située..., tenant du levant à..., du midi à..., du couchant à..., et du nord à..., vu sa qualité, nous l'avons estimée vingt-cinq mille francs, ci 25,000

Enfin, nous avons examiné une pièce de vigne située à..., de la contenance de..., tenant du levant à..., du midi à..., du couchant à..., et du nord à...; mais nous avons été d'avis différent au sujet de sa valeur : le sieur *tel*, mon conjoint en expertise, l'a portée à 15,000 fr., tandis que moi, je n'ai cru devoir la porter qu'à

A reporter. . . 35,000

Report. . . . 55,000

12,000 fr., attendu que... (*expliquer ici les raisons des avis différents*). C'est pourquoi il est nécessaire que l'avis d'un tiers-expert soit entendu, pour décider en définitive à quel prix on doit fixer la valeur de cette vigne . . . . *mémoire.*

Le petit pré situé à..., de la contenance de..., tenant du levant à..., du midi à.., etc., ayant été reconnu par tous les héritiers valoir 6,000 fr., nous l'avons laissé pour une valeur semblable et égale dans l'examen que nous en avons fait, n'ayant point de raisons pour en diminuer ou en augmenter le prix, ci. 6,000

TOTAL. 45,000

Après avoir terminé cette dernière estimation, notre tâche étant remplie, nous avons rédigé, clos et signé le présent procès-verbal, que nous déclarons sincère et véritable, à..., les jour, mois et an que dessus.

(*Les signatures.*)

Droit fixe d'enregistrement, 2 fr.

Si l'acte est notarié, il se paie par vacations, 5 fr.

On paierait aussi par vacations, s'il a été employé plus de 5 heures.

ACTE LI.

FORMULE DE RAPPORT DE TIERS-EXPERT.

Le... de l'an mil huit cent quarante..., heure de..., moi... (*nom, prénoms, etc.*), en ma qualité de tiers-expert, nommé par les héritiers de feu... (*leurs noms, prénoms, professions et demeures, etc.*), suivant l'acte fait entre eux le... pour nommer les experts qui devaient les mettre d'accord sur le partage à faire de ladite succession ; j'ai, d'après le rapport de *tel ou tel,* experts nommés par lesdits héritiers, été prié et chargé de donner mon avis pour terminer le différend qui existe entre lesdits experts, au sujet de la valeur de la pièce de vigne située à .., de la contenance de..., tenant du levant à..., du midi à..., etc., portée par le sieur..., expert, à quinze mille francs, tandis que le sieur, autre expert, ne l'a portée qu'à douze mille francs ; j'ai, après avoir prêté serment devant M. le juge-de-paix du canton de..., et m'être transporté sur les lieux, examiné bien attentivement sa nature, son âge, sa qualité, et après encore avoir entendu les avis différents desdits sieurs experts, ouï leurs motifs, et ajoutant mes réflexions à celles que leur examen avait fait naître, j'ai considéré de nouveau que vu..., vu le sieur..., expert, qui avait estimé ladite vigne quinze mille francs, avait eu raison, et, me rangeant de son avis, je l'ai aussi estimée quinze mille francs, ci. . 15,000 fr.

En foi de quoi j'ai rédigé le présent, que je déclare sincère et véritable, à..., les jour, mois et an que dessus.

Droit fixe d'enregistrement, 1 fr.

Si l'acte est notarié, il se paie par vacations, 6 fr.

On paierait aussi par vacations, s'il a été employé plus de 5 heures.

ACTE LII.

FORMULE D'UN PARTAGE AMIABLE DE SUCCESSION ENTRE DES CO-HÉRITIERS MAJEURS.

L'an mil huit cent quarante..., le... du mois de..., nous soussignés, M. A..., M. B..., M. C...et M. D... (*bien indiquer les nom, prénoms, qualité ou profession de chacun*), tous quatre héritiers de défunt..., dans le dessein de partager entre nous, à l'amiable et d'un commun accord, les biens à nous échus de la succession dudit feu sieur..., avons nommé pour experts les sieurs *tel* et *tel*, et pour tiers-expert le sieur *tel*, à l'effet de prononcer sur la valeur réelle de chacun des biens qui sont à partager. Il est résulté du procès-verbal d'expertise et de la confirmation du tiers-expert ci-dessus nommé, que la totalité desdits biens s'élève à une valeur réelle de quatre-vingt mille francs, ce qui fait pour la part de chacun de vous une somme de vingt mille francs. Ensuite, afin d'éviter les frais de partage, nous sommes convenus entre nous que le sieur M. A..., notre aîné, serait chargé de faire quatre parts égales de la totalité desdits biens, ce qu'il a fait de la manière suivante :

Premier lot. Il se compose d'une maison en ville, située à..., rue de..., n°..., composée de..., et estimée vingt-cinq mille francs, ci . . . 25,000 fr.

Total. 25,000

Deuxième lot. Il se compose, 1° D'une autre maison en ville, située à..., rue..., n°..., composée de..., et estimée quinze mille francs, ci . 15,000 fr.

2° D'une somme de cinq mille francs, que celui qui obtiendra le premier lot sera tenu de verser de suite à celui auquel écherra ce second lot, ci 5,000

Total. . . , 20,000

Troisième lot. Il se compose, 1° D'une vigne située à..., commune de...; de la contenance de..., tenant du levant à..., du midi à..., du couchant à... et du nord à..., estimée cinq mille francs, ci . . . . . 5,000 fr.

2° D'une maison de campagne, située à..., commune de...; composée de. ., estimée quatorze mille francs, ci 14,000

A reporter. 19,000

Report. . . . 19,000

3º D'une somme de mille francs, que celui qui obtiendra le quatrième lot sera tenu de compter de suite à celui auquel sera échu le troisième lot, ci 1,000

Total. . . . 20,000

Quatrième lot. Il se compose, 1º des meubles meublant la maison du défunt sieur..., comme ils sont détaillés dans l'inventaire, articles..., et estimés la somme de quatre mille francs, ci 4,000

2º D'un jardin et d'un pavillon y attenant, situés à..., commune de..., désignés au procès-verbal d'inventaire et estimés la somme de dix mille francs, ci. 10,000

3º D'un étang, situé à..., commune de..., de la contenance de..., aussi désigné à l'article... de l'inventaire, et estimé sept mille francs, ci 7,000

Total 21,000

Les quatre lots ayant été ainsi composés, et les conventions ayant été arrêtées que ceux qui obtiendraient les premier et quatrième lots seraient chargés de soulter envers les deux autres lots, ainsi qu'il a été exprimé, il a été procédé entre nous quatre au tirage au sort desdits lots.

Le premier lot est échu en partage à M. C., qui a aussitôt remboursé au deuxième lot les cinq mille francs dont il lui était redevable;

Le deuxième lot est échu à M. A..., qui reconnaît avoir reçu de M. C... les cinq mille francs qui complètent sa portion;

Le troisième lot est échu à M. D..., qui reconnaît aussi avoir reçu la somme de mille francs complétant sa portion;

Le quatrième lot est échu à M. B..., qui a versé de suite à M. D... les mille francs dont il lui était redevable.

Chacun de nous ayant déclaré se trouver content de son lot, a reçu les titres des propriétés qui lui sont échues par le sort; nous déclarons en outre que chacun de nous, à compter de ce jour, jouira paisiblement en toute propriété de sa portion, sans que jamais qui que ce soit puisse l'inquiéter ou le troubler à cet égard, et sans que nous ayons jamais aucun recours ou garantie les uns contre les autres, lesdites conventions étant ainsi faites.

Fait quadruple entre nous, sous nos signatures privées, à..., le... du mois de... mil huit cent quarante...

(Les quatre héritiers doivent mettre en toutes lettres, chacun séparément : *J'approuve l'écriture ci-dessus et d'autre part, puis signer.*

(*Les signatures.*)

Nota. Lorsqu'il y a des mineurs, le partage doit être fait en justice ou devant un notaire commis par le juge-commissaire nommé par le tribunal de l'arrondissement.

Droit fixe d'enregistrement, 3 fr.

Si l'acte est notarié, il se paie 1 fr. par 100 fr.

CHAPITRE XIX.

DES DONATIONS ENTRE-VIFS ET DES TESTAMENTS.

ART. 1er. —DISPOSITIONS GÉNÉRALES. — On ne pourra disposer de ses biens, à titre gratuit, que par donations entre-vifs ou par testament, dans les formes ci-après établies (893).

La donation entre-vifs est un acte par lequel le donateur se dépouille actuellement et irrévocablement de la chose donnée, en faveur du donataire qui l'accepte (894).

Nota. Un héritier qui a reçu des biens par donation entre-vifs ne peut être obligé de les rapporter pour régler le *préciput* légué à un co-héritier dans un testament ultérieur, alors même que le testament l'ordonnerait en termes exprès, la donation entre vifs étant irrévocable et non sujette à rapport au profit des légataires. (*Arrêt de la cour de cassation du 3 juillet 1823.*)

Le testament est un acte par lequel le testateur dispose, pour le temps où il n'existera plus, de tout ou partie de ses biens, et qu'il peut révoquer.

Les substitutions sont prohibées. — Les biens dont il est permis de disposer, peuvent être donnés, en tout, ou en partie, par actes entre-vifs et testamentaires, avec la charge de les rendre à un ou plusieurs enfants du donataire, nés ou à naître, jusqu'au deuxième degré inclusivement.

Dans toute disposition entre-vifs ou testamentaires, les conditions impossibles, celles qui seront contraires aux lois ou aux mœurs, seront réputées non écrites (893 et suiv).

ART. 2. DE LA CAPACITÉ DE DISPOSER OU DE RECEVOIR PAR DONATION ENTRE-VIFS OU PAR TESTAMENT. — Pour faire une donation entre-vifs ou un testament, il faut être sain d'esprit. Toutes personnes peuvent disposer et recevoir soit par donation entre-vifs, soit par testament, excepté celles que la loi en déclare incapables. — Le mineur de moins de seize ans ne pourra aucunement disposer, sinon par contrat de mariage, et avec le consentement et l'assistance de ceux dont le consentement est requis pour la validité du mariage. Alors seulement il pourra donner tout ce que la loi permet à l'époux majeur de donner à l'autre conjoint.

Le mineur parvenu à l'âge de seize ans, ne pourra disposer que par testament, et jusqu'à concurrence seulement de la moitié des biens dont la loi permet au majeur de disposer. — La femme mariée ne pourra donner entre-vifs sans l'assistance ou le consentement spécial de son mari, ou sans y être autorisée par la justice. — Elle n'aura besoin ni du consentement de son mari, ni d'autorisation de la justice, pour disposer par testament. — Le mineur ne peut disposer au profit de son tuteur, excepté lorsque, devenu majeur, le compte de tutelle est définitivement rendu et apuré. Sont pourtant exceptés les ascendants des mineurs qui ont été leurs tuteurs.

Les enfants naturels ne pourront, par donation entre-vifs ou par testament, rien recevoir au-delà de ce qui leur est accordé au titre des successions.

Les docteurs en médecine ou en chirurgie, les officiers de santé et les pharmaciens qui auront traité une personne pendant la maladie dont elle meurt, ne peuvent profiter des donations faites en leur faveur, excepté dans le cas où il s'agirait de récompenser quelque service rendu. — Les mêmes règles seront observées à l'égard du ministre du culte.

Toute donation entre-vifs ou par testament faite au profit des pauvres, des hospices, de communautés religieuses, des établissements d'utilité publique, ne peut recevoir son exécution qu'après avoir été autorisée par une ordonnance royale.

Toute disposition au profit d'un incapable sera nulle, quoiqu'on la fasse sous le nom de personnes interposées. Sont réputés tels, les pères, les mères, les enfants et descendants, et l'époux des personnes incapables (901 et suiv.).

ART. 3. — DE LA PORTION DE BIENS DISPONIBLE, ET DE LA RÉDUCTION.

§ Ier.

DE LA PORTION DE BIENS DISPONIBLE. — Les libéralités, soit par acte entre-vifs, soit par testament, ne pourront excéder la moitié des biens du disposant, s'il ne laisse à son décès qu'un enfant légitime ; le tiers, s'il laisse deux enfants ; le quart, s'il en laisse trois ou un plus grand nombre. — Sont considérés comme enfants, dans ce cas, les descendants en quelque degré que ce soit ; néanmoins ils ne sont comptés que pour l'enfant qu'ils représentent dans la successsion du disposant.

Lesdites libéralités ne pourront excéder la moitié des biens, si, à défaut d'enfants, le défunt laisse un ou plusieurs ascendants dans chacune des lignes paternelle ou maternelle ; et les trois quarts, s'il ne laisse d'ascendants que dans une ligne.

A défaut d'ascendants et de descendants, ces libéralités pourront épuiser la totalité des biens (913 et suiv.).

§ II.

DE LA RÉDUCTION DES DONATIONS ET LEGS. — Les dispositions, soit entre-vifs, soit à cause de mort, qui excèderont la quotité disponible, seront réductibles à cette quotité, lors de l'ouverture de la succession.

La réduction des dispositions entre-vifs ne pourra être demandée que par ceux au profit desquels la loi fait la réserve, par leurs héritiers ou ayant-cause ; les donataires, les légataires, ni les créanciers du défunt, ne pourront demander cette réduction ni en profiter. — Lorsque les dispositions testamentaires excèderont, soit la quantité disponible, soit la portion de cette quotité qui resterait après avoir déduit la valeur des donations entre-vifs, la réduction sera faite au marc le franc, sans aucune distinction entre les legs universels et les legs particuliers. — Néanmoins, dans tous les cas où le testateur aura expressément déclaré qu'il entend que tel legs soit acquitté de préférence aux autres, cette préférence aura lieu ; et le *legs* qui en sera l'objet, ne sera réduit qu'autant que la valeur des autres ne remplirait pas la réserve légale (920 et suivants).

ART. 4. — DES DONATIONS ENTRE-VIFS.

§ Ier.

DE LA FORMULE DES DONATIONS ENTRE-VIFS. — Tous actes portant donation entre-vifs seront passés devant notaires dans la forme ordinaire des contrats, et il en restera minute sous peine de nullité.

La donation entre-vifs n'engagera le donateur et ne produira aucun effet que du jour qu'elle aura été acceptée en termes exprès. — L'acceptation pourra être faite du vivant du donateur, par un acte postérieur et authentique, dont il restera minute ; mais alors la donation n'aura d'effet, à l'égard du donateur, que du jour où l'acte qui constatera cette acceptation lui aura été notifié.

La femme mariée ne pourra accepter une donation sans le consentement de son mari, et à son défaut, sans l'autorisation de la justice. — La donation faite à un mineur doit être acceptée par son tuteur. — Le mineur émancipé peut accepter avec l'assistance de son curateur.

La donation entre-vifs ne pourra comprendre que les biens présents du donateur ; si elle comprend des biens à venir, elle sera nulle à cet égard. — Elle est nulle encore, si elle est faite sous des conditions dont l'exécution dépend de la seule volonté du donateur ; ou encore, si elle a été faite sous la condition d'acquitter d'autres dettes ou charges que celles qui existaient à l'époque de la donation, ou qui seraient exprimées, soit dans l'acte de donation, soit dans l'état qui devrait y être annexé.

§ II.

DES EXCEPTIONS A LA RÈGLE DE L'IRRÉVOCABILITÉ DES DONATIONS ENTRE-VIFS. — La donation entre-vifs ne pourra être révoquée que pour cause d'inexécution des conditions sous lesquelles elle aura été faite, pour cause d'ingratitude et pour cause de survenance d'enfants. — Les donations en faveur du mariage ne seront pas révocables pour cause d'ingratitude (953 et suivants).

L'époux contre lequel la séparation de corps a été prononcée pour cause d'excès et de sévices graves, ne perd pas les donations à lui faites par l'autre époux dans son contrat de mariage (Arrêt de la cour de cassation, du 13 février 1826).

Une donation révoquée ne peut jamais revivre ou avoir de nouveau son effet, pour quelque cause que ce soit.

ART. 5. — DES DISPOSITIONS TESTAMENTAIRES.

§ Ier.

DES RÈGLES GÉNÉRALES SUR LA FORME DES TESTAMENTS. — Toute personne pourra disposer par testament soit sous le titre d'institution d'héritier, soit sous le titre de legs, soit par toute autre dénomination propre à manifester sa volonté.

Un testament ne pourra être fait dans le même acte par deux ou plusieurs personnes, soit au profit d'un tiers, soit à titre de disposition réciproque et mutuelle.

Un testament pourra être olographe, ou fait par acte public, ou dans la forme mystique.

Le testament olographe ne sera point valable s'il n'est écrit en entier, daté et signé de la main du testateur; il n'est assujéti à aucune autre forme. — Le testament par acte public est celui qui est reçu par deux notaires en présence de deux témoins, ou par un notaire en présence de quatre témoins.

Le notaire doit l'écrire, c'est le testateur qui dicte, et ensuite le notaire en fait lecture en présence des témoins. Il doit être signé par le testateur, à moins que celui-ci ne sache pas ou ne puisse pas signer; alors il en est fait mention. Le testament doit être signé par les témoins; mais dans les campagnes, il suffira qu'un seul témoin signe avec les deux notaires, ou deux témoins avec un seul notaire.

Ne peuvent être pris pour témoins du testament par acte public, ni les légataires, ni leurs parents et alliés, ni les clercs des notaires par lesquels les actes seront reçus.

Lorsque le testateur voudra faire un testament mystique ou secret, il sera tenu de signer ses dispositions, soit qu'il les ait écrites lui-même, ou qu'il les ait fait écrire par un autre. Sera le papier qui contiendra ses dispositions ou le papier qui servira d'enveloppe, clos et scellé; le testateur le présentera ainsi clos et scellé au notaire et à six témoins au moins, ou il le fera clore et sceller en leur présence; et il déclarera que le contenu en ce papier est son testament écrit et signé de lui, ou écrit par un autre et signé par lui. Le notaire en dressera l'acte de suscription, qui sera écrit sur ce papier ou sur la feuille qui servira d'enveloppe; cet acte sera signé tant par le testateur que par le notaire, ensemble par les témoins.

Ceux qui ne savent ou ne peuvent lire ne pourront pas faire de dispositions dans la forme du testament mystique.

Les témoins appelés pour être présents aux testaments devront être mâles, majeurs, sujets du roi, jouissant des droits civils (967 et suiv.)

§ II.

Des règles particulières sur la forme de certains testaments. — Les testaments des militaires et des individus employés dans les armées pourront, en quelque pays que ce soit, être reçus par un chef de bataillon ou d'escadron, ou par tout autre officier d'un grade supérieur, en présence de deux témoins, ou par deux commissaires des guerres, ou par un de ces commissaires en présence de deux témoins. — Ils pourront encore, si le testateur est malade ou blessé, être reçus par l'officier de santé en chef, assisté du commandant militaire chargé de la police de l'hospice. — Ces dispositions ne sont point applicables aux militaires qui sont dans l'intérieur du royaume, à moins qu'ils ne soient cernés par l'ennemi ou renfermés dans une place ou une citadelle assiégée.

Six mois après que le testateur sera revenu dans un lieu où il pourra employer les formes ordinaires, le testament ci-dessus sera nul.

Dans un temps de maladie contagieuse, le testament peut être fait devant le juge-de-paix ou devant un officier municipal de la commune, en présence de deux témoins.

Les testaments faits sur mer dans le cours d'un voyage, pourront être reçus, savoir :

A bord des vaisseaux et autres bâtiments du roi, par l'officier commandant ou par celui qui le supplée, conjointement avec l'officier d'administration.

A bord des bâtiments de commerce, par l'écrivain du navire, conjointement avec le capitaine, le maître ou le patron. Dans tous les cas, la présence de deux témoins sera nécessaire. Dès qu'on aura abordé dans un port, ces testaments devront être déposés clos ou cachetés entre les mains des autorités françaises résidant dans ce port. — Le testament fait sur mer ne pourra contenir aucune disposition au profit des officiers du vaisseau, s'ils ne sont pas parents du testateur.

Ces sortes de testaments doivent être signés par les testateurs et par ceux qui les auront reçus.

Le français qui se trouve en pays étranger peut faire un testament ou sous seing privé, ou authentique, mais ce testament ne recevra son exécution en France que lorsqu'il aura été enregistré dans le bureau du domicile du testateur (981 et suiv.)

§ III.

Les dispositions testamentaires sont ou universelles, ou à titre universel, ou à titre particulier (1002).

§ IV.

Du LEGS UNIVERSEL. — Le legs universel est la disposition testamentaire par laquelle le testateur donne à une ou plusieurs personnes l'universalité des biens qu'il laissera à son décès. — Lorsqu'au décès du testateur il y a des héritiers auxquels une quotité de ses biens est réservée par la loi, ces héritiers sont saisis de plein droit, par sa mort, de tous les biens de la succession ; et le légataire universel est tenu de leur demander la délivrance des biens compris dans le testament.

Lorsqu'au décès du testateur il n'y aura pas d'héritiers auxquels une quotité de ses biens soit réservée par la loi, le légataire universel sera saisi de plein droit par la mort du testateur, sans être tenu de demander la délivrance.

Tout testament olographe sera, avant d'être mis à exécution, présenté au président du tribunal de première instance de l'arrondissement dans lequel la succession est ouverte. Ce testament sera ouvert, s'il est cacheté. Le président dressera procès-verbal de la présentation, de l'ouverture et de l'état du testament, dont il ordonnera le dépôt entre les mains du notaire par lui commis.

Il en sera de même du testament mystique, qui pourtant ne pourra être ouvert qu'en présence des notaires et des témoins signataires de l'acte de suscription.

Le légataire universel qui sera en concours avec un héritier, sera tenu des dettes et charges de la succession du testateur, personnellement pour sa part et portion, et hypothécairement pour le tout, et il sera tenu d'acquitter tous les legs, sauf le cas de réduction.

§ V.

Du legs a titre universel. — Le legs à titre universel est celui par lequel le testateur lègue une quote-part des biens dont la loi lui permet de disposer, telle qu'une moitié, un tiers, ou tous ses immeubles, ou tout son mobilier, ou une quotité fixe de tous ses immeubles ou de tout son mobilier. — Tout autre legs ne forme qu'une disposition à titre particulier.

Les légataires à titre universel sont tenus de demander la délivrance aux héritiers auxquels une quotité de biens est réservée par la loi ; ils sont tenus en outre des dettes et charges de la succession du testateur, personnellement pour leur part et portion, et hypothécairement pour le tout (1010 et suiv.)

§ VI.

Des legs particuliers. — Tout legs pur et simple donnera au légataire, du jour du décès du testateur, un droit à la chose léguée, droit transmissible à ses héritiers ou ayant-cause.

Les héritiers du testateur, ou autres débiteurs d'un legs, seront personnellement tenus de l'acquitter, chacun au prorata de la part et portion dont ils profiteront dans la succession. Ils en seront tenus hypothécairement pour le tout, jusqu'à concurrence de la valeur des immeubles de la succession dont ils sont détenteurs.

La chose léguée sera livrée avec les accessoires nécessaires, et dans l'état où elle se trouvera au jour du décès du donateur.

Le legs fait au créancier, ne sera pas censé en compensation de sa créance, ni le legs fait au domestique en compensation de ses gages. — Le légataire à titre particulier ne sera point tenu des dettes de la succession, sauf la réduction du legs, s'il y a lieu, et sauf l'action hypothéc

Lorsque le legs sera d'une chose indéterminée, l'héritier ne sera pas obligé de la donner de la meilleure qualité, et il ne pourra l'offrir de la plus mauvaise (1014 et suiv.)

§ VII.

DES EXÉCUTEURS TESTAMENTAIRES. — Le testateur pourra nommer un ou plusieurs exécuteurs testamentaires. Il pourra leur donner la saisine du tout, ou seulement d'une partie de son mobilier; mais elle ne pourra durer au-delà d'un an et un jour, à compter de son décès. S'il ne la leur a pas donnée, ils ne pourront l'exiger.

L'héritier pourra faire cesser la saisine, en offrant de remettre aux exécuteurs testamentaires une somme suffisante pour le paiement des legs mobiliers, ou en justifiant de ce paiement.

Celui qui ne peut s'obliger, ne peut pas être exécuteur testamentaire.

La femme mariée ne pourra accepter l'exécution testamentaire qu'avec le consentement de son mari. — Le mineur ne pourra être exécuteur testamentaire, même avec l'autorisation de son tuteur ou curateur.

Les exécuteurs testamentaires feront apposer les scellés, s'il y a des héritiers mineurs, interdits ou absents. — Ils feront faire, en présence de l'héritier présomptif, ou lui dûment appelé, l'inventaire des biens de la succession. — Ils provoqueront la vente du mobilier, à défaut de deniers suffisants pour acquitter les legs. — Ils veilleront à ce que le testament soit exécuté, et ils pourront, en cas de contestation sur son exécution, intervenir pour en soutenir la validité. — Ils devront, à l'expiration de l'année du décès du testateur, rendre compte de leur gestion. — Leurs pouvoirs ne passent point à leurs héritiers. — Tous les frais nécessaires faits par l'exécuteur testamentaire, sont à la charge de la succession (1025 et suiv.)

§ VIII.

DE LA RÉVOCATION DES TESTAMENTS ET DE LEUR CADUCITÉ. — Les testaments ne peuvent être révoqués, en tout ou en partie, que par un testament postérieur, ou par un acte devant notaires, portant déclaration du changement de volonté.

Les testaments postérieurs qui ne révoqueront pas d'une manière expresse les précédents, n'annuleront, dans ceux-ci, que celles des dispositions y contenues qui s'y trouveront incompatibles avec les nouvelles, ou qui y seront contraires.

La révocation faite dans un testament postérieur aura tout son effet, quoique ce nouvel acte reste sans exécution par l'incapacité de l'héritier institué, ou du légataire, ou par le refus de recueillir. — Toute aliénation ou vente, même avec faculté de rachat, ou par échange, que fera le testateur de tout ou partie de la chose léguée, emportera la révocation du legs pour ce qui a été aliéné, encore que l'aliénation postérieure soit nulle, et que l'objet soit rentré dans la main du testateur. — Toute disposition testamentaire sera caduque, si celui en faveur de qui elle est faite n'a pas survécu au testateur.

Le legs sera caduc, si la chose léguée a totalement péri pendant la vie du testateur. — Il en sera de même lorsqu'elle périra après la mort de celui-ci, ou que le légataire la répudiera, ou se trouvera incapable de la recueillir. — Les mêmes causes qui autorisent la demande en révocation de la donation entre-vifs, seront admises pour la demande en révocation des dispositions testamentaires. — Si cette demande est fondée sur une injure grave faite à la mémoire du testateur, elle doit être intentée dans l'année, à compter du jour du délit (1035 et suiv.)

ART. 7. DES DISTRIBUTIONS PERMISES EN FAVEUR DES PETITS-ENFANTS DU DONATEUR OU TESTATEUR, OU DES ENFANTS DE SES FRÈRES ET SOEURS. — Les biens dont les pères et les mères ont la faculté de disposer, pourront être par eux donnés, en tout ou en partie, à un ou plusieurs de leurs enfants par actes entre-vifs ou testamentaires, avec la charge de rendre ses biens aux enfants nés ou à naître, au premier degré seulement, desdits donataires.

Sera valable en cas de mort sans enfants, la disposition que le défunt aura faite par un acte entre-vifs ou testamentaire, au profit d'un ou plusieurs de ses frères ou sœurs, de tout ou partie des biens qui ne sont point réservés par la loi dans sa succession, avec la charge de rendre ses biens aux enfants nés ou à naître, au premier degré seulement, desdits frères ou sœurs donataires.

Les dispositions permises pour ces deux articles, ne seront valables qu'autant que la charge de restitution sera au profit de tous les enfants nés et à naître du grevé, sans exception ni préférence d'âge ou de sexe.

ART. 8. — DES PARTAGES FAITS PAR PÈRE, MÈRE, OU AUTRES ASCENDANTS, ENTRE LEURS DESCENDANTS. — Les pères, les mères ou autres ascendants pourront faire, entre leurs enfants et descendants, la distribution et le partage de leurs biens. — Ces partages pourront être faits par actes entre-vifs ou testamentaires, avec les formalités, conditions et règles prescrites pour les donations entre-vifs et testaments. — Les partages faits par actes entre-vifs ne pourront avoir pour objet que les biens présents. — Au jour du décès, le reste des biens se partage conformément à la loi. — Si le partage n'est pas fait entre tous les enfants qui existeront à l'époque du décès, et les descendants de ceux prédécédés, le partage sera nul pour le tout.

Le partage fait par l'ascendant pourra être attaqué pour cause de lésion de plus du quart; il pourra l'être aussi dans le cas où il résulterait du partage et des dispositions faites par préciput, que l'un des co-partagés aurait son avantage plus grand que la loi ne le permet.

L'enfant qui, pour une de ces causes, attaquera le partage fait par l'ascendant, devra faire l'avance des frais de l'estimation, et il les supportera en définitive ainsi que les dépens de la contestation, si la réclamation n'est pas fondée (1785 et suiv.)

ART. 9. — DES DISPOSITIONS ENTRE ÉPOUX, SOIT PAR CONTRAT DE MARIAGE, SOIT PENDANT LE MARIAGE. — Les époux peuvent, par contrat de mariage, se faire réciproquement ou l'un des deux à l'autre, telle donation qu'ils jugeront à propos, sous les modifications suivantes :

Toute donation entre-vifs de biens présents, faite entre époux par contrat de mariage, ne sera point censée faite sous la condition de survie du donataire, si cette condition n'est formellement exprimée ; et elle sera soumise à toutes les règles et formes ci-dessus prescrites pour ces donations.

L'époux pourra, soit par contrat de mariage, pour le cas où il ne laisserait point d'enfants ni descendants, disposer en faveur de l'autre époux, en propriété, de tout ce dont il pourrait disposer en faveur d'un étranger, et, en outre, de l'usufruit de la totalité de la portion dont la loi prohibe la disposition au préjudice des héritiers. — Et pour le cas où l'époux donateur laisserait des enfants ou descendants, il pourra donner à l'autre époux, ou un quart en propriété et un autre quart en usufruit seulement.

L'homme ou la femme qui, ayant des enfants d'un autre lit, contractera un second ou subséquent mariage, ne pourra donner à son nouvel époux qu'une part d'enfant légitime le moins prenant ; et sans que, dans aucun cas, ces donations puissent excéder le quart des biens.

Toute donation, ou déguisée, ou faite à personnes interposées, sera nulle (1094 et suiv.)

ACTE LIII.

FORMULE DE DONATION ENTRE-VIFS.

(Le notaire rédigera la donation d'après l'instruction de la loi que nous venons de citer ; car c'est un des cinq actes qui, pour être valables, doivent absolument être passés par-devant notaires.)

Droit fixe d'enregistrement, 5 fr.

Si l'acte est notarié, il se paie par vacations, 5 fr.

C'est ensuite basé sur la fortune des parties.

ACTE LIV.

FORMULE DE TESTAMENT OLOGRAPHE.

Je soussigné (*nom, prénoms, profession ou qualité et demeure*), étant parfaitement sain de corps et d'esprit, et voulant par avance disposer de tout ce qui m'appartient, pour le temps où je n'existerai plus, j'ai fait, écrit et signé de ma propre main, ce présent testament qui renferme mes dernières volontés, et je déclare que j'ai, en cela, agi librement, sans induction, captation, ni suggestion de qui que ce soit, mais seulement de mon propre mouvement ; et après mûre délibération, j'ai voulu, ordonné et ordonne ce qui suit, voulant qu'il soit exécuté après ma mort ainsi que je l'ordonne :

1° Je donne et lègue à..., *telle* ou *telle* chose ;

2° Je donne et lègue à..., *telle* ou *telle* chose ;

3° De même, etc. ;

4° De même (*et ainsi de suite, jusqu'à ce qu'on ait disposé de tout ce dont on peut disposer*).

Nota. Si l'on veut nommer un exécuteur testamentaire, on ajoutera : Je prie M. B. (*nom, prénoms, profession, etc.*), d'être mon exécuteur testamentaire, et de faire accomplir mes dernières volontés telles que je viens de les exprimer. » (*Mais cette nomination d'exécuteur testamentaire est purement facultative*).

Je révoque tous autres testaments et dispositions à cause de mort, que j'ai pu faire avant le présent testament, qui contient mes dernières volontés.

Fait en ma demeure, à..., le... mil huit cent quarante...

(*La signature.*)

Nota. S'il y a des ratures, renvois ou apostilles, il faut approuver les ratures, parapher et signer les renvois ou apostilles.

Droit fixe d'enregistrement, 5 fr.

Si l'acte est notarié, il se paie par vacations, 5 fr.

C'est ensuite basé sur la fortune des parties.

ACTE LV.

FORMULE DE TESTAMENT MYSTIQUE OU SECRET.

Je soussigné (*nom, prénoms, âge, profession et demeure*), ai fait présentement mon testament mystique ou secret, qui renferme mes dernières volontés, ainsi que je le déclarerai devant le notaire et les six témoins qui doivent faire foi de tout le contenu qui y est renfermé, et veilleront à ce qu'il soit exécuté fidèlement après ma mort, suivant l'ordre établi ci-après :

1° Je lègue à..., *telles choses ;*

2° Je donne et lègue en toute propriété à..., *telle maison...*

(*Expliquer ainsi de suite tous les legs.*)

J'institue pour mon légataire universel le sieur..., qui, après avoir exécuté toutes les dispositions contenues au présent testament, aura pour sa part tout le reste de mes biens ; car telle est ma volonté.

Fait, clos et scellé en ma demeure, à..., le... mil huit cent quarante...

(La signature.)

Nota. Quand ce testament est clos et scellé, on écrit sur l'enveloppe : Ceci est mon testament. Ensuite on le présente au notaire en présence de six témoins au moins. Le notaire dresse acte sur l'enveloppe sans prendre connaissance du contenu, et il signe l'acte de suscription avec le testateur et les six témoins.

Droit fixe d'enregistrement, 5 fr.

Si l'acte est notarié, il se paie par vacations.

C'est ensuite basé sur la fortune des parties.

CHAPITRE XX.

DU COMMERCE EN GÉNÉRAL.

ART. 1er. — DES COMMERÇANTS. — Sont commerçants ceux qui exercent des actes de commerce, et en font leur profession habituelle.

Nota. Nous avons expliqué au chapitre IV quelles sont les personnes qui peuvent vendre ou acheter. (*Voir aussi le chapitre des droits, devoirs et intérêts de la femme marchande publique.*)

ACTE LVI.

FORMULE D'AUTORISATION A DONNER PAR UN PÈRE OU UNE MÈRE A SON FILS ÉMANCIPÉ, POUR QU'IL PUISSE FAIRE LE COMMERCE ET LES ACTES QUI EN DÉPENDENT.

Je soussigné, déclare par ces présentes, autoriser mon fils (*nom, prénoms, âge et demeure*), par moi émancipé, à faire *telle espèce de commerce*, lui donnant tout pouvoir de s'obliger, contracter et signer tous actes et tous engagements relatifs audit commerce, le reconnaissant suffisamment apte à cet égard.

A... le... mil huit cent quarante...

(*La signature avec la profession et la demeure.*)

Nota. 1° Cette autorisation, comme celles qui vont suivre, doit être sur papier timbré, au timbre de 35 c., et enregistrée, pour qu'elle ait une date certaine. Le coût de l'enregistrement est de 2 fr., plus 20 c. pour décime.

Elle devra être affichée au tribunal de commerce.

2° Quand le mineur émancipé n'a ni père ni mère, c'est au conseil de famille à lui donner cette autorisation, en présence du juge-de-paix. Alors c'est le greffier qui dresse l'acte.

Droit fixe d'enregistrement. 2 fr.

Si l'acte est notarié, il se paie par vacations, 5 fr.

ACTE LVII.

FORMULE D'AUTORISATION A DONNER PAR LE MARI A SA FEMME POUR QU'ELLE PUISSE FAIRE UN COMMERCE.

Je soussigné (*nom, prénoms, qualité ou profession et demeure*), déclare, par ces présentes, reconnaître la dame *une telle*, mon épouse, suffisamment capable et intelligente pour faire *tel* commerce. En conséquence, je l'autorise à passer tous actes, à contracter toutes obligations et engagements relatifs audit commerce, et au besoin même, pour l'avantage de son commerce, d'engager et hypothéquer *telle* ou *telle* propriété qu'elle a apportée en mariage. A..., le... mil huit cent quarante... (*La signature.*)

Droit fixe d'enregistrement, 2 fr.

Si l'acte est notarié, il se paie par vacations, 4 fr. 50 c.

COROLLAIRE. — DE LA PATENTE. — Quiconque exerce ou veut exercer le commerce, l'industrie, les métiers ou professions non exceptés par la loi, est tenu de se munir d'une patente et de payer les droits fixés pour la classe du tarif auquel il appartient, suivant la population de sa commune, ou, sans égard à cette population, pour le commerce, l'industrie, les métiers ou professions mis hors classe dans le tarif. (Loi du 1er brumaire an 7, art. 3.)

Les patentes sont prises dans les trois premiers mois de

l'année pour l'année entière, sans qu'elles puissent être bornées à une partie de l'année. (Art. 4.)

Nul n'est obligé à prendre plus d'une patente, quelles que soient les diverses branches de commerce, profession ou industrie qu'il exerce ou qu'il veuille exercer. Dans ce cas, la patente est prise pour le commerce, profession ou industrie qui donne lieu au plus fort droit. (Art. 24.)

Le commerçant ne peut faire aucune poursuite judiciaire ni aucun acte relatif à son commerce en justice, sans qu'il y soit fait mention de sa patente, sous peine de 500 fr. d'amende (37).

Celui qui a besoin de plusieurs expéditions de sa patente pour en justifier en d'autres lieux que celui de son domicile, peut les requérir sans autres frais que ceux du papier timbré. Il en est de même pour celui qui a perdu sa patente.

Les sous-préfets sont autorisés à faire descendre dans la classe immédiatement inférieure ou la suivante, ceux qui justifient l'impossibilité où ils sont d'acquitter le droit de leur classe. (Art. 40.)

Art. 2. — Des livres de commerce. — Tout commerçant est tenu d'avoir un livre-journal qui *présente,* jour par jour, ses dettes actives et passives, les opérations de son commerce, ses négociations, acceptations ou endossements d'effets, et généralement tout ce qu'il reçoit et paie, à quelque titre que ce soit ; et qui *énonce,* mois par mois, les sommes employées à la dépense de sa maison ; le tout indépendamment des autres livres usités dans le commerce, mais qui ne sont pas indispensables. — Il est tenu de mettre en liasse les lettres missives qu'il reçoit, et de copier sur un registre celles qu'il envoie. — Il est tenu de faire tous les ans, sous seing privé, un inventaire de ses effets mobiliers et immobiliers et de ses dettes actives et passives, et de les copier, année par année, sur un registre spécial à ce destiné. — Le livre-journal et le livre des inventaires seront paraphés et visés une fois par année ; le livre de copie de lettres ne sera

point soumis à cette formalité. — Tous seront tenus par ordre de dates, sans blancs, lacunes, ni transports en marge.

Les commerçants doivent conserver ces livres pendant d[ix]
ans ; ceux qui ont le droit de les viser sont : un juge du tribunal de commerce, et à défaut de juges, le maire ou l'adjoint du lieu qu'habite le commerçant.

Les livres de commerce régulièrement tenus peuvent êt[re]
admis par le juge pour faire preuve entre commerçants pou[r]
fait de commerce ; mais si les formalités ci-dessus prescrit[es]
n'ont pas été observées, ils ne pourront être représentés [&]
faire foi en justice au profit de ceux qui les auront tenu[s]
sans préjudice de ce qui sera réglé au chapitre des *faillites et*
banqueroutes.

La communication des livres et inventaires ne peut êt[re]
ordonnée en justice que dans les affaires de succession,
communauté, partage de société, et en cas de faillite, à moi[ns]
que le juge, en cas de contestation, n'ordonne qu'ils soie[nt]
représentés pour en extraire l'article qui est le sujet du différend.

Nota. Outre le journal ordonné par la loi, il y a d'autres livres que l'[on]
nomme auxiliaires, et qui servent à rendre plus faciles et plus claires les op[érations]
d'un commerçant. Ces livres sont en général : 1° Le brouillard ou main courante ; 2° Le journal ; 5° Le grand-livre ; 4° Le livre de copies de lettres ; [5°]
Le livre d'effets à recevoir ; 6° Le livre d'effets à payer ; 7° Le livre de caiss[e ;]
8° Le livre des dépenses générales.

Une espèce de fatalité que le charlatanisme entraîne toujours avec lui, a j[eté]
l'obscurité sur toutes les opérations commerciales, de manière à les entra[îner]
par un labyrinthe de difficultés ; de sorte que la plupart des commerçants croi[ent]
que la tenue des livres est une science tellement supérieure à leurs faibles l[u-]
mières, qu'ils ne se croient jamais capables de réussir s'ils ne confient ce soi[n]
à des hommes souvent peu expérimentés et qui les induisent dans des frais [et]
rédactions et dans des erreurs sans nombre, vu le peu d'intérêt qu'ils ont [à]
éclairer dûment le commerçant dont ils tiennent les comptes, ou plutôt vu l[a]
précipitation qu'ils mettent à courir d'une maison dans une autre. Pour r[e-]
médier à cet inconvénient, nous allons donner ici quelques formules aus[si]
simples qu'utiles.

DE LA TENUE DES LIVRES EN GÉNÉRAL. — Le premier livr[e]

que l'on doit tenir exactement, c'est le brouillard. Le brouillard est un petit livre sur lequel chaque personne de la maison peut écrire les opérations de la journée, à mesure qu'elles
se font, à la suite les unes des autres, purement et simplement, suivant le modèle ci-dessous expliqué. Mais d'abord
tout commerçant doit faire son inventaire d'entrée, de la
manière que nous indiquerons au commencement du journal.

FORMULE DE BROUILLARD OU MAIN-COURANTE.

Le 1er mars.

Acheté de Bernard 100 kilogrammes de sucre, à fr. 100
les 50 kilogrammes. . . . . 200 fr. c.

En paiement de quoi je lui ai fourni un billet de fr. 100,
sur Bordeaux, à trois mois, et en espèces 100 fr. . . Total. 200 fr. »

Vendu à Clavier 250 kilogrammes de coton, à fr. 30 les 50
kilogrammes . . . . 150 fr. »

Reçu dudit une pièce eau-de-vie, contenant 200 litres, à
fr. 60 l'hectolitre . . . . 120 fr. »
Son billet sur Paul, de Vierzon, à 4 mois, de fr. 30, ci. . 50   »

Total. . . . . . . 150 fr. »

Donné pour dépense de maison, fr. 45 »» ci. . . . . . 45 fr. »
Observation. Est-il besoin d'un plus grand nombre d'articles et des opérations de toute une année, pour que l'on apprenne à tenir un livre? Non ; que
l'on se contente d'écrire purement et simplement la vente ou l'achat tel qu'il
a été fait, et c'est tout ce que la loi demande. Si maintenant vous voulez passer ces articles au journal, écrivez-les tout simplement encore sur votre livre journal, sous la date du 1er mars ; demain vous en ferez autant pour vos nouvelles opérations, et ainsi de suite. Mais j'entends que de tous côtés on me crie : C'est la partie
double que nous voulons suivre ! — Rien de mieux, nous allons passer ce peu
d'opérations d'un seul jour au journal, suivant toutes les règles de la partie double, et ensuite vous passerez bien toutes vos opérations de chaque jour. Mais,
auparavant, il est bon que vous sachiez que dans la tenue des livres en partie double, le commerçant n'est rien ; les comptes généraux sont tout et représentent
le commerçant. Ainsi :

1° Si je vends des marchandises à Pierre, je ne dirai pas : *Pierre me doit*, mais je dirai : Pierre doit à marchandises générales.

2° Si j'achète de Paul, je dirai : marchandises générales doivent à Paul.

3° Si Pierre me paie en argent, c'est ma caisse qui recevra, et je dirai : Caisse doit à Pierre. Or Pierre devait, je suppose à mes marchandises générales fr. 1,000. — Ma caisse, dans laquelle il a versé fr. 1,000, lui doit cette somme : alors j'acquitte Pierre, et je débite caisse en faveur des marchandises générales.

4° Si Pierre m'avait payé moitié en un billet et moitié en espèces, je dirais : Les suivants doivent à Pierre, caisse son versement en espèces, fr. 500, et effets à recevoir, son billet à mon ordre, sur *un tel* de *Paris*, fr. 500.

5° Si je paie Paul en argent, c'est ma caisse qui se vide, je dirai donc : Paul doit à caisse *tant*, puis réglant définitivement le compte de Paul, je dirai : marchandises générales doivent à caisse. Il en sera de même pour toutes les opérations, le commerçant se trouvant remplacé par cinq comptes généraux qui sont 1° *marchandises générales ; 2° caisse ; 3° effets à payer ; 4° effets à recevoir ; 5° profits et pertes.*

Le premier compte renferme toutes les productions de la nature et des arts qui sont devenus objets de commerce ; le deuxième, l'argent monnayé ; le troisième, tous les titres dont le négociant doit le montant ; le quatrième, tous les titres souscrits au profit du négociant ; le cinquième, tous les bénéfices que le négociant fait et toutes les pertes qu'il éprouve.

De l'inventaire d'entrée. — On comprend sous ce titre tout ce que le négociant apporte dans son commerce et tout ce qu'il possède au moment où il commence ses opérations. C'est au moyen de cet inventaire bien établi qu'il peut faire au bout de l'année son inventaire de sortie, pour voir la situation de ses affaires et établir sa balance.

De l'inventaire de sortie. — L'inventaire de sortie est la récapitulation des opérations de l'année, servant à faire ressortir le bénéfice ou la perte résultant de chaque opération, et à constater les qualités des marchandises qui restent en magasin, en un mot l'actif et le passif des cinq comptes généraux.

De la balance. — On appelle balance la concordance entre tous les comptes, qui prouve que les écritures sont exactes, et plus encore qui, après avoir comparé tous les comptes, en fait ressortir le bénéfice ou la perte au bout d'un certain temps.

FORMULE DU LIVRE-JOURNAL TENU EN PARTIE DOUBLE.

En caisse. . . . . 5,000 fr. » c. 5,000 fr. » c.

En marchandises :

10 balles sucre brut, pesant ensemble 300 kilogrammes, à 70 fr. les 50 kilog. . . . 700 fr.

5 balles café, à 120 la balle. . . 600 » 14,800 »

15 pièces eau-de-vie, à 100 fr.
la pièce. . . . . 1,500 »

Marchandises diverses, ... 12,000 »

En portefeuille :

2 billets sur Lyon, payables fin de mai à mon ordre
et souscrits par Blanc. . . . . . 2,000 fr. » c. 3,000 »

Un billet sur Paris au 10 avril. . 1,000 »

En propriétés foncières :

Une maison en ville, rue..., n°..., 5,000 fr. » c. 8,000 »

Deux magasins situés à..., ensemble 3,000 »

En mobilier :

Mes meubles meublant mes appartements. . . . . 1,500 fr. » c.

Les meubles du bureau. . . . . 300 » 5,600 »

Les ustensiles et outils servant au
commerce dans les différents magasins. . . . . 1,800 »

TOTAL DE L'INVENTAIRE D'ENTRÉE . . . . 32,400 »

————— MARS, le 1er. —————

Marchandises générales, à Bernard *de Nantes :* 100 kilog. sucre, à
100 fr. les 50 kilog. . . . . 200 fr. »

TOTAL. . . . . . 200 »

————— *Le dito, dito.* —————

Bernard, *de Nantes, aux suivants :*

A caisse, mon versement en espèces, ... 100 fr. »

En effets à recevoir, le B.^t Daniel sur Bordeaux à trois
mois. . . . . 100 »

TOTAL. . . . . . 200 »

————— *Le dito, dito.* —————

Clavier, *de Tours, à marchandises générales :*

250 kilog. coton, à 30 fr. les 50 kilog. . . . . . 150 fr. » c.

TOTAL. . , . . . 150 »

15

——————————— *Le dito, dito.* ———————————

Les suivants, à Clavier, *de Tours* :

Marchandises générales, une pièce eau-de-vie. . . .	120 fr.	» c.
Effets à recevoir, son billet sur Paul de Vierzon à 4 mois.	30	»
TOTAL.	150 fr.	» c.

——————————— *Le dito, dito.* ———————————

Profits et pertes doivent à caisse :

Mon versement espèces pour dépense de maison. . . .	45 fr.	» c.
TOTAL.	45 fr.	» c.

FORMULE D'UN

Grand-livre commencé

DOIT   **DURAND,**   *de*

1° Sa facture du premier mars, détaillée au journal, page 15.	150 f.
2° Sa facture du 17 *dito*, détaillée au journal, page 23. . .	250
3° Sa facture du *dito*.	240
TOTAL.	620 f.

Balance au 25 juillet.

Doit	620 f.	» c.
Avoir.	500	»
Redoit.	120 f.	» c.

DOIT   **ROBERT,**   *de*

Mars, le 15, 50 mètres serge, à 1 franc.	50 f.
17 mètres de toile, à 3 francs.	51
le 24, 14 mètres drap, à 10 francs	140
Avril, le 3, 25 mètres soie, à 6 francs.	155
le 15, 60 mètres toile, à 5 francs.	300
TOTAL. . . .	691 f.

Observation. — Le grand-livre est encore moins difficile à tenir que le journal ; il s'ouvre par doit et avoir, et le compte de chacun s'y trouve aussitôt fait. Pour mieux en donner l'idée, nous allons ouvrir quelques comptes. Ce livre doit être considéré par tous les commerçants comme de la plus grande utilité ; mais ceux qui vendent en détail doivent surtout avoir le grand soin de tenir ce livre avec la plus grande netteté et le plus grand ordre ; car ils pourront, en cas de contestation, trouver aussitôt l'article du journal qui se rait contesté.

GRAND-LIVRE.

le...   1843.

Nantes.   *AVOIR.*

Sa remise espèces, premier mars. . . . . 100 f.
Son billet sur Paris, au *dito.* 100
Sa remise espèces, 29 *dito.* 150
Son billet sur Limoges, au 15 avril. 150

TOTAL. . . . 500 f.

Arrêté compte à fr. 120 de débet, qu'il m'a remis cejourd'hui 25 juillet, en un effet sur Limoges, pour solde dudit compte.

Beaugency.   *AVOIR.*

Mars, le 15, sa remise espèces. . . . . 25 f.
       le 25, sa remise espèces. 160
Juillet, le 10, son billet sur Paris. 100
       le 25, sa remise. 200

TOTAL. . . . . . 485 f.

Balance.

Doit. . . . . . 691 f. }
Avoir. 485

Redoit. . . . 206 f.

Observation. — Quand le grand-livre se tient en partie double, on fait figurer les cinq comptes généraux, comme nous l'avons déjà expliqué.

FORMULE D'INVENTAIRE DE SORTIE.

L'inventaire de sortie est d'abord absolument semblable à l'inventaire d'entrée, quant à la forme ; on y fait figurer en général tous les effets mobiliers et immobiliers, puis les dettes actives et passives. Ensuite on en compare le total avec celui de l'inventaire ; s'il y a du bénéfice, on ajoute à la fin : *Bénéfice résultant de mes opérations...* Sinon on met : *perte résultant*, etc.

Nota. Nous nous abstiendrons de donner de plus amples détails sur la manière de tenir les livres, car il ne manque pas de traités sur cette science ; nous avertirons seulement les commerçants que la méthode la plus simple est toujours la plus claire, et par conséquent celle qui doit être préférée par eux à toutes les autres.

Art. 3. — Des sociétés. — Le contrat de société se règle par le droit civil, par les lois particulières au commerce, et par les conventions des parties. La loi reconnaît trois espèces de sociétés commerciales : 1° *La société en nom collectif;* 2° *La société en commandite;* 3° *La société anonyme.*

La société en nom collectif est celle que contractent deux ou plusieurs personnes, dans le but de faire le commerce sous une raison sociale. — Les noms des associés peuvent seuls faire partie de la raison sociale. Tous les associés en commandite sont solidaires et responsables des engagements que l'un d'eux a signés pour le fait du commerce commun entre eux.

La *Société en commandite* se contracte entre un ou plusieurs associés responsables et solidaires, et un ou plusieurs associés simples bailleurs de fonds, que l'on nomme *commanditaires, ou associés en commandite.* Elle est régie sous un nom social, qui doit être nécessairement celui d'un ou plusieurs des associés responsables et solidaires. — Lorsqu'il y a plusieurs associés solidaires et en nom, soit que tous gèrent ensemble, soit que un ou plusieurs gèrent pour tous, la société est à la fois société en nom collectif à leur égard, et société en commandite à l'égard des simples bailleurs de fonds. Le nom d'un associé commanditaire ne peut faire partie de la raison sociale. — L'associé commanditaire n'est passible des pertes que jusqu'à concurrence des fonds qu'il a mis ou dû mettre dans la société.

La cour de cassation a décidé, par arrêt du 14 février 1810, que le commanditaire n'est pas tenu de rapporter à la société qui est en perte les bénéfices qu'il en a reçus.

L'associé commanditaire ne peut faire aucun acte de gestion ni être employé pour les affaires de la société, même en vertu de procuration. En cas de contravention à la prohibition mentionnée dans l'article précédent, l'associé commanditaire est obligé solidairement avec les associés en nom collectif, pour toutes les dettes et engagements de la société.

La société *anonyme* n'existe point sous un nom social ; elle n'est désignée par le nom d'aucun des associés. Elle est qualifiée par la désignation de l'objet de son entreprise ; elle est administrée par des mandataires à temps, révocables, associés ou non associés, salariés ou gratuits. — Les administrateurs ne sont responsables que du mandat qu'ils ont reçu. Ils ne contractent, à raison de leur gestion, aucune obligation personnelle ni solidaire relativement aux engagements de la société. Les associés ne sont passibles que de la perte du montant de leur intérêt dans la société.

Le capital de la société anonyme se divise en actions, et même en coupons d'action d'une valeur égale. L'action peut être rétablie sous la forme d'un titre au porteur. Dans ce cas, la cession s'opère par la tradition du titre.

La propriété des actions peut être établie par une inscription sur les registres de la société. Dans ce cas, la cession s'opère par une déclaration de transfert inscrite sur les registres, et signée de celui qui fait le transport, ou d'un fondé de pouvoirs.

La société anonyme ne peut exister qu'avec l'autorisation du roi, et avec son approbation pour l'acte qui la constitue ; cette approbation doit être donnée dans la forme prescrite pour les règlements d'administration publique.

Le capital des sociétés en commandite pourra être aussi divisé en actions, sans aucune autre dérogation aux règles établies pour ce genre de société.—Les sociétés en nom collectif ou en commandite doivent être constatées par des actes publics ou sous signature privée, en se conformant, dans ce dernier cas, à l'art. 1325 du Code civil.

Les sociétés anonymes ne peuvent être formées que par des actes publics.

Aucune preuve par témoins ne peut être admise contre et outre le contenu dans les actes de société, ni sur ce qu'il serait allégué avoir été dit avant l'acte, lors de l'acte ou depuis, encore qu'il s'agisse d'une somme au-dessous de cent cinquante francs.

L'extrait des actes de société en nom collectif et en commandite doit être remis, dans la quinzaine de leur date, au greffe du tribunal de commerce de l'arrondissement dans lequel est établie la maison du commerce social, pour être transcrit sur le registre, et affiché pendant trois mois dans la salle des audiences. Si la société a plusieurs maisons de commerce situées dans divers arrondissements, la remise, la transcription et l'affiche de cet extrait, seront faites au tribunal de commerce de chaque arrondissement. — Ces formalités seront observées, à peine de nullité à l'égard des intéressés ; mais le défaut d'aucune d'elles ne pourra être opposé par des tiers contre des associés.

L'extrait doit contenir : 1° Les noms, prénoms, qualités et demeure des associés autres que les actionnaires ou commanditaires ; 2° La raison de commerce de la société ; 3° La désignation de ceux des associés autorisés à gérer, administrer et signer pour la société ; 4° Le montant des valeurs fournies ou à fournir par actions ou en commandite; 5° L'époque où la société doit commencer, et celle où elle doit finir.

L'extrait des actes de société est signé, pour les actes publics, par les notaires, et pour les actes sous seing privé, par tous les associés, si la société est en nom collectif, et par les associés solidaires ou gérants, si la société est en commandite, soit qu'elle se divise ou ne se divise pas en actions.

L'ordonnance du roi qui autorise les sociétés anonymes, devra être affichée avec l'acte d'association et pendant le même temps.

Toute continuation de société après son terme expiré, sera constatée par une déclaration des co-associés. Cette déclaration, et tous actes portant dissolution de société avant le terme fixé pour sa durée par l'acte qui l'établit, tout changement à la raison de société, sont soumis aux formalités prescrites ci-dessus. En cas d'omission de ces formalités, il y aura lieu à l'application des dispositions pénales.

Indépendamment des trois espèces de sociétés ci-dessus, la loi reconnaît les *associations commerciales en participation*. — Ces associations sont relatives à une ou plusieurs *opérations de commerce ;* elles ont lieu pour les objets, dans les formes, avec les proportions d'intérêt et aux conditions convenues entre les participants. — Ces associations peuvent être constatées par la représentation des livres, de la correspondance, ou par la preuve testimoniale, si le tribunal juge qu'elle peut être admise. Elles ne sont point sujettes aux formalités prescrites pour les autres sociétés (Code de com., 18 et suivants).

Nota. Un décret du 13 février 1814 veut que tout extrait d'acte de société soit, indépendamment de l'affiche, inséré dans les *Affiches judiciaires* et dans *le journal du commerce du département*.

ACTE LVIII.

FORMULE D'UN ACTE DE SOCIÉTÉ EN NOM COLLECTIF.

Nous soussignés, M. A. (*nom, prénoms, profession et demeure*), d'une part ; et M. B. (*de même*), d'autre part, formant par ces présentes, acte de société en nom collectif pour les gains et pertes dans *tel genre de commerce*, avons arrêté les conditions suivantes :

Art. 1er. — Notre société sera formée pour tant d'années qui commenceront le... et finiront le..., sous la raison sociale M. A. et M. B., c'est-à-dire qu'elle portera le nom de chacun de nous.

Art. 2. — Le capital social est de *tant*, dont nous fournissons chacun la moitié.

Art. 3. — Sur ce capital sera prélevée la somme de... pour achat de meubles et ustensiles servant à l'exploitation dudit commerce, et le reste du capital sera par conséquent de *telle somme*.

Art. 4. — Tous les frais, tant de loyer que ceux occasionnés par le salaire des commis, des domestiques et autres gens de journée, seront payés par moitié par chacun de nous. Il en sera de même de tous les autres frais quels qu'ils soient, relatifs à nos opérations.

Art. 5. — Tous les profits, quels qu'ils soient, provenant de nos opérations, appartiendront par moitié à chacun de nous; mais ils seront réunis au capital pour l'augmenter et étendre nos opérations, à l'exception seulement d'une somme de..., qui sera prélevée chaque année par chacun de nous, sur les bénéfices, pour pourvoir à ses dépenses personnelles.

Art. 6. — Pendant tout le temps que durera ladite société, chacun de nous ne pourra faire d'autre commerce que celui indiqué dans le présent acte; renonçant à toute entreprise particulière, et promettant de verser dans la caisse de la société tous les gains et bénéfices qu'il pourrait faire pendant tout le temps que durera ladite société.

Art. 7. — Chacun de nous signera et obligera également la société, pour tous les actes relatifs à la raison sociale qui sera M. A. et M. B.

Art. 8. — Les livres seront tenus indistinctement par l'un ou par l'autre de nous; et tous deux ensemble, nous ferons l'inventaire annuel par chaque année, pour vérifier l'état de la société. La caisse sera aussi administrée par chacun de nous.

Art. 9. — A l'expiration du terme fixé pour la durée de ladite société, il sera fait deux parts égales, tant du mobilier que des marchandises, de la caisse et des dettes actives et passives, qui, après avoir été réglées à l'amiable et d'un commun accord, seront tirées au sort.

Art. 10. — Si à cette époque, il plaisait à l'un ou à l'autre de nous de continuer la société, il faudrait rédiger un nouvel acte auquel nous donnerions la publicité voulue par la loi.

Art. 11. — Dans le cas où pendant le cours de ladite société ou à l'époque de sa dissolution, il s'élèverait quelque contestation, elle serait terminée par des experts nommés par nous, et qui décideraient de plein droit, sans qu'il soit besoin de recourir à l'autorité des tribunaux, déclarant tous deux nous en rapporter par avance à leur décision.

Fait double entre nous, sous nos signatures privées, pour être exécuté de bonne foi, à..., le... mil huit cent quarante...   *(Les signatures.)*

Droit fixe d'enregistrement, 5 fr.

Si l'acte est notarié, il se paie 1 fr. par 100 fr.

ACTE LIX.

FORMULE DE DÉCLARATION DE CONTINUATION DE SOCIÉTÉ.

Nous soussignés, M. A. et M. B., associés par tel acte en date du..., sous la raison sociale de M. A. et M. B., pendant *tant* d'années qui viennent d'expirer le..., déclarons par ces présentes continuer ladite société aux mêmes clauses et conditions exprimées dans l'acte ci-dessus relaté, pendant encore *tant* d'années, qui commenceront le... et finiront le...

Fait double entre nous, sous nos signatures privées, à..., le... mil huit cent quarante...

Nota. Si l'on avait quelques changements à faire au premier acte de société, il faudrait l'énoncer et rédiger la nouvelle clause ou modification dans l'acte de continuation de société.

Droit fixe d'enregistrement, 2 fr.

Si l'acte est notarié, il se paie 1 fr. par 100 fr.

ACTE LX.

FORMULE DE L'EXTRAIT DE L'ACTE DE SOCIÉTÉ EN NOM COLLECTIF A AFFICHER PENDANT TROIS MOIS DANS LA SALLE DES AUDIENCES DU TRIBUNAL DE COMMERCE.

D'un acte de société fait double, sous signatures privées, le... entre M. A. et M. B., il appert qu'ils ont formé une société en nom collectif, sous la raison sociale M. A. et M. B., que cette société est établie pour *tant* d'années (*ou qu'elle a été continuée pour tant d'années sans changement, ou avec telle modification*), qui ont commencé le... et finiront le...; que le fonds capital de la société est de *tant*, qu'ils doivent opérer et administrer en commun, et que leur signature doit porter à la fois les deux noms M. A. et M. B.

Les associés soussignés certifient le présent extrait sincère et véritable, à..., le... mil huit cent quarante...   *(Les signatures.)*

Se paie par rôle d'expédition, point d'enregistrement.

ACTE LXI.

FORMULE D'UN ACTE DE SOCIÉTÉ EN COMMANDITE.

Nous soussignés, M. A. (*nom, prénoms, profession et demeure*), d'une part ; et M. B. (*de même*), d'autre part ; formant entre nous une société en commandite, avons arrêté ce qui suit :

Art. 1er. — La société a pour but de faire *tel genre de commerce* ; elle est faite pour *tant* d'années, et commencera le... pour finir le... Elle aura pour raison sociale *un tel et compagnie*, qui sera sa signature pendant toute la durée de son existence.

Art. 2. — Le capital social est de..., fourni par tiers ou par quart par chacun des associés ; les sieurs *tel et tel* ne sont associés que comme commanditaires ; en conséquence, ils ne seront responsables des dettes de la société que jusqu'à concurrence de leur mise de fonds, et leurs noms ne feront point partie de la raison sociale ; ils ne pourront même être mentionnés dans aucun des actes de la société. L'intérêt de leur mise de fonds, qui est de *tant* pour chacun d'eux, leur sera payé exactement de six mois en six mois, à dater de..., à raison de six pour cent par an, sans préjudice des bénéfices qu'aura faits la société, et dans lesquels ils auront en outre une part égale à celle de chacun des autres associés.

Art. 3. — Nous, M. A. et M. B., associés solidaires, aurons le droit de prélever par chaque année, sur les fonds de la société, une somme de..., dont nous ne serons pas obligés de rendre compte à la société ; ladite somme sera affectée à nos dépenses personnelles : et pour compensation de cette indemnité, nous renonçons à faire toute espèce de commerce ou trafic autre que celui énoncé dans le présent acte, et qui doit être dans l'intérêt commun de tous les associés ; promettant en outre d'apporter fidèlement à la masse commune, tous bénéfices que nous pourrons faire quels qu'ils puissent être. La durée de cet engagement sera de tout le temps que durera la présente société.

Art. 4. — Nous seuls associés solidaires serons chargés de la tenue des livres relatifs à notre genre de commerce, de la caisse, des inventaires, en un mot de remplir toutes les formalités voulues par la loi, et de celles desquelles dépendent la clarté et l'ordre dans les affaires.

En cas de décès de l'un des deux associés solidaires, la société sera dissoute ; ou bien elle sera continuée par les associés et ayant-cause de l'associé défunt, conjointement avec le survivant ; *ou bien*, il sera statué par tous les intéressés à l'amiable, sur les mesures à prendre pour la continuation ou la dissolution de la société.

Art. 6. — A l'expiration du terme fixé pour la durée de la présente société, chacun des commanditaires prélèvera d'abord sa mise de fonds, lorsque toutes les dettes de la société auront été acquittées et que toutes les créances seront rentrées; puis il sera fait un inventaire de tout ce qui restera, tant en marchandises qu'en ustensiles, en effets de commerce et en argent, et le tout, étant liquidé ou évalué, sera divisé en parts égales à chacun des membres de ladite société.

Art. 7. — Dans le cas où nous serions tous consentants à continuer ladite société après le terme fixé pour sa durée, nous en ferons à la suite du présent acte une déclaration spéciale, qui sera rendue publique dans les formes prescrites par la loi.

Art. 8. — Enfin, pour éviter toute contestation entre nous, et pour prévenir par avance toutes celles qui pourraient s'élever au sujet de nos opérations ou de toute autre cause, il est convenu d'un commun accord que toute difficulté ou contestation à naître sera réglée à l'amiable et par arbitres choisis par nous; et que nous déclarons nous en rapporter à tout jugement et toute décision que lesdits arbitres pourraient prononcer.

Fait quadruple, *ou* quintuple entre nous, sous nos signatures privées, pour être exécuté de bonne foi, à..., le... mil huit cent quarante...

(Les signatures avec approbation d'écriture par ceux qui n'auront pas souscrit l'acte.)

Nota. Nous devons bien faire remarquer ici que dans toute société, aucun des associés n'est passible des dettes contractées par l'un ou plusieurs des co-associés, avant la formation de la société; et que même les dettes particulières de chacun des associés le regardent personnellement, sans que les autres associés puissent être inquiétés à ce sujet; car les associés ne sont passibles que des dettes contractées pour le compte de la société, c'est-à-dire pour tout ce qui a rapport à son objet.

Droit fixe d'enregistrement, 5 fr.

Si l'acte est notarié, il se paie 1 fr. par 100 fr.

ACTE LXII.

FORMULE D'EXTRAIT D'ACTE DE SOCIÉTÉ EN COMMANDITE A AFFICHER DANS LA SALLE DES AUDIENCES DU TRIBUNAL DE COMMERCE.

D'un acte de société fait quadruple ou quintuple, sous seings privés, entre les sieurs *tel, tel,* etc. et autres personnes qui ne doivent pas être nommées, n'étant que commanditaires, il appert qu'il a été formé entre toutes les personnes désignées ci-dessus, une société en commandite ayant pour objet la fabrication de...; *ou tel* commerce, sous la raison sociale *un tel et compagnie;*

que la durée de ladite société sera de *tant* d'années, à compter de... jusqu'à...; que son capital social est de...; qu'elle sera administrée par les associés solidaires, *un tel et un tel*, sous la signature *un tel* et compagnie.

Nous soussignés, associés solidaires, certifions sincère et véritable le présent extrait, à..., le .., mil huit cent quarante...

(*Les signatures des deux associés solidaires.*)

Point d'enregistrement, se paie par rôle d'expédition.

§ II.

DES CONTESTATIONS ENTRE ASSOCIÉS, ET DE LA MANIÈRE DE LES DÉCIDER. — Toute contestation entre associés et pour raison de la société, sera jugée par des arbitres. Il y aura lieu à l'appel du jugement arbitral ou au pourvoi en cassation, si la renonciation n'a pas été stipulée. L'appel sera porté devant la cour royale.

La nomination des arbitres se fait, soit par acte notarié, soit par acte extra-judiciaire, soit enfin par un consentement donné en justice.

Le délai pour le jugement est fixé par les parties, lors de la nomination des arbitres; et, s'ils ne sont pas d'accord sur le délai, il sera réglé par les juges. En cas de refus de l'un ou de plusieurs des associés de nommer des arbitres, les arbitres sont nommés d'office par le tribunal de commerce. Les parties remettent leurs pièces et mémoires aux arbitres, sans autre formalité de justice. L'associé en retard de remettre les pièces et mémoires est sommé de le faire dans les dix jours. Les arbitres peuvent, suivant l'exigence des cas, proroger le délai pour la production des pièces. S'il n'y a renouvellement de délai, ou si le nouveau délai est expiré, les arbitres jugent sur les seules pièces et mémoires réunis. En cas de partage, les arbitres nomment un sur-arbitre, s'il n'est nommé par le compromis : si les arbitres sont discordants sur le choix, le sur-arbitre est nommé par le tribunal de commerce.

Le jugement arbitral est motivé. Il est déposé au tribunal de commerce. Il est rendu exécutoire sans modification et

.ranscrit sur les registres, en vertu d'une ordonnance du président du tribunal, lequel est tenu de la rendre pure et simple, et dans le délai de trois jours, au dépôt du greffe.

Toutes actions contre les associés non liquidateurs et leurs veuves, héritiers ou ayant-cause, sont prescrites cinq ans après la fin ou la dissolution de la société, si, depuis la formalité remplie, la prescription n'a été interrompue à leur égard par aucune poursuite judiciaire.

Nota. Voyez, au chapitre des arbitrages, les formules de compromis et de proces-verbaux à faire dans toutes les circonstances où il y a contestation entre les associés.

ART. 4. — DES SÉPARATIONS DE BIENS. — Toute demande en séparation de biens sera poursuivie, instruite et jugée conformément aux lois indiquées au code de procédure civile.

Tout jugement qui prononcera une séparation de corps entre mari et femme, dont l'un sera commerçant, devra être lu publiquement à l'audience du tribunal de commerce, affiché, etc.

Tout contrat de mariage entre époux dont l'un sera commerçant, sera transmis par extrait, dans le mois de sa date, aux greffes et chambres des tribunaux civil et de commerce pour être exposé au tableau. Cet extrait annoncera si les époux sont mariés en communauté, s'ils sont séparés de biens, ou s'ils ont contracté sous le régime dotal.

Tout époux séparé de biens, ou marié sous le régime dotal, qui embrasserait la profession de commerçant postérieurement à son mariage, sera tenu de faire pareille remise dans le mois du jour où il aura ouvert son commerce, à peine, en cas de faillite, d'être puni comme banqueroutier simple.

ACTE LXIII.

FORMULE DE L'EXTRAIT DU CONTRAT DE MARIAGE DES ÉPOUX DONT L'UN EST COMMERÇANT, A EXPOSER DANS LA SALLE D'AUDIENCE DU TRIBUNAL DE COMMERCE ET DANS LES CHAMBRES D'AVOUÉS ET NOTAIRES.

Je soussigné, M. A... (*nom et prénoms*), établi depuis huit jours marchand quincaillier à Orléans, rue..., n°..., certifie que par contrat de mariage passé entre moi et la dame *une telle*, mon épouse, par-devant M₀ un tel, notaire à..., le..., nous nous sommes mariés séparés de biens, *ou sous le* régime dotal, et qu'en conséquence nous avons renoncé, mon épouse et moi, au bénéfice de la communauté des biens. En foi de quoi j'ai signé le présent certificat pour le rendre public, selon que l'ordonne le code de commerce.

A Orléans, le... mil huit cent quarante...   (*La signature.*)

Point d'enregistrement, se paie par rôle d'expédition.

ART. 5. — DES BOURSES DE COMMERCE, AGENTS DE CHANGE ET COURTIERS. — La bourse de commerce est la réunion qui a lieu, sous l'autorité du roi, des commerçants, capitaines de navires, agents de change et courtiers.

Le commerçant qui a fait faillite ne peut se présenter à la bourse, jusqu'à ce qu'il ait obtenu sa réhabilitation.

Le résultat des négociations et des transactions qui s'opèrent dans la bourse, détermine le cours du change, des marchandises, des assurances du fret ou nolis, du prix des transports par terre ou par eau, des effets publics, et autres dont le cours est susceptible d'être coté.

ART. 6. — DES COMMISSAIRES POUR LES TRANSPORTS PAR TERRE ET PAR EAU. — Le commissionnaire qui se charge d'un transport par terre ou par eau, est tenu d'inscrire sur son livre-journal la déclaration de la nature et de la quantité des marchandises, et, s'il en est requis, de leur valeur. Il est garant, 1° de l'arrivée des marchandises et effets dans le délai déterminé par la lettre de voiture, hors le cas de la force majeure légalement constatée ; — 2° des faits du commissionnaire intermédiaire auquel il adresse les marchandises.

La marchandise sortie du magasin du vendeur ou de l'expéditeur, voyage, s'il n'y a convention contraire, aux risques et périls de celui à qui elle appartient, sauf son recours contre le commissionnaire et le voiturier.

1° La lettre de voiture doit être datée.

2° Elle doit exprimer : la nature et le poids ou la contenance des objets à transporter, le délai dans lequel le transport doit être effectué.

3° Elle indique : le nom et le domicile du commissionnaire par l'entremise duquel le transport s'opère, s'il y en a un ; le nom de celui à qui la marchandise est adressée ; le nom et le domicile du voiturier.

4° Elle énonce : le prix de la voiture ; l'indemnité due pour cause de retard. Elle est signée par l'expéditeur ou le commissionnaire ; elle présente en marge les marques et numéros des objets à transporter.

5° La lettre de voiture est copiée par le commissonnaire sur un registre coté et paraphé, sans intervalle et de suite.

6° La lettre de voiture est soumise au timbre de 35 centimes qui doivent être remboursés au commissionnaire par celui à qui l'envoi est fait.

ACTE LXIV.

FORMULE D'UNE LETTRE DE VOITURE.

Paris, le... 1848.

A la garde de Dieu, et sous la conduite de *un tel*, voiturier par terre ou par eau, de cette ville, demeurant rue..., n°..., il vous plaira recevoir un ballot, *ou bien* tant de caisses marquées et numérotées comme en marge ; lesquelles ayant reçues bien conditionnées et en bon état à la porte de votre magasin le plus commode, dans l'espace de *tant* de jours, vous lui paierez sa voiture à raison de *tant* par 50 kilogrammes. En cas de retard, vous lui retiendrez le tiers de sa voiture. Outre le prix de sa voiture, vous lui rembourserez soixante-quinze centimes pour timbre de cette lettre.

J'ai l'honneur de vous saluer.

(*La signature et la demeure du commissionnaire.*)

A Monsieur M. A..., négociant à Bordeaux.

Nota. On met en marge la marque et le n° des colis, tels qu'ils sont tracés sur les objets.

Droit fixe d'enregistrement, 1 fr.

Ne sont jamais reçus par les notaires.

DU VOITURIER. — Le voiturier est garant de la perte des objets à transporter, hors le cas de force majeure. Il est garant des avaries autres que celles qui proviennent du vice propre de la chose ou de la force majeure. Si, par l'effet de la force majeure, le transport n'est pas effectué dans le délai convenu, il n'y a pas lieu à indemnité contre le voiturier pour cause de retard.

La réception des objets transportés et le paiement du prix de la voiture éteignent toute action contre le voiturier.

En cas de refus ou contestation pour la réception des objets transportés, leur état est vérifié et constaté par des experts nommés par le président du tribunal de commerce, ou à son défaut, par le juge-de-paix, et par ordonnance au pied d'une requête. Le dépôt ou sequestre, et ensuite le transport dans un dépôt public, peut en être ordonné. La vente peut en être ordonnée en faveur du voiturier, jusqu'à concurrence du prix de la voiture.

Les dispositions ci-dessus sont communes aux maîtres de bateaux, entrepreneurs de diligences et voitures publiques.

Toutes actions contre le commissionnaire et le voiturier, à raison de la perte ou de l'avarie, sont prescrites, après six mois, pour les expéditions faites dans l'intérieur de la France, et après un an, pour celles faites à l'étranger ; le tout à compter, pour le cas de perte, du jour où le transport des marchandises aurait dû être effectué, et pour le cas d'avarie, du jour où la remise des marchandises aura été faite ; sans préjudice des cas de fraude ou d'infidélité (Code de comm., 405 et suiv.)

ACTE LXV.

MODÈLE DE REQUÊTE A PRÉSENTER EN CAS DE REFUS OU CONTESTATION POUR LA RÉCEPTION DES MARCHANDISES.

A M. le président du tribunal de commerce de..., *ou* à M. le juge-de-paix du canton de...

Monsieur, le sieur *un tel*, négociant à..., m'ayant expédié par la voiture de *un tel*, voiturier par terre, *telles marchandises*, je les ai examinées à leur arrivée, et je les ai tellement trouvées avariées *ou* gâtées, qu'il m'est impossible de les recevoir sans m'exposer à subir une perte énorme. Veuillez, je vous prie, monsieur, nommer des experts pour vérifier et constater la réalité

de cette déclaration, afin que, sur le rapport qu'ils vous en feront, il soit définitivement statué et rendu justice à qui de droit.

Dans cette confiance, j'ai l'honneur, etc.

(La signature, la profession et la demeure.)

Droit fixe d'enregistrement, 3 fr.

Ne sont point reçus par les notaires.

ACTE LXVI.

FORMULE DES RAPPORTS DES EXPERTS.

Nous soussignés (*noms, prénoms, profession et demeure*), ayant été
nommés experts par M..., entre les mains duquel nous avons prêté serment, à
l'effet de procéder consciencieusement à l'examen des marchandises du
sieur..., qui lui ont été amenées par le voiturier *un tel*, et provenant de
l'envoi du sieur..., négociant à..., en date du... Avons d'abord reconnu que
les caisses numérotées et marquées sont bien celles énoncées en la lettre de
voiture ; puis, avons procédé à l'ouverture desdites caisses, et avons trouvé
que la caisse n°... est en *tel état*. (*Et ainsi de suite des autres caisses
ou ballots.*) Et déclarons que de l'état ci-dessus constaté, il en résulte pour
le sieur..., auquel elles ont été adressées....

En foi de quoi nous avons rédigé le présent procès-verbal, à..., le... mil
huit cent quarante...   (*Les signatures des experts.*)

Droit fixe d'enregistrement, 1 fr.

Si l'acte est notarié, il se paie par vacations.

ART. 3. — DES ACHATS ET VENTES. — Les achats et ventes
se constatent, 1° par actes publics ; — 2° par actes sous signatures privées ; — 3° par le bordereau ou arrêt d'un agent
de change ou courtier, dûment signé par les parties ; 4° par
une facture acceptée ; — 5° par la correspondance ; — 6° par
les livres des parties ; — 7° par la preuve testimoniale, dans
le cas où le tribunal croira devoir l'admettre (code de commerce 109).

ART. 4. — DE LA LETTRE DE CHANGE, DU BILLET A ORDRE
ET DE LA PRESCRIPTION.

§ Ier.

DE LA LETTRE DE CHANGE ET DE SA FORME. — La lettre de

16

change est tirée d'un lieu sur un autre. Elle est datée : elle énonce : 1° la somme à payer ; 2° le nom de celui qui doit payer ; 3° l'époque ou le lieu où le paiement doit s'effectuer ; 4° la valeur fournie en espèces, en marchandises, en compte, ou de toute autre matière. — Elle est à l'ordre d'un tiers, ou à l'ordre du tireur lui-même. — Si elle est par 1re, 2e, 3e, 4e, etc., elle l'exprime.

Une lettre de change peut être tirée sur un individu, et payable au domicile d'un tiers. Elle peut être tirée par ordre et pour le compte d'un tiers.

Sont réputées simples promesses toutes lettres de change contenant supposition, soit de nom, soit de qualité, soit de domicile, soit des lieux d'où elles sont tirées ou dans lesquels elles sont payables.

La signature des femmes et des filles non négociantes ou marchandes publiques sur lettre de change, ne vaut, à leur égard, que comme simple promesse.

Les lettres de change souscrites par des mineurs non négociants sont nulles à leur égard, sauf les droits respectifs des parties, conformément à l'art. 1312 du code civil.

Le tireur et les endosseurs d'une lettre de change sont garants solidaires de l'acceptation et du paiement à l'échéance.

Le refus d'acceptation est constaté par un acte que l'on nomme *protêt faute d'acceptation*. — Celui qui accepte une lettre de change, contracte l'obligation d'en payer le montant. L'accepteur n'est pas restituable contre son acceptation, quand même le tireur aurait failli à son insu avant qu'il eût accepté.

L'acceptation d'une lettre de change doit être signée. Elle est exprimée par le mot *accepté*. La lettre de change doit être acceptée à sa présentation, ou au plus tard dans les vingt-quatre heures de la présentation. — Après les vingt-quatre heures, si elle n'est pas rendue acceptée, ou non acceptée, celui qui l'a retenue est passible de dommages-intérêts envers le porteur.

DE L'ÉCHÉANCE. — Une lettre de change peut être tirée à vue, à un ou plusieurs jours, à un ou plusieurs mois, à une ou plusieurs usances de vue. — A un ou plusieurs jours, à un ou plusieurs mois, à une ou plusieurs usances de date. — A jour fixe ou à jour déterminé, en foire. — La lettre d'échange à vue est payable à sa présentation.

L'échéance d'une lettre de change est fixée par la date de l'acceptation, ou par celle du protêt faute d'acceptation.

L'usance est de trente jours, qui courent du lendemain de la date de la lettre de change.

Une lettre de change payable en foire est échue la veille du jour fixé pour la clôture de la foire, ou le jour de la foire, si elle ne dure qu'un jour.

Si l'échéance d'une lettre de change est à un jour férié légal, elle est payable la veille.

Tous délais de grâce, de faveur, d'usage ou d'habitude locale, pour le paiement des lettres de change, sont abrogés.

DE L'ENDOSSEMENT. — La propriété d'une lettre de change se transmet par la voie de l'endossement. L'endossement est daté. — Il exprime la valeur fournie. — Il énonce le nom de celui à l'ordre de qui il est passé. Sans cela, il n'opère pas le transport, il n'est qu'une procuration. — Il est défendu d'antidater les ordres, à peine de faux.

DE LA SOLIDARITÉ. — Tous ceux qui ont signé, accepté ou endossé une lettre de change, sont tenus à la garantie solidaire envers le porteur.

DE L'AVAL. — Le paiement d'une lettre de change, indépendamment de l'acceptation et de l'endossement, peut être garantie par un aval. — Cette garantie est fournie, par un tiers, sur la lettre même ou par acte séparé. — Le donneur d'aval est tenu solidairement et par les mêmes voies que les tireurs et endosseurs, sauf les conventions différentes des parties.

Du PAIEMENT. — Une lettre de change doit être payée dans la monnaie qu'elle indique. Celui qui paie une lettre de change avant son échéance, est responsable de la validité du paiement. Celui qui paie une lettre de change à son échéance et sans opposition, est présumé valablement libéré. Le porteur d'une lettre de change ne peut être contraint d'en recevoir le paiement avant l'échéance. Le paiement d'une lettre de change fait sur une seconde, troisième, quatrième, etc., est valable, lorsque la seconde, troisième, quatrième, etc., porte que ce paiement annule l'effet des autres. Celui qui paie une lettre de change sur une seconde, troisième, quatrième, etc., sans retirer celle sur laquelle se trouve son acceptation, n'opère point sa libération à l'égard du tiers porteur de son acceptation. Il n'est admis d'opposition au paiement qu'en cas de perte de la lettre de change, ou de la faillite du porteur.

DES DROITS ET DEVOIRS DU PORTEUR. — Le porteur d'une lettre de change tirée du continent et des îles de l'Europe, et payable dans les possessions européennes de la France, soit à vue, soit à un ou plusieurs jours ou mois ou usances de vue, doit en exiger le paiement ou l'acceptation dans les six mois de sa date, sous peine de perdre son recours sur les endosseurs, et même sur le tireur si celui-ci a fait provision. Le délai est de huit mois pour la lettre de change tirée des Echelles du Levant et des côtes septentrionales de l'Afrique, sur les possessions européennes de la France; et réciproquement du continent et des îles de l'Europe sur les établissements français aux Echelles du Levant et aux côtes septentrionales de l'Afrique. Le délai est d'un an pour les lettres de change tirées des côtes occidentales de l'Afrique, jusque et compris le cap de Bonne-Espérance. Les délais ci-dessus sont doubles en temps de guerre maritime.

Le porteur d'une lettre de change doit en exiger le paiement le jour de son échéance. Le refus du paiement doit être constaté, le lendemain du jour de l'échéance, par un acte que l'on nomme *protêt faute de paiement.* Si ce jour est un jour férié légal, le protêt sera fait le jour suivant.

Le porteur n'est dispensé du protêt faute de paiement, ni par le protêt faute d'acceptation, ni par la mort ou faillite de celui sur qui la lettre de change est tirée. Dans le cas de faillite de l'accepteur avant l'échéance, le porteur peut faire protester et exercer son recours.

Le porteur d'une lettre de change protestée faute de paiement, peut exercer son action en garantie, ou individuellement contre le tireur et chacun des endosseurs, ou collectivement contre les endosseurs et le tireur. La même faculté existe pour chacun des endosseurs, à l'égard du tireur et des endosseurs qui le précèdent.

Si le porteur exerce le recours individuellement contre son cédant, il doit lui faire notifier le protêt; et à défaut de remboursement, le faire citer en jugement dans les quinze jours qui suivent la date du protêt, si celui-ci réside dans la distance de cinq myriamètres. Ce délai est augmenté d'un jour par deux myriamètres et demi.

Pour la Corse, l'île d'Elbe, l'Angleterre et les Etats limitrophes de la France, le délai est de deux mois. Pour les autres Etats de l'Europe, il est de quatre mois. De six mois pour les Echelles du Levant et les côtes septentrionales de l'Afrique. D'un an, pour les côtes occidentales de l'Afrique. De deux ans, pour les Indes orientales.

Tous ces délais sont doublés en temps de guerre maritime. Si le porteur exerce son recours collectivement contre les endosseurs et le tireur, il jouit, à l'égard de chacun d'eux, du délai indiqué ci-dessus. Chacun des endosseurs a le droit d'exercer le même recours, ou individuellement, ou collectivement, dans le même délai. A leur égard, le délai court du lendemain de la date de la citation en justice. Après l'expiration des délais ci-dessus, le porteur est déchu de tout droit contre les endosseurs. Il en est de même pour les endosseurs qui ont laissé passer le délai.

Indépendamment des formalités prescrites pour l'exercice de l'action en garantie, le porteur d'une lettre de change protestée faute de paiement, peut, en obtenant la permission du juge, saisir conservatoirement les effets mobiliers des tireurs, accepteurs et endosseurs.

Des protêts. — Les protêts faute d'acceptation ou de paiement, sont faits par deux notaires ou un notaire et deux témoins, ou par un huissier et deux témoins.

Le protêt doit être fait au domicile de celui sur qui la lettre de change était payable, ou à son dernier domicile connu. L'acte de protêt contient la transcription littérale de la lettre de change ; de l'acceptation des endosseurs et des recommandations qui y sont indiquées ; la sommation de payer le montant de la lettre de change. Il énonce la présence ou l'absence de celui qui doit payer, les motifs du refus de payer et l'impuissance ou le refus de signer.

Les notaires et les huissiers sont tenus, à peine de restitution, dépens, dommages et intérêts envers les parties, de laisser copie exacte des protêts, et de les inscrire en entier, jour par jour et par ordre de dates, dans un registre particulier coté et paraphé, etc.

Du rechange. — Le rechange s'effectue par une retraite. La retraite est une nouvelle lettre de change, au moyen de laquelle le porteur se rembourse sur le tireur ou l'un des endosseurs du principal de la lettre protestée, de ses frais et du nouveau change qui paie. La retraite est accompagnée d'un compte de retour. Le compte de retour comprend le principal de la lettre de change protestée, les frais du protêt et autres frais légitimes, tels que commissions de banque, courtage, timbre et port de lettres. Il énonce le nom de celui sur qui la retraite est faite, et le prix du change auquel elle est négociée. Il est certifié par un agent de change. Dans les lieux où il n'y a pas d'agent de change, il est certifié par deux commerçants. Il est accompagné de la lettre de change protestée, du protêt, ou d'une expédition de l'acte du protêt.

Dans le cas où la retraite est faite sur l'un des endosseurs, elle est accompagnée, en outre, d'un certificat qui constate le cours du change du lieu où la lettre de change était payable, et le lieu d'où elle a été tirée.

Le compte de retour est remboursé d'endosseur à endosseur respectivement, et définitivement par le tireur.

§ II.

Du billet a ordre. — Toutes les dispositions relatives aux lettres de change, et concernant : l'échange, l'endossement, l'aval, le protêt, etc., sont applicables aux billets à ordre, sans préjudice de ce qui est dit à l'article de la compétence des tribunaux de commerce.

Le billet à ordre est daté. Il énonce la somme à payer, le nom de celui à l'ordre de qui il est souscrit, l'époque à laquelle le paiement doit s'effectuer, la valeur en espèces, en marchandises, en compte, ou de toute autre manière.

§ III.

De la prescription. — Toutes actions relatives aux lettres de change, et à ceux des billets à ordre souscrits par des négociants, marchands ou banquiers, ou pour faits de commerce, se prescrivent par cinq ans, à compter du jour du protêt, ou de la dernière poursuite juridique, s'il y a eu condamnation, ou si la dette n'a été reconnue par acte séparé. Néanmoins les prétendus débiteurs seront tenus, s'ils en sont requis, d'affirmer, sous serment, qu'ils ne sont plus redevables; et leurs veuves, héritiers ou ayant-cause, qu'ils estiment de bonne foi qu'il n'est plus rien dû.

ACTE LXVII.

FORMULE D'ACTE DE VENTE ET D'ACHAT DE MARCHANDISES.

Nous soussignés, M. D... (nom, prénoms, etc.), d'une part; et M. B...,

(de même), d'autre part, sommes convenus de ce qui suit : Moi, M. D...,
vends au sieur M. B..., *telles* marchandises, de *telle* qualité, à raison de...,
que je m'engage à lui livrer dans le délai de...; lesquelles voyageront à ses
frais, risques et périls, à compter du jour où je leur ai remises à la voiture
de... Le sieur M. B... consentant à n'avoir de recours, en cas de perte ou
d'avarie, que contre ledit voiturier. Cette vente, acceptée par M. B.., est
payable à *trois mois* ou à *six mois* à dater du jour de la livraison. Et moi,
M. B..., j'accepte ladite vente pour mon propre compte, et m'engage à satisfaire loyalement à toutes les obligations qu'elle m'impose.

Fait double, etc.,   *(Les signatures.)*

Droit proportionnel d'enregistrement, 2 fr. par 100 fr.

Si l'acte est notarié, il se paie 50 c. par 100 fr.

ACTE LXVIII.

FORMULE D'UNE LETTRE DE CHANGE.

Bourges, le... 1843. — Bon pour 2,000 fr.

Monsieur,

Au *quinze avril* prochain, il vous plaira payer, par cette première *ou*
seconde lettre de change (*la première n'ayant pas été payée*), à M., ban-
quier de votre ville, la somme de deux mille francs, valeur reçue de lui en
espèces, qu'il m'a comptées cejourd'hui, *ou* en marchandises qu'il m'a fournies, *ou* valeur en compte, et que vous passerez en compte, suivant l'avis de...

            Votre serviteur,

(*La signature, la profession et la demeure du tireur.*)

A Monsieur Alzine, négociant, rue Mercière, à Lyon (Rhône).

Droit proportionnel d'enregistrement, 25 c. par 100 fr.

Si l'acte est notarié, il se paie 50 c. par 100 fr.

ACTE LXIX.

FORMULE D'UNE LETTRE DE CHANGE TIRÉE SUR UN INDIVIDU, ET PAYABLE AU DOMICILE D'UN TIERS.

Bourges, le... 1843. — Bon pour 1,000 fr.

Monsieur,

Au *vingt décembre* prochain, il vous plaira payer, par cette première lettre de change, à M. Launay, négociant en votre ville, la somme de mille

francs, valeur reçue de lui en compte *ou* en marchandises, et que vous passerez à mon compte, sans autre avis de...

Votre serviteur.

(*La signature, la profession et la demeure.*)

A Monsieur *Launay*, négociant à Orléans (Loiret).

Nota. M. *Sylvain* accepte cette lettre de change, de cette manière :

« Accepté pour la somme de mille francs, payable chez M. *Launay*, négociant à Orléans, rue... »

Droit proportionnel d'enregistrement, 25 c. par 100 fr.

Si l'acte est notarié, il se paie 50 c. par 100 fr.

ACTE LXX.

FORMULE D'UNE LETTRE DE CHANGE TIRÉE PAR ORDRE ET POUR LE COMPTE D'UN TIERS.

Bourges, le 15 janvier 1843. — Bon pour 600 fr.

Le *quinze mars* prochain, il vous plaira payer, par cette première lettre de change, à l'ordre de M. *Dumas*, la somme de six cents francs, que vous passerez au compte de M. *David*, suivant l'avis de...

Votre serviteur,

Daniel, négociant, de...

A Monsieur *Lamarre*, négociant à Moulins (Allier).

Droit proportionnel d'enregistrement, 25 c. par 100 fr.

Si l'acte est notarié, il se paie 50 c. par 100 fr.

ACTE LXXI.

FORMULE D'UNE LETTRE DE CHANGE A VUE.

Rouen, le... — Bon pour 600 fr.

A vue par cette première lettre de change, il vous plaira payer à M. *Julien*, négociant en votre ville, la somme de six cents francs, valeur reçue de lui en marchandises, et que vous passerez en compte, suivant l'avis de...

Votre serviteur,

(*La signature, la profession, etc.*)

A Monsieur *Duchemin*, négociant à Nevers (Nièvre).

Droit proportionnel d'enregistrement, 25 c. par 100 fr,

Si l'acte est notarié, il se paie 50 c. par 100 fr.

ACTE LXXII.

FORMULE D'ENDOSSEMENT.

Payez à l'ordre de M., valeur reçue de lui comptant, *ou en marchandises ou valeur en compte*, à..., le... 1843.   (*Les signatures.*)

Nota. Lorsque la lettre de change a été payée, celui qui en a reçu le montant met la quittance à la suite du dernier endossement, en ces termes :

Pour acquit, à..., le... etc.   (*La signature, etc.*)

Droit proportionnel d'enregistrement, 50 c. par 100 fr.

Si l'acte est notarié, il se paie 50 c. par 100 fr.

Bon pour 700 fr.

ACTE LXXIII.

FORMULE D'UN BILLET A ORDRE.

Au premier janvier mil huit cent quarante-cinq, je paierai à M. ou à son ordre la somme de *sept cents francs*, valeur reçue de lui en espèces, *ou en compte, ou en marchandises*. A..., le... mil huit cent quarante...

(La signature, la profession et la demeure.)

Bon pour la somme de sept cents francs.

Nota. 1° Pour l'endossement du billet à ordre, voyez l'acte 72e, et pour l'acquit, le *nota* qui suit cet acte.

2° Pour les traites, on pourra se servir de l'acte 71.

Droit proportionnel d'enregistrement, 50 c. par 100 fr.

Si l'acte est notarié, il se paie 50 c. par 100 fr.

Nota. Nous ne parlerons pas dans ce traité des lois qui régissent le commerce maritime, parce qu'il ne rentre point dans la catégorie du commerce en général. D'ailleurs, il n'est ordinairement fait que par des armateurs, des banquiers et des négociants auxquels nos instructions deviendraient inutiles, à cause de leur grande familiarité avec les opérations de ce genre. Dans tous les cas, nous ne pourrions que reproduire le code de commerce maritime, auquel nous croyons devoir renvoyer ceux de nos lecteurs qui désireront avoir de plus amples renseignements sur ce chapitre.

CHAPITRE XXI.

DES FAILLITES ET DES BANQUEROUTES.

DISPOSITIONS GÉNÉRALES. — Tout commerçant qui cesse ses paiements, est en état de faillite.

Tout commerçant failli qui se trouve dans l'un des cas de faute grave ou de fraude prévus par la loi, est en état de banqueroute.

Il y a deux espèces de banqueroutes. La banqueroute simple, qui est jugée par les tribunaux correctionnels; la banqueroute frauduleuse, qui est jugée par les cours d'assises.

ARTICLE 1er. — DE LA FAILLITE.

§ 1er.

DE L'OUVERTURE DE LA FAILLITE. — Tout failli est tenu, dans les trois jours de la cessation de paiement, d'en faire la déclaration au greffe du tribunal de commerce : le jour où il aura cessé ses paiements sera compris dans ces trois jours.

— En cas de faillite d'une société en nom collectif, la déclaration du failli contiendra le nom et l'indication du domicile de chacun des associés solidaires.

L'ouverture de la faillite est déclarée par le tribunal de commerce. Son époque est fixée, soit par la retraite du débiteur, soit par la clôture de ses magasins, soit par la date de tous actes constatant le refus d'acquitter ou de payer des engagements de commerce.

Tous les actes ci-dessus mentionnés ne constateront néanmoins l'ouverture de la faillite que lorsqu'il y aura cessation de paiement ou déclaration du failli. — Le failli, à compter du jour de la faillite, est dessaisi, de plein droit, de l'administration de tous ses biens.

Nul ne peut acquérir privilége ni hypothèque sur les biens du failli, dans les dix jours qui précèdent l'ouverture de la faillite. Tous actes translatifs de propriétés immobilières, faits par le failli, à titre gratuit, dans les dix jours qui précèdent l'ouverture de la faillite, sont nuls et sans effet relativement à la masse des créanciers; tous actes du même genre, à titre onéreux, sont susceptibles d'être annulés, sur la demande des créanciers, s'ils paraissent aux juges porter des caractères de fraude.

Tous actes ou engagements pour faits de commerce, contractés par le débiteur dans les dix jours qui précèdent l'ouverture de la faillite, sont présumés frauduleux, quant au failli : ils sont nuls, s'il est prouvé qu'il y a fraude de la part des autres contractants. — Toutes sommes payées, dans les dix jours qui précèdent l'ouverture de la faillite, pour dettes commerciales non échues, sont rapportées. — Tous actes ou paiements faits en fraude des créanciers sont nuls.

L'ouverture de la faillite rend exigibles les dettes passives non échues : à l'égard des effets de commerce par lesquels le failli se trouvera être l'un des obligés, les autres obligés ne seront tenus que de donner caution pour le paiement, à l'échéance, s'ils n'aiment mieux payer immédiatement.

Nota. Le refus fait par un commerçant d'acquitter une obligation qu'il prétend être nulle, ne le constitue pas en état de faillite, lorsque depuis il a continué ses paiements. (*Arrêt de la cour de cassation du 29 mars 1825.*)

§ II.

DE L'APPOSITION DES SCELLÉS. — Dès que le tribunal de commerce a connaissance de la faillite, soit par la déclaration du failli, soit par la requête de quelque créancier, soit par la notoriété publique, il ordonne l'apposition des scellés : expédition du jugement est sur-le-champ adressée au juge-de-paix.

Les scellés sont apposés sur les magasins, comptoirs,

caisses, portefeuilles, livres, registres, papiers et effets du failli.

Si la faillite est faite par des associés réunis en société collective, les scellés seront apposés, non-seulement dans le principal manoir de la société, mais dans le domicile séparé de chacun des associés solidaires.

Dans tous les cas, le juge-de-paix adressera, sans délai, au tribunal de commerce, le procès-verbal de l'apposition des scellés.

§ III.

DE LA NOMINATION DU JUGE-COMMISSAIRE ET DES AGENTS DE LA FAILLITE. — Par le même jugement qui ordonnera l'apposition des scellés, le tribunal de commerce déclarera l'époque de l'ouverture de la faillite; il nommera un de ses membres, commissaire de la faillite, et un ou plusieurs agents suivant l'importance de la faillite, pour remplir, sous la surveillance du commissaire, les fonctions qui leur sont attribuées par la loi.

Le tribunal de commerce ordonnera en même temps, ou le dépôt de la personne du failli dans la maison d'arrêt pour dettes, ou la garde de sa personne par un officier de police ou de justice, ou par un gendarme. Il ne pourra, en cet état, être reçu contre le failli d'écrou ou recommandation, en vertu d'aucun jugement du tribunal de commerce.

Les agents que nommera le tribunal, pourront être choisis parmi les créanciers présumés, ou tous autres, qui offriraient le plus de garantie pour la fidélité de leur gestion. Nul ne pourra être nommé agent deux fois dans la même année, à moins qu'il ne soit créancier.

Le juge-commissaire fera au tribunal de commerce le rapport de toutes les contestations que la faillite pourra faire naître, et qui seront de la compétence de ce tribunal. Il sera chargé spécialement d'accélérer la confection du bilan, la convocation des créanciers, et de surveiller la gestion de la faillite.

Les agents doivent être révoqués dans la quinzaine, et lorsqu'ils ont nommé des syndics. Ils ne peuvent faire aucune fonction avant d'avoir prêté serment, devant le commissaire, de bien et fidèlement s'acquitter des fonctions qui leur sont attribuées.

Le juge-de-paix remet entre les mains des agents, les livres, effets de portefeuille à recevoir et tout ce qui appartient au failli, pour par eux être réalisé en espèces. Seulement, les marchandises non dépérissables ne peuvent être vendues que par une nouvelle autorisation du tribunal de commerce.

Toutes les sommes reçues par les agents doivent être versées dans une caisse à deux clefs.

Après l'apposition des scellés, le failli peut obtenir sa mise en liberté, s'il y a lieu, et un sauf-conduit; dans ce cas, il doit assister les agents pour clore et arrêter ses livres. S'il avait des raisons valables à apporter, on pourrait encore lui permettre de se faire représenter par un fondé de pouvoir.

Dans le cas où le failli n'obtient sa mise en liberté que moyennant un cautionnement, la somme qu'il a versée pourra, si le tribunal le juge à propos, tourner au profit des créanciers.

Nota. Le sauf-conduit accordé au failli doit avoir son effet et durer tant que les opérations de la faillite ne sont pas terminées, ou tant qu'il n'a pas été révoqué. Le porteur du sauf-conduit n'est pas obligé de prouver que les opérations de la faillite ne sont pas terminées; la preuve est à la charge de ceux qui prétendent qu'elles le sont. (*Arrêt de la cour royale de Paris du 12 février.*)

Le failli qui n'a pu obtenir de sauf-conduit comparaît par un fondé de pouvoir, à défaut de quoi il est réputé s'être absenté à dessein, et peut être poursuivi comme banqueroutier simple.

§ IV.

DU BILAN. — Le failli qui, avant la déclaration de sa faillite, a préparé son bilan, ou état passif et actif de ses affaires, et qui l'a gardé par devers lui, doit le remettre aux agents dans les vingt-quatre heures de leur entrée en fonctions. Ce bilan doit contenir l'énumération et l'évaluation de tous les effets mobiliers et immobiliers du débiteur, l'état des dettes actives et passives, le tableau des profits et des pertes, celui des dépenses; le bilan doit être certifié véritable, daté et signé par le débiteur.

Quand le bilan n'a point été fait avant l'ouverture de la faillite, il y est procédé par le failli ou par un fondé de pouvoir en présence des agents.

Nota. Un concordat passé entre un failli et la majorité de ses créanciers n'est pas obligatoire pour un créancier que le failli aurait omis de porter sur son bilan. (Arrêt de la cour de cassation du 17 janvier 1826.)

ACTE LXXIV.

FORMULE D'UN BILAN.

État actif et passif de mes affaires, que moi, N... (*les nom, prénoms, profession et demeure*), présenté à mes créanciers, me voyant dans l'impossibilité de continuer plus long-temps mon commerce.

ACTIF.

Je possède un capital ainsi détaillé :

En immeubles :

Une maison, située à..., rue de..., n°..., estimée	10,000 fr
Une locature, située à..., commune de..., estimée	18,000
Une petite maison en ville, rue de..., n°..., estimée . . .	5,000
Total des immeubles	31,000

En mobilier :

En espèces monnayées d'or, d'argent et billon.	12,000
Vaisselle d'argent (*la détailler*)	500
Meubles meublant mes divers appartements (*les détailler*) .	1,500
Marchandises (*en faire le détail*)	25,000
En effets à recevoir sur *tel, tel,* etc.	5,000
Report. . . .	42,00

À reporter. . . . 42,000

En créances douteuses :

Effets et arrêtés de compte avec *tel, tel* et *tel*   4,000
Telles, telles créances portées sur mon livre-journal . . .   6,000
Le compte de *un tel,* ci-détaillé et montant à   2,000
Le billet *un tel,* et les frais qui ont été faits ; total   1,500
Diverses traites refusées et ci-expliquées ; total   5,500

Total du mobilier. . . .   61,000

PASSIF.

Je dois les sommes ci-après énoncées :

Dettes privilégiées sur les immeubles.

Au sieur..., pour reliquat de compte sur la maison rue..., n°..., qui
m'a vendue   5,000
Au sieur..., sur le prix de ma locature   11,500
Au sieur..., pour travaux faits d'après mémoire   2,500
Au sieur..., pour travaux faits d'après mémoire   1,000

Total des dettes privilégiées sur les immeubles   20,000

Dettes hypothécaires.

À la dame..., mon épouse, pour sa dot et ses reprises légales .   25,000
Au sieur *un tel,* par obligation notariée en date du... . .   5,000

Total des dettes hypothécaires . . .   30,000

Dettes privilégiées sur les meubles.

Au sieur..., pour loyer de la maison que j'habite, tant pour l'année cou-
rante que pour arrérages   7,500
Au sieur..., mon commis, pour une année de ses appointements.   1,200
À ma domestique, pour une année de gages   500
Au sieur..., boucher, pour 15 mois de fournitures   1,200
Au sieur..., boulanger, pour 8 mois de fournitures.   800
Au sieur..., maître de pension de mes enfants   1,800

Total des dettes privilégiées sur les meubles   13,000

Dettes de commerce.

Au sieur..., sa facture du 5 septembre dernier, ci-annexée et détaillée 2,800

Au sieur..., sa facture du 10 octobre dernier, ci-annexée et détaillée 3,400

Au sieur..., mon billet à son ordre, souscrit le 5,500

Au sieur..., mon règlement de compte du... 8,800

A divers, tel qu'il est indiqué ci-contre et porté au livre-journal, pour dettes commerciales justifiées 27,500

     Total des dettes de commerce . . 48,000

Relevé de l'actif.

Je possède :

1° En immeubles, ... 31,000

2° En mobilier 61,000

      Total de l'actif. . . . 92,000

Relevé du passif.

Je dois :

1° En dettes privilégiées sur les immeubles 20,000

2° En dettes hypothécaires 30,000

3° En dettes privilégiées sur les meubles. 13,000

4° En dettes de commerce 48,000

      Total du passif. . . 111,000

BALANCE :

Passif. . . . . . 111,000 fr.

Actif 92,000

Déficit. 19,000

Je soussigné certifie sincère et véritable le présent bilan, à..., le... mil huit cent quarante...   *(La signature, la profession et la demeure.)*

Nota. A la suite du bilan, il sera toujours bon que le failli donne le détail de ses opérations et de la manière dont il aura géré ses affaires pendant tout le temps qu'il est resté dans le commerce. Il devra surtout faire mention des causes qui ont produit sa faillite. Il détaillera l'économie qui présidait au règlement de ses dépenses journalières, les bénéfices qu'il a pu faire, les pertes qu'il a éprouvées, etc.

Droit fixe d'enregistrement, 1 fr.

Si l'acte est notarié, il se paie par vacations.

§ V.

Des syndics provisoires. — Dès que le bilan aura été remis par les agents au commissaire, celui-ci dressera, dans trois jours pour tout délai, la liste des créanciers, qui sera remise au tribunal de commerce, et il les fera convoquer par lettres, affiches et insertions dans les journaux; il peut même les convoquer avant la déposition du bilan. Les créanciers doivent se réunir, en présence du commissaire, au jour indiqué.

Toute personne qui se présenterait comme créancier à cette assemblée, et dont le titre serait postérieurement reconnu supposé de concert entre elle et le failli, encourra les peines portées contre les complices de banqueroutiers frauduleux.

Les créanciers réunis présenteront au juge-commissaire une liste triple du nombre des syndics provisoires qu'ils estimeront devoir être nommés; sur cette liste, le tribunal de commerce nommera.

Dans les vingt-quatre heures qui suivront la nomination des syndics provisoires, les agents cesseront leurs fonctions et rendront compte aux syndics, qui continueront les opérations et qui commenceront par régler l'indemnité due aux agents, s'ils n'ont pas été pris parmi les créanciers.

Alors, les syndics provisoires font lever les scellés, procéder à l'inventaire des biens du failli, en se faisant aider par qui bon leur semble pour l'estimation; le tout en présence du failli ou de son fondé de pouvoir; dans la huitaine, ils remettent au procureur du roi un état de la faillite, afin qu'ils puissent juger si elle doit être considérée comme une banqueroute simple ou frauduleuse, ou simplement comme faillite, et disposer de la personne du failli.

L'inventaire terminé, les syndics procèdent à la vente et en déposent le produit dans une caisse à double serrure, dont le plus âgé des syndics conserve une clef, et l'autre est remise au créancier nommé par le juge-commissaire.

§ VI.

DE LA VÉRIFICATION DES CRÉANCES. — La vérification des créances sera faite sans délai ; le commissaire veillera à ce qu'il y soit procédé diligemment, à mesure que les créanciers se présenteront. Tous les créanciers du failli seront avertis, à cet effet, par les papiers publics et par les lettres des syndics, de se présenter, dans le délai de quarante jours, par eux ou leurs fondés de pouvoir, et de déclarer à quel titre et pour quelle somme ils sont créanciers ; ils devront aussi déposer, soit entre les mains des syndics, soit au greffe du tribunal de commerce, leurs titres de créance, dont il leur sera donné récépissé.

Tout créancier dont la créance aura été affirmée, pourra assister à la vérification des autres créances, et fournir tout contredit aux vérifications faites ou à faire.

§ VII.

DE L'ASSEMBLÉE DES CRÉANCIERS RECONNUS. — Dans les trois jours après l'expiration des délais prescrits pour l'affirmation des créanciers connus, ceux dont les créances ont été admises sont convoqués par les syndics provisoires. Aux lieu, jour et heures fixés par le commissaire, l'assemblée se forme sous sa présidence. Le failli est appelé à cette assemblée ; il doit s'y présenter en personne, s'il a obtenu un sauf-conduit, et il ne peut s'y faire représenter que pour des motifs valables et approuvés par le commissaire.

Le commissaire vérifie les pouvoirs de ceux qui se présentent comme fondés de procuration ; il fait rendre compte en sa présence, par les syndics provisoires, de l'état de la faillite et des opérations qui ont eu lieu. Le failli est entendu, et procès-verbal est dressé de tout ce qui a été dit et décidé dans cette assemblée.

§ VIII.

DU CONCORDAT. — Il ne pourra être consenti de traité entre les créanciers délibérants et le débiteur failli, qu'après l'accomplissement des formalités ci-dessus prescrites. Ce traité ne s'établira que par le concours d'un nombre de créanciers formant la majorité, et représentant en outre, par leurs titres de créances vérifiées, les trois quarts de la totalité des sommes dues, selon l'état des créances vérifiées et enregistrées, à peine de nullité.

Les créanciers hypothécaires inscrits, et ceux nantis d'un gage, n'auront point de voix dans les délibérations relatives au concordat.

Si l'examen des actes, livres et papiers du failli donne quelques présomptions de banqueroute, il ne pourra être fait aucun traité entre le failli et les créanciers à peine de nullité. Le commissaire veillera à l'exécution de la présente disposition.

Le concordat, s'il est consenti, sera, à peine de nullité, signé séance tenante; si la majorité des créanciers présents consent au concordat, mais ne forme pas les trois quarts en somme, la délibération sera remise à huitaine, pour tout délai. Les créanciers opposants au concordat seront tenus de faire signifier leurs oppositions aux syndics et au failli dans le délai de huitaine, pour tout délai. Le traité sera homologué dans la huitaine du jugement sur les oppositions. L'homologation le rendra obligatoire pour tous les créanciers, et conservera l'hypothèque à chacun d'eux sur les immeubles du failli; à cet effet, les syndics seront tenus de faire inscrire aux hypothèques le jugement d'homologation, à moins qu'il n'y ait été dérogé par le concordat.

L'homologation étant signifiée aux syndics provisoires,

ceux-ci rendront leur compte définitif au failli, en présence du commissaire ; ce compte sera débattu et arrêté. En cas de contestations, le tribunal de commerce prononcera. Les syndics remettront ensuite au failli l'universalité de ses biens, ses livres, papiers et effets ; le failli en donnera décharge.

Le tribunal de commerce pourra, pour cause d'inconduite ou de fraude, refuser l'homologation du concordat ; et, dans ce cas, le failli sera en prévention de banqueroute et renvoyé de droit devant le procureur du roi, qui sera tenu de poursuivre d'office.

Si le tribunal accorde l'homologation, il déclarera le failli excusable et susceptible d'être réhabilité aux conditions exprimées au § de la réhabilitation.

ACTE LXXV.

FORMULE D'UN CONCORDAT SOUS SEING PRIVÉ.

L'an mil huit cent quarante…, le… du mois de…, entre les soussignés, 1° A., 2° B., 3° C., 4° D., etc., jusqu'à dix (*énoncer les nom, prénoms, professions et demeures de tous les créanciers*), d'une part ; et le sieur (*nom, prénoms, profession et demeure*), d'autre part ; a été fait, conclu et arrêté le concordat suivant :

Les créanciers ci-dessus dénommés, après avoir vérifié et examiné bien attentivement les comptes portés au bilan du sieur…, et avoir reconnu que l'excédant du passif sur l'actif ne provenait ni par cause d'inconduite ni par mauvaise foi, et vouloir soustraire à ses créanciers ce qui leur est légitimement dû ; appréciant d'ailleurs les qualités et la bonne foi dudit sieur…, dont nous déplorons le malheur, à cause des pertes que nous savons qu'il a éprouvées avant de déposer son bilan ; sachant en outre combien sa conduite a été indulgente à l'égard de ceux qui lui ont fait éprouver ces pertes, et par-là ont causé sa déconfiture. Nous déclarons vouloir user de la même indulgence à son égard. En conséquence, nous obtempérons à toutes les propositions qu'il nous a faites, de ne payer qu'à *telle époque ou* de ne payer que *tant* pour cent du montant de ses dettes, laquelle somme sera payable en *tant* d'années, à commencer de… (*il faudra régler ici l'ordre des paiements*). A défaut d'accomplissement d'une ou plusieurs clauses de ce concordat, il sera regardé comme nul et non avenu.

Et le sieur..., plein de reconnaissance pour la bienveillance dont ses créan-ciers ont daigné user à son égard, promet et s'engage à leur payer... (*faire ici l'énonciation des paiements aux termes convenus*); de plus, il se soumet par avance à toutes les peines et poursuites qui pourraient être dirigées contre lui, dans le cas où, par sa négligence ou sa mauvaise foi, il rendrait nul le présent traité en manquant d'en accomplir une ou plusieurs conditions.

Fait décuple, sous nos seings privés, entre nous soussignés, les jours, mois et an que dessus.

(*Les signatures de toutes les parties, approbation d'écriture par tous ceux qui n'ont point écrit l'acte.*)

Droit fixe d'enregistrement, 1 fr.

Si l'acte est notarié, il se paie par vacations.

§ IX.

S'il n'intervient point de traité, les créanciers assemblés formeront, à la majorité individuelle des créanciers présents, un contrat d'union : ils nommeront un ou plusieurs syndics définitifs, qui représenteront la masse des créanciers, pro-cèderont à la certification du bilan, poursuivront la vente des immeubles du failli, celle de ses marchandises et effets mo-biliers, et la liquidation de ses dettes actives et passives ; le tout sous la surveillance du commissaire, et sans qu'il soit be-soin d'appeler le failli.

Dans tous les cas, il sera, sous l'approbation du commis-saire, remis au failli et à sa famille les vêtements, hardes et meubles nécessaires à l'usage de leurs personnes. Cette re-mise se fera sur la proposition des syndics, qui en dresse-ront l'état.

S'il n'existe pas de présomption de banqueroute, le failli aura droit de demander, à titre de secours, une somme sur ses biens ; les syndics en proposeront la quotité, et le tribu-nal, sur le rapport du commissaire, la fixera en proportion des besoins et de l'étendue de la famille du failli, de sa bonne foi, et du plus ou moins de perte qu'il fera supporter à ses créanciers.

Nota. — Pour les droits des femmes dans la faillite de leur mari, voyez page 45, §. VI.

§ X.

DE LA CESSION DE BIEN. — La cession de bien, par le failli, est volontaire ou judiciaire. Les effets de la cession volontaire se déterminent par les conventions entre le failli et les créanciers. La cession judiciaire n'éteint point l'action des créanciers sur les biens que le failli peut acquérir par la suite; elle n'a d'autre effet que de soustraire le débiteur à la contrainte par corps.

Le failli admis au bénéfice de cession sera tenu de faire ou de réitérer sa cession en personne et non par procureur, ses créanciers appelés, à l'audience du tribunal de commerce de son domicile; et, s'il n'y a pas de tribunal de commerce, à la maison commune, un jour de séance. La déclaration du failli sera constatée, dans ce dernier cas, par le procès-verbal de l'huissier, qui sera signé par le maire.

Si le débiteur est détenu, le jugement qui l'admettra au bénéfice de cession ordonnera son extraction avec les précautions en tel cas requises et accoutumées, à l'effet de faire sa déclaration. En exécution du jugement qui admettra le débiteur au bénéfice de cession, les créanciers pourront faire vendre les meubles et immeubles du débiteur, et il sera procédé à cette vente dans les formes prescrites pour les ventes faites par union de créanciers. Ne pourront être admis au bénéfice de cession : 1° les stellionataires, les banqueroutiers frauduleux, les personnes condamnées pour fait de vol ou d'escroquerie, ni les personnes comptables; 2° les étrangers, les tuteurs, administrateurs ou dépositaires.

§ XI.

DE LA REVENDICATION. — Le vendeur pourra, en cas de faillite, revendiquer les marchandises par lui vendues et livrées, et dont le prix ne lui a pas été payé, dans le cas et aux conditions ci-après exprimées. La revendication ne pourra avoir lieu que pendant que les marchandises expédiées seront encore en route, soit par terre, soit par eau, et avant qu'elles soient entrées dans les magasins du failli, ou dans les magasins du commissionnaire chargé de les vendre pour le compte du failli. Elles ne pourront être revendiquées si, avant leur arrivée, elles ont été vendues sans fraude, sur factures et connaissements ou lettres de voiture.

En cas de revendication, le revendiquant sera tenu de rendre l'actif du failli indemne de toute avance faite pour fret ou voiture, commission, assurance ou autres frais, et de payer les sommes dues pour mêmes causes, si elles n'ont pas été acquittées.

Pourront être revendiquées, aussi long-temps qu'elles existeront en nature, en tout ou en partie, les marchandises consignées au failli, à titre de dépôt, ou pour être vendues pour le compte de l'envoyeur : dans ce dernier cas même, le prix desdites marchandises pourra être revendiqué, s'il n'a pas été payé ou passé en compte courant entre le failli et l'acheteur.

Les remises en effets de commerce, ou en tous autres effets non encore échus ou échus et non encore payés, et qui se trouveront en nature dans le portefeuille du failli à l'époque de sa faillite, pourront être revendiquées, si ces remises ont été faites par le propriétaire avec le simple mandat d'en faire le recouvrement et d'en garder la valeur à sa disposition, ou si elles ont reçu de sa part la destination spéciale de servir au paiement d'acceptations ou de billets tirés au domicile du failli.

La revendication aura pareillement lieu pour les remises faites sans acceptation ni disposition, si elles sont entrées dans un compte courant par lequel le propriétaire ne serait que créditeur ; mais elle cessera d'avoir lieu si, à l'époque des remises, il était débiteur d'une somme quelconque.

Art. 2. — Des banqueroutes.

§ Ier.

De la banqueroute simple. — Sera poursuivi comme banqueroutier simple, et pourra être déclaré tel, le commerçant failli qui se trouvera dans l'un ou plusieurs des cas suivants, savoir : 1° si les dépenses de sa maison, qu'il est tenu d'inscrire mois par mois sur son livre-journal, sont jugées excessives ; 2° s'il est reconnu qu'il a consommé de fortes sommes au jeu, ou à des opérations de pur hasard ; 3° s'il résulte de son dernier inventaire que son actif étant de 50 p. 0[0 au-dessous de son passif, il a fait des emprunts considérables, et s'il a revendu des marchandises à perte ou au-dessous du cours ; 4° s'il a donné des signatures de crédit ou de circulation pour une somme triple de son actif, selon son dernier inventaire.

Pourra encore être poursuivi comme banqueroutier simple et être déclaré tel : 1° le failli qui n'aura pas fait, au greffe, la déclaration de sa cessation de paiement dans les trois jours; 2° celui qui, s'étant absenté, ne se sera pas présenté en personne aux agents et aux syndics dans les délais fixés, et sans empêchement légitime ; 3° celui qui présentera des livres irrégulièrement tenus, sans néanmoins que les irrégularités indiquent de fraude, ou qui ne les présentera pas tous; 4° celui qui, ayant une société, n'aura pas fait la déclaration du domicile de chacun de ses associés.

Les cas de banqueroute simple sont jugés par les tribunaux de police correctionnelle, sur la demande des syndics, ou celle de tout créancier du failli, ou sur la poursuite d'office du ministère public.

Les frais de poursuite en banqueroute simple seront supportés par la masse dans le cas où la demande aura été introduite par les syndics de la faillite. Dans le cas où la poursuite aura été intentée par un créancier, il supportera les frais si le prévenu est déchargé ; lesdits frais seront supportés par la masse, si le prévenu est condamné.

La condamnation prononcée par le tribunal de police correctionnelle sera, suivant l'exigence des cas, l'emprisonnement pour un mois au moins, et deux ans au plus.

§ II.

DE LA BANQUEROUTE FRAUDULEUSE. — Sera déclaré banqueroutier frauduleux, tout commerçant failli qui se trouvera dans un ou plusieurs des cas suivants, savoir : 1° s'il a supposé des dépenses ou des pertes, ou ne justifie pas de l'emploi de toutes ses recettes ; 2° s'il a détourné aucune somme d'argent, aucune dette active, aucunes marchandises , denrées ou effets mobiliers ; 3° s'il a fait des ventes, négociations ou donations supposées ; 4° s'il a supposé des dettes passives et collusoires entre lui et des créanciers fictifs, en faisant des écritures simulées, ou en se constituant débiteur, sans cause ni valeur, par des actes publics ou par des engagements sous signature privée ; 5° si, ayant été chargé d'un mandat spécial, ou constitué dépositaire d'argent, d'effets de commerce, de denrées ou marchandises, il a, au préjudice du mandat ou du dépôt, appliqué à son profit les fonds ou la valeur des objets sur lesquels portait soit le mandat, soit le dépôt ; 6° s'il a acheté des immeubles ou des effets mobiliers à la faveur d'un prête-nom ; 7° s'il a caché ses livres ; 8° s'il n'a pas tenu de livres, ou si ses livres ne présentent pas sa véritable situation active et passive ; 9° si, ayant obtenu un sauf-conduit, il ne s'est pas représenté à justice.

Seront déclarés complices des banqueroutiers frauduleux, et seront condamnés aux mêmes peines que l'accusé, les individus qui seront convaincus de s'être entendus avec le banqueroutier pour receler ou soustraire tout ou partie de ses biens, meubles ou immeubles ; d'avoir acquis sur lui des créances fausses, et qui, à la vérification ou affirmation de leurs créances auront persévéré à les faire valoir comme sincères et véritables.

ART. 3. — DE LA RÉHABILITATION DU FAILLI. — Toute demande en réhabilitation, de la part du failli, sera adressée à la cour royale dans le ressort de laquelle il sera domicilié. Le demandeur sera tenu de joindre à sa pétition les quittances et autres pièces justifiant qu'il a acquitté intégralement toutes les sommes par lui dues en principal, intérêts et frais. — Tout créancier qui n'aura pas été payé intégralement de sa créance en principal, intérêts et frais, et toute autre partie intéressée, pourront former opposition à la réhabilitation par simple acte au greffe, appuyé de pièces justificatives, s'il y a lieu.

Ne seront point admis à la réhabilitation les stellionataires, les banqueroutiers frauduleux, les personnes condamnées pour fait de vol ou d'escroquerie, ni les personnes comptables, telles que les tuteurs, administrateurs ou dépositaires, qui n'auront pas rendu ou apuré leurs comptes.

Pourra être admis à la réhabilitation le banqueroutier simple, qui aura subi le jugement par lequel il aura été condamné.

Nul commerçant failli ne pourra se présenter à la bourse, à moins qu'il n'ait obtenu sa réhabilitation.

ACTE LXXVI.

FORMULE D'UNE DEMANDE EN RÉHABILITATION.

À messieurs les présidents et conseillers à la cour royale séant à... département de...

N...., (*nom, prénoms, profession et demeure*), a l'honneur de vous exposer que, depuis qu'il a eu le malheur de faillir, il s'est accommodé avec ses créanciers, ayant passé avec eux un concordat homologué le... par le tribunal de commerce séant à..., et qu'en lui accordant l'homologation par son jugement, le tribunal l'a reconnu excusable et susceptible d'être réhabilité. Il vous confirme en outre que, depuis ce concordat, il s'est acquitté envers ses créanciers tant en principal qu'intérêts et frais. Il ose donc prier la cour de vouloir bien prendre tous les renseignements nécessaires à ce sujet, et de le réhabiliter dans l'état primitif où il se trouvait avant sa faillite.

Pour faire foi de ce qu'il avance, il joint à la présente demande les quittances de ses créanciers, dont les pièces à décharge sont au nombre de...

(La signature du failli et celle d'un avoué à la Cour royale.)

Droit fixe d'enregistrement, 1 fr.

C'est un acte d'avoué.

CHAPITRE XXII.

DE LA JURIDICTION COMMERCIALE.

ART. 1er. — DE L'ORGANISATION DES TRIBUNAUX DE COMMERCE. — Les jugements dans les tribunaux de commerce seront rendus par trois juges au moins ; aucun suppléant ne pourra être appelé que pour compléter ce nombre, — Le ministère des avoués est interdit dans les tribunaux de commerce; nul ne pourra plaider pour une partie devant ces tribunaux, si la partie, présente à l'audience, ne l'autorise, ou s'il n'est muni d'un pouvoir spécial. Ce pouvoir, qui pourra être donné au bas de l'original ou de la copie de l'assignation, sera exhibé au greffier avant l'appel de la cause, et par lui visé sans frais.

ACTE LXXVII.

FORMULE D'AUTORISATION A DONNER A CELUI QUE L'ON CHARGE DE DÉFENDRE SA CAUSE DEVANT LE TRIBUNAL DE COMMERCE.

Nota. Les autres explications sur l'organisation des tribunaux de commerce étant inutiles aux particuliers, nous nous dispensons de les rapporter ici.

Je soussigné (*nom, prénoms. etc.*), déclare par ces présentes, reconnaître le sieur N... pour mon mandataire spécial, et le charge, en conséquence, de paraître au tribunal de commerce séant à..., à l'audience du..., en mon lieu et place, pour y défendre ma cause contre *un tel...* A..., le... du mois de... mil huit cent quarante...   (*La signature.*)

Droit fixe d'enregistrement, 2 fr.

Si l'acte est notarié, il se paie par vacations, 4 fr. 50 c.

ART. 2. — DE LA COMPÉTENCE DES TRIBUNAUX DE COM

MERCE. — Les tribunaux de commerce connaissent, 1° de toutes contestations relatives aux engagements et transactions entre négociants, marchands et banquiers ; 2° entre toutes personnes, des contestations relatives aux actes de commerce.

La loi répute actes de commerce, 1° tout achat de denrées et marchandises pour les revendre, soit en nature, soit après les avoir travaillées et mises en œuvre, ou même pour en louer simplement l'usage ; 2° toute entreprise de manufactures, de commission, de transport par terre ou par eau ; 3° toute entreprise de fournitures, d'agences, bureaux d'affaires, établissements de vente à l'encan, de spectacles publics : 4° toute opération de change, banque et courtage ; 5° toutes les opérations des banques publiques ; 6° toutes obligations entre négociants, marchands et banquiers ; 7° entre toutes personnes, les lettres de change ou remises d'argent faites de place en place.

La loi répute pareillement actes de commerce, 1° toute entreprise de construction et tous achats, ventes et reventes de bâtiments pour la navigation intérieure ; 2° toutes expéditions maritimes ; 3° tout achat ou vente d'agrès, apparaux et avitaillements ; 4° tout affrétement ou nolisement, emprunt ou prêt à la grosse ; toutes assurances et autres contrats concernant le commerce de mer ; 5° tous accords et conventions pour salaires et loyers d'équipages ; 6° tous engagements de gens de mer pour le service de bâtiments de commerce.

Les tribunaux de commerce connaissent également, 1° des actions contre les facteurs, commis des marchands ou leurs serviteurs, pour le fait seulement du trafic du marchand auquel ils sont attachés ; 2° des billets faits par les receveurs, payeurs, percepteurs ou autres comptables des deniers publics.

Ils connaissent enfin, 1° du dépôt du bilan et des registres du commerçant en faillite, de l'affirmation et de la vérification des créances ; 2° des oppositions au concordat, lorsque les moyens de l'opposant sont fondés sur des actes ou opérations dont la connaissance est attribuée par la loi aux juges des tribunaux de commerce : dans tous les autres cas, ces oppositions seront jugées par les tribunaux civils ; en conséquence, toute opposition au concordat doit contenir les moyens de l'opposant à peine de nullité ; 3° de l'homologation du traité entre le failli et ses créanciers ; 4° de la cession de biens faite par le failli, pour la partie qui en est attribuée aux tribunaux de commerce.

Lorsque des lettres de change ne sont réputées que simples promesses, ou lorsque les billets à ordre ne portent que des signatures d'individus non négociants, et n'ont pas pour occasion des opérations de commerce, trafic, change, banque ou courtage, le tribunal de commerce est tenu de renvoyer au tribunal civil, s'il en est requis par le défendeur.

Lorsque ces lettres de change et ces billets à ordre portent en même temps des signatures d'individus négociants et d'individus non négociants, le tribunal de commerce en peut connaître ; mais il ne peut prononcer la contrainte par corps contre les individus non négociants, à moins qu'ils ne soient engagés à l'occasion d'opérations de commerce, trafic, change, banque ou courtage.

Ne sont point de la compétence des tribunaux de commerce, les actions intentées contre un propriétaire, cultivateur ou vigneron, pour vente de denrées provenant de son crû ; les actions intentées contre un commerçant de denrées et marchandises achetées pour son usage particulier. Néanmoins, les billets souscrits par un commerçant sont censés faits pour son commerce, et ceux des receveurs, payeurs, percepteurs ou autres comptables de deniers publics, sont censés faits pour leur gestion, lorsqu'une autre cause n'y est point énoncée.

Les tribunaux de commerce jugent en dernier ressort, 1° toutes les demandes dont le principal n'excède pas la valeur de 1,000 fr. ; 2° toutes celles où les parties justiciables de ces tribunaux, et usant de leurs droits, ont déclaré vouloir être jugées définitivement et sans appel.

Dans les arrondissements où il n'y a pas de tribunal de commerce, le tribunal civil en fait les fonctions.

Nota. 1° Le service des convois et pompes funèbres est réputé acte de commerce, et les tribunaux de commerce connaissent de leurs opérations. (*Arrêt de la cour de cassation, du 9 janvier 1810.*)

2° En matière commerciale, la preuve testimoniale et les présomptions sont admissibles lorsque la loi ne les a pas formellement exclues. Ainsi le paiement d'un billet souscrit pour une opération de banque, peut se prouver par les registres du souscripteur du billet. (*Arrêt de la cour de cassation du 24 mars 1824.*)

3° Le tribunal de commerce peut accorder au débiteur le délai de grâce, lorsque le billet à ordre est dû par un non-commerçant. (*Arrêt de la cour de cassation du 31 juillet 1817.*)

4° L'auteur d'un livre qui le vend lui-même, ne peut être réputé marchand, et comme tel, justiciable du tribunal de commerce. (*Arrêt de la cour royale de Paris du 4 novembre 1809.*)

5° Les mineurs, les interdits et les femmes en puissance de mari, ne peuvent pas vouloir être jugés définitivement et sans appel par les tribunaux de commerce.

CHAPITRE XXIII.

SUPPLÉMENT AU CHAPITRE VII DU CONTRAT DE LOUAGE.

ART. 1er. — DU LOUAGE DES DOMESTIQUES. — Comme nous l'avons dit au chapitre VII, § 1er, on ne peut engager ses services qu'à temps ou pour une entreprise déterminée.

Les domestiques ne font jamais, ou du moins presque jamais d'actes pour stipuler leurs engagements; la raison en est que la plupart d'entre eux ne savent pas lire, et ensuite parce que la nature de leur emploi entraîne des conditions ordinairement fixées par l'usage des lieux. Cependant, ceux qui savent lire et écrire feraient sagement de mettre leurs conditions par écrit, parce que, en cas de contestation, le maître est toujours cru sur son affirmation, 1° pour la quotité des gages; 2° pour le paiement du salaire de l'année échue; 3° et pour les à-comptes donnés pour l'année courante. Dans le cas où quelqu'un d'entre eux voudrait stipuler par écrit les conditions de son engagement, il ferait son sous-seing selon la formule suivante :

ACTE LXXVIII.

FORMULE D'ENGAGEMENT D'UN DOMESTIQUE.

Nous soussignés, M. A., *cultivateur*, demeurant à..., commune de..., arrondissement de..., déclare, par ces présentes, prendre à mon service le nommé *un tel*, pour l'employer à *tels* ou *tels* travaux; déclarant en outre que je pourrai, en cas de besoin, l'employer à toute autre occupation que je jugerai convenable, à la charge par moi de lui fournir la nourriture, le logement et le blanchissage, et de lui donner, en outre, cent cinquante francs par an. Lesdites conventions sont faites pour un an seulement qui commencera le... et finira le... En cas de mécontentement, je me réserve la faculté de le renvoyer à telle époque que ce soit. S'il venait à me quitter sans que j'y consentisse, avant que l'année de service qu'il doit passer chez moi fût terminée, je serai en droit de lui retenir le tiers de la quotité des gages qu'il aurait pu gagner jusqu'au moment de son départ.

Et moi, M. B., natif de..., commune de..., arrondissement de..., domestique, je déclare consentir audit traité, et m'engage à remplir fidèlement toutes les obligations qu'il m'impose.

Fait double entre nous, sous nos signatures privées, pour être exécuté de bonne foi, à Bourges, le... mil huit cent quarante...

J'approuve l'écriture ci-dessus.

J'approuve, etc. (*Les signatures.*)

Nota. Si dans le cours de l'année, le domestique a besoin d'avances sur ses gages, il tient un petit livret, sur lequel il fait inscrire par son maître tous les à-comptes qu'il a reçus. De cette manière, ce livret peut faire foi en justice.

Droit fixe d'enregistrement, 1 fr.

Si l'acte est notarié, il se paie par vacations, 5 fr.

Art. 2. — DU LOUAGE DES OUVRIERS. — La nécessité, pour les ouvriers, de faire des sous-seings est indispensable; car, que de contestations ne s'élèvent pas journellement entre les maîtres et les ouvriers, soit au sujet de la main-d'œuvre, soit pour toute autre cause qu'il est souvent d'abord impossible de prévoir, et font ensuite regretter de n'avoir pas formé des engagements par écrit !

Pour éviter tous ces désagréments, il faut bien avoir soin d'établir toutes ses conventions par écrit.

La première difficulté qui se présente naturellement en ce genre est celle de l'apprentissage. Il n'est peut-être pas de maître qui n'ait eu à se plaindre de la manière peu loyale dont ses apprentis ont rempli les conditions de leur engagement, peut-être pas d'apprentis qui ne soient sortis peu satisfaits de la manière dont leur maître s'est conduit à leur égard ; et tout cela, souvent, faute de conventions bien établies.

ACTE LXXIX.

FORMULÉ DE COMPROMIS ENTRE UN MAÎTRE ET UN APPRENTI.

Entre nous soussignés, *Jacques Lury*, *maître imprimeur à Valence*, département de la Drôme, d'une part ; et *Pierre Jacob, cirier*, demeurant audit Valence, rue *des Juifs*, *n° 6*, d'autre part ; a été convenu ce qui suit :

ART. 1er. — *Jacques Lury*, ci-dessus nommé, s'engage, par ces présentes, à recevoir chez lui, en qualité d'apprenti, le jeune *Sylvain Jacob*, âgé de quatorze ans, fils de *Pierre Jacob*, ci-dessus nommé, qui y consent, et à lui enseigner tout ce qui concerne son état, et principalement *telle* ou *telle* partie, sans pourtant négliger les autres connaissances nécessaires pour exercer avantageusement cette profession.

ART. 2. — *Sylvain Jacob* entrera en apprentissage chez le sieur Lury, le…; époque à laquelle commencera à courir le temps fixé pour ledit apprentissage, et restera dans ses ateliers, en qualité d'apprenti, pendant l'espace de trois années qui finiront le…

ART. 3. — Il est bien entendu que ledit *Sylvain Jacob* sera tenu, à la fin de son apprentissage, de rendre en journées le temps qu'il aurait pu perdre, soit par sa faute, soit par maladie ou toute autre cause imprévue.

ART. 4. — Dans le cas où il viendrait à ne plus vouloir continuer ladite profession d'imprimeur avant l'époque fixée pour sa sortie, il serait tenu à deux cents francs de dommages-intérêts que son père s'engage par ces présentes à verser entre les mains du sieur *Lury*, le jour même de la sortie de son fils.

De son côté, le sieur *Lury* s'engage à user, envers son apprenti, de toute l'indulgence et la sollicitude nécessaires en pareille circonstance.

Art. 5. — Et dans le cas où le sieur *Lury* renverrait ledit apprenti, de son chef et par mécontentement, il n'aurait droit à aucune indemnité, pas même au prix convenu pour l'apprentissage; il serait tenu, en outre, de rendre au sieur *Pierre Jacob* les à-comptes qu'il aurait reçus jusqu'à l'époque où il renverrait l'apprenti.

Art. 6. — Le sieur *Pierre Jacob* s'engage à verser entre les mains du sieur *Lury*, la somme de cinq cents francs en deux paiements égaux, pour l'indemniser de tous frais, peines et loyaux coûts que pourrait lui occasionner l'apprentissage du jeune *Sylvain Jacob*. Ces deux paiements se feront ainsi qu'il suit :

Le premier, de deux cent cinquante francs, aura lieu le..., jour de l'entrée du jeune *Sylvain* chez le sieur *Lury*, et le second de pareille somme, le..., c'est-à-dire, dix-huit mois après, et moitié du terme fixé pour l'apprentissage.

Tout étant ainsi convenu et arrêté entre nous, nous déclarons bien connaître et accepter les conditions et obligations que nous impose ledit traité, chacun pour ce qui le concerne, et promettons de l'exécuter de bonne foi.

Fait double, sous nos signatures privées, à *Valence*, le... mil huit cent quarante...

    J'approuve, etc.   (*Jacques Lury.*)

    J'approuve, etc.   (*Pierre Jacob.*)

Droit fixe d'enregistrement, 1 fr.

Si l'acte est notarié, il se paie par vacations, 3 fr.

ACTE LXXX.

FORMULE DE COMPROMIS ENTRE UN MAITRE ET UN OUVRIER.

Nous soussignés, sommes convenus de ce qui suit :

Moi, M. A., *maître charpentier*, consens à recevoir dans mes ateliers, à titre d'ouvrier à l'année, le sieur N. B., qui s'engage de son côté à faire toute espèce de travaux concernant mon état, et je promets de le payer, à raison de *tant* par mois, sauf la déduction du temps qu'il pourrait perdre pour quelque cause que ce soit. Et moi, N. B., je m'engage à apporter tous mes soins à l'exécution des travaux qui me seront confiés, et promets de prendre en toutes circonstances les intérêts du sieur M. A., mon maître. De plus, j'accepte le prix fixé ci-dessus.

Ledit traité étant fait pour un an, aucun de nous deux ne pourra le rompre, à moins de causes graves qui surviendraient et en empêcheraient l'exécution.

Fait double entre nous, sous nos signatures privées, pour être exécuté de bonne foi, à..., le... du mois de... mil huit cent quarante...

J'approuve, etc.

J'approuve, etc. *(Les signatures.)*

Droit fixe d'enregistrement, 1 fr.

Si l'acte est notarié, il se paie par vacations, 3 fr.

ART. 3. — DES DEVIS ET MARCHÉS. — Lorsqu'on charge quelqu'un de faire un ouvrage, on peut convenir qu'il fournira seulement son travail ou son industrie, ou bien qu'il fournira aussi la matière (Voir § III, page 90, et suivantes). De là, deux espèces d'engagements, le premier, qui traite de l'ouvrier fournissant seulement son travail ou son industrie ; le second, qui traite du cas où l'ouvrier fournit en outre la matière.

Nota. Le devis est l'explication, ou plutôt le détail de la forme, de la hauteur, de la grandeur, en un mot, de toutes les dimensions d'une construction quelconque, des matériaux qui doivent y entrer, de leur qualité et du temps que doit mettre l'entrepreneur à la parfaire. Le prix seul, quand il est convenu, constitue le marché.

ACTE LXXXI.

FORMULE DE DEVIS D'UNE CONSTRUCTION A FAIRE.

Entre nous soussignés, A. N., propriétaire, demeurant à..., rue de...; d'une part ; et G. L., entrepreneur, demeurant à..., rue de..., d'autre part ; a été convenu et arrêté ce qui suit :

Le sieur G. L., ci-dessus nommé, s'engage à construire et parfaire un bâtiment à deux étages, grenier au-dessus régnant sur toute la longueur du bâtiment, puits, puiset à latrines, caves, etc. (*Détailler ici le nombre de chambres, d'appartements, de corridors. Expliquer la hauteur des plafonds, quels sont les matériaux qui doivent être employés, et en général faire le devis explicatif de toutes les parties dudit bâtiment, puis de l'ensemble. En un mot, ne rien omettre de ce qui doit être fait et fourni, et en bien déterminer toutes les proportions*) Ladite construction doit être terminée à *telle époque*, sous peine, par le sieur G. L., de perdre *telle somme*, sur le prix total qui lui est alloué, tant pour sa main-d'œuvre que pour les fournitures. En outre, le sieur G. L., consent à demeurer responsable de tout vice de construction pendant dix ans, et de toutes garanties stipulées par la loi ; pour sûreté de ladite garantie, il affecte *tel* immeuble à lui appartenant, dont il ne pourra librement jouir et disposer, quant au fonds, qu'après qu'il sera libéré de ladite garantie. *Ou bien*, il dépose chez *tel* banquier, *telle* somme, dont il percevra les intérêts annuels, mais qu'il ne pourra retirer qu'après l'expiration du terme fixé pour ladite garantie. *Ou bien encore*, il m'offre la caution du sieur *un tel*, que j'accepte solidairement avec lui, pour répondre de tout évènement ou cas fortuit à sa charge. Et moi, A. N., je m'engage à payer au sieur G. L. la somme totale de..., dont je lui donnerai deux mille francs en commençant, puis trois mille francs à chaque fin de mois, jusqu'à parfait paiement de ladite somme totale de... Il est bien entendu que les clefs desdits bâtiments devront m'être remises le..., sous les peines ci-dessus exprimées.

Fait double entre nous, sous nos signatures privées, pour être exécuté de bonne foi, à..., le... mil huit cent quarante...

(Les signatures avec approbation d'écriture.)

Nota. Nous n'avons pas fait le détail des dimensions et des formes de la construction ni celui des matériaux à y employer, parce que, pour une bâtisse ordinaire, les entrepreneurs sont suffisamment habitués à ces sortes de détails et que lorsqu'il s'agit de travaux publics ou plus considérables, il existe toujours un cahier des charges. Alors il suffira de mettre dans l'engagement suivant les conditions portées au cahier des charges, que l'on déclare bien connaître.

Droit fixe d'enregistrement, 1 fr.

Si l'acte est notarié, il se paie par vacations.

ACTE LXXXII.

FORMULE DE SOUMISSION CACHETÉE POUR CONCOURIR A UNE ENTREPRISE PUBLIQUE QUELCONQUE.

Je soussigné, M., entrepreneur de bâtiments, patenté sous le nᵒ..., demeurant à..., rue de..., déclare m'engager à faire *tels travaux*, suivant le devis et les conditions portées au cahier des charges dont j'ai pris connaissance. J'offre en outre un rabais de *tant* de centimes par franc sur le prix stipulé dans l'estimation, et offre pour garantie de cet engagement *tel* immeuble, qui n'est grevé d'aucune hypothèque; *ou bien*, telle personne qui consent à se déclarer caution et à répondre pour moi de la fidélité avec laquelle je remplirai mes engagements, et de tout évènement ou cas fortuit qui serait à ma charge et à mes risques et périls. A..., le... mil huit cent quarante...

(La signature.)

Nota. Tous les entrepreneurs doivent joindre à cette soumission les certificats d'usage, qui sont ceux de capacité, de moralité et de solvabilité.

Droit fixe d'enregistrement, 1 fr.
Si l'acte est notarié, il se paie par vacations, 5 fr.

ACTE LXXXIII.

FORMULE DE CAUTIONNEMENT A DONNER PAR CELUI QUI RÉPOND POUR L'ENTREPRENEUR.

Je soussigné, déclare me porter caution pour le sieur M., entrepreneur. (Voir l'acte XLIV, page 153.)

Droit proportionnel d'enregistrement, 50 c. par 100 fr.
Si l'acte est notarié, il se paie par vacations, 5 fr.

CHAPITRE XXIV.

DES VOIES JUDICIAIRES ET PREMIÈREMENT DE LA JUSTICE DE PAIX.

ART. 1er. — DE LA COMPÉTENCE DES JUGES-DE-PAIX. — Les juges-de-paix connaissent de toutes les causes purement personnelles, jusqu'à cinquante francs sans appel, et jusqu'à cent francs avec appel. Sont encore de leur compétence, 1° les actions pour dommages faits, par les hommes ou par les animaux, aux champs, fruits et récoltes; 2° les déplacements de bornes, les usurpations de terres, arbres, haies, fossés et autres clôtures *commises dans l'année*; les entreprises sur les cours d'eau servant à l'arrosement des prés, commises pareillement dans l'année, et toutes les autres actions possessoires; 3° les réparations locatives des maisons et des fermes; 4° les indemnités prétendues par le fermier ou locataire, pour non-jouissance, lorsque le droit de l'indemnité n'est pas contesté et les dégradations alléguées par le propriétaire : lorsque le prix de l'indemnité est contesté, c'est aux tribunaux civils qu'il appartient d'en connaître; 5° le paiement du salaire des gens de travail, des gages des domestiques, et l'exécution des engagements respectifs des maîtres et de leurs domestiques ou gens de travail; 6° les actions pour injures verbales, rixes et voies de fait, lorsque les parties ne se sont pas pourvues en police correctionnelle ; 7° les actions possessoires, lorsqu'elles sont portées dans l'année du trouble devant le juge-de-paix ; 8° toutes réclamations, causes ou actions judiciaires qui sont portées par les parties, d'un commun consentement, devant ledit juge, quoique ces actions ne soient pas de sa compétence.

ART. 2. — DES CITATIONS. — Toute poursuite devant le juge-de-paix doit commencer par une citation. Toute citation est faite par un huissier, qui devra en remettre copie au domicile du défenseur et à sa personne, et s'il est absent, au maire ou à l'adjoint de la commune, qui visera l'original sans frais. Il y aura au moins un jour entre celui de la citation et le jour indiqué pour la comparution, si la partie citée est domiciliée dans la distance de trois myriamètres ; si elle est domiciliée au-delà de trois myriamètres, il sera ajouté un jour par trois myriamètres. Les parties pourront toujours se présenter volontairement devant un juge-de-paix.

ART. 3. — DES AUDIENCES ET DE LA COMPARUTION DES PARTIES. — Les juges-de-paix doivent indiquer au moins deux audiences par semaine : ils peuvent juger tous les jours, même ceux de dimanches et de fêtes, le matin et l'après-midi. Ils peuvent donner audience chez eux, en tenant les portes ouvertes.

Au jour fixé par la citation, ou convenu entre les parties, elles comparaîtront en personne ou par leurs fondés de pouvoir, sans qu'elles puissent faire signifier aucune défense. Elles sont tenues de s'expliquer avec modération devant le juge, et de garder en tout le respect qui est dû à la justice : si elles y manquent, le juge les y rappellera d'abord par un avertissement : en cas de récidive, elles pourront être condamnées à une amende qui n'excèdera pas la somme de dix francs, avec affiches du jugement, dont le nombre n'excèdera pas celui des communes du canton. Dans le cas d'insulte ou irrévérence grave envers le juge, il en dressera procès-verbal, et pourra condamner à un emprisonnement de trois jours au plus.

Les jugements de justice-de-paix, jusqu'à concurrence de 300 fr., sont exécutoires par provision, nonobstant l'appel, et sans qu'il soit besoin de fournir caution ; les juges-de-paix peuvent, dans les autres cas, ordonner l'exécution provisoire de leurs jugements, mais à la charge de donner caution.

ART. 4. — DES JUGEMENTS PAR DÉFAUT, ET DES OPPOSITIONS A CES JUGEMENTS. — Si au jour indiqué par la citation, l'une des parties ne comparaît pas, la cause sera jugée par défaut. La partie condamnée par défaut pourra former opposition dans les trois jours de signification faite par l'huissier du juge-de-paix, ou autre qu'il aura commis. La partie opposante qui se laisserait juger une seconde fois par défaut, ne sera plus reçue à former une nouvelle opposition.

ART. 5. — DE LA RÉCUSATION DES JUGES-DE-PAIX. — Les juges-de-paix pourront être recusés, 1° quand ils auront intérêt personnel à la contestation ; 2° quand ils seront parents et alliés d'une des parties, jusqu'au degré de cousin-germain inclusivement ; 3° si, dans l'année qui a précédé la récusation, il y a eu procès criminel entre eux et l'une des parties, ou son conjoint ou ses parents et alliés en ligne directe ; 4° s'il y a procès civil existant entre eux et l'une des parties, ou son conjoint ; 5° s'ils ont donné un avis écrit dans l'affaire.

La partie qui voudra récuser un juge-de-paix, sera tenue de former la récusation et d'en exposer les motifs par un acte qu'elle fera signifier par le premier huissier requis, au greffier de la justice-de-paix, qui visera l'original. L'exploit sera signé, sur l'original et la copie, par la partie ou son fondé de pouvoir spécial. La copie sera déposée au greffe, et communiquée immédiatement au juge par le greffier. — Le juge sera tenu de donner au bas de cet acte, dans le délai de deux jours, sa déclaration par écrit, portant, ou son acquiescement à la récusation, ou son refus de s'abstenir, avec ses réponses aux moyens de récusation. Dans les trois jours, la réponse sera envoyée au procureur du roi, qui fera statuer définitivement par le tribunal de première instance, sans que les parties aient besoin de comparaître.

CHAPITRE XXV.

DES TRIBUNAUX INFÉRIEURS.

ART. 1er. — DE LA CONCILIATION. — Aucune demande introductive d'instance entre parties capables de transiger, et sur des matières qui peuvent être l'objet d'une transaction, ne sera reçue dans les tribunaux de première instance, que le défendeur n'ait été préalablement appelé en conciliation devant le juge-de-paix, ou que les parties n'y aient volontairement comparu. Sont cependant dispensées du préliminaire de la conciliation, 1° les demandes qui intéressent l'Etat et le domaine, les communes, les établissements publics, les mineurs, les interdits, les curateurs ou successions vacantes; 2° les demandes qui requièrent célérité; 3° les demandes en intervention ou en garantie; 4° les demandes en matière de commerce; 5° les demandes des mises en liberté, celles en main-levée des saisies ou oppositions, en paiement de loyers, fermages ou arrérages de rentes ou pensions; celles des avoués en paiement de frais; 6° les demandes formées contre plus de deux parties, encore qu'elles aient le même intérêt; 7° les demandes en vérification d'écritures, en désaveu, en règlement de juges, en renvoi, en prise à partie; les demandes contre un tiers saisi, et en général sur les saisies, sur les offres réelles, sur la remise des titres, sur leur communication, sur les séparations de biens, sur les tutelles et curatelles, et enfin toutes les causes exceptées par les lois.

Le défendeur sera cité en conciliation : 1° en matière personnelle et réelle, devant le juge-de-paix de son domicile; s'il y a deux défendeurs, devant le juge de l'un d'eux, au choix du demandeur; 2° en matière de société autre que celle de commerce, tant qu'elle existe, devant le juge du lieu où elle est établie; 3° en matière de succession sur les demandes entre héritiers, jusqu'au partage inclusivement; sur les demandes qui seraient intentées par les créanciers du défunt avant le partage; sur les demandes relatives à l'exécution des dispositions à cause de mort, jusqu'au jugement définitif devant le juge-de-paix du lieu où la succession est ouverte.

Le délai de la citation sera de trois jours au moins. Les parties comparaîtront en personne; en cas d'empêchement, par un fondé de pouvoir. Celle des parties qui ne comparaîtra pas, sera condamnée à une amende de dix francs, et toute audience lui sera refusée jusqu'à ce qu'elle ait justifié de la quittance.

ART. 2.— DES AJOURNEMENTS, OU ASSIGNATIONS.— En matière personnelle, le défendeur sera assigné devant le tribunal de son domicile; s'il n'a pas de domicile, devant le tribunal de sa résidence; s'il y a plusieurs défendeurs, devant le tribunal du domicile de l'un d'eux, au choix du demandeur. En matière réelle, devant le tribunal de la situation de l'objet litigieux. En matière mixte, devant le juge du domicile du défendeur, etc.

L'huissier ne pourra instrumenter pour ses parents et alliés, et ceux de sa femme, en ligne directe à l'infini, ni pour ses parents et alliés collatéraux, jusqu'au degré de cousin issu de germain inclusivement; le tout à peine de nullité. Les huissiers seront tenus de mettre à la fin de l'original et de la copie de l'exploit, le coût d'icelui, à peine de cinq francs d'amende.

Tous exploits seront faits à personnes ou à domicile; mais si l'huissier ne trouve au domicile ni la partie, ni aucun de ses parents ou serviteurs, il remettra de suite la copie à un voisin, qui signera l'original; si ce voisin ne peut ou ne veut signer, l'huissier remettra la copie au maire ou à l'adjoint de la commune, lequel vise l'original sans frais. L'huissier fera mention du tout, tant sur l'original que sur la copie. Si un exploit est déclaré nul par le fait de l'huissier, il pourra être condamné aux frais de l'exploit et de la procédure annulée, sans préjudice des dommages et intérêts de la partie, suivant les circonstances.

Le délai ordinaire des ajournements, pour ceux qui sont domiciliés en France, sera de huitaine. Dans les cas qui requerront célérité, le président pourra, par ordonnance rendue sur requête, permettre d'assigner à bref délai.

ART. 3. — CONSTITUTION D'AVOUÉS ET DÉFENDEURS. — Le défendeur est tenu, dans les délais de l'ajournement, de constituer avoués ; ce qui se fait par acte signifié d'avoué à avoué. Le défendeur ni le demandeur ne peuvent révoquer leur avoué sans en constituer un autre. Les procédures faites et jugements obtenus contre l'avoué révoqué et non remplacé, seront valables.

Nota. Les avoués indiqueront la marche à suivre en pareille circonstance, où nul ne peut se passer de leur ministère.

ART. 4. — DES AUDIENCES. — Pourront les parties, assistées de leurs avoués, se défendre elles-mêmes, le tribunal, cependant, aura la faculté de leur interdire ce droit, s'il reconnaît que la passion ou l'inexpérience les empêche de discuter leur cause avec la décence convenable, ou la clarté nécessaire pour l'instruction des juges.

Les parties ne pourront charger de leur défense, soit verbale, soit par écrit, même à titre de consultation, les juges en activité de service.

ART. 5. — DE LA VÉRIFICATION DES ÉCRITURES. — Lorsqu'il s'agira de reconnaissance et vérification d'écriture privées, le demandeur pourra, sans permission du juge, faire assigner à trois jours pour avoir acte de la connaissance, ou pour faire tenir l'écrit pour reconnu.

Si le défendeur ne dénie pas la signature, tous les frais relatifs à la reconnaissance ou à la vérification, même ceux de l'enregistrement de l'écrit, seront à la charge du demandeur. — Si le défendeur ne comparaît pas, il sera donné défaut, et l'écrit sera tenu pour reconnu ; si le défendeur reconnaît l'écrit, le jugement en donnera acte au demandeur.

Si le défendeur dénie la signature à lui attribuée, ou déclare ne pas reconnaître celle attribuée à un tiers, la vérification en pourra être ordonnée tant par titre que par experts, et par témoins.

Le jugement qui autorisera la vérification, ordonnera qu'elle sera faite par trois experts et les nommera d'office, à moins que les parties ne se soient accordées pour les nommer ; le même jugement commettra le juge devant qui la vérification se fera ; il portera aussi que la pièce à vérifier sera déposée au greffe, après que son état aura été constaté, et qu'elle aura été signée par le demandeur ou son avoué et par le greffier, lequel dressera du tout un procès-verbal.

Art. 6. — Procédure devant les tribunaux de commerce. — La procédure devant les tribunaux de commerce se fait sans le ministère d'avoués. Toute demande y doit être formée par exploit d'ajournement. Le délai sera au moins d'un jour. — Dans les cas qui requerront célérité, le président du tribunal pourra permettre d'assigner, même de jour à jour et d'heure à heure, et de saisir les effets mobiliers : il pourra, suivant l'exigence des cas, assujettir le demandeur à donner caution, ou à justifier de solvabilité suffisante. Ses ordonnances seront exécutoires nonobstant opposition ou appel.

CHAPITRE XXVI.

DE L'EXÉCUTION DES JUGEMENTS.

Art. 1er. — Des réceptions de caution. — Le jugement qui ordonnera de fournir caution, fixera le délai dans lequel elle sera présentée, et celui dans lequel elle sera acceptée ou contestée.

La caution sera présentée par exploit signifié à la partie, si elle n'a point d'avoué, et par acte d'avoué, si elle en a constitué, avec copie de l'acte de dépôt, qui sera fait au greffe des titres qui constatent la solvabilité de la caution, sauf le cas où la loi n'exige pas que la solvabilité soit établie par titres.

La partie pourra prendre au greffe communication des titres; si elle accepte la caution, elle le déclarera par un simple acte : dans ce cas, ou si la partie ne conteste pas dans le délai, la caution fera au greffe sa soumission, qui sera exécutoire sans jugement, même pour la contrainte par corps, s'il y a lieu à contrainte. — Si la partie conteste la caution dans le délai fixé par le jugement, l'audience sera poursuivie, sur un simple acte.

Art. 2. — De la liquidation des dommages-intérêts. — Lorsque l'arrêt ou le jugement n'aura pas fixé les dommages-intérêts, la déclaration en sera signifiée à l'avoué du défendeur, s'il en a été constitué, et les pièces seront communiquées, sur récépissé de l'avoué, ou par la voie du greffe.

Si les offres contestées sont jugées suffisantes, le demandeur sera condamné aux dépens, du jour des offres.

Art. 3. — Des saisies-arrêts ou oppositions. — Tout créancier peut, en vertu de titres authentiques ou privés, saisir-arrêter entre les mains d'un tiers les sommes et effets appartenant à son débiteur, ou s'opposer à leur remise. S'il n'y a pas de titre, le juge du domicile du débiteur, et même celui du domicile du tiers saisi, pourront, sur requête, permettre la saisie-arrêt et opposition.

Les traitements et pensions dus par l'État ne pourront être saisis que pour la portion déterminée par les lois ou par les ordonnances et règlements royaux. Sont insaisissables, 1° les choses déclarées insaisissables par la loi; 2° les provisions alimentaires adjugées par justice; 3° les sommes et objets disponibles déclarés insaisissables par le testateur ou donateur; 4° les sommes et pensions pour aliments, encore que

le testament ou l'acte de donation ne les déclare pas insaisissables.

Les provisions alimentaires ne pourront être saisies que
pour cause d'aliments ; les objets mentionnés ci-dessus, aux
n°ˢ 3 et 4, pourront être saisis par des créanciers postérieurs
à l'acte de donation ou à l'ouverture du legs ; et ce, en vertu
de la permission du juge et pour la portion qu'il détermi-
nera.

Nota. Quant à la forme de la saisie-arrêt, il est inutile d'en parler ici ; car
comme elle doit toujours être faite par le ministère d'un huissier, cet officier
pourra, en toute circonstance, agir suivant la nature et l'exigence des cas.

ART. 4. — DES SAISIES-EXÉCUTIONS. — Toute saisie-exécution sera précédée d'un commandement à la personne ou
au domicile du débiteur, fait au moins un jour avant la saisie,
et contenant notification du titre, s'il n'a déjà été notifié. Il
contiendra élection de domicile jusqu'à la fin de la poursuite,
dans la commune où se devra faire l'exécution, si le créancier n'y demeure ; et le débiteur pourra faire, à ce domicile
élu, toutes significations, même d'offres réelles et d'appel.

L'huissier sera assisté de deux témoins français, majeurs,
non parents ni alliés des parties ou de l'huissier, jusqu'au
degré de cousin issu de germain inclusivement, ni leurs domestiques ; il énoncera sur le procès-verbal leurs noms, prénoms, professions et demeures : les témoins signeront l'original et les copies. La partie poursuivante ne pourra être
présente à la saisie.

Si les portes de la demeure du saisi sont fermées, ou si
l'ouverture en est refusée, l'huissier pourra établir gardien
aux portes pour empêcher le divertissement ; il se retirera
sur-le-champ, sans assignation, devant le juge-de-paix, ou,
à son défaut, devant le commissaire de police ; et dans les
communes où il n'y en a pas, devant le maire, et à son défaut devant l'adjoint, en présence desquels l'ouverture des
portes, même celles des meubles fermants, sera faite, au fur
et à mesure de la saisie. L'officier qui se transportera ne dres-

sera point de procès-verbal ; mais il signera celui de l'huissier.

Ne pourront être saisis, 1° les objets que la loi déclare immeubles par destination ; 2° le coucher nécessaire des saisis, ceux de leurs enfants vivant avec eux, les habits dont les saisis sont vêtus et couverts ; 3° les livres relatifs à la profession du saisi, jusqu'à la somme de 300 fr., à son choix ; 4° les machines et instruments servant à l'enseignement pratique ou exercice des sciences et des arts, jusqu'à concurrence de la même somme, et au choix du saisi ; 5° les équipements des militaires, suivant l'ordonnance et le grade ; 6° les outils des artisans, nécessaires à leurs occupations personnelles ; 7° les farines et menues denrées nécessaires à la consommation du saisi et de sa famille pendant un mois ; 8° enfin une vache, ou trois brebis, ou deux chèvres, au choix du saisi, avec les pailles, fourrages et grains nécessaires pour la litière et la nourriture desdits animaux pendant un mois.

Lesdits objets ne pourront être saisis pour aucune créance, même celle de l'Etat, si ce n'est pour aliments fournis à la partie saisie, ou sommes dues aux fabricants et vendeurs desdits objets, ou à celui qui aura prêté pour les acheter, fabriquer ou réparer ; pour fermages et moissons des terres à la culture desquelles ils sont employés ; loyers des manufactures, moulins, pressoirs, usines dont ils dépendent, et loyers des lieux servant à l'habitation personnelle du débiteur. Mais les objets spécifiés plus haut, sous le n° 2, ne pourront être saisis pour aucune créance.

En cas de saisie d'animaux et ustensiles servant à l'exploitation des terres, le juge-de-paix pourra, sur la demande du saisissant, le propriétaire et le saisi entendus ou appelés, établir un gérant à l'exploitation.

Si la partie saisie offre un gardien solvable, et qui se charge volontairement et sur-le-champ, il sera établi par l'huissier ; sinon celui-ci en établira un de son choix.

Ne pourront être établis gardiens, le saisissant, son conjoint, ses parents et alliés jusqu'au degré de cousin issu de germain inclusivement, et ses domestiques; mais le saisi, non conjoint, ses parents, alliés et domestiques pourront être établis gardiens, de leur consentement, et de celui du saisissant.

Ceux qui, par voies de fait, empêcheraient l'établissement du gardien, ou qui enlèveraient ou détourneraient des effets saisis, seront poursuivis conformément au code d'instruction criminelle.

Le gardien ne peut se servir des choses saisies, les louer et prêter. à peine de privation des frais de garde et de dommages-intérêts, au paiement desquels il sera contraignable par corps. Si les objets saisis ont produit quelques profits ou revenus, il est tenu d'en compter, même par corps.

ART. 5. — DE LA SAISIE DES FRUITS PENDANTS PAR RACINES, OU SAISIE-BRANDON. — La saisie-brandon ne peut être faite que dans les six semaines qui précèdent l'époque ordinaire de la maturité des fruits: elle doit être précédée d'un commandement avec un jour d'intervalle. Le garde-champêtre est ordinairement constitué gardien. La vente doit être faite un-dimanche ou un jour de marché. Elle peut se faire sur les lieux ou sur la place de la commune, ou bien encore sur le marché le plus voisin.

ART. 6. — DE LA SAISIE IMMOBILIÈRE. — La saisie immobilière doit être précédée d'un commandement à personne ou à domicile. Elle ne peut être faite que trente jours après le commandement. Si le créancier laisse écouler plus de trois mois entre le commandement et la saisie, il sera tenu de le réitérer dans les formes et avec le délai ci-dessus. Si les immeubles saisis ne sont pas loués ou affermés, le saisi en restera en possession jusqu'à la vente, comme séquestre judiciaire, à moins qu'il ne soit autrement ordonné par le juge, sur la réclamation d'un ou de plusieurs créanciers. Les créanciers pourront néanmoins faire faire la coupe et la vente, en tout ou en partie, des fruits pendants par les racines.

Les fruits échus depuis la dénonciation au saisi seront immobilisés, pour être distribués avec le prix de l'immeuble par ordre d'hypothèques. Le saisi ne pourra faire aucune coupe de bois ni dégradation, à peine de dommages et intérêts, auxquels il sera condamné par corps; il pourra même être poursuivi par la voie criminelle, suivant la gravité des circonstances. Si les immeubles sont loués par bail dont la date ne soit pas certaine, avant le commandement, la nullité pourra en être prononcée, si les créanciers ou l'adjudicataire le demandent. Si le bail a une date certaine, les créanciers pourront saisir et arrêter les loyers ou fermages; et dans ce cas, il en sera des loyers ou fermages échus depuis la dénonciation faite au saisi comme des fruits pendants par racines.

La partie saisie ne peut, à compter du jour de la dénonciation à elle faite de la saisie, aliéner les immeubles, à peine de nullité et sans qu'il soit besoin de la faire prononcer. Néanmoins, l'aliénation ainsi faite aura son exécution si, avant l'adjudication, l'acquéreur consigne somme suffisante pour acquitter, en principal, intérêts et frais, les créances inscrites, et signifie l'acte de consignation aux créanciers inscrits. Si les deniers ainsi déposés ont été empruntés, les prêteurs n'auront d'hypothèques que postérieurement aux créanciers inscrits lors de l'aliénation. Faute d'avoir fait la consignation avant l'adjudication, il ne pourra y être sursis sous aucun prétexte.

Nota. Les autres dispositions du titre de la présente loi concernant seulement ce qui a rapport aux huissiers et aux avoués dans les poursuites et diligences nécessaires en pareille circonstance, nous nous dispenserons de les rapporter ici.

ART. 7.— DE L'EMPRISONNEMENT.— Aucune contrainte par corps ne pourra être mise à exécution qu'un jour après la signification, avec commandement, du jugement qui l'a prononcée. Cette signification sera faite par un huissier commis par ledit jugement ou par le président du tribunal de première instance du lieu où se trouve le débiteur. La signification contiendra aussi élection de domicile dans la commune ou siége le tribunal qui a rendu ce jugement, si le créancier n'y demeure pas. Le débiteur ne pourra être arrêté, 1° avant le lever et après le coucher du soleil ; 2° les jours de fête légale ; 3° dans les édifices consacrés au culte et pendant les exercices religieux seulement ; 4° dans le lieu et pendant la tenue des séances des autorités constituées ; 5° dans une maison quelconque, même dans son domicile, à moins qu'il eût été ainsi ordonné par le juge-de-paix du lieu, lequel juge-de-paix devra, dans ce cas, se transporter dans la maison avec l'officier ministériel.

Le débiteur ne pourra non plus être arrêté, lorsqu'appelé devant un juge d'instruction, ou devant un tribunal de première instance, ou une cour royale ou d'assises, il sera porteur d'un sauf-conduit. Le sauf-conduit pourra être accordé par le juge d'instruction, par le président du tribunal ou de la cour où les témoins devront être entendus. Les conclusions du ministère public seront nécessaires.

Le sauf-conduit règlera la durée de son effet, à peine de nullité. En vertu du sauf-conduit, le débiteur ne pourra être arrêté ni le jour fixé pour sa comparution, ni pendant le temps nécessaire pour aller et pour revenir. — Le procès-verbal d'emprisonnement contiendra, outre les formalités ordinaires des exploits, 1° itératif commandement ; 2° élection de domicile dans la commune où le débiteur sera détenu, si le créancier n'y demeure pas ; l'huissier sera assisté de deux recors.

S'il s'est écoulé une année entière depuis le commandement, il sera fait un nouveau commandement par un huissier commis à cet effet. En cas de rébellion, l'huissier pourra établir garnison aux portes pour empêcher l'évasion et requérir la force armée ; et le débiteur sera poursuivi conformément aux dispositions du code d'instruction criminelle.

Si le débiteur requiert qu'il en soit référé, il sera conduit sur-le-champ devant le président du tribunal de première instance du lieu où l'arrestation aura été faite, lequel statuera en état de référé ; si l'arrestation est faite hors des heures de l'audience, le débiteur sera conduit chez le président. L'ordonnance sur le référé sera consignée sur procès-verbal d'huissier et sera exécutée sur-le-champ.

Si le débiteur ne requiert pas qu'il en soit référé, ou si, en cas de référé, le président ordonne qu'il soit passé outre, le débiteur sera conduit dans la prison du lieu ; et s'il n'y en a pas, dans celle du lieu le plus voisin. L'huissier et tous autres qui conduiraient, recevraient ou retiendraient le débiteur dans un lieu de détention non légalement désigné comme tel, seront poursuivis comme coupables du crime de détention arbitraire.

L'écrou du débiteur énoncera, 1° le jugement ; 2° les noms et domicile du créancier ; 3° l'élection de domicile, s'il ne demeure pas dans la commune ; 4° les noms, demeure et profession du débiteur ; 5° la consignation d'un mois d'aliments au moins ; 6° enfin, mention de la copie qui sera laissée au débiteur, parlant à sa personne, tant du procès-verbal d'emprisonnement que de l'écrou. Il sera signé de l'huissier.

Le gardien ou geôlier transcrira sur son registre le jugement qui autorise l'arrestation ; faute par l'huissier de représenter ce jugement, le geôlier refusera de recevoir le débiteur et de l'écrouer.

Le créancier sera tenu de consigner les aliments d'avance. Les aliments ne pourront être retirés, lorsqu'il y aura recommandation, si ce n'est du consentement du recommandant. Le débiteur pourra être recommandé par ceux qui auraient le droit d'exercer contre lui la contrainte par corps. Celui qui est arrêté comme prévenu d'un délit peut être aussi recommandé, et il sera retenu par l'effet de la recommandation, encore que son élargissement ait été prononcé et qu'il ait été acquitté du délit. — Seront observées pour les recommandations, les formalités prescrites pour l'emprisonnement ; néanmoins l'huissier ne sera pas assisté de recors, et le recommandant sera dispensé de consigner les aliments, s'ils ont été consignés. — Le créancier qui a fait emprisonner pourra se pourvoir contre le recommandant devant le tribunal du lieu où le débiteur est détenu, à l'effet de le faire contribuer au paiement des aliments par portion égale. — A défaut d'observation des formalités ci-dessus prescrites, le débiteur pourra demander la nullité de l'emprisonnement, et la demande sera portée au tribunal du lieu où il est détenu ; si la demande en nullité est fondée sur des moyens du fonds, elle sera portée devant le tribunal de l'exécution du jugement. Dans tous les cas, la demande pourra être formée à bref délai, en vertu de permission de juge, et l'assignation donnée par huissier commis au domicile élu par l'écrou : la cause sera jugée sommairement, sur les conclusions du ministère public. La nullité de l'emprisonnement, pour quelque cause qu'elle soit prononcée, n'emporte point la nullité des recommandations. (Voir chapitre XV, page 157.)

CHAPITRE XXVII.

PROCÉDURES DIVERSES.

Art. 1er. — Des offres de paiement, et de la consignation. — Tout procès-verbal d'offre désignera l'objet offert, de manière qu'on ne puisse y en substituer un autre ; et si ce sont des espèces, il en contiendra l'énumération et la qualité. — Le procès-verbal fera mention de la réponse, du refus ou de l'acceptation du créancier, et s'il a signé ou non. Si le créancier refuse les offres, le débiteur peut, pour se libérer, consigner la somme ou la chose offerte, en observant les formalités voulues par la loi.

Art. 1er. — Du droit des propriétaires sur les meubles, effets et fruits de leurs locataires et fermiers, ou de la saisie-gagerie et de la saisie-arrêt sur débiteurs forains.

— Les propriétaires et principaux locataires de maisons ou biens ruraux, soit qu'il y ait bail, soit qu'il n'y en ait pas, peuvent, un jour après le commandement et sans permission du juge, faire saisir-gager, pour loyers et fermages échus, les effets et fruits étant dans lesdites maisons ou bâtiments ruraux, et sur les terres. Ils peuvent même faire saisir-gager à l'instant, en vertu de la permission qu'ils auront obtenue, sur requête du président du tribunal de première instance. Ils peuvent aussi saisir les meubles qui garnissaient la maison ou la ferme, lorsqu'ils ont été déplacés sans leur consentement; et ils conservent sur eux leur privilége, pourvu qu'ils en aient fait la revendication. — Peuvent les effets des sous-fermiers et sous-locataires, garnissant les lieux par eux occupés, et les fruits des terres qu'ils sous-louent, être saisis-gagés pour les loyers et fermages dus par le locataire ou fermier de qui ils tiennent; mais ils obtiendront main-levée en justifiant qu'ils ont payé sans fraude, et sans qu'ils puissent opposer des paiements faits par anticipation.

La saisie-gagerie se fait en la même forme que la saisie-exécution. Tout créancier, même sans titre, peut, sans commandement préalable, mais avec permission du président du tribunal de première instance et même du juge-de-paix, faire saisir les effets trouvés en la commune qu'il habite, appartenant à son débiteur forain. — Le saisissant sera gardien des effets, s'ils sont entre ses mains, sinon il sera établi un gardien.

Il ne pourra être procédé à la vente, sur les saisies énoncées ci-dessus, qu'après qu'elles auront été déclarées valables : le saisi, dans le cas où il serait gardien, et le saisissant, dans le même cas, seront condamnés par corps à la représentation des effets.

ART. 3. — DES VOIES A PRENDRE POUR AVOIR EXPÉDITION OU COPIE D'UN ACTE, OU POUR LE FAIRE RÉFORMER. — Le notaire ou autre dépositaire qui refusera de délivrer expédition ou copie d'un acte aux parties intéressées en nom direct, héritiers ou ayant-droit, y sera condamné, et par corps, sur assignation à bref délai, donnée en vertu de permission du président du tribunal de première instance, sans préliminaire de conciliation. L'affaire sera jugée sommairement, et le jugement exécuté, nonobstant opposition ou appel.

La partie qui voudra obtenir copie d'un acte non enregistré, ou même resté imparfait, présentera sa requête au président du tribunal de première instance, sauf l'exécution des lois et règlements relatifs à l'enregistrement. — La délivrance sera faite, s'il y a lieu, en exécution de l'ordonnance mise ensuite de la requête, et il en sera fait mention au bas de la copie délivrée. — En cas de refus de la part du notaire ou du dépositaire, il en sera référé au président du tribunal de première instance.

La partie qui voudra se faire délivrer une seconde grosse, soit d'une minute d'acte, soit par forme d'ampliation sur une grosse déposée, présentera, à cet effet, requête au président du tribunal de première instance : en vertu de l'ordonnance qui interviendra, elle fera sommation au notaire pour faire la délivrance à jour et heure indiqués, et aux parties intéressées pour y être présentes ; mention sera faite de cette ordonnance au bas de la seconde grosse, ainsi que de la somme pour laquelle on pourra exécuter, si la créance est acquittée ou cédée en partie. En cas de contestation, les parties se pourvoiront en référé.

Celui qui voudra faire ordonner la rectification d'un acte de l'état civil, présentera requête au président du tribunal de première instance. Dans le cas où il n'y aurait d'autre partie que le demandeur en rectification, et où il croirait avoir à se plaindre du jugement, il pourra, dans les trois mois depuis la date de ce jugement, se pourvoir à la cour royale, en présentant au président une requête, sur laquelle sera indiqué un jour auquel il sera statué à l'audience sur les conclusions du ministère public.

ART. 4. — AUTORISATION DE LA FEMME MARIÉE. — La femme

qui voudra se faire autoriser à la poursuite de ses droits, après avoir fait une sommation à son mari et sur le refus par lui fait, présentera requête au président qui rendra ordonnance portant permission de citer le mari, à jour indiqué, à la chambre du conseil, pour déduire les causes de son refus. — Le mari entendu, ou faute par lui de se présenter, il sera rendu, sur les conclusions du ministère public, jugement qui statuera sur la demande de la femme. — Dans le cas de l'absence présumée du mari, ou lorsqu'elle aura été déclarée, la femme qui voudra se faire autoriser à la poursuite de ses droits, présentera également requête au président du tribunal, qui ordonnera la communication au ministère public, et commettra un juge pour faire son rapport à jour indiqué. — La femme de l'interdit se fera autoriser de même ; elle joindra à sa requête le jugement d'interdiction.

ART. 5. — DES SÉPARATIONS DE BIENS. — Aucune demande en séparation de biens ne peut être formée sans une autorisation préalable, que le président du tribunal doit donner sur la requête qui lui est présentée à cet effet. Le président peut néanmoins, avant de donner l'autorisation, faire les observations qui lui paraissent convenables.

Le greffier du tribunal doit inscrire, sans délai, dans un tableau placé à cet effet dans l'auditoire, un extrait de la demande en séparation, lequel contient : 1° la date de la demande ; 2° les noms, prénoms, profession et demeure des époux ; 3° les noms et demeure de l'avoué constitué, qui sera tenu de remettre, à cet effet, ledit extrait au greffier, dans les trois jours de la demande. Cet extrait est affiché encore en différents endroits. On ne peut rendre le jugement qu'un mois après cette formalité, à peine de nullité. Lorsque toutes les formalités voulues par la loi ont été observées, les créanciers du mari ne sont plus reçus, après le délai d'un an, à se pourvoir par tierce-opposition contre le jugement de séparation.

La renonciation de la femme à la communauté sera faite au greffe du tribunal saisi de la demande en séparation.

Art. 6. — De la séparation de corps. — L'époux qui voudra se pourvoir en séparation de corps, sera tenu de présenter au président du tribunal de son domicile, requête contenant sommairement les faits; il y joindra les pièces à l'appui, s'il y en a. — La requête sera répondue d'une ordonnance portant que les parties comparaîtront devant le président au jour qui sera indiqué par ladite ordonnance. Les parties seront tenues de comparaître en personne sans pouvoir se faire assister d'avoués ni de conseils. Le président fera aux deux époux les représentations qu'il croira propres à opérer un rapprochement : s'il ne peut y parvenir, il rendra ensuite de la première ordonnance une seconde portant qu'il n'a pu concilier les parties ; il les renvoie à se pourvoir, sans citation préalable, au bureau de conciliation ; il autorisera, par la même ordonnance, la femme à procéder sur la demande, et à se retirer provisoirement dans telle maison dont les parties seront convenues, ou qu'il indiquera d'office; il ordonnera que les effets à l'usage journalier de la femme lui seront remis. Les demandes en provision seront portées à l'audience.

La cause sera instruite dans les formes établies pour les autres demandes, et jugée sur les conclusions du ministère public. Extrait du jugement qui prononcera la séparation, sera inséré au tableau des tribunaux.

Art. 7. — Des avis des parents. — Lorsque la nomination d'un tuteur n'aura pas été faite en sa présence, elle lui sera notifiée à la diligence du membre de l'assemblée qui aura été désigné par elle : ladite notification sera faite dans les trois jours de la délibération, outre un jour par trois myriamètres de distance entre le lieu où s'est tenue l'assemblée et le domicile du tuteur. Toutes les fois que les délibérations du conseil de famille ne seront pas unanimes, l'avis de chacun des membres qui le composent sera mentionné dans le procès-verbal. — Le tuteur, subrogé-tuteur ou curateur, même les membres de l'assemblée, pourront se pourvoir contre la délibération : ils formeront leur demande contre les membres qui auront été d'avis de la délibération, sans qu'il soit nécessaire d'appeler en conciliation. La cause sera jugée sommairement. Les jugements rendus sur la délibération du conseil de famille seront sujets à l'appel.

Art. 8. — De l'interdiction. — Dans toute poursuite d'interdiction, les frais d'imbécilité, de démence ou de fureur seront énoncés en la requête présentée au président du tribunal ; on y joindra les pièces justificatives et l'on indiquera les témoins. Le président du tribunal ordonnera la communication de la requête au ministère public, et commettra un juge pour faire rapport à jour indiqué. Sur le rapport du juge et les conclusions du procureur du roi, le tribunal ordonnera que le conseil de famille donne son avis sur l'état de la personne dont l'interdiction est demandée. La requête et l'avis du conseil de famille seront signifiés au défendeur, avant qu'il soit procédé à son interrogatoire. Si l'interrogatoire et les pièces produites sont insuffisants, et si les faits peuvent être justifiés par témoins, le tribunal ordonnera, s'il y a lieu, l'enquête, qui se fera en la forme ordinaire. Il pourra ordonner, si les circonstances l'exigent, que l'enquête sera faite hors de la présence du défendeur ; mais, dans ce cas, son conseil pourra le représenter.

S'il n'y a pas d'appel du jugement d'interdiction, ou s'il est confirmé sur l'appel, il sera pourvu à la nomination d'un tuteur et d'un subrogé-tuteur à l'interdit. — La demande en main-levée d'interdiction sera instruite et jugée dans la même forme que l'interdiction.

Art. 9. — Du bénéfice de cession. — Les débiteurs qui seront dans le cas de réclamer la cession judiciaire, seront tenus, à cet effet, de déposer au greffe du tribunal où la demande sera portée, leur bilan, leurs livres, s'ils en ont, et leurs titres actifs. Le débiteur se pourvoira devant le tribunal de son domicile. La demande sera communiquée au ministère public; elle ne suspendra l'effet d'aucune poursuite, sauf aux juges à ordonner, parties appelées, qu'il sera sursis provisoirement.

Le débiteur admis au bénéfice de cession sera tenu de réitérer sa cession en personne, et non par procureur, ses créanciers appelés à l'audience du tribunal de commerce de son domicile; et s'il n'y en a pas, à la maison commune, un jour de séance : la déclaration du débiteur sera constatée, dans ce dernier cas, par procès-verbal de l'huissier, qui sera signé par le maire.

Si le débiteur est détenu, le jugement qui l'admettra au bénéfice de cession ordonnera son extraction, avec les précautions en tel cas requises et accoutumées, à l'effet de faire sa déclaration. Le jugement qui admettra au bénéfice de cession vaudra pouvoir aux créanciers, à l'effet de vendre les biens meubles et immeubles du débiteur; et il sera procédé à cette vente dans les formes prescrites pour les héritiers sous bénéfice d'inventaire. Voir § III, page 195 et suivantes quels sont ceux qui ne peuvent être admis au bénéfice de cession.

CHAPITRE XXVIII.

PROCÉDURES RELATIVES A L'OUVERTURE D'UNE SUCCESSION.

ART. 1er. — DE L'APPOSITION DES SCELLÉS APRÈS DÉCÈS. — Lorsqu'il y aura lieu à l'apposition de scellés après décès, elle sera faite par les juges-de-paix et à leur défaut par leurs suppléants. Les juges-de-paix et leurs suppléants se serviront d'un sceau particulier qui restera entre leurs mains, et dont l'empreinte sera déposée au greffe du tribunal de première instance.

L'apposition des scellés pourra être requise, 1° par tous ceux qui prétendront droit dans la succession ou dans la communauté ; 2° par tous créanciers fondés en titres exécutoires, ou autorisés par une permission, soit du président du tribunal de première instance, soit du juge-de-paix du canton où le scellé doit être apposé ; 3° et en cas d'absence, soit du conjoint, soit des héritiers ou de l'un d'eux, par les personnes qui demeureraient avec le défunt, et par ses serviteurs et domestiques.

Les prétendants droits et les créanciers mineurs émancipés pourront requérir l'apposition des scellés sans l'assistance de leur curateur. S'ils sont mineurs non émancipés, et s'ils n'ont pas de tuteur, ou s'il est absent, elle pourra être requise par un de leurs parents. — Le scellé sera apposé, soit à la diligence du ministère public, soit sur la déclaration du maire ou de l'adjoint de la commune, et même d'office par le juge-de-paix : 1° si le mineur est sans tuteur, et que le scellé ne soit pas requis par un parent ; 2° si le conjoint, ou si les héritiers ou l'un d'eux sont absents ; 3° si le défunt était dépositaire public, auquel cas le scellé ne sera apposé que pour raison de ce dépôt et sur les objets qui le composent.

Les clefs des serrures sur lesquelles le scellé a été apposé resteront, jusqu'à sa levée, entre les mains du greffier de la justice-de-paix, lequel fera mention, sur le procès-verbal, de la remise qui lui en aura été faite ; et ne pourront le juge ni le greffier aller, jusqu'à la levée, dans la maison où est le scellé, à peine d'interdiction, à moins qu'ils n'en soient requis, ou que leur transport n'ait été précédé d'une ordonnance motivée.

Sur la réquisition de toute partie intéressée, le juge-de-paix fera, avant l'apposition du scellé, la perquisition du testament dont l'existence sera annoncée ; et s'il le trouve, il procédera ainsi qu'il est dit ci-dessus.

Art. 2. — Des oppositions aux scellés. — Les oppositions aux scellés pourront être faites, soit par une déclaration sur le procès-verbal de scellé, soit par exploit signifié au greffier du juge-de-paix. Toutes oppositions à scellé contiendront, à peine de nullité, outre les formalités communes à tout exploit : 1° élection de domicile dans la commune ou dans l'arrondissement de la justice-de-paix où le scellé est apposé si l'opposant n'y demeure pas ; 2° l'énonciation précise de la cause de l'opposition.

ART. 3.— DE LA LEVÉE DU SCELLÉ.— Le scellé ne pourra être levé et l'inventaire fait, que trois jours après l'inhumation s'il a été apposé auparavant, et trois jours après l'apposition si elle a été faite depuis l'inhumation, à peine de nullité des procès-verbaux de levée de scellés et inventaire, et de dommages-intérêts contre ceux qui les auront fait et requis : le tout, à moins que, pour des causes urgentes et dont il sera fait mention dans son ordonnance, il n'en soit autrement ordonné par le président du tribunal de première instance. Dans ce cas, si les parties qui ont droit d'assister à la levée ne sont pas présentes, il sera appelé pour elles, tant à la levée qu'à l'inventaire, un notaire nommé d'office par le président.

Si les héritiers ou quelques-uns d'eux sont mineurs non-émancipés, il ne sera pas procédé à la levée des scellés qu'ils n'aient été ou préalablement pourvus de tuteur, ou émancipés. Tout ceux qui ont droit de faire apposer les scellés pourront en requérir la levée. Le conjoint, l'exécuteur testamentaire, les héritiers, les légataires universels et ceux à titre universel, pourront assister à toutes les vacations de la levée du scellé et de l'inventaire, en personne ou par un mandataire. Les opposants ne pourront assister, soit en personne, soit par un mandataire, qu'à la première vacation ; ils seront tenus de se faire représenter aux vacations suivantes par un seul mandataire pour tous, dont ils conviendront, sinon il sera nommé d'office par le juge. Si l'un des opposants avait des intérêts différents de ceux des autres, ou des intérêts contraires, il pourra assister en personne, ou par un mandataire particulier, à ses frais. Les scellés seront levés successivement, et au fur et à mesure de la confection de l'inventaire : ils seront réapposés à la fin de chaque vacation. On pourra réunir les objets de même nature pour être inventoriés successivement, suivant leur ordre; ils seront, dans ce cas, replacés sous les scellés. S'il est trouvé des objets et papiers étrangers à la succession, et réclamés par des tiers, ils seront remis à qui il appartiendra; s'ils ne peuvent être remis à l'instant, et qu'il soit nécessaire d'en faire la description, elle sera faite sur le procès-verbal des scellés, et non sur l'inventaire. Si la cause de l'apposition des scellés cesse avant qu'ils soient levés, ou pendant le cours de leur levée, ils seront levés sans description.

Art. 4. — De l'inventaire. — L'inventaire peut être requis par ceux qui ont droit de requérir la levée du scellé. Il doit être fait en présence : 1° du conjoint survivant; 2° des héritiers présomptifs; 3° de l'exécuteur testamentaire, si le testament est connu; 4° des donataires et légataires universels ou à titre universel, soit en propriété, soit en usufruit, ou eux dûment appelés, s'ils demeurent dans la distance de cinq myriamètres; s'ils demeurent au-delà, il sera appelé, pour tous les absents, un seul notaire nommé par le président du tribunal de première instance, pour représenter les parties appelées et défaillantes.

Outre les formalités communes à tous les actes devant notaires, l'inventaire contiendra : 1° les noms, professions et demeures des requérants, des comparants, des défaillants, et des absents, s'ils sont connus, du notaire appelé pour les représenter, des commissaires-priseurs et experts, et la mention de l'ordonnance qui commet le notaire pour les absents et défaillants; 2° l'indication des lieux où l'inventaire est fait; 3° la description et estimation des effets, laquelle sera faite à juste valeur et sans crue; 4° la désignation des qualités, poids et titre de l'argenterie; 5° la désignation des espèces en numéraire; 6° les papiers seront cotés par première et dernière ; ils seront paraphés de la main d'un des notaires : s'il y a des livres et registres de commerce, l'état en sera constaté, les feuillets en seront cotés et paraphés, s'ils ne le sont : s'il y a des blancs dans les pages écrites, ils seront bâtonnés ; 7° la déclaration des titres actifs et passifs ; 8° la mention du serment prêté, lors de la clôture de l'inventaire, par ceux qui ont été en possession des objets avant l'inventaire, ou qui ont habité la maison dans laquelle sont lesdits objets, qu'ils n'en ont détourné, vu détourner, ni su qu'il en ait été détourné aucun ; 9° la remise des effets et papiers, s'il y a lieu entre les mains de la personne dont on conviendra, ou qui, à défaut, sera nommée par le président du tribunal.

Si, lors de l'inventaire, il s'élève des difficultés, ou s'il est formé des réquisitions pour l'administration de la communauté ou de la succession, ou pour autres objets, et qu'il n'y soit déféré par les autres parties, les notaires délaisseront les parties à se pourvoir en référé devant le président du tribunal de première instance ; ils pourront en référer eux-mêmes, s'ils résident dans le canton où siège le tribunal ; dans ce cas, le président mettra son ordonnance sur la minute du procès-verbal.

ART. 5. — DE LA VENTE DU MOBILIER. — Lorsque la vente des meubles dépendants d'une succession aura lieu, elle sera faite dans les formes prescrites à l'article 4, des *saisies-exécutions*, page 285. Il y sera procédé sur la réquisition de l'une des parties intéressées, en vertu de l'ordonnance du président du tribunal de première instance, et par un officier public. — On appellera les parties ayant droit d'assister à l'inventaire et qui demeureront, ou auront élu domicile dans la distance de cinq myriamètres : l'acte sera signifié au domicile élu. S'il s'élève des difficultés, il pourra être statué provisoirement en référé par le président du tribunal. La vente se fera dans le lieu où sont les effets, s'il n'en est autrement ordonné. Elle se fera tant en absence que présence, sans appeler personne pour les non-comparants. Le procès-verbal fera mention de la présence ou de l'absence du requérant.

Si toutes les parties sont majeures, présentes et d'accord, et qu'il n'y ait aucun tiers intéressé, elles ne seront obligées à aucune des formalités ci-dessus.

ART. 6. — DE LA VENTE DES BIENS IMMEUBLES. — Si les immeubles n'appartiennent qu'à des majeurs, ils seront vendus, s'il y a lieu, de la manière dont les majeurs conviendront. Si les immeubles n'appartiennent qu'à des mineurs, la vente ne pourra en être ordonnée que d'après un avis des parents. Cet avis n'est pas nécessaire lorsque les immeubles appartiennent en partie à des majeurs et en partie à des mineurs, et lorsque la licitation est ordonnée sur la demande des majeurs. Il est procédé à cette licitation ainsi qu'il est prescrit à l'article 7. Lorsque le tribunal civil homologue les délibérations du conseil de famille relatives à l'aliénation des biens immeubles des mineurs, il nomme, par le même jugement, un ou trois experts, suivant que l'importance des biens peut l'exiger, et ordonne que, sur leur estimation, les enchères seront publiquement ouvertes devant un membre du tribunal, ou devant un notaire à ce commis aussi par le jugement. Si les enchères sont reçues par un notaire, elles peuvent être faites par toutes personnes, sans ministère d'avoué.

ART. 7. — DES PARTAGES ET LICITATIONS. — Lorsque tous les co-propriétaires ou co-héritiers sont majeurs, jouissant de leurs droits civils, présents ou dûment représentés, ils pourront s'abstenir de voies judiciaires, et les abandonner en tout état de cause, s'accorder pour procéder de telle manière qu'ils aviseront; mais dans un ou plusieurs des cas contraires, le partage doit être fait en justice, conformément aux dispositions de la loi.

Nota. Comme dans ces partages et licitations en justice, tout doit se faire par le ministère d'avoué, il est inutile de donner ici la marche à suivre. Les avoués mettront les parties sur la voie qui est toujours directe, étant toujours la même.

ART. 8. — DU BÉNÉFICE D'INVENTAIRE. — Si l'héritier veut, avant de prendre qualité, se faire autoriser à procéder à la vente d'effets mobiliers dépendant de la succession, il présentera, à cet effet, requête au président du tribunal de première instance dans le ressort duquel la succession est ouverte. La vente en sera faite par un officier public, après les affiches et publications ci-dessus prescrites pour la vente du mobilier.

S'il y a lieu à vendre des immeubles, l'héritier bénéficiaire présentera aussi une requête où ils seront désignés, et le tribunal nommera un expert pour les voir et les estimer.

L'héritier bénéficiaire qui ne se conformera pas aux règles ci-dessus prescrites, sera réputé héritier pur et simple. Le prix de la vente sera distribué entre les créanciers et par ordre d'hypothèques.

ART. 9. — DE LA RENONCIATION A LA COMMUNAUTÉ OU A LA SUCCESSION. — Les renonciations à communauté ou à succession seront faites au greffe du tribunal dans l'arrondissement duquel la dissolution de la communauté où l'ouverture de la succession se sera opérée, sur le registre prescrit par la loi, et sans qu'il soit besoin d'autre formalité.

ART. 10. — DU CURATEUR A UNE SUCCESSION VACANTE. — Lorsqu'après l'expiration des délais pour faire inventaire et pour délibérer, il ne se présente personne qui réclame une succession, qu'il n'y a pas d'héritier connu, ou que les héritiers connus y ont renoncé, cette succession est réputée vacante; elle est pourvue d'un curateur. En cas de concurrence entre deux ou plusieurs curateurs, le premier nommé sera préféré, sans qu'il soit besoin de jugement.

Le curateur est tenu, avant tout, de faire constater l'état de la succession par un inventaire, si fait n'a été, et de faire vendre les meubles suivant les formalités prescrites à l'article *de l'inventaire*. Il ne pourra être procédé à la vente des immeubles et rentes, que suivent les formes qui ont été prescrites à l'article *du bénéfice d'inventaire*.

Les formalités prescrites pour l'héritier bénéficiaire, s'appliqueront également au mode d'administration et au compte à rendre par le curateur à la succession vacante.

CHAPITRE XXIX.

DES ARBITRAGES.

Toutes personnes peuvent compromettre sur les droits dont elles ont la libre disposition. On ne peut compromettre sur les dons et legs d'aliments, logement et vêtements ; sur les séparations d'entre mari et femme, questions d'état, ni sur aucune des contestations qui seront sujettes à communication au ministère public. — Le compromis pourra être fait par procès-verbal devant les arbitres choisis, ou par acte devant notaire, ou sous signature privée. Le compromis désignera les objets en litige et les noms des arbitres, à peine de nullité. — Le compromis sera valable, encore qu'il ne fixe pas de délai ; et, en ce cas, la mission des arbitres ne durera que trois mois, du jour du compromis.

Pendant le délai de l'arbitrage, les arbitres ne pourront être révoqués que du consentement unanime des parties.

Les parties et les arbitres suivront, dans la procédure, les formes et les délais établis pour les tribunaux, si les parties n'en sont autrement convenues. Les parties pourront, lors et depuis le compromis, renoncer à l'appel. Lorsque l'arbitrage sera sur appel ou sur requête civile, le jugement arbitral sera définitif et sans appel. Les actes de l'instruction et les procès-verbaux du ministère des arbitres seront faits par tous les arbitres, si le compromis ne les autorise à commettre l'un d'eux.

Le compromis finit : 1° par le décès, refus, départ ou empêchement d'un des arbitres, s'il n'y a clause qu'il sera passé outre, ou que le remplacement sera au choix des parties ou au choix de l'arbitre ou des arbitres restants ; 2° par l'expiration du délai stipulé, ou de celui de trois mois s'il n'en a pas été réglé ; par le partage, si les arbitres n'ont pas pouvoir de prendre un tiers-arbitre.

Le décès, lorsque tous les héritiers sont majeurs, ne mettra pas fin au compromis : le délai pour instruire et juger sera suspendu pendant celui pour faire inventaire et délibérer. Les arbitres ne pourront se déporter, si leurs opérations sont commencées : ils ne pourront être récusés, si ce n'est pour cause survenue depuis le compromis.

Un jugement arbitral ne sera, dans aucun cas, sujet à l'opposition. En cas de partage, les arbitres autorisés à nommer un tiers, seront tenus de le faire par la décision qui prononce le partage : s'ils ne peuvent en convenir, ils le déclareront sur le procès-verbal, et le tiers sera nommé par le président du tribunal qui doit ordonner l'exécution de la décision arbitrale; il sera, à cet effet, présenté requête par la partie la plus diligente. Dans les deux cas, les arbitres divisés seront tenus de rédiger leur avis distinct et motivé, soit dans le même procès-verbal, soit dans des procès-verbaux séparés. — Le tiers-arbitre sera tenu de juger dans le mois du jour de son acceptation, à moins que ce délai n'ait été prolongé par l'acte de la nomination : il ne pourra prononcer qu'après avoir conféré avec les arbitres divisés, qui seront sommés de se réunir à cet effet. Si tous les arbitres ne se réunissent pas, le tiers-arbitre prononcera seul; et néanmoins, il sera tenu de se conformer à l'un des avis des autres arbitres. Les arbitres et le tiers-arbitre décideront d'après les règles du droit, à moins que le compromis ne leur donne pouvoir de prononcer comme amiables compositeurs.

Le jugement arbitral sera rendu exécutoire par une ordonnance du président du tribunal de première instance dans le ressort duquel il a été rendu : à cet effet, la minute du jugement sera déposée, dans les trois jours, par l'un des arbitres, au greffe du tribunal.

S'il avait été compromis sur l'appel d'un jugement, la décision arbitrale sera déposée au greffe de la cour royale, et l'ordonnance rendue par le président de cette cour. Les poursuites pour les frais du dépôt et les droits d'enregistrement ne pourront être faites que contre les parties.

Les jugements arbitraux, même ceux préparatoires, ne peuvent être exécutés qu'après l'ordonnance qui sera accordée, à cet effet, par le président du tribunal, au bas ou en marge de la minute, sans qu'il soit besoin d'en communiquer au ministère public. Les jugements arbitraux ne peuvent en aucun cas être opposés à des tiers.

ACTE LXXXIV.

FORMULE DE COMPROMIS POUR NOMMER DES ARBITRES.

Entre nous soussignés (*noms, prénoms, professions et demeures de tous les compromettants*), a été convenu ce qui suit :

Pour éviter toutes les difficultés nées ou à naître à l'occasion de *telle affaire* (*la bien détailler ici*), nous déclarons vouloir nous en rapporter à un jugement arbitral, et par conséquent nous avons nommé pour nos arbitres : 1º le sieur *tel*, pour *un tel* ; 2º le sieur *tel*, pour *un tel* (*et ainsi de suite, suivant la quantité d'arbitres nécessaires*) ; et lesdits sieurs arbitres ont déclaré accepter, chacun en particulier, l'obligation que leur impose cette nomination.

Nous les autorisons, par ces présentes, à juger nos contestations comme bon leur semblera, soit avec ou sans appel et définitivement, à condamner aux dépens celui ou ceux d'entre nous qu'ils jugeront avoir tort ; promettant de nous conformer en tous points à leur décision, que nous reconnaissons par avance devoir être pour nous exécutoire et sans appel, si tel est leur bon plaisir.

Dans le cas où ils ne seraient pas d'accord entre eux, ils pourront choisir un tiers-arbitre pour prononcer définitivement, ou s'ils ne sont point d'accord sur la nomination de ce tiers-arbitre, ils pourront le faire nommer par M. le président du tribunal civil.

La production des titres, pièces et mémoires que chacun de nous aura le droit de fournir à son arbitre, devra être faite dans la huitaine ; mais, après ce délai, chacun de nous pourra encore donner à son arbitre ses instructions de vive voix.

Tout étant ainsi réglé entre nous, et les arbitres ayant déclaré accepter cette mission, nous avons signé le présent acte.

Fait double, *ou* triple, *ou* quadruple, etc., à..., le... mil huit cent quarante...   *(Les signatures avec approbation d'écriture.)*

Nota. Si l'appel est rejeté, l'appelant est condamné à l'amende de dix francs, comme s'il s'agissait d'un jugement des tribunaux ordinaires.

Droit fixe d'enregistrement, 1 fr.

Si l'acte est notarié, il se paie par vacations, 5 fr.

ACTE LXXXV.

FORMULE DE PROCÈS-VERBAL D'ARBITRAGE.

L'an mil huit cent quarante... heure de. ., par-devant nous (*noms, prénoms, professions et demeures des arbitres*), réunis dans la maison du sieur..., l'un de nous, ont comparu les sieurs (*noms, etc.*); lesquels nous ont présenté leur compromis fait double *ou* triple, etc., dont l'un est resté ci-joint, et par lequel ils nous ont nommés arbitres à l'effet de juger les contestations nées ou à naître sur *telle affaire*, en premier *ou* en dernier ressort et sans appel, déclarant s'en rapporter entièrement à notre décision et renoncer à tout appel, requête civile ou cassation ; en foi de quoi ils ont signé le présent procès-verbal, après que lecture leur en a été faite, les jour, mois et an que dessus.   *(Les signatures des parties.)*

Et nous, acceptant la mission qu'ils nous ont imposée, nous nous sommes aussitôt constitués en tribunal arbitraire, à l'effet de juger leurs différends, et leur avons ordonné de nous remettre leurs titres, pièces et instructions, pour procéder au jugement définitif et sans appel desdites contestations, suivant qu'il est expliqué au compromis ; en foi de quoi nous avons signé le présent.   *(Les signatures des arbitres.)-*

Nous étant donc constitués en tribunal, les sieurs... ont établi leurs demandes ainsi qu'il suit (*en faire l'explication*), et pour les appuyer, ils nous ont remis *telles* pièces, au nombre de *tant* (*les désigner toutes*), et ils ont signé en cet endroit.   *(Les signatures des demandeurs.)*

Et aussitôt les sieurs... ont répondu pour leur défense (*expliquer ici toutes les réponses données pour la défense*); et à l'appui de leurs réponses, ils nous ont remis *telles* pièces au nombre de *tant*, puis ils ont signé en cet endroit.   *(Les signatures des défendeurs.)*

Après leur avoir donné, aux uns et aux autres, acte de leurs réponses et décharge des pièces qu'ils nous ont produites, nous leur avons promis de nous occuper immédiatement de leur affaire. Ils se sont retirés, et aussitôt nous avons commencé ledit examen, et après mûre délibération, nous avons rendu la décision suivante :

Vu *tels* titres et *telles* pièces, attendu que..., nous avons arrêté et ordonné ce qui suit (*énoncer ici en détail les raisons et la décision*).

Ayant ensuite examiné, etc. (*comme ci-dessus, pour les articles de la décision.*)

Étant restés réunis en séance jusqu'à *telle* heure, nous avons indiqué *tel* jour, à *telle* heure, pour reprendre le cours de nos délibérations, et avons signé le présent procès-verbal les jour, heure, mois et an que dessus.

(Les signatures des arbitres.)

Nota. Chaque séance doit fournir la matière d'un nouveau procès-verbal. Tous les points de la contestation doivent être examinés à part.

Droit fixe d'enregistrement, 1 fr.

Si l'acte est notarié, il se paie par vacations.

ACTE LXXXVI.

FORMULE DE JUGEMENT ARBITRAL A AJOUTER AU DERNIER PROCÈS-VERBAL.

Le... de l'an mil huit cent quarante..., heure de..., nous..., arbitres nommés par compromis des sieurs..., dûment enregistré à..., le..., réunis en séance dans la maison de..., l'un de nous..., avons terminé nos opérations relativement aux contestations qui s'étaient élevées entre les sieurs.... et à la décision desquelles nous avons procédé comme il est expliqué au procès-verbal ci-dessus détaillé, dont jugement :

Vu *tels* titres et *telles* pièces, après avoir entendu les parties et avoir examiné mûrement les demandes et défenses de chacune d'elles, considérant que..., que..., attendu que..., il résulte que les sieurs... sont débiteurs envers les sieurs... de la somme de..., et pour faire droit aux parties, nous déclarons que les sieurs..., par notre jugement arbitral, sont condamnés à payer aux sieurs... ladite somme de..., avec les intérêts à cinq pour cent par année, lesquels intérêts ont commencé à courir le..., et de plus, à payer en outre les frais et dépens qui s'élèvent à la somme totale de... Nous condamnons lesdits sieurs à effectuer ce paiement en totalité dans l'espace de six mois, qui commenceront à courir le... et seront terminés le..., sous peine de se voir contraints par corps audit paiement. Tous les frais que nécessiterait leur retard sont à leur charge. La minute du présent jugement restera déposée entre les mains du sieur..., l'un de nous, qui, en cas de non-exécution d'un ou de plusieurs des articles dudit jugement, la déposera au greffe du tribunal de première instance, afin que les poursuites puissent être commencées. Les pièces produites par les parties leur seront rendues. Délibéré le présent jugement à..., le... de l'année mil huit cent quarante..., par nous arbitres soussignés...

(Les signatures des arbitres.)

Droit fixe d'enregistrement, 3 fr.

C'est un acte d'avoué.

DISPOSITIONS GÉNÉRALES. — Les actes et procédures nuls et frustratoires sont à la charge des officiers ministériels. — Le droit de suivre les actions qui intéressent les communes, est confié aux maires, et à leur défaut, aux adjoints. — Le jour de la signification ni celui de l'échéance ne sont jamais comptés pour le délai général fixé pour les ajournements, les citations, sommations et autres actes faits à personne ou domicile : ce délai est augmenté d'un jour à raison de trois myriamètres (6 lieues communes) de distance ; et quand il y a lieu à voyage, ou envoi et retour, l'augmentation est du double.

Les tribunaux, suivant la gravité des circonstances, peuvent, dans les causes dont ils sont saisis, prononcer, même d'office, des injonctions, supprimer des écrits, les déclarer calomnieux, et ordonner l'impression et l'affiche de leurs jugements.

Aucune signification ni exécution ne peut être faite, depuis le 1er octobre jusqu'au 31 mars, avant six heures du matin, et après six heures du soir ; et depuis le 1er avril jusqu'au 30 septembre, avant quatre heures du matin, et après neuf heures du soir ; non plus que les jours de fête légale, si ce n'est en vertu de permission du juge, dans le cas où il y aurait péril en la demeure.

Les avoués qui ont occupé dans les causes où il est intervenu des jugements définitifs, sont tenus d'occuper sur l'exécution de ces jugements, sans nouveaux pouvoirs, pourvu qu'elle ait lieu dans l'année de la prononciation du jugement.

Toute signification faite à des personnes publiques préposées pour les recevoir, seront visées par elles, sans frais, sur l'original. Tous actes et procès-verbaux du ministère du juge seront faits au lieu où siége le tribunal ; le juge y sera toujours assisté du greffier, qui gardera les minutes et délivrera les expéditions ; en cas d'urgence, le juge pourra répondre en sa demeure les requêtes qui lui seront présentées.

CHAPITRE XXX.

DES PÉTITIONS ET DES CONTRIBUTIONS.

Toute pétition à l'une ou à l'autre des chambres des pairs ou des députés, ne peut être faite et présentée que par écrit. La loi interdit de les présenter en personne et à la barre.

Toute personne a le droit d'adresser des pétitions individuelles à toute autorité constituée. Sont assujettis au droit de timbre établi en raison de la dimension, les pétitions et mémoires, même en forme de lettres, présentés à toute autorité constituée.

La formule d'une pétition est simple ; elle ne doit contenir que le motif ou le sujet de la demande et la demande elle-même. On doit mettre dans une pétition le plus de brièveté possible.

ART. 1er. — DES ALIGNEMENTS. — La première pétition que se trouve obligé de faire un propriétaire, est sans contredit celle de l'alignement. Dans les villes, les alignements pour l'ouverture des nouvelles rues, pour l'élargissement des anciennes qui ne font point partie d'une grande route, ou pour tout autre objet d'utilité publique, sont donnés par les maires, conformément au plan dont les projets ont été adressés aux préfets, transmis avec leurs avis au ministère de l'intérieur, et arrêtés en conseil d'Etat.

Lorsqu'un propriétaire ne s'est pas conformé à l'alignement donné par le maire, la démolition des constructions peut être ordonnée.

Les tribunaux ne sont compétents, ni pour donner des alignements, ni pour modifier ceux qu'a tracés l'administration, ni pour juger les contestations qui s'élèvent à ce sujet, ni pour décider notamment si un alignement donné par un maire est au moins régulier et obligatoire. — Un alignement pour reculement est une mesure de voirie ou de police, contre laquelle il ne peut y avoir recours que vers le supérieur de l'ordre administratif.

Ainsi, le propriétaire qui voudra faire construire ou réparer une maison sera donc obligé, 1° de demander l'alignement au préfet, si cette maison se trouve sur la route royale; 2° de demander l'alignement au maire, si sa maison se trouve sur la route communale.

ACTE LXXXVII.

FORMULE DE PÉTITION A ADRESSER AU PRÉFET OU AU MAIRE, POUR OBTENIR L'ALIGNEMENT.

Monsieur le préfet,

Le sieur N., demeurant à..., rue..., n°..., a l'honneur de vous exposer, que désirant faire exécuter des réparations urgentes à sa maison, sise à..., rue..., n°... (*on doit ici marquer les réparations à faire*), il vous prie de vouloir bien lui faire donner l'alignement, afin qu'il puisse se conformer aux lois et règlements établis pour les constructions ou réparations de cette nature.

Dans l'espoir d'une prompte et satisfaisante réponse, il a l'honneur d'être,

Monsieur le préfet,

Votre très-humble serviteur,   (*La signature.*)

Orléans, le 7 décembre 1844.

Nota. Cette pétition doit être faite sur papier au timbre de 35 centimes. N'est pas du ressort des notaires.

ART. 2. — DES CONTRIBUTIONS. — Les contributions sont de deux espèces, les contributions directes et les contributions indirectes.

Les contributions directes sont au nombre de quatre, savoir : la contribution foncière, la contribution personnelle et mobilière, la contribution des portes et fenêtres, les patentes.

Les contributions indirectes sont : les droits sur les boissons, les cartes à jouer, les douanes, les droits de greffe, l'enregistrement, les hypothèques, la marque d'or et d'argent, les octrois, le sel, le tabac, le timbre et les voitures publiques.

L'impôt foncier n'est jamais consenti que pour un an ; il peut augmenter ou diminuer selon les besoins présents de l'Etat. Il est réparti suivant la population et le revenu territorial.

L'impôt personnel est établi individuellement et équivaut à peu près au produit de deux journées de travail pour chaque individu.

L'impôt mobilier est établi sur la valeur locative de la maison, et doit être environ du cinquième du prix du loyer. Cet impôt est dû pour l'année entière ; ainsi, le locataire qui vient à quitter son logement dans le cours d'une année, doit acquitter ses impôts pour l'année entière, sans quoi celui qui lui a loué le logement demeure responsable du reste de l'impôt à payer. Si cependant le locataire déménageait furtivement, le propriétaire devrait en faire sa déclaration dans les trois jours, afin d'être déchargé de l'impôt dudit locataire.

Il arrive souvent que cet impôt n'est pas justement réparti : 1° parce que les habitations augmentent ou diminuent de valeur ; 2° parce que le locataire prend quelquefois un loyer moindre de celui qu'il occupait auparavant ; 3° parce qu'il y a erreur sur la valeur locative. Dans ce cas, le locataire peut faire une pétition au préfet ou au maire, pour se faire décharger d'une partie de l'impôt. Lorsque la totalité de l'impôt n'excède pas la valeur de trente francs, cette pétition peut être faite sur papier libre ; au-dessus de trente francs, on doit la faire sur papier au timbre de trente-cinq centimes.

ACTE LXXXVIII.

FORMULE DE PÉTITION A ADRESSER AU PRÉFET, AU SOUS-PRÉFET OU AU MAIRE POUR OBTENIR UNE DIMINUTION D'IMPÔT.

Monsieur le préfet,

Le sieur N., demeurant à..., rue de..., n°..., a l'honneur de vous exposer qu'étant porté au rôle des contributions mobilières pour une somme de..., sous le n°..., il se croit en droit de vous adresser une réclamation à l'effet d'obtenir une diminution, car il peut vous faire observer que *telle personne* qui occupe un logement plus spacieux et plus cher, ne paie que *tant*, et que *telle autre personne*, dont le loyer est de *tant*, ne paie que *telle somme*.

Veuillez donc prendre sa demande en considération et croire au profond respect avec lequel il a l'honneur d'être

Votre très-humble serviteur,   (*La signature.*)

Blois, le 2 février 1843.

Nota. Il faut toujours avoir soin de joindre à cette pétition la quittance des premiers douzièmes échus et l'avertissement du percepteur.

N'est pas du ressort des notaires.

ACTE LXXXIX.

FORMULE DE PÉTITION POUR SE FAIRE DÉCHARGER D'UNE PARTIE DE L'IMPÔT A CAUSE DE QUELQUE ACCIDENT SURVENU.

Monsieur le préfet,

La dame N.., demeurant à..., rue de..., n°..., a l'honneur de vous exposer qu'ayant eu le malheur de perdre son mari, elle est restée veuve avec *tant* d'enfants encore trop jeunes pour lui être de quelque secours ; en conséquence, elle se trouve dans l'impossibilité d'acquitter le montant intégral de ses contributions. Elle ose donc vous prier de vouloir bien user d'indulgence à son égard et de la décharger d'une partie dudit impôt. Comptant sur la bienveillance avec laquelle vous vous plaisez à soulager les besoins et les peines de vos administrés, elle a l'honneur de se dire,

Monsieur le préfet,

Votre très-humble.   (*La signature.*)

Clermont, le 15 janvier 1843.

Nota. Ce peu de modèles suffisent pour toutes les circonstances où il sera nécessaire de faire des réclamations de ce genre; il n'y aura qu'une légère différence à observer pour les différents cas.

Nota. Ces ordonnances sont trop familières à ceux qu'elles concernent, pour que nous employions le peu d'espace qui nous reste à les rapporter ici.

N'est pas du ressort des notaires.

§ Ier.

DROITS SUR LES BOISSONS. — Ne sont point assujettis au droit imposé : 1° les boissons qu'un propriétaire fait conduire de son pressoir, ou d'un pressoir public, dans ses caves ou celliers; 2° celles qu'un colon partiaire, fermier ou preneur à bail, remet au propriétaire ou reçoit de lui, en vertu de baux ou d'usages notoires; 3° les vins, cidres et poirés qui sont expédiés par un propriétaire, colon partiaire ou fermier, des caves ou celliers où sa récolte a été déposée, et pourvu qu'ils proviennent de ladite récolte, quels que soient le lieu de la destination et la qualité du destinataire.

La même exemption est accordée aux négociants, marchands en gros, courtiers, facteurs, commissionnaires, distillateurs et débitants, pour les boissons qu'ils font transporter de l'une de leurs caves dans une autre, située dans l'étendue du même département. Le transport des boissons qui sont enlevées pour l'étranger ou pour les colonies françaises est également affranchi du droit de circulation.

Les propriétaires, fermiers ou négociants qui font transporter des vins, des cidres ou des poirés, dans un des cas énoncés ci-dessus, ne sont tenus de se munir que d'un *passavant*, dont le coût est de *vingt-cinq centimes*, le droit de timbre compris. — Un acquit-à-caution, également du coût de 25 centimes, y compris le timbre, pour l'expédition des boissons à l'étranger ou aux colonies françaises.

Les voyageurs ne sont pas tenus de se munir d'expéditions pour les vins destinés à leur usage pendant le voyage, pourvu qu'ils n'en transportent pas au-delà de trois bouteilles par personne.

En cas de contravention aux dispositions de la présente loi, les boissons confisquées sont saisies, et l'amende peut être portée de 100 à 600 francs, suivant la gravité des cas.

La loi du 17 octobre 1830 substitue l'abonnement à l'exercice des préposés de la direction des contributions indirectes, en faveur de tous ceux des débitants qui en feront la demande.

Le droit d'entrée sur les boissons a été supprimé, par la loi du 12 décembre 1830, dans les villes au-dessous de 4,000 âmes. Le droit à la vente en détail est perçu à raison de dix pour cent du prix de vente.

§ II.

Droits sur les cartes a jouer. — Il n'est pas permis de vendre des cartes à jouer non timbrées, sous peine de 100 fr. d'amende. Il doit y avoir dans l'*as de trèfle*, ou tout autre au besoin, une marque distinctive que la régie des contributions indirectes est autorisée à faire imprimer sur le papier qu'elle fournit aux cartiers ; il est défendu à ceux-ci d'employer d'autre papier que celui qui leur aura été livré pour cet objet, à peine de punition de la contravention. Les cartes fabriquées doivent être revêtues d'une bande de contrôle.

§ III.

Droits sur les voitures publiques. — Ils sont réglés par différentes lois et ordonnances, ainsi que la largeur des roues et le poids du chargement des voitures ; lequel poids doit être constaté par les ponts à bascule : la largeur des jantes doit être à raison du poids.

L'ordonnance du 16 juillet 1828 soumet à de nouvelles déclarations devant les préfets, les propriétaires ou entrepreneurs de voitures publiques ; elle confirme ou modifie les dispositions des lois, arrêtés, décrets et ordonnances concernant la construction, le chargement et le poids des voitures, le mode de conduire les voitures attelées de plus de quatre chevaux, la police des relais, des postillons et des voitures sur les routes.

Nota. Ces ordonnances sont trop familières à ceux qu'elles concernent, pour que nous employions le peu d'espace qui nous reste à les rapporter ici.

ART. 3. — DES DIVERSES AUTRES ESPÈCES DE PÉTITIONS. Outre les pétitions dont nous avons parlé dans le présent chapitre, il en est encore un grand nombre de différentes espèces qui, pourtant quant au fond, sont toujours à peu près les mêmes, et ne diffèrent que pour la forme. Ainsi, les principales sont celles que l'on peut adresser : 1° au roi ; 2° à un prince du sang ; 3° aux chambres ; 4° à un ministre.

ACTE XC.

FORMULE DE PÉTITION A ADRESSER AU ROI.

Sire,

Le nommé... a l'honneur de soumettre à votre auguste Majesté, qu'étant père de sept enfants vivants, il a fait la déclaration voulue par la loi, dans les trois mois de la naissance du dernier de ses enfants, au sous-préfet de *tel* arrondissement, à l'effet d'obtenir une nomination gratuite pour *tel* de ses enfants, âgé de dix ans, dans un des colléges royaux de l'Etat. Soit négligence, soit mauvaise volonté de la part du sous-préfet, ma déclaration n'a point été prise en considération, et je n'ai obtenu jusqu'à présent aucun résultat favorable.

J'ose donc aujourd'hui, Sire, porter mes plaintes jusqu'au pied du trône de Votre Majesté, dans l'espoir qu'elle daignera écouter mon humble supplication, et que sa suprême bonté daignera accorder cette faveur à un pauvre père de famille privé des secours de la fortune.

Dans cette confiance, il a l'honneur de se dire, avec le plus profond respect,

Sire,

De Votre Majesté,
Le très-humble et très-obéissant sujet.
(*La signature.*)

Paris, le 17 décembre 1845.

Nota. Tout père de famille ayant sept enfants vivants, peut en désigner un parmi les mâles, lequel, lorsqu'il sera arrivé à l'âge de dix ans, sera élevé aux frais de l'Etat, dans un collége ou dans une école d'arts et métiers. Le choix du père est déclaré au sous-préfet dans le délai de trois mois de la naissance du dernier enfant. Ce délai expiré, la déclaration n'est plus admise. Si le père décède dans les trois mois, le choix appartient à la mère. Si la mère décède dans le même intervalle, le choix appartient au tuteur. (*Loi du 29 nivôse an XIII.*)

N'est pas du ressort des notaires.

ACTE XCI.

FORMULE D'UNE PÉTITION ADRESSÉE A UN PRINCE DU SANG ROYAL.

Monseigneur,

La dame (*nom, prénoms, profession ou qualité et demeure*) ayant éprouvé *tels* malheurs (*les détailler*), et connaissant l'exquise sensibilité de cœur avec laquelle votre Altesse Royale se plaît à venir au secours des infortunés, elle prend la liberté de déposer à vos pieds augustes, sa douleur et ses larmes. Dans la douce confiance qu'il vous plaira d'y apporter quelque soulagement, elle ose se dire avec le plus profond respect,

Monseigneur,

De votre Altesse Royale,

(*La signature.*)

La très-humble servante,

Asnières, le... 1845.

N'est pas du ressort des notaires.

ACTE XCII.

FORMULE DE PÉTITION A ADRESSER A UN MINISTRE.

A son Excellence, Monsieur le Ministre de la Guerre.

Excellence,

Depuis dix ans, le nommé *Pierre N...* est entré au service en qualité de jeune soldat de la classe de... Depuis cette époque, je n'en ai reçu aucune nouvelle ; toutes les démarches que j'ai pu faire jusqu'à présent n'ont amené aucun résultat. Le conseil d'administration du 50e de ligne, où il est resté pendant les trois premières années qui ont suivi son départ, n'a pu me donner que des renseignements équivoques. Je viens donc prier Votre Excellence de vouloir bien ordonner de faire les recherches nécessaires, pour que je puisse enfin savoir ce qu'est devenu mon malheureux fils. Plein de l'espoir que vous voudrez bien prendre en considération la demande et la douleur d'un père affligé,

J'ai l'honneur d'être,

Monsieur le Ministre,

De Votre Excellence,

Le très-humble et très-obéissant serviteur.   (*La signature.*)

Nota. 1° Toutes ces pétitions ne se font pas sur papier timbré. On les écrit sur une feuille de papier double, puis on les plie en quatre, et on les met sous enveloppe cachetée.

2° Les pétitions aux chambres ne diffèrent que par le titre ; ainsi il suffira de mettre : *A Messieurs les Membres de la Chambre des Pairs*, ou *A Messieurs les Membres de la Chambre des Députés*, etc.

N'est pas du ressort des notaires.

ART. 4. — DE QUELQUES LETTRES ADRESSÉES AUX DIFFÉREN-TES ADMINISTRATIONS, ET PRINCIPALEMENT AUX MAIRES. — Une multitude de circonstances se présentent où l'on a besoin de s'adresser directement aux administrations pour obtenir des permissions ou des papiers importants. C'est surtout aux maires que l'on a besoin de recourir pour avoir des certifi-cats ou des extraits, soit de naissance, soit de mariage, soit de décès ; il est donc absolument nécessaire à toute personne de savoir ce qu'il faut faire en pareille circonstance, pour ne pas risquer des démarches souvent infructueuses, et qui ap-portent un retard préjudiciable dans les affaires.

Tout administrateur reçoit *franco* les lettres qui ont rap-port à des opérations concernant son administration ; mais les maires ne sont point exempts de la taxe imposée par la direction des postes pour les affaires qui leur sont adressées par des particuliers. Il faut donc, chaque fois que l'on a be-soin d'écrire à un maire : 1° affranchir sa lettre ; 2° y joindre un bon sur la poste du montant du coût des pièces que l'on réclame.

Voici à peu près le tarif dû pour chaque pièce délivrée par le maire :

Extraits mortuaire, de naissance, de mariage, chacun de . . . .   1 f. 50 c
Publications de bans pour mariage, chacune de . . . . . .   » 70
Recherches sur les registres de l'état civil, chaque année. .   » 25

ACTE XCIII.

FORMULE DE LETTRE A ADRESSER A UN MAIRE POUR OBTENIR
DES EXTRAITS DES REGISTRES.

Monsieur le Maire,

J'ai l'honneur de vous adresser, ci-joint, la somme de..., montant de deux extraits que je vous prie de vouloir bien me faire expédier le plus tôt possible. Le premier est mon extrait de naissance ; il doit se trouver à la date du 27 mars 1806. Le second est mon extrait de mariage à la date du 7 décembre 1836. J'ose compter sur votre prompte et obligeante réponse, et vous prie d'agréer les salutations respectueuses de

Votre très-humble serviteur.

(*La signature et l'adresse à laquelle il faut que les pièces soient expédiées.*)

Rouen, le... 1845.

Nota. Il faut toujours, autant que possible, bien désigner l'année où se trouve l'acte dont on demande l'extrait ; car on s'exposerait à payer des frais de recherches et à occasionner du retard dans l'envoi des pièces.

N'est pas du ressort des notaires.

ACTE XCIV.

FORMULE DE LETTRE A ADRESSER A UN CONSEIL D'ADMINISTRATION, POUR AVOIR DES NOUVELLES D'UN HOMME PRÉSENT SOUS LES DRAPEAUX.

A Messieurs les membres du Conseil d'administration du 23e de ligne, en garnison à...

Messieurs,

Depuis cinq ans que mon fils est entré dans le 23e régiment de ligne, il ne m'a point donné de ses nouvelles ; plusieurs lettres que je lui ai écrites sont restées sans réponse. Veuillez donc, Messieurs, prendre la peine de m'informer vous-mêmes de ce qu'il est devenu, car je suis inquiet sur son compte. Il se nomme *Jacques Binot*, jeune soldat de la classe de 1840.

J'attends, Messieurs, de votre bienveillance, une prompte et satisfaisante réponse, et vous prie de croire au dévoûment respectueux avec lequel j'ai l'honneur d'être,

Messieurs,

Votre très-humble serviteur,
(*La signature et l'adresse.*)

Saint-Doulchard, le 1er avril 1845.

N'est pas du ressort des notaires.

CHAPITRE XXXI.

DES SERVITUDES OU SERVICES FONCIERS.

Une servitude est une charge imposée sur un héritage pour l'usage et l'utilité d'un héritage appartenant à un autre propriétaire. La servitude n'établit aucune prééminence d'un héritage sur l'autre. Elle dérive ou de la situation naturelle des lieux, ou des obligations entre les propriétaires.

ART. 1er. — DES SERVITUDES QUI DÉRIVENT DE LA SITUATION DES LIEUX. — Les fonds inférieurs sont assujettis envers ceux qui sont plus élevés, à recevoir les eaux qui en découlent naturellement, sans que la main de l'homme y ait contribué. — Le propriétaire inférieur ne peut point élever de digue qui empêche cet écoulement. — Le propriétaire supérieur ne peut rien faire qui aggrave la servitude du fonds inférieur.

Celui qui aura une source dans son fonds, peut en user à sa volonté, sauf le droit que le propriétaire du fonds inférieur pourrait avoir acquis par titre ou par prescription. — La prescription, dans ce cas, ne peut s'acquérir que par une jouissance non interrompue pendant l'espace de trente ans, à compter du moment où le propriétaire du fonds inférieur a fait et terminé des ouvrages apparents destinés à faciliter la chute et le cours de l'eau dans sa propriété. — Le propriétaire de la source ne peut en changer le cours, lorsqu'il fournit aux habitants d'une commune, village ou hameau, l'eau qui leur est nécessaire; mais si les habitans n'en ont pas acquis ou prescrit l'usage, le propriétaire peut réclamer une indemnité, laquelle est réglée par experts.

Celui dont la propriété borde une eau courante, autre que celle qui est déclarée dépendance du domaine public, peut s'en servir à son passage, pour l'irrigation de ses propriétés. — Celui dont cette eau traverse l'héritage, peut même en user dans l'intervalle qu'elle y parcourt, mais à la charge de la rendre à la sortie de ses fonds, à son cours ordinaire. — S'il s'élève une contestation entre les propriétaires auxquels ces eaux peuvent être utiles, les tribunaux, en prononçant, doivent concilier l'intérêt de l'agriculture avec le respect dû à la propriété ; et, dans tous les cas, les règlements particuliers et locaux sur le cours et l'usage des eaux doivent être observés.

Tout propriétaire peut obliger son voisin au bornage de leurs propriétés contiguës. Le bornage se fait à frais communs.

Tout propriétaire peut clore son héritage, à moins qu'il ne soit enclavé dans les terres de ses voisins auxquels il est obligé de livrer passage. Le propriétaire qui veut se clore, perd son droit au parcours et vaine pâture, en proportion du terrain qu'il y soustrait.

ART. 2. — DES SERVITUDES ÉTABLIES PAR LA LOI. — Les servitudes établies par la loi ont pour objet l'utilité publique, ou l'utilité des particuliers. — Celles établies pour l'utilité publique ou communale ont pour objet le marche-pied le long des rivières navigables ou flottables, la construction ou réparation des chemins et autres ouvrages publics ou communaux.

Nota. 1° Tout ce qui concerne cette espèce de servitude est déterminé par des lois ou des règlements particuliers.

Nota. 2° La loi assujettit les propriétaires à différentes obligations l'un à l'égard de l'autre, indépendamment de toute convention. Partie de ces obligations est réglée par les lois sur la police rurale; les autres sont relatives au mur et au fossé mitoyens, au cas où il y a lieu à contre-mur, aux vues sur la propriété du voisin, à l'égout des toits, au droit de passage.

§ 1er.

DU MUR ET DU FOSSÉ MITOYENS. — Dans les villes et les campagnes, tout mur servant de séparation entre bâtiments jusqu'à l'héberge, ou entre cours et jardins, et même entre clos dans les champs, est présumé mitoyen, s'il n'y a titre ou marque du contraire. Il y a marque de mitoyenneté, lorsque la sommité du mur est droite et à plomb de son parement d'un côté, et présente de l'autre un plan incliné; lorsqu'il n'y a que d'un côté ou un chaperon ou des filets et corbeaux de pierre qui y auraient été mis en bâtissant le mur. Dans ces cas le mur est censé appartenir exclusivement au propriétaire du côté duquel sont l'égout ou les corbeaux et filets de pierre.

La réparation et la construction du mur mitoyen sont à la charge de tous ceux qui y ont droit, et proportionnellement au droit de chacun. Cependant tout co-propriétaire d'un mur mitoyen peut se dispenser de contribuer aux réparations et reconstructions, en abandonnant le droit de mitoyenneté, pourvu que le mur mitoyen ne soutienne pas un bâtiment qui lui appartienne. — Tout co-propriétaire peut faire bâtir contre un mur mitoyen, et y faire placer des poutres ou solives dans toute l'épaisseur du mur, à cinquante-quatre millimètres (deux pouces près,) sans préjudice du droit qu'a le voisin de faire réduire à l'ébauchoir la poutre jusqu'à la moitié du mur, dans le cas où il voudrait lui-même asseoir des poutres dans le même lieu, ou y adosser une cheminée. — Tout co-propriétaire peut faire exhausser le mur mitoyen; mais il doit payer seul la dépense de l'exhaussement, les réparations d'entretien au-dessus de la hauteur de la clôture commune et en outre l'indemnité de la charge, en raison de l'exhaussement et suivant la valeur. Si le mur mitoyen n'est pas en état de supporter l'exhaussement, celui qui veut l'exhausser doit le faire reconstruire en entier à ses frais, et l'excédant d'épaisseur doit se prendre de son côté. — Le voisin qui n'a pas contribué à l'exhaussement, peut en acquérir la mitoyenneté en payant la moitié de la dépense qu'il a coûté, et la valeur de la moitié du sol fourni pour l'excédant d'épaisseur s'il y en a.

Tout propriétaire joignant un mur, a de même la faculté de le rendre mitoyen en tout ou en partie, en remboursant au maître du mur la moitié de sa valeur, ou la moitié de la valeur de la portion qu'il veut rendre mitoyenne, et moitié de la valeur du sol sur lequel le mur est bâti. — L'un des voisins ne peut pratiquer dans le corps d'un mur mitoyen aucun enfoncement, ni y appliquer ou y appuyer aucun ouvrage sans le consentement de l'autre, ou sans avoir, à son refus, fait régler par experts les moyens nécessaires pour que le nouvel ouvrage ne soit pas nuisible aux droits de l'autre. — Chacun peut contraindre son voisin, dans les villes et faubourgs, à contribuer aux constructions et réparations de la clôture faisant séparation de leurs maisons, cours et jardins assis dans lesdites villes et faubourgs : la hauteur de la clôture sera fixée suivant les règlements particuliers ou les usages constants et reconnus ; et, à défaut d'usage et de règlement, tout mur de séparation entre voisins, qui sera construit ou rétabli à l'avenir, doit avoir au moins trente-deux décimètres (9 *pieds* 8 *pouces*.) de hauteur, compris le chaperon, dans les villes de cinquante mille âmes et au-dessus, et vingt-six décimètres (7 *pieds* 11 *pouces*) dans les autres villes.

Lorsque les différents étages d'une maison appartiennent à divers propriétaires, si les titres de propriétés ne règlent pas le mode de réparations et reconstructions, elles doivent être faites ainsi qu'il suit : les gros murs et le toit sont à la charge de tous les propriétaires, chacun en proportion de la valeur de l'étage qui lui appartient. — Le propriétaire de chaque étage fait le plancher sur lequel il marche. — Le propriétaire du premier étage fait l'escalier qui y conduit ; le propriétaire du second étage fait, à partir du premier, l'escalier qui conduit chez lui, et ainsi de suite.

Lorsqu'on reconstruit un mur mitoyen ou une maison, les servitudes actives et passives se continuent à l'égard du nouveau mur ou de la nouvelle maison, sans toutefois qu'elles puissent être aggravées, et pourvu que la reconstruction se fasse avant que la prescription soit acquise.

Tous fossés entre deux héritages sont présumés mitoyens, s'il n'y a titre ou marque du contraire. — Il y a marque de non mitoyenneté, lorsque la levée ou le rejet de la terre se trouve d'un côté seulement du fossé. — Le fossé est censé appartenir exclusivement à celui du côté duquel le rejet se trouve. — Le fossé mitoyen doit être entretenu à frais communs. — Toute haie qui séparc des héritages est réputée mitoyenne, à moins qu'il n'y ait qu'un seul des héritages en état de clôture, ou s'il n'a titre ou possession suffisante au contraire. — Il n'est permis de planter des arbres de haute tige qu'à la distance prescrite par les règlements particuliers actuellement existants, ou par les usages constants et reconnus; et à défaut de règlements et usages, qu'à la distance de deux mètres de la ligne séparative des deux héritages, pour les autres arbres et haies vives. — Le voisin peut exiger que les arbres et haies plantés à une moindre distance soient arrachés. — Celui sur la propriété duquel avancent les branches des arbres du voisin, peut contraindre celui-ci à couper ces branches. — Si ce sont les racines qui avancent sur son héritage, il a droit de les y couper lui-même. — Les arbres qui se trouvent dans la haie mitoyenne sont mitoyens comme les haies; et chacun des deux propriétaires a le droit de requérir qu'ils soient abattus.

§ II.

DE LA DISTANCE ET DES OUVRAGES INTERMÉDIAIRES REQUIS POUR CERTAINES CONSTRUCTIONS. — Celui qui fait creuser un puits ou une fosse d'aisances près d'un mur mitoyen ou non ; celui qui veut y construire une cheminée ou âtre, forge, four ou fourneau, y adosser une étable, ou établir contre ce mur un magasin de sel, ou amas de matières corrosives, est obligé à laisser la distance prescrite par les règlements et usages particuliers sur ces objets, ou à faire les ouvrages prescrits par les mêmes règlements et usages, pour éviter de nuire au voisin.

§ III.

DES VUES SUR LA PROPRIÉTÉ DE SON VOISIN. — L'un des voisins ne peut, sans le consentement de l'autre, pratiquer dans le mur mitoyen aucune fenêtre ou ouverture, en quelque manière que ce soit, même à verre dormant. — Le propriétaire d'un mur non mitoyen, joignant immédiatement l'héritage d'autrui, peut pratiquer dans ce mur des jours ou fenêtres à fer maillé et verre dormant. — Ces fenêtres doivent être garnies d'un treillis de fer, dont les mailles auront un décimètre (*trois pouces huit lignes*) d'ouverture au plus, et d'un châssis à verre dormant. — Ces fenêtres au jour ne peuvent être établies qu'à 26 décimètres (*sept pieds onze pouces*) au-dessus du plancher au sol de la chambre qu'on veut éclairer, si c'est à rez-de-chaussée, et à 19 décimètres (*cinq pieds dix pouces*) au-dessus du plancher, pour les étages supérieurs. — On ne peut avoir des vues droites ou fenêtres d'aspect, ni balcons ou autres semblables saillies sur l'héritage clos ou non clos de son voisin, s'il n'y a dix-neuf décimètres de distance entre le mur où on les pratique et ledit héritage. — On ne peut avoir des vues par côté ou obliques sur le même héritage, s'il n'y a six décimètres (*deux pieds*) de distance. — La distance dont il est parlé ci-dessus se compte depuis le parement extérieur du mur où l'ouverture se fait, et, s'il y a balcons ou autres semblables saillies, depuis leur ligne extérieure jusqu'à la ligne de séparation des deux propriétés.

§ IV.

DE L'ÉGOUT DES TOITS. — Tout propriétaire doit établir des toits de manière que les eaux pluviales s'écoulent sur son terrain ou sur la voie publique; il ne peut les faire verser sur le fonds de son voisin.

§ V.

DU DROIT DE PASSAGE. — Le propriétaire dont les fonds sont enclavés, qui n'a aucune issue sur la voie publique, peut réclamer un passage sur les fonds de ses voisins, pour l'exploitation de son héritage, à la charge d'une indemnité proportionnée au dommage qu'il peut occasionner. — Le passage doit régulièrement être pris du côté où le trajet est le plus court du fonds enclavé à la voie publique. — Néanmoins, il doit être fixé dans l'endroit le moins dommageable à celui sur le fonds duquel il est accordé. — L'action en indemnité est prescriptible; et le passage doit être continué, quoique l'action en indemnité ne soit plus recevable.

ART. 3. — DES SERVITUDES ÉTABLIES PAR LE FAIT DE L'HOMME.

§ Ier.

DES DIVERSES ESPÈCES DE SERVITUDES QUI PEUVENT ÊTRE ÉTABLIES SUR LES BIENS. — Il est permis aux propriétaires d'établir sur leurs propriétés, ou en faveur de leurs propriétés, telles servitudes que bon leur semble, pourvu néanmoins que les services établis ne soient imposés ni à la personne, ni en faveur de la personne, mais seulement à un fonds et pour un fonds; et pourvu que ces services n'aient d'ailleurs rien de contraire à l'ordre public. — L'usage et l'étendue des servitudes ainsi établies se règlent par le titre qui les constitue; à défaut de titres, par les règles ci-après :

Les servitudes sont établies ou pour l'usage des bâtiments, ou pour celui des fonds de terre. Celles de la première espèce s'appellent *urbaines*, soit que les bâtiments auxquels elles sont dues soient situés à la ville ou à la campagne. Celles de la seconde espèce se nomment *rurales*.

Les servitudes sont ou continues, ou discontinues. Les servitudes continues sont celles dont l'usage est ou peut être continuel sans avoir besoin du fait actuel de l'homme : tels sont les conduits d'eau, les égouts, les vues et autres de cette espèce. Les servitudes discontinues sont celles qui ont besoin du fait actuel de l'homme pour être exercées : tels sont les droits de passage, puisage, pacage et autres semblables.

Les servitudes sont apparentes ou non apparentes. Les servitudes apparentes sont celles qui s'annoncent par des ouvrages extérieurs, tels qu'une porte, une fenêtre, un aqueduc. Les servitudes non apparentes sont celles qui n'ont pas de signe extérieur de leur existence, comme, par exemple, la prohibition de bâtir sur un fonds ou de ne bâtir qu'à une hauteur déterminée.

§ II.

COMMENT S'ÉTABLISSENT LES SERVITUDES. — Les servitudes continues et apparentes s'acquièrent par titre ou par la possession de 30 ans. — Les servitudes continues non apparentes et les servitudes discontinues apparentes ou non apparentes ne peuvent s'établir que par titres. La possession même immémoriale ne suffit pas pour les établir, sans cependant qu'on puisse attaquer aujourd'hui les servitudes de cette nature déjà acquises par la possession, dans les pays où elles pouvaient s'acquérir de cette manière. La destination du père de famille vaut titre à l'égard des servitudes continues et apparentes. Il n'y a destination du père de famille que lorsqu'il est prouvé que les deux fonds actuellement divisés ont appartenu au même propriétaire, et que c'est par lui que les choses ont été mises dans l'état duquel résulte la servitude. Si le propriétaire de deux héritages entre lesquels il existe un signe apparent de servitude dispose de l'un des héritages sans que le contrat contienne aucune convention relative à la servitude, elle continue d'exister activement ou passivement en faveur du fonds aliéné ou sur le fonds aliéné. — Le titre constitutif de la servitude, à l'égard de celles qui ne peuvent s'acquérir par la prescription, ne peut être remplacé que par un titre récognitif de la servitude, et émané du propriétaire du fonds asservi. — Quand on établit une servitude, on est censé accorder tout ce qui est nécessaire pour en user. Ainsi la servitude de puiser de l'eau à la fontaine d'autrui emporte nécessairement le droit de passage.

§ III.

DES DROITS DU PROPRIÉTAIRE DU FONDS AUQUEL LA SERVITUDE EST DUE. — Celui auquel est due une servitude a droit de faire tous les ouvrages nécessaires pour en user et pour la conserver. — Ces ouvrages sont à ses frais et non à ceux du propriétaire du fonds assujetti, à moins que le titre d'établissement de la servitude ne dise le contraire. — Dans le cas même où le propriétaire du fonds assujetti est chargé par le titre de faire à ses frais les ouvrages nécessaires pour l'usage ou la conservation de la servitude, il peut toujours s'affranchir de la charge, en abandonnant le fonds assujetti au propriétaire du fonds auquel la servitude est due. — Si l'héritage pour lequel la servitude a été établie vient à être divisé, la servitude reste due pour chaque portion, sans néanmoins que la condition du fonds assujetti soit aggravée. Ainsi, par exemple, s'il s'agit d'un droit de passage, tous les co-propriétaires seront obligés de l'exercer par le même endroit. — Le propriétaire du fonds débiteur de la servitude ne peut rien faire qui tende à en diminuer l'usage ou à le rendre plus incommode. Ainsi, il ne peut changer l'état des lieux, ni transporter l'exercice dans un endroit différent de celui où elle a été primitivement assignée. Mais, cependant, si cette assignation primitive était devenue plus onéreuse au propriétaire du fonds assujetti, ou si elle l'empêchait d'y faire des réparations avantageuses, il pourrait offrir au propriétaire de l'autre fonds un endroit aussi commode pour l'exercice de ses droits, et celui-ci ne pourrait pas le refuser. — De son côté, celui qui a un droit de servitude ne peut en user que suivant son titre, sans pouvoir faire, ni dans le fonds qui doit la servitude, ni dans le fonds à qui elle est due, de changement qui aggrave la condition du premier.

§ IV.

COMMENT LES SERVITUDES S'ÉTEIGNENT. — Les servitudes cessent lorsque les choses se trouvent en tel état qu'on ne peut plus en user. — Elles reviennent si les choses sont rétablies de manière qu'on puisse en user, à moins qu'il ne se soit déjà écoulé un espace de temps suffisant pour faire présumer l'extinction de la servitude. — Toute servitude est éteinte lorsque le fonds à qui elle est due et celui qui la doit sont réunis dans la même main. La servitude est éteinte par le non usage pendant trente ans. — Les 30 ans commencent à courir, selon les diverses espèces de servitudes, ou du jour où l'on cesse d'en jouir, lorsqu'il s'agit de servitudes discontinues, ou du jour où il a été fait un acte contraire à la servitude, lorsqu'il s'agit de servitudes continues. — Le mode de servitude peut se prescrire comme la servitude même, et de la même manière. — Si l'héritage en faveur duquel la servitude est établi appartient à plusieurs indivis, la jouissance de l'un empêche la prescription à l'égard de tous. Si parmi les co-propriétaires il s'en trouve un contre lequel la prescription n'ait pu courir, comme un mineur, il aura conservé le droit de tous les autres.

CHAPITRE XXXII.

DES DIFFÉRENTES MANIÈRES DONT ON ACQUIERT LA PROPRIÉTÉ.

La propriété des biens s'acquiert et se transmet par succession, par donations entre-vifs ou testamentaires, et par l'effet des obligations. — La propriété s'acquiert aussi par accession ou incorporation, et par prescription. — Les biens qui n'ont pas de maître appartiennent à l'État. Il est des choses qui n'appartiennent à personne et dont l'usage est commun à tous. Des lois de police règlent la manière d'en jouir. — La faculté de chasser ou de pêcher est également réglée par des lois particulières. — La propriété d'un trésor appartient à celui qui le trouve dans son propre fonds : si le trésor est trouvé dans le fonds d'autrui, il appartient pour moitié à celui qui l'a découvert, et pour l'autre moitié au propriétaire du fonds. — Le trésor est toute chose cachée ou enfouie, sur laquelle personne ne peut justifier sa propriété et qui est découverte par le pur effet du hasard. — Les droits sur les effets jetés à la mer, sur les objets que la mer rejette, de quelque nature qu'ils puissent être, sur les plantes et herbages qui croissent sur les rivages de la mer, sont aussi réglés par des lois particulières. Il en est de même des choses perdues dont le maître ne se représente pas. — L'usufruitier n'a aucun droit à un trésor qui pourrait être découvert pendant la durée de son usufruit, parce qu'un trésor n'est point un fruit de l'héritage, et qu'il ne peut se reproduire. — L'usufruitier n'a aucun droit aux mines et carrières, ni aux tourbières, et dont l'exploitation n'est point encore commencée, *ni au trésor* qui pourrait être découvert pendant la durée de l'usufruit.

Nota. 1° Les biens sont immeubles, ou par leur nature, comme des fonds de terre, des bâtiments, etc., ou par leur destination, comme les animaux attachés à la culture, les ustensiles aratoires, les pigeons des colombiers, les ruches à miel, etc., ou par l'objet auquel ils s'appliquent, comme l'usufruit des choses immobilières, les servitudes ou services fonciers, les actions qui tendent à revendiquer un immeuble.

2° Les biens sont meubles par leur nature, comme les animaux et les choses qui peuvent se transporter d'un lieu à l'autre, ou par la détermination de la loi comme les obligations et actions qui ont pour objet des sommes exigibles ou des effets mobiliers, les rentes perpétuelles ou viagères, soit sur l'État, soit sur des particuliers. — La vente d'une maison pour la démolir constitue une *vente mobilière*. Il en est de même de la vente de la superficie d'une haute futaie non mise en coupe réglée — Toute rente est essentiellement rachetable. Seulement il est permis aux créanciers de régler les clauses et conditions du rachat. *Voyez les articles suivants du code civil relatifs aux bateaux, bacs, navires, moulins, bains sur bateaux et autres matériaux sur les édifices, etc.*

3° Les particuliers ont la libre disposition de biens qui leur appartiennent, mais sous les modifications établies par les lois, notamment par les lois de police. On ne souffrirait pas qu'un propriétaire ne fît pas réparer ou démolir sa maison qui tomberait de vétusté, et qui compromettrait la sûreté des citoyens. Les biens qui n'appartiennent point à des particuliers appartiennent à l'État, ou à des communes, ou à des hospices, ou à des établissements publics. Ces biens sont administrés et ne peuvent être aliénés que dans les formes et suivant les règles qui leur sont particulières. — On peut avoir sur les biens, ou un droit de propriété, ou un simple droit de jouissance, ou seulement des services fonciers à prétendre.

4° La propriété est le droit de jouir ou de disposer des choses de la manière la plus absolue, pourvu qu'on n'en fasse pas un usage prohibé par les lois ou par les réglements.

5° Le propriétaire d'un mur mitoyen n'a pas le droit d'obstruer par des constructions (*par exemple, en bâtissant un escalier*) des jours qui existent depuis un temps immémorial. La circonstance que ce mur est mitoyen ne change rien au droit de servitude acquis au fonds dominant, soit par titre, soit par prescription. (*Arrêt de la cour de cassation du 15 janvier 1825.*)

CHAPITRE XXXIII.

DES BREVETS D'INVENTION.

Tout inventeur d'une fabrique nouvelle ou d'un moyen à

ajouter à une fabrication quelconque un nouveau genre de perfection, a droit de se faire délivrer un *brevet d'invention* pour cinq, dix ou quinze ans, à son choix; et, pendant ce temps, il a le privilége exclusif de l'exploitation de sa découverte. Sur son propre brevet, il peut en prendre un autre *d'addition*, de *changement* ou de *perfectionnement.*

L'individu qui apporte en France une découverte étrangère a le même avantage que s'il était l'inventeur; le brevet qu'on lui délivre est appelé *d'importation.*

Nota. Les brevets sont délivrés sur une simple demande : l'autorité ne répond aucunement de la garantie des inventions, quant à la bonté ou à l'utilité plus grande que ce qui était déjà connu dans le même genre; elle ne se livre pas à un examen scrupuleux pour s'en assurer; la raison en est que pour faire épreuve des procédés nouveaux de l'inventeur, il faudrait qu'il dévoilât son secret, et cette révélation pourrait devenir préjudiciable à ses intérêts. En conséquence, si d'un côté l'autorité respecte trop les droits des inventeurs pour craindre de les exposer à produire en public le secret d'une découverte qui doit leur rapporter de grands avantages, d'un autre côté, nous nous faisons un devoir de prévenir nos lecteurs contre ces sublimes démonstrations qu'emploie malheureusement trop souvent le charlatanisme pour tromper la crédulité publique par ces mots emphatiques de *brevets d'invention,* de *brevets accordés par le roi*; car tout cela ne signifie rien et ne porte aucune recommandation.

Pour obtenir un brevet, il faut d'abord présenter une pétition au préfet du département dans lequel on demeure; on joint à cette pétition un mémoire descriptif de la découverte, avec les plans, modèles et échantillons, le tout est remis au préfet sous enveloppe cachetée. En même temps, l'auteur de la découverte joint à ce paquet une somme de *cinquante* francs pour frais d'expédition, et une taxe de 300 fr., 800 fr. ou 1,500 fr., suivant celui des trois termes pour lequel il demande son brevet. La moitié de la taxe seulement est payable d'abord, en fournissant la soumission de la solder six mois après la date du brevet. Il y aurait déchéance prononcée si l'on manquait à cet engagement.

La pétition et le mémoire cacheté sont transmis de la préfecture au ministère du commerce ; la demande y est enregistrée, et un certificat est expédié à l'auteur : il lui tient lieu de brevet. A la fin de chaque trimestre, une ordonnance du roi ratifie les certificats délivrés et proclame les brevets ; elle est insérée au *Bulletin des lois*. Les années pour lesquelles le brevet est acquis, ainsi que les effets et les droits qui en résultent, datent du jour de la délivrance du certificat.

Entre deux concurrents pour la même invention, le privilége reste à celui dont le dépôt de la pétition et du mémoire descriptif a été enregistré le premier à la préfecture du département.

Celui qui a été breveté pour une découverte nouvelle, peut exploiter cette découverte par toute la France ; il peut même former autant d'établissements qu'il le juge à propos. Il peut céder son privilége en tout ou en partie ; la cession, qui ne peut être faite que devant notaire, doit, à la diligence des deux parties, à peine de nullité, être enregistrée à la préfecture et dans les bureaux du ministre, sur le certificat du préfet. Autrefois, la loi ne permettait pas qu'un brevet fût exploité par actions ; le décret du 25 novembre 1806 a fait cesser cet empêchement.

Au terme ou à la déchéance du brevet d'invention, la découverte appartient au public, et tout industriel a le droit de l'exploiter à son profit. Alors les mémoires et dessins passent des bureaux des ministres où ils restaient déposés, au conservatoire des arts, pour que chacun en prenne connaissance. Ils sont publiés par les soins du directeur de cet établissement, et ce recueil peut utilement servir aux fabricants et à tous ceux qui s'occupent d'arts et d'industrie.

Il y a déchéance du brevet, si, dans le cours de deux années de sa date, l'auteur n'a pas fait usage de sa découverte, à moins qu'il ne fournisse des raisons valables de son retard. — Il y a encore déchéance, quand la prétendue découverte était déjà connue ou consignée dans un livre imprimé ;

quand il y a contestation à cet égard entre deux concurrents, ce sont les tribunaux qui en décident.

Le possesseur du brevet est fondé, moyennant qu'il fournisse une caution, à faire saisir les objets qu'il prétend être de contrefaçon. Le contrefacteur est assigné devant le juge-de-paix, qui, vérification faite et les parties entendues avec leurs témoins, prononce par un jugement exécutoire par provision et nonobstant l'appel. S'il y a contrefaçon, la peine est la confiscation avec les dommages-intérêts envers le breveté, et une amende égale au quart de ces dommages, sans dépasser 3,000 fr., ou le double en cas de récidive.

TARIF DES DROITS A PAYER POUR L'OBTENTION DES BREVETS.

Pour un brevet de cinq ans.	500 f.
Brevet de dix ans.	800
Brevet de quinze ans.	1500
Pour un certificat de perfectionnement ou d'addition.	24
Droit de prolongation du brevet.	600
Enregistrement du brevet de prolongation.	12
Enregistrement d'une concession de brevet en tout ou en partie.	18
Pour la recherche de la communication d'une description.	12

TARIF DES DROITS A PAYER AU SECRÉTARIAT DE LA PRÉFECTURE.

Pour le procès-verbal de remise d'une description de quelques perfectionnements, changements, additions, et de pièces relatives.	15
Pour l'enregistrement d'une cession de brevet en tout ou en partie.	2
Pour communication du catalogue ou droit de recherche.	5

Nota. La durée des brevets d'importation est la même que celle des brevets d'invention. (*Loi du 15 août 1810.*)

ACTE XCV.

FORMULE DE PÉTITION A ADRESSER AU PRÉFET POUR OBTENIR UN BREVET D'INVENTION.

Monsieur le préfet,

J'ai l'honneur de vous adresser ci-joint un mémoire descriptif avec les plans, modèles et échantillons de l'heureuse découverte que je viens de faire après de longues veilles et de pénibles travaux ; veuillez transmettre à monsieur le ministre du commerce, toutes ces pièces et lui demander en ma faveur un brevet de *tant* d'années ; afin que je puisse enfin profiter des résultats de mon immense travail. Plein de l'espoir que votre sollicitude ne mettra aucun retard dans l'expédition de ces pièces, j'ai l'honneur d'être avec respect,

Monsieur le préfet,

Votre très-humble serviteur.   (La signature.)

Nota. Joindre à ces pièces la somme de 50 francs et l'obligation de payer le prix du brevet, dès qu'on l'aura obtenu.

N'est pas reçu par les notaires.

CHAPITRE XXXIV.

RÈGLEMENTS DES MANUFACTURES ET FABRIQUES.

Art. 1er. — Règlements pour les manufactures, police des ouvriers, marque des ouvrages. — On peut diviser la police des ateliers : 1° en règlements destinés à garantir la bonne fabrication ; 2° Ceux qui concernent la police des ouvriers ; 3° ceux qui garantissent les marques et la propriété des fabricants ; 4° enfin ceux qui ont pour objet de prévenir les dangers ou inconvénients de l'établissement de certains ateliers dans les villes.

Art. 1er. — Police des ouvriers. — Un point d'une grande importance dans l'exercice de l'industrie, est la bonne police relative aux ouvriers pour prévenir les désordres qu'ils pourraient occasionner par leur insubordination ou par leurs prétentions ; c'en est également un pour empêcher que les maîtres et les chefs d'ateliers ne méconnaissent les droits de la justice, et ne cherchent à priver les ouvriers d'un juste salaire. Tel a été l'objet d'une loi spéciale du mois de germinal an XI, sur la police des ouvriers ; une de ses dispositions porte :

« Toute coalition entre ceux qui font travailler des ou-

» vriers, tendant à forcer injustement et abusivement l'abais-
» sement des salaires, suivie d'une tentative, ou d'un com-
» mencement d'exécution, sera punie d'un emprisonnement
» de six jours à un mois, et d'une amende de deux cents fr.
» à trois mille francs.

» ART. 2. — COALITION DES OUVRIERS. — Toute coalition
» des ouvriers pour faire cesser en même temps de travailler,
» interdire le travail dans un atelier, empêcher de s'y rendre
» et d'y rester avant ou après certaines heures et en général
» pour suspendre, empêcher, enchérir les travaux, sera pu-
» nie d'un emprisonnement d'un mois au moins et de trois
» mois au plus. Les chefs ou moteurs seront punis d'un em-
» prisonnement de deux ans à cinq ans.

» Seront punis de la même peine, et d'après les mêmes
» distinctions, les ouvriers qui auront prononcé des amen-
» des, des défenses, des interdictions ou toutes prescriptions
» sous le nom de *damnations*, et sous quelque qualification
» que ce puisse être, soit contre les directeurs d'ateliers et
» entrepreneurs d'ouvrages, soit les uns contre les autres.
» Dans les cas ci-dessus énoncés, les chefs ou moteurs du
» délit pourront, après l'expiration de leur peine, être mis
» sous la surveillance de la haute police pendant deux ans
» au moins et cinq ans au plus. »

ART. 3. — APPRENTISSAGE. — Les contrats d'apprentissage
consentis entre majeurs, ou par des mineurs avec le concours
de ceux sous l'autorité desquels ils sont placés, ne pourrront
être résolus, sauf l'indemnité en faveur de l'une ou de l'autre
des parties, que dans les cas suivants :

1° D'inexécution des engagements de part et d'autre; 2° de
mauvais traitements de la part des maîtres; 3° d'inconduite
de la part de l'apprenti ; 4° si l'apprenti s'est obligé à donner,
pour tenir lieu de restitution pécuniaire, un temps de travail dont la valeur serait jugée excéder le prix ordinaire des
apprentissages.

« Le maître ne pourra, sous peine de dommages et intérêts, retenir l'apprenti au-delà de son temps, ni lui refuser un *congé d'acquit*, quand il aura rempli ses engagements. Les dommages et intérêts seront au moins du triple du prix des journées depuis la fin de l'apprentissage.

» Nul individu employant des ouvriers, ne pourra recevoir un apprenti sans *congé d'acquit* sous peine de dommages-intérêts envers son maître. »

ART. 4.—LIVRET DES OUVRIERS. — Nul ne pourra, sous les mêmes peines, recevoir un ouvrier s'il n'est porteur d'un *livret*, portant le certificat d'acquit d'engagements, délivré par celui de chez qui il sort.

« L'engagement d'un ouvrier ne pourra excéder un an, à moins qu'il ne soit contre-maître, conducteur des autres ouvriers, ou qu'il n'ait un traitement et des conditions stipulées par un acte exprès. »

Nota. Un arrêté du gouvernement du 9 frimaire an XII a réglé la forme de l'emploi du livret dont il est parlé ci-dessus. Ce livret, qui est délivré à Paris à la préfecture de police, l'est à Marseille, Lyon, Bordeaux, par un commissaire de police, et dans les autres villes, par le maire ou l'un de ses adjoints; il est sur papier libre ; il contient les nom, prénoms, âge, le lieu de naissance, le signalement et la désignation de la profession de l'ouvrier, ainsi que le nom du maître chez qui il travaille.

Tout manufacturier, entrepreneur, et généralement toute personne employant des ouvriers, sont tenus, quand ces ouvriers sortent de chez eux, d'inscrire sur leurs livrets un congé portant acquit de leurs engagements, s'ils les ont remplis.

L'ouvrier est tenu de faire inscrire le jour de son entrée sur son livret, par le maître chez lequel il se propose de travailler, ou à son défaut par un commissaire de police, le maire ou l'adjoint de la commune.

Si la personne qui a employé l'ouvrier refuse, sans motif légitime, de remettre le livret ou de délivrer le congé, il sera procédé contre elle suivant le mode établi par la loi, ainsi qu'il est exprimé ci-dessus.

L'ouvrier qui aura reçu des avances sur son salaire ou contracté l'engagement de travailler un certain temps, ne pourra exiger la remise de son livret et la délivrance de son congé qu'après avoir acquitté sa dette par son travail et rempli ses engagements.

S'il arrive que l'ouvrier soit obligé de se retirer parce qu'on lui refuse du travail ou son salaire, son livret et son congé lui seront remis, encore qu'il n'ait pas remboursé les avances qui lui ont été faites ; seulement le créancier aura le droit de mentionner la dette sur le livret. (*Article 8 de l'arrêté du gouvernement.*)

Nota. Dans le cas précédent, ceux qui emploieront ultérieurement l'ouvrier, feront, jusqu'à entière libération sur le produit de son travail, une retenue au profit du créancier. Cette retenue ne pourra en aucun cas excéder les deux dixièmes du salaire journalier de l'ouvrier ; lorsque la dette sera acquittée, il en sera fait mention sur le livret.

Le premier livret d'un ouvrier lui sera délivré, 1° sur la présentation de son acquit d'apprentissage ; 2° sur la demande de la personne chez laquelle il aura travaillé, ou enfin sur l'affirmation de deux personnes patentées de sa profession et domiciliées, portant que le pétitionnaire est libre de tout engagement.

Si le livret de l'ouvrier était perdu, il pourrait, sur la représentation de son passeport, obtenir la permission provisoire de travailler, mais sans pouvoir être autorisé à aller dans un autre lieu ; ou à la charge de donner à l'officier de police du lieu, la preuve qu'il est libre de tout engagement, et tous les renseignements nécessaires pour obtenir un nouveau livret, sans lequel il ne pourra partir.

Art. 5. — Marques des étoffes et autres produits des manufactures. — La marque que les fabricants sont autorisés à appliquer aux produits de leur industrie, forme une des principales parties de leurs droits, et sert à caractériser leur invention ou propriété.

Tout marchand fabricant qui voudra pouvoir revendiquer

devant les tribunaux la propriété de sa *marque*, sera tenu d'en adopter une, assez distincte des autres marques pour qu'elles ne puissent être confondues et prises l'une pour l'autre. *(Décret du* 20 *février* 1810.)

Indépendamment du dépôt de la marque au tribunal de commerce, ordonné par la loi du 22 germinal an XI, nul ne peut être admis à intenter une action en contrefaçon de sa marque, s'il n'a en outre déposé un modèle de cette marque au greffe du tribunal de commerce. — Il doit être dressé procès-verbal du dépôt, sur un registre en papier timbré, ouvert à cet effet ; une expédition en sera remise au fabricant, pour lui servir de titre contre les contrefacteurs.

Nota. S'il était nécessaire, comme dans les ouvrages de quincaillerie et de coutellerie, de faire empreindre la marque sur des tables particulières, le fabricant paiera une somme de *six francs* entre les mains du receveur de la commune, et il ne pourra intenter une action en contrefaçon de sa marque, s'il ne l'a faite sur ces tables, qui seront déposées au tribunal de commerce : il est payé *trois francs* pour l'expédition d'un procès-verbal de dépôt d'une marque quelconque (*Décret du 5 septembre* 1818.)

La saisie des ouvrages dont la marque aurait été contrefaite, a lieu sur la simple réquisition du propriétaire de cette marque, justifiée par l'exhibition du procès-verbal de dépôt : les officiers de police sont tenus de l'effectuer sur la présentation de ce procès-verbal ; ils renverront ensuite les parties devant le conseil de prud'hommes, s'il y en a dans la commune ; s'il n'y en a pas, le juge-de-paix prendra connaissance de l'affaire. Le jugement du conseil des prud'hommes ou du juge-de-paix, en pareil cas, est exécutoire, provisoirement et nonobstant l'appel, jusqu'à une valeur de 300 fr., sans qu'il soit besoin, pour celui qui a obtenu gain de cause, de fournir caution ; au-dessus de 300 fr., la caution est exigée.

Le jugement est définitif et sans appel, si la condamnation n'excède pas 100 fr. en capital et accessoires.

Dans le cas d'appel, il est porté devant le tribunal civil, s'il n'y en a pas de commerce.

Dans le cas où la dénonciation pour contrefaçon ne serait pas fondée, celui qui l'aura faite est condamné à des dommages-intérêts, proportionnés au trouble et au préjudice qu'il aura causés. — Tout jugement emportant condamnation pour contrefaçon de marque de fabrique, est imprimé aux frais du contrefacteur, sans que les parties intéressées puissent transiger à cet égard. (*Décret du 5 septembre* 1810.)

ART. 6. — DROIT DE GARANTIE DES OUVRAGES D'OR ET D'ARGENT. — Aucun commerce n'aurait été plus susceptible de favoriser la fraude que celui des matières d'or et d'argent, si le gouvernement n'y avait paré par de sages règlements.

Tout individu qui veut exercer la profession de fabricant d'ouvrages d'or et d'argent, est tenu de faire sa déclaration au préfet du département et à la mairie de la commune où il réside, et de faire insculpter dans ces deux administrations son poinçon particulier, avec son nom, sur une planche de cuivre destinée à cet effet. Celui qui ne veut faire que le commerce d'or et d'argent, est dispensé d'avoir un poinçon ; il n'est tenu que de faire sa déclaration à la mairie.

Les fabricants et marchands d'or, d'argent, ouvriers ou non ouvriers, sont obligés d'avoir un livre coté et paraphé par le préfet ou sous-préfet, sur lequel ils inscriront la nature, le nombre, le titre et le poids des ouvrages d'or et d'argent qu'ils achèteront ou vendront, avec la demeure de ceux dont ils les auront achetés.

Les fabricants sont obligés de porter au bureau de garantie de leur arrondissement, leurs ouvrages pour y être essayés, titrés et marqués, ou simplement revêtus des empreintes d'un poinçon. — Les fabricants et marchands d'ouvrages d'or et d'argent, doivent remettre aux acheteurs des bordereaux énonciatifs de l'espèce, du titre et du poids des ouvrages qu'ils leur auront vendus. — Les contraventions à ces règlements sont punies, la première fois d'une amende de 200 fr.; la seconde, d'une amende de 500 fr.; la troisième, de 1,000 fr.; avec interdiction de commerce d'orfévrerie, pour

22

celui qui les aurait encourues. — Les marchands de galons et broderies en or et argent sont sujets aux mêmes règlements, en ce qui les concerne.

Les marchands ambulants et faisant le commerce d'or et d'argent, sont tenus, à leur arrivée dans une commune, de se présenter au sous-préfet ou au maire, et de lui montrer les bordereaux des orfèvres qui leur auront vendu les ouvrages d'or et d'argent dont ils sont porteurs. — Le maire ou le sous-préfet fera saisir et remettre au tribunal de police correctionnelle les ouvrages d'or et d'argent qui ne seraient pas accompagnés de bordereaux, ou ne seraient pas revêtus des poinçons et marques prescrites. Les contraventions qu'ils auraient faites, seront punies des mêmes peines que celles énoncées ci-dessus. (*Loi du* 19 *brumaire an VI.*)

Nota. D'après l'article 425 du code pénal, les peines ci-dessus énoncées ne s'appliquent qu'à ceux qui vendraient pour fins des ouvrages d'or ou d'argent faux; la loi du 19 brumaire les prononce contre les contraventions aux règlements de police, relatives aux marques et déclarations aux autorités.

Art. 7. — De quelques autres peines contre la violation des règlements relatifs aux manufactures.

Après avoir prononcé les peines déjà prescrites par la loi du 22 germinal an XI, contre les coalitions des ouvriers ou des maîtres qui peuvent porter atteinte aux travaux des ateliers, le code ajoute :

« Quiconque, dans l'intention de nuire à l'industrie française, aura fait passer en pays étrangers des directeurs, commis ou des ouvriers d'un établissement, sera puni d'un emprisonnement de *six mois* à *deux ans,* et d'une amende de 50 à 60 fr. — Tout directeur, commis ou ouvrier de fabrique, qui aura communiqué à des étrangers ou à des Français résidant en pays étrangers, des secrets de la fabrique où il est employé, sera puni *de la réclusion* et d'une amende de 500 fr. à 20,000 fr. — Si ces secrets ont été communiqués à des Français résidant en France, la peine sera d'un *emprisonne-*

ment *de six mois* à *deux ans*, et d'une amende de 16 francs à 200 francs.

ART. 8. — DES MANUFACTURES ET ATELIERS DANGEREUX ET INSALUBRES.

Nota. Les décrets des 15 octobre 1818, 22 novembre 1811, 14 janvier 1815 et 50 septembre 1828, ont donné des règlements du plus haut intérêt concernant *les manufactures, établissements ou ateliers dangereux ou qui répandent une odeur incommode.*

La seconde classe est celle des établissements et ateliers dont l'éloignement des habitations n'est pas rigoureusement nécessaire, mais dont il importe néanmoins de ne permettre la formation qu'après avoir acquis la certitude que les opérations qu'on y pratique seront exécutées de manière à ne pas incommoder les propriétaires du voisinage, ou à leur causer du dommage.

La troisième classe est celle des établissements et ateliers qui peuvent rester sans inconvénient auprès des habitations particulières, et pour la formation desquels il est néanmoins nécessaire de se munir d'une permission.

D'après le décret du 15 octobre 1819, la permission nécessaire pour la formation des manufactures et ateliers compris dans la première classe, n'est accordée qu'après les formalités prescrites, et par une ordonnance rendue en conseil d'Etat; la permission exigée pour la seconde classe sera donnée par les préfets, sur l'avis des sous-préfets; les permissions pour la troisième classe seront délivrées par les sous-préfets, après qu'ils auront pris l'avis des maires. — La permission pour les manufactures et ateliers de la première classe n'est accordée qu'avec les formalités suivantes : la demande en autorisation sera présentée au préfet, et affichée par son ordre dans toutes les communes, à cinq kilomètres de rayon. Dans ce délai, tout particulier sera admis à présenter ses moyens d'opposition; les maires des communes auront la même faculté. S'il y a opposition, le conseil de préfecture donnera son avis, sauf la décision du conseil d'Etat. S'il n'y a pas d'opposition, la permission sera accordée; s'il y a lieu, sur l'avis du préfet et le rapport du ministre de l'intérieur.

L'autorisation de former des manufactures et ateliers compris dans la seconde classe, ne sera accordée qu'après que les formalités suivantes auront été remplies. — L'entrepreneur adressera d'abord sa demande au sous-préfet de son arrondissement, qui la remettra au maire de la commune dans laquelle on projette de former l'établissement, en le chargeant de procéder à des informations de *commodo* et *incommodo*. Le sous-préfet fait ensuite passer sa décision au préfet, qui statuera, sauf le recours au conseil d'Etat, pour toutes les parties intéressées. S'il y a opposition, il y sera statué par le conseil de préfecture, sauf le recours au conseil d'Etat.

Les manufactures comprises dans la troisième classe ne peuvent se former sans la permission du préfet de police à Paris, et sans celle des sous-préfets dans les autres villes, après avoir pris préalablement l'avis du maire et de la police locale. S'il s'élève des réclamations contre la décision du préfet de police à Paris, ou des sous-préfets dans les autres villes, sur une demande d'établissement de manufacture de la troisième classe, elle sera jugée en conseil de préfecture.

Nota. En cas de graves inconvénients pour la salubrité publique, la culture ou l'intérêt général, les fabriques ou ateliers de première classe, qui les causeraient, pourront être supprimés, en vertu d'un décret rendu au conseil d'Etat, après avoir entendu la police locale, pris l'avis des préfets, reçu la défense des manufacturiers ou fabricants.

Un avis du conseil d'Etat, du 5 avril 1813, a décidé qu'avant d'autoriser le transfèrement d'un établissement de première classe, ou bien de le permettre, il sera procédé à une information de *commodo* et *incommodo*, dans laquelle les voisins seront entendus.

Première classe des établissements et ateliers pour la création desquels il sera nécessaire de se pourvoir d'une autorisation de Sa Majesté, accordée en conseil d'Etat.

La fabrication des acides, lorsque les gaz se répandent dans les airs sans être brûlés. — Affinages de métaux. — Amidonniers. — Artificiers. — Bleu de Prusse. — Boyaudiers. — Cendres gravelées. — Cendres d'orfèvre, lorsqu'elles sont traitées par le plomb. — Chanvre, rouissage en grand par son séjour dans l'eau. — Charbon de terre, épurage. — Chaux, fours à chaux permadents, lorsque les agents forestiers auront donné leur avis sur la question de savoir si la reproduction des bois dans le canton et les besoins des communes environnantes, permettent d'accorder la permission. — Fabriques de colles fortes, de cordes à instruments, de cuirs vernis. — Cotonniers. — Écarrissage. — Échaudoirs. — Hauts-fourneaux. — Fabrique d'encre d'imprimerie, de glaces, de goudron, d'huile de pied de bœuf, d'huile de poisson, d'huile de térébenthine, d'aspic et grasse, de litharge de masicot, de minium, de noir d'ivoire et noir d'os, lorsqu'on n'y brûle pas la fumée, d'orseille, de plâtre, fours permanents. — Ménageries. — Pompes à feu ne brûlant pas la fumée. — Porcheries. — Poudrette. — Rouge de Prusse, à vases ouverts. — Sel ammoniac ou muriate, par la distillation des matières animales. — Distillation de soufre. — Suif brun, suif en branche, suif d'os. — Tous les sulfates et sulfures en plein air. — Combustion des côtes de tabac en plein air. — Fabrique de taffetas cirés, taffetas et toiles vernis. — Carbonisation de la tourbe à vases ouverts. — Tripiers. — Tueries dans les villes au-dessus de dix mille âmes. — Fabrique de vernis, de verre, de cristaux et d'émaux.

Seconde classe, pour laquelle l'autorisation du préfet est nécessaire.

Fabrique d'acier, de tous les acides à vases clos et lorsque les gaz sont brûlés. Ateliers à enfumer les lards. — Toutes les fabrications énoncées ci-dessus à vases clos ou dont on brûle la fumée. — Cartonniers. — Chamoiseurs. — Chandeliers. — Fabrique de chapeaux. — Dessiccation et conservation de châtaignes. — Chiffonniers. — Cire à cacheter. — Corroyeurs. — Couverturiers. — Dépôt de cuirs verts. — Fonte et laminage de cuivre. — Distilleries d'eau-de-vie. — Fabrique de faïence. — Fondeurs en grand au fourneau à réverbère. — Brûleries en grand des galons et tissus d'or et d'argent. — Distilleries de genièvre. — Saurage du hareng. — Hongroyeurs. — Indigoteries. — Fabrication de liqueurs. — Maroquiniers. — Mégissiers. — Noir de fumée. — Blanchiement des os pour les éventaillistes et les boutonniers. — Fabriques de papiers. — Parcheminiers. — Fonte et laminage du plomb. — Pipes à fumer. — Poêliers-fournalistes. — Porcelaine. — Potiers de terre. — Dépôts de salaisons. — Sel ou muriate d'étain. — Raffineries de sucre. — Fonderies de suif à la vapeur. — Fabriques de tabac, — de tabatières en cartons. — Tanneries. — Blanchiement de toiles par l'acide muriatique oxigéné. — Tuileries et briqueteries.

Troisième classe, pour laquelle l'autorisation du sous-préfet est seulement nécessaire.

Fabrication d'acétate de plomb ou sel de saturne. — Batteurs d'or et d'argent. — Fabrique de blanc d'Espagne. — Brûlerie des bois dorés. — Fabrication de boutons métalliques. — Raffinage du borax. — Brasseries. — Briqueteries ne faisant qu'une seule fournée en plein air. — Buanderies. — Préparations et raffinage du camphre. — Fonderies de caractères d'imprimerie. — Laveurs de cendres. — Cendres bleues ou autres précipitées du cuivre. — Fours à chaux ne travaillant pas plus d'un mois par année. — Ciriers. — Fabrique de colle de parchemin et d'amidon. — Travail de la corne pour la réduire en feuilles. — Cristaux de soude. — Doreurs sur métaux. — Fabrication de l'eau seconde des peintres en bâtiments, alcalis, caustiques et dissolution. — Fabrique d'encre à écrire, — de ferblanc, de feuilles d'étain, — Essayeurs. — Fondeurs au creuset. — Dépôt de fromages. — Étamage de glaces. — Moulins à huile. — Calcination de l'ocre jaune pour la réduire en ocre rouge. — Fabrique de papiers peints et papiers marbrés. — Fours à plâtre ne travaillant pas plus d'un mois par année. — Plombiers et fontainiers. — Fabrication du plomb de chasse. — Fabriques de potasse. — Potiers d'étain. — Ateliers à enfumer les sabots. — Fabrication et raffinage de salpêtre. — Savonneries. — Fabrication de sel de soude sec. — Raffineries de sel. — Tous les raffinages et les fabrications de sulfate. — Raffinage du tartre. — Teinturiers. — Teinturiers-dégraisseurs. — Tueries dans les communes d'une population au-dessus de dix mille habitants. — Vacheries dans les villes de plus de cinq mille habitants. — Fabrication de vert-de-gris et verdet. — Salaison et préparation des viandes. — Fabrication du vinaigre.

Nota. La durée des affiches et publications pour les demandes en permission d'établir des verreries, est définitivement fixée à un mois, comme pour les autres demandes relatives à la formation d'établissements dangereux, insalubres ou incommodes de la première classe, à laquelle continueront d'appartenir les fabriques de verre, cristaux et émaux, qui demeurent soumises au régime du décret du 15 octobre 1819, et de l'ordonnance du 14 janvier 1815.

ACTE XCVI.

FORMULE D'UNE DEMANDE A ADRESSER AU PRÉFET OU AU SOUS-PRÉFET, POUR OBTENIR L'AUTORISATION DE CRÉER UN ÉTABLISSEMENT INCOMMODE OU INSALUBRE.

Monsieur le préfet,

N. A. (*nom, prénoms, profession ou qualité et demeure du pétitionnaire*) a l'honneur de vous exposer qu'étant dans l'intention de créer à tel endroit (*bien désigner le lieu où l'établissement doit être fondé.*) un établissement de *telle nature,* avec le secours de *tels moyens (les bien détailler,*) il vous prie de vouloir bien faire ordonner les enquêtes nécessaires le plus tôt possible, afin de le mettre promptement en état d'exercer son industrie.

Dans cette confiance, il a l'honneur d'être,

Monsieur le préfet,

Votre très-humble serviteur,   (*La signature.*)

Paris, le 15 mars 1845.

N'est pas reçu par les notaires.

CHAPITRE XXXV.

DU RECRUTEMENT ET DU REMPLACEMENT.

Loi sur le recrutement de l'armée.

Des appels. — Le contingent assigné à chaque canton sera fourni par un tirage au sort entre les jeunes Français qui auront leur domicile légal dans le canton, et qui auront atteint l'âge de vingt ans révolus dans le courant de l'année précédente. — Seront regardés comme légalement domiciliés dans le canton : les jeunes gens non émancipés, engagés, établis au dehors, expatriés, absents ou détenus, si d'ailleurs leurs père, mère, ou tuteur ont leur domicile dans une des communes du canton, où s'ils sont fils d'un père expatrié qui avait son domicile dans une desdites communes ; 2° les jeunes gens mariés dont le père, ou la mère à défaut du père, sont domiciliés dans le canton, à moins qu'ils ne justifient de leur domicile réel dans un autre canton ; 3° les jeunes gens mariés et domiciliés dans le canton, alors même que leur père ou leur mère n'y seraient pas domiciliés ; 4° les jeunes gens nés et résidant dans le canton, qui n'auraient ni leur père, ni leur mère, ni leur tuteur ; les jeunes gens résidant dans le canton qui ne seraient dans aucun des cas précédents et qui ne justifieraient pas de leur inscription dans un autre canton. Seront, d'après la notoriété publique, considérés comme ayant l'âge requis pour le tirage, les jeunes gens qui ne pourront produire, ou n'auront pas produit avant le tirage, un extrait des registres de l'état civil constatant un âge différent, ou qui, à défaut de registres, ne pourront prouver ou n'auront pas prouvé leur âge conformément à l'art. 46 du code civil. Ils suivront la chance du numéro qu'ils auront obtenu. — Les tableaux de recensement des jeunes gens du canton soumis au tirage d'après les règles précédentes, seront dressés par les maires : 1° sur la déclaration à laquelle seront tenus les jeunes gens, leurs parents ou tuteurs ; 2° d'office, d'après les registres de l'état civil et tous autres documents ou renseignements. Ils seront ensuite publiés et affichés dans chaque commune et dans les formes prescrites par le code civil. Un avis publié dans les mêmes formes indiquera le lieu, jour et heure où il sera procédé à l'examen desdits tableaux et à la désignation, par le sort, du contingent cantonnal. — Si dans l'un des tableaux de recensement des années précédentes, des jeunes gens ont été omis, ils seront inscrits sur le tableau de l'année qui suivra celle où l'omission aura été découverte, à moins qu'ils n'aient trente ans accomplis. — Dans les cantons composés de plusieurs communes, l'examen des tableaux de recensement et le tirage au sort auront lieu au chef-lieu du canton, en séance publique, devant le sous-préfet, assisté des maires du canton. Dans les communes qui formeront un ou plusieurs cantons, le sous-préfet sera assisté du maire et de ses adjoints. — Le tableau sera lu à haute voix. Les jeunes gens, leurs parents ou ayant-cause, seront entendus dans leurs observations. Le sous-préfet statuera après avoir pris l'avis des maires. Le tableau rectifié, s'il y a lieu, et définitivement arrêté, sera revêtu de leurs signatures. — Dans les cantons composés de plusieurs communes, l'ordre dans lequel elles seront appelées pour le tirage sera chaque fois indiqué par le sort. — Le sous-préfet inscrira en tête de la liste du tirage les noms des jeunes gens qui se trouveront dans les cas prévus ci-après : Les premiers numéros leur seront attribués de droit ; ces numéros seront en

conséquence extraits de l'urne avant l'opération du tirage.—
Avant de commencer l'opération du tirage, le sous-préfet
comptera publiquement les numéros déposés dans l'urne ; et
après s'être assuré que ce nombre est égal à celui des jeunes
gens appelés à y concourir, il en fera la déclaration à haute
voix. Aussitôt après, chacun des jeunes gens appelés dans
l'ordre du tableau prendra dans l'urne un numéro qui sera
immédiatement proclamé et inscrit. Les parents des absents,
ou à leur défaut le maire de la commune, tireront à leur
place. L'opération du tirage achevée sera définitive ; elle ne
pourra, sous aucun prétexte, être recommencée, et chacun
gardera le numéro qu'il aura tiré. La liste, par ordre de numéros, sera dressée au fur et à mesure du tirage. Il y sera
fait mention des cas et des motifs d'exemption ou de déduction, que les jeunes gens ou leurs parents, ou les maires des
communes, se proposeront de faire valoir devant le conseil
de révision, dont il sera parlé ci-après. Le sous-préfet y ajoutera ses observations. La liste du tirage sera ensuite lue, arrêtée et signée de la même manière que le tableau de recensement, et annexée avec ledit tableau, au procès-verbal des
opérations. Elle sera publiée et affichée dans chaque commune
du canton. — Seront exemptés et remplacés dans l'ordre
des numéros subséquents les jeunes gens que leur numéro
désignera pour faire partie du contingent, et qui se trouveront
dans les cas suivants, savoir :

1° Ceux qui n'auront pas la taille d'un mètre cinquante-six
centimètres ;

2° Ceux que leurs infirmités rendront impropres au service ;

3° L'aîné des orphelins de père et mère ;

4° Le fils unique ou l'aîné des fils, ou, à défaut de fils ou
de gendre, le petit-fils unique ; ou l'aîné des petits-fils d'une
femme actuellement veuve, ou d'un père aveugle ou entré
dans sa soixante et dixième année. Le frère puîné jouira de

l'exemption, si le frère aîné est aveugle ou atteint de toute autre infirmité incurable qui le rende impotent;

5° Le plus âgé de deux frères appelés à faire partie du même tirage, et désignés tous deux par le sort, si le plus jeune est reconnu propre au service;

6° Celui dont un frère sera sous les drapeaux à tout autre titre que pour remplacement;

7° Celui dont un frère sera mort en activité de service, ou aura été réformé, ou admis à la retraite pour blessures reçues dans un service commandé, ou pour infirmités contractées dans les armées de terre ou de mer.

Nota. 1° Cette exemption sera accordée dans la même famille autant de fois que les mêmes droits s'y reproduiront. Seront comptées néanmoins en déduction desdites exemptions, les exemptions déjà accordées aux frères vivants, à tout autre titre que pour infirmité.

2° Le jeune homme omis qui ne se sera pas présenté par lui ou ses ayant-cause pour concourir au tirage de la classe à laquelle il appartenait, ne pourra réclamer le bénéfice des exemptions indiquées ci-dessus, si les causes de cette exemption ne sont parvenues que postérieurement à la clôture des listes du contingent de la classe.

Seront considérés comme ayant satisfait à l'appel et comptés numériquement en déduction du contingent à former, les jeunes gens désignés par leur numéro pour faire partie dudit contingent, qui se trouveront dans l'un des cas suivants:

1° Ceux qui seraient déjà liés au service dans les armées de terre ou de mer, en vertu d'un engagement volontaire, d'un brevet ou d'une commission, sous la condition qu'ils seront, dans tous les cas, tenus d'accomplir le temps de service prescrit par la présente loi;

2° Les jeunes marins portés sur les registres-matricules, et les charpentiers de navire, perceurs, voiliers et calfats immatriculés;

3° Les élèves de l'école polytechnique, à condition qu'ils passeront, soit dans ladite école, soit dans les services publics, un temps égal à celui fixé par la présente loi pour le service militaire.

4° Ceux qui, étant membres de l'instruction publique, auraient contracté, avant l'époque déterminée pour le tirage au sort et devant le conseil de l'université, l'engagement de se vouer à la carrière de l'enseignement. La même disposition est applicable aux élèves de l'école normale centrale de Paris, à ceux de l'école dite de *jeunes* de *langue*, et aux professeurs des institutions royales des sourds-muets ;

5° Les élèves des grands séminaires, régulièrement autorisés à continuer leurs études ecclésiastiques ; les jeunes gens autorisés à continuer leurs études pour se vouer au ministère dans les autres cultes salariés par l'Etat, sous la condition, pour les premiers, que, s'ils ne sont pas entrés dans les ordres majeurs à 25 ans accomplis, et pour les seconds, que s'ils n'ont pas reçu la consécration dans l'année qui suivra celle où ils auraient pu la recevoir, ils seront tenus d'accomplir le temps de service prescrit par la présente loi ;

6° Les jeunes gens qui auront remporté les grands prix de l'Institut ou de l'Université.

Nota. Les jeunes gens désignés par leurs numéros pour faire partie du contingent cantonal, et qui auront été déduits conditionnellement, lorsqu'ils auront cessé de suivre la carrière en vertu de laquelle ils auront été comptés en déduction du contingent, seront tenus d'en faire la déclaration au maire de leur commune, dans l'année où ils auront cessé leurs services, fonctions ou études, et de retirer expédition de leur déclaration. Faute par eux de faire cette déclaration et de la soumettre au visa du préfet du département dans le délai d'un mois, ils seront passibles des peines prononcées par la présente loi. Ils seront rétablis dans le contingent de leurs classes, sans déduction du temps écoulé depuis lesdits services, fonctions ou études, jusqu'au moment de la déclaration.

Les opérations du recrutement seront revues, les réclamations auxquelles les opérations auraient pu donner lieu seront entendues, et les causes d'exemption et de déduction seront jugées en séance publique par un conseil de révision. S'ils ne se rendent point à la convocation, ou s'ils ne se font pas représenter, ou s'ils n'obtiennent pas un délai, il sera procédé comme s'ils étaient présents. Dans le cas d'exemption pour infirmités, les gens de l'art seront consultés. Les autres cas d'exemption ou de déduction seront jugés sur la production de documents authentiques, ou, à défaut de documents, sur des certificats signés de trois pères de famille domiciliés dans le même canton, dont les fils sont soumis à l'appel ou ont été appelés. Ces certificats devront en outre être signés et approuvés par le maire de la commune du réclamant. — Le conseil de révision statuera également sur les substitutions de numéros et les demandes de remplacement. — Les substitutions de numéros sur la liste cantonnale pourront avoir lieu, si celui qui se présente à la place de l'appelé est reconnu propre au service par le conseil de révision. — Les jeunes gens compris définitivement dans le contingent cantonnal pourront se faire remplacer. Le remplacement ne pourra avoir lieu qu'aux conditions suivantes :

Le remplaçant devra :

1° Etre libre de tous services et obligations imposées, soit par la présente loi, soit par celle sur l'inscription maritime;

2° Etre âgé de vingt à trente ans au plus, ou de vingt à trente-cinq ans, s'il a été militaire, ou de dix-huit à trente, s'il est frère du remplacé;

3° N'être ni marié, ni veuf avec enfants;

4° Avoir la taille d'un mètre cinquante-six centimètres, s'il n'a pas déjà servi dans l'armée, et réunir les autres qualités requises pour faire un bon service;

5° N'avoir pas été réformé pour le service militaire;

6° Suivant sa position, être porteur des certificats spécifiés ci-après.

Le remplaçant produira un certificat délivré par le maire de la commune de son dernier domicile. Si le remplaçant ne compte pas au moins une année de séjour dans cette commune, il sera tenu d'en produire également un autre du maire de la commune ou des maires des communes où il aura été domicilié pendant le cours de cette année.

Les certificats devront contenir le signalement du remplaçant, et attester :

1° La durée du temps pendant lequel il a été domicilié dans la commune ;

2° Qu'il jouit de ses droits civils ;

3° Qu'il n'a jamais été condamné à une peine correctionnelle pour vol, escroquerie, abus de confiance, ou attentat aux mœurs.

Nota. Dans le cas où le maire de la commune ne connaîtrait pas l'individu qui feroit la demande de ce certificat, il devrait en constater légalement l'identité, et recueillir les preuves et témoignages qu'il jugera convenables pour arriver à la connaissance de la vérité.

Si le remplaçant a été militaire, outre le certificat du maire, il devra produire un certificat de bonne conduite du corps dans lequel il aura servi. — Le remplaçant sera admis par le conseil de révision du département dans lequel le remplacé a concouru au tirage. — Le remplacé sera, pour le cas de désertion, responsable de son remplaçant pendant un an, à compter du jour de l'acte passé devant le préfet. Il sera libéré si le remplaçant meurt sous les drapeaux, ou si, en cas de désertion, il est arrêté pendant l'année. — Les actes de substitution et de remplacement seront reçus par le préfet, dans les formes prescrites pour les actes administratifs. Les stipulations particulières qui pourraient avoir lieu entre les contractants, à l'occasion des substitutions et remplacements, seront soumises aux mêmes règles et formalités que tout autre contrat civil. — Hors les cas prévus ci-après, les décisions du conseil de révision seront définitives. — Lorsque les jeunes gens désignés par leur numéro pour faire partie du contingent cantonal auront fait des réclamations dont l'admission ou le rejet dépendra de la décision à intervenir sur des questions judiciaires relatives à leur état ou à leurs droits civils, des jeunes gens en pareil nombre, suivant l'ordre du tirage, seront désignés pour suppléer ces réclamants, s'il y a lieu. Ils ne seront appelés que dans le cas où, par l'effet des décisions judiciaires, les réclamants seraient définitivement libérés. Ces questions seront jugées contradictoirement avec le préfet, à la requête de la partie la plus diligente. Les tribunaux statueront sans délai, le ministère public entendu, sauf appel. — Cette disposition relative aux jeunes gens appelés conditionnellement sera également appliquée, lorsque des jeunes gens auront été déférés aux tribunaux comme prévenus de s'être rendus impropres au service, lorsque le conseil de révision aura accordé un délai pour production des pièces justificatives, ou pour cas d'absence, lequel délai ne pourra excéder vingt jours. — Après que le conseil de révision aura statué sur les exemptions, déductions, substitutions, remplacements, ainsi que sur toutes les réclamations auxquelles les opérations du recrutement auront pu donner lieu, la liste du contingent de chaque canton sera définitivement arrêtée et signée par le conseil de révision, et les noms inscrits seront proclamés.

Nota. Les jeunes gens qui sont appelés les uns à défaut des autres, ne seront inscrits sur la liste du contingent que conditionnellement et sous la réserve de leurs droits. Le conseil déclarera ensuite que les jeunes gens qui ne sont pas inscrits sur cette liste sont définitivement libérés. Cette déclaration, avec indication du dernier numéro compris dans le contingent cantonnal, sera affichée et publiée dans chaque commune du canton. Dès que les délais accordés seront expirés, ou que les tribunaux auront statué, le conseil prononcera de la même manière la libération des réclamants ou des jeunes gens conditionnellement désignés pour les suppléer. Le conseil de révision ne pourra statuer ultérieurement sur les jeunes gens portés sur la liste du contingent que pour les demandes de substitution ou de remplacement. La réunion de toutes les listes du contingent de chaque canton d'un même département formera la liste du contingent départemental.

Les jeunes gens définitivement appelés, ou ceux qui ont été admis à les remplacer, seront immmédiatement répartis entre les corps de l'armée et inscrits sur les registres-matricules des corps pour lesquels ils seront désignés. Néanmoins ils seront, d'après l'ordre de leurs numéros et les proportions déterminées par les lois annuelles du contingent, divisés en deux classes, composées, la première, de ceux qui devront être mis en activité, et la seconde, de ceux qui seront laissés dans leurs foyers. Les jeunes soldats compris dans la seconde classe ne pourront être mis en activité qu'en vertu d'une ordonnance royale.—La durée du service des jeunes soldats appelés sera de sept ans, qui compteront du premier janvier de l'année où ils auront été inscrits sur les registres-matricules des corps de l'armée. Le 31 décembre de chaque année, en temps de paix, les soldats qui auront achevé leur temps de service recevront leur congé définitif.

Nota. Ils le recevront en temps de guerre, immédiatement après l'arrivée au corps du contingent destiné à les remplacer. Lorsqu'il y aura lieu d'accorder des congés illimités, ils seront délivrés, dans chaque corps, aux militaires les plus anciens de service effectif sous les drapeaux, et de préférence à ceux qui les demandent. Les hommes laissés ou envoyés en congé pourront être soumis à des revues ou à des exercices périodiques qui seront fixés par le ministre de la guerre.

Des engagements. — Il n'y aura dans les troupes françaises ni prime en argent, ni prix quelconque d'engagement. — Tout Français sera tenu à contracter un engagement volontaire aux conditions suivantes :

L'engagé volontaire devra :

1° S'il entre dans l'armée de mer, avoir seize ans accomplis, sans être tenu d'avoir la taille prescrite par la loi, mais sous la condition qu'à l'âge de dix-huit ans, il ne pourra être reçu s'il n'a pas cette taille ;

2° Jouir de ses droits civils ;

3° N'être ni marié ni veuf avec enfants ;

4° Être porteur d'un certificat de bonne vie et mœurs, dans les formes prescrites ci-dessus ; et s'il a moins de vingt ans, justifier du consentement de ses père, mère ou tuteur.

Nota. 1° Le tuteur devra être autorisé par une délibération du conseil de famille ; 2° les conditions relatives, soit à l'aptitude militaire, soit à l'admissibilité dans les différents corps de l'armée, sont déterminées par des ordonnances du roi, insérées au *Bulletin des Lois.*

La durée de l'engagement volontaire sera de sept ans. En cas de guerre, tout Français qui n'appartient à aucun contingent, et qui a satisfait à la loi du recrutement, pourra être admis à contracter un engagement volontaire de deux ans. Dans aucun cas, les engagés volontaires ne pourront être envoyés en congé sans leur consentement. — Les engagements volontaires seront contractés dans les formes prescrites par le code civil, devant les maires des chefs-lieux de canton. Les conditions relatives à la durée des engagements seront insérées dans l'acte même. Les autres conditions seront lues aux contractants avant la signature, et mention en sera faite à la fin de l'acte; le tout sous peine de nullité. —L'état sommaire des engagements volontaires de l'année précédente sera communiqué aux chambres lors de la présentation de la loi du contingent annuel.

§ III.

Des rengagements. —Les rengagements pourront être reçus même pour deux ans; et ne pourront excéder la durée de cinq ans. Ils ne pourront être reçus que pendant le cours de la dernière année de service dû par le contractant. A l'expiration de cette année, ils donneront droit à une haute paie. — Les rengagements seront contractés devant les intendants ou sous-intendants militaires, sur la preuve que le contractant peut rester ou être admis dans le corps pour lequel il se présente.

§ IV.

Dispositions pénales. — Toutes fraudes ou manœuvres par suite desquelles un jeune homme aura été omis sur les tableaux de recensement, seront déférées aux tribunaux ordinaires, et punies d'un emprisonnement d'un mois à un an. Le jeune homme omis, s'il a été condamné comme auteur ou complice desdites fraudes ou manœuvres, sera, à l'expiration de sa peine, inscrit sur la liste du tirage, ainsi qu'il est prescrit ci-dessus. — Tout jeune soldat qui aura reçu un ordre de route et ne sera point arrivé à sa destination au jour fixé par cet ordre, sera, après un mois de délai, et hors le cas de force majeure, puni, comme insoumis, d'un emprisonnement qui ne pourra être moindre d'un mois ni excéder une année. L'insoumis sera jugé par le conseil de guerre de la division militaire dans laquelle il aura été arrêté. Le temps pendant lequel le jeune soldat aura été insoumis ne comptera pas en déduction des sept années de service exigées. — Quiconque sera reconnu coupable d'avoir recelé, ou d'avoir pris à son service un insoumis, sera puni d'un emprisonnement qui ne pourra excéder six mois. Suivant les circonstances, la peine pourra être réduite en une amende de 20 à 200 francs. Quiconque sera convaincu d'avoir favorisé l'évasion d'un insoumis, sera puni d'un emprisonnement d'un mois à un an. La même peine sera prononcée contre ceux qui, par des manœuvres coupables, auraient empêché ou retardé le départ des jeunes soldats. Si le délinquant est fonctionnaire public, employé du gouvernement, ou ministre d'un culte salarié par l'État, la peine pourra être portée jusqu'à deux années d'emprisonnement, et il sera en outre condamné à une amende qui ne pourra excéder 2,000 fr. — Les jeunes gens appelés à faire partie du contingent de leur classe, qui seront prévenus de s'être rendus impropres au service militaire, soit temporairement, soit d'une manière permanente, dans le but de se soustraire aux obligations imposées par la présente loi, seront déférés aux tribunaux par les conseils de révision, et s'ils sont reconnus coupables, ils seront punis d'un emprisonnement d'un mois à un an. — Seront également déférés aux tribunaux et punis de la même peine, les jeunes soldats qui, dans l'intervalle de la clôture du contingent de leur canton à leur mise en activité, se seront rendus coupables du même délit. — A l'expiration de leur peine, les uns et les autres seront mis à la disposition du ministre de la guerre pour le temps que doit à l'État la classe dont ils font partie.

La peine portée au présent article sera prononcée contre les complices. Si les complices sont des médecins, chirurgiens, officiers de santé ou pharmaciens, la durée de l'emprisonnement sera de deux mois à deux ans, indépendamment d'une amende de 200 fr. à mille francs qui pourra être prononcée, et sans préjudice de peines plus graves, dans les cas prévus par le code pénal. — Ne comptera pas pour les années de service exigées par la présente loi, le temps passé dans l'état de détention en vertu d'un jugement. Toute substitution, tout remplacement effectué, soit en contravention des dispositions de la présente loi, soit au moyen de pièces fausses ou de manœuvres frauduleuses, sera déféré aux tribunaux, et, sur le jugement qui prononcerait la nullité de l'acte de substitution ou de remplacement, l'appelé sera tenu de rejoindre son corps ou de fournir un remplaçant dans le délai d'un mois à dater de la notification de ce jugement. — Quiconque aura seulement concouru à la substitution ou au remplacement frauduleux, comme auteur ou complice, sera puni d'un emprisonnement de trois mois à deux ans, sans préjudice de peines plus graves en cas de faux. — Tout fonctionnaire ou officier public, civil ou militaire, qui, sous quelque prétexte que ce soit, aura autorisé ou admis des exemptions, déductions ou exclusions autres que celles déterminées par la présente loi, ou qui aura donné arbitrairement une extension quelconque, soit à la durée, soit aux règles ou conditions des appels, des engagements ou des rengagements, sera coupable d'abus d'autorité, et puni des peines portées ci-dessus, sans préjudice des peines plus graves prononcées par le code pénal, dans les cas qu'il a prévus. — Les médecins, chirurgiens ou officiers de santé qui, appelés au conseil de révision à l'effet de leur donner leur avis, auront reçu des dons ou agréé des promesses pour être favorables aux jeunes gens qu'ils doivent examiner, seront punis d'un emprisonnement de deux mois à deux ans. Cette peine leur sera appliquée, soit qu'au moment des dons ou promesses ils aient déjà été désignés pour assister au conseil, soit que les dons ou pro-messes aient été agréés dans la prévoyance des fonctions qu'ils auraient à remplir. — Il leur est défendu, sous la même peine, de rien recevoir, même pour une réforme justement prononcée.

§ V.

DISPOSITIONS PARTICULIÈRES. — Les jeunes gens appelés au service en exécution de la présente loi recevront, dans le corps auquel ils seront attachés, et autant que le service mi-litaire le permettra, l'instruction prescrite pour les écoles pri-maires. — Nul ne sera admis, avant l'âge de trente ans ac-complis, à un emploi civil ou militaire, s'il ne justifie qu'il a satisfait aux obligations imposées par la présente loi.

Nota. Outre l'acte de remplacement qui est reçu par le préfet, dans les mêmes formes que les autres actes administratifs, il est des conditions particu-lières que le remplacé et le remplaçant doivent stipuler entre eux. Il en est de même pour les substitutions de numéros.

Tout père de famille qui voudra faire assurer son fils par une des agences nombreuses qui subsistent maintenant, de-vra bien faire attention auparavant si la compagnie avec la-quelle il traite, est autorisée par ordonnance royale, car, dans le cas contraire, toute stipulation, pour cause de rem-placement, passée avec une compagnie non autorisée, est nulle et ne peut produire aucun effet.

ACTE XCVII.

FORMULE DE COMPROMIS SOUS SEING PRIVÉ, ENTRE UN PÈRE DE FAMILLE ET UNE COMPAGNIE D'ASSURANCE AUTORISÉE.

L'an mil huit cent quarante-*sept*, *le quinze mars*, par-devant nous, *un tel*, agent principal de la compagnie d'assurance de..., dont le siége principal est établi à Paris, rue de..., légalement autorisée par ordonnance royale en date du..., s'est présenté le sieur *Gaspard Patureau*, vigneron, demeurant à *Caen*, département du *Calvados*, lequel nous a déclaré être dans l'inten-tion de faire assurer le sieur *Sidoine Patureau*, son fils, âgé de 21 ans, appelé comme jeune soldat de la classe de la présente année, à faire partie des jeunes gens qui doivent tirer au sort le... du mois de... de la présente année. Après avoir entendu ledit sieur *Gaspard Patureau* sur ses intentions, et lui avoir donné connaissance pleine et entière des statuts et règlements de notre compagnie d'assurance, en ce qui concerne la sûreté des pères de famille qui veulent assurer leurs fils contre les chances du tirage au sort, nous lui avons déclaré : 1° que la compagnie se charge d'assurer le sieur *Sidoine Patureau* contre toutes les chances du tirage au sort ; 2° qu'elle lui fournira, dans le cas où son numéro l'appellerait à faire partie du contingent pour la présente année, un remplaçant réunissant toutes les conditions et qualités voulues par la loi ; qu'en cas de refus, par le conseil de révision, du remplaçant qui aurait été présenté, la compagnie s'oblige à en présenter un ou plusieurs autres, jusqu'à ce qu'elle en ait fait agréer un et que le jeune *Sidoine Patureau* ait été par l'autorité compétente, déclaré dûment et valablement libéré ; enfin, qu'en cas de désertion de la part dudit remplaçant avant la fin de sa première année de service, la compagnie se charge encore de fournir, à ses frais, un nouveau remplaçant, se déclarant dès à présent responsable de tout évènement prévu et imprévu qui pourrait survenir à la charge dudit sieur *Sidoine Patureau ;* 3° et le sieur *Gaspard Patureau*, père du précédent, ayant déclaré que lesdites conditions lui paraissaient avantageuses et agréables, nous lui avons annoncé qu'il devait, en les acceptant, nous verser entre les mains, d'abord une somme de *quatre-vingts francs*, nous faire une obligation de verser entre nos mains un seconde somme de *quatre cents francs*, la veille du prochain tirage, et enfin une autre et dernière obligation de nous verser une troisième somme de *quatre cents francs* après le tirage; mais cette dernière n'est que conditionnelle, c'est-à-dire que si le sieur *Sidoine Patureau* était exempt par son numéro, la compagnie ci-dessus nommée n'aurait aucun droit à la perception de ces *quatre derniers cents francs*, lesquels ne seront versés à la compagnie que dans le cas où l'appelé susnommé tomberait au sort.

Le sieur *Gaspard Patureau*, acceptant toutes ces conditions, nous fait, par ces présentes, les obligations ci-dessus désignées, et nous a versé cejourd'hui même et à l'instant la somme de *quatre cents francs*, dont quittance; et nous, *un tel*, agent principal de ladite compagnie, nous nous engageons au nom de ladite compagnie, et l'engageons elle-même à tout ce que dessus, promettant de remplir exactement et fidèlement toutes les obligations que nous impose ledit traité.

Et moi, *Gaspard Patureau*, m'engage de mon côté à remplir toutes les conditions que m'impose ledit traité; déclarant en bien connaître toutes les clauses, et les trouver satisfaisantes et avantageuses. En foi de quoi, tout deux, nous avons signé le présent acte, moi *Gaspard Patureau* pour faire foi de toutes les obligations que j'y contracte, et moi *un tel*, agent principal de la compagnie de..., pour mon propre compte et celui de ladite compagnie, dont je me déclare responsable et solidaire.

Fait double à Caen, sous nos signatures privées, les jour, mois et an que dessus.

J'approuve l'écriture.

J'approuve, etc.   *(Les signatures.)*

Nota. On devra toujours avoir soin de faire ces sortes d'actes sur papier timbré, et de les faire enregistrer dans le délai voulu par la loi; car on ne saurait prendre trop de précautions dans ces sortes d'affaires. On pourra stipuler aussi que les droits d'enregistrement se paieront par moitié.

Droit proportionnel d'enregistrement, 1 fr. par 100 fr.

Si l'acte est notarié, il se paie 1 fr. par 100 fr.

ACTE XCVIII.

FORMULE D'UN COMPROMIS ENTRE UN PÈRE DE FAMILLE
ET UN REMPLAÇANT.

Nota. Il arrive assez fréquemment que les pères de famille s'arrangent directement et sans le secours d'aucune compagnie, avec un jeune homme, soit civil, soit militaire, pour faire remplacer leurs fils; dans ce cas, ils devront faire leur traité de la manière suivante, mais seulement après que le remplaçant aura été visité et reçu par le conseil de révision.

Entre nous soussignés, a été convenu et arrêté ce qui suit :

Moi, *Vincent Jouannet*, ex-militaire en congé définitif, sortant du 44ᵉ régiment d'infanterie de ligne, m'engage par ces présentes, à remplacer pendant le temps de service voulu par la loi, sous les drapeaux, le sieur *Louis Ferrand*, fils de *Blaise Ferrand*, lequel m'accepte ainsi que toutes les conditions portées au présent traité. De plus, je promets et m'oblige à partir au lieu et place dudit sieur *Louis Ferrand*, et à faire son service comme si j'étais moi-même appelé à sa place, et ce moyennant le prix et somme de *quatorze cents francs* que me versera le sieur *Blaise Ferrand*, savoir : *quatre cents francs* le jour de mon départ pour l'armée, lequel jour est fixé à telle époque, et *mille francs* au bout d'un an et un jour, époque à laquelle le sieur *Louis Ferrand* sera entièrement libéré et alors que le gouvernement aura perdu tout recours contre lui par rapport à son appel.

Et moi, *Blaise Ferrand*, je déclare accepter pour remplacer mon fils, appelé comme jeune soldat de la classe de..., sous le n°..., le nommé *Vincent Jouannet*, et m'engage à lui faire les versements ci-dessus indiqués ; mais dans le cas où il viendrait à mourir sous les drapeaux avant l'époque fixée pour le dernier versement, j'en serais tenu quitte et valablement libéré.

Tous deux déclarons accepter les présentes conditions, et nous obligeons à remplir exactement et fidèlement toutes les obligations qu'elles nous imposent ; en foi de quoi nous avons signé le présent acte.

Fait double, à..., sous nos signatures privées, le..., du mois de..., mil huit cent quarante...

J'approuve l'écriture ci-dessus.

J'approuve, etc.   (*Les signatures.*)

Nota. Le peu de conditions que nous mettons ici suffisent pour donner une idée de ces sortes d'actes. Celui qui se trouvera dans la nécessité de faire un pareil traité, suppléera facilement à tout ce qui est nécessaire en pareille circonstance, car chacun sentant mieux que nous ses propres facultés, prendra ses termes et imposera ses conditions. Cependant, nous devons bien recommander aux pères de famille de ne jamais avancer d'argent à ceux qui s'offrent ainsi pour remplacer, avant qu'ils n'aient été reçus, et qu'ils n'aient contracté leur engagement ; je dirai même avec raison, avant qu'ils ne soient présents sous les drapeaux. Mais le plus sûr dans ce cas, est toujours de s'adresser aux compagnies d'assurances, lorsqu'elles sont reconnues responsables ; car il est rare qu'un père de famille ne se laisse pas *flouer* par ces hommes qui font le métier de remplacer, lorsqu'il traite de gré à gré avec eux.

Droit proportionnel d'enregistrement, 1 fr. par 100 fr.

Si l'acte est notarié, il se paie 1 fr. par 100 fr.

ACTE XCIX.

FORMULE DE QUITTANCE DÉFINITIVE QUE DOIT DONNER LE REMPLAÇANT LORSQU'IL A REÇU SON DERNIER PAIEMENT.

Je soussigné, *un tel, soldat au 25ᵉ régiment d'infanterie de ligne,* entré audit corps comme remplaçant du sieur *Pierre Calandron,* appelé par le nᵒ... à faire partie du contingent de..., reconnais avoir reçu la somme de *mille francs,* pour solde et fin du paiement de mon acte de remplacement ; déclarant ledit sieur *Pierre Calandron,* ainsi que ses cautions ou répondants, entièrement quittes et libérés à mon égard. En foi de quoi j'ai signé le présent, à..., le..., du mois de..., mil huit cent quarante...   (*La signature.*)

Nota. 1º Il n'est pas besoin de faire observer ici que si celui qui perçoit l'argent ne savait pas signer, il faudrait que le reçu fût donné par-devant notaire.

2° Le remplaçant n'a point action contre le remplacé pour le paiement du prix du remplacement, lorsqu'il n'a pas traité directement avec le remplacé, mais avec une compagnie, qui, de son côté, a stipulé non comme mandataire de celui-ci, mais en son nom propre et privé (*Cour de cassation*, 10 *avril* 1853.)

Droit proportionnel d'enregistrement, 50 c. par 100 fr.

Si l'acte est notarié, il se paie 50 c. par 100 fr.

CHAPITRE XXXVI.

CONTRAVENTIONS DE POLICE ET PEINES.

ART. 1er. — DES PEINES. — Les peines de police sont : 1° l'emprisonnement; 2° l'amende ; 3° la confiscation de certains objets saisis.

L'emprisonnement, pour contravention de police, ne pourra être moindre d'un jour, ni excéder cinq jours, selon les classes, distinctions et cas ci-après spécifiés.

Les jours d'emprisonnement sont des jours complets de vingt-quatre heures. — Les amendes pour contraventions pourront être prononcées depuis *un franc* jusqu'à *quinze francs* inclusivement, selon les distinctions et les classes ci-après spécifiées, et seront appliquées au profit de la commune où la contravention aura été commise. — La contrainte par corps a lieu pour le paiement de l'amende. Néanmoins le condamné ne pourra être pour cet objet, détenu plus de 15 jours, s'il justifie de son insolvabilité. En cas d'insuffisance de biens, les restitutions et les indemnités dues à la partie lésée sont préférées à l'amende. — Les restitutions, indemnités et frais entraîneront la contrainte par corps, et le condamné gardera prison jusqu'à parfait paiement : néanmoins, si ces condamnations sont prononcées au profit de l'État, les condamnés pourront expier l'amende par la prison, dans le cas d'insolvabilité. — Les tribunaux de police pourront aussi, dans les cas déterminés par la loi, prononcer la confiscation soit des choses saisies en contravention, soit des choses produites par la contravention, soit des matières ou des instruments qui ont servi ou étaient destinés à le commettre.

Art. 2°. — Contraventions et peines.

§ Ier.

Première classe. — Seront punis d'amende, depuis un franc jusqu'à cinq francs inclusivement, 1° ceux qui auront négligé d'entretenir, réparer ou nettoyer les fours, cheminées ou usines où l'on fait usage du feu; 2° ceux qui auront violé la défense de tirer, en certains lieux, des pièces d'artifice; 3° les aubergistes et autres qui, obligés à l'éclairage, l'auront négligé, ceux qui auront négligé de nettoyer les rues ou passages dans les communes où ce soin est laissé à la charge des habitants; 4° ceux qui auront embarrassé la voie publique, en y déposant ou y laissant, sans nécessité, des matériaux ou des choses quelconques qui empêchent ou diminuent la liberté ou la sûreté du passage; ceux qui, en contravention aux lois et règlements, auront négligé d'éclairer les matériaux par eux entreposés, ou les excavations par eux faites dans les rues et places; 5° ceux qui auront négligé ou refusé d'exécuter les règlements ou arrêtés concernant la petite voirie, ou d'obéir à la sommation émanée de l'autorité administrative, de réparer ou démolir les édifices menaçant ruine; 6° ceux qui auront jeté ou exposé devant leurs édifices, des choses de nature à nuire par leur chute ou par des exhalaisons insalubres; 7° ceux qui auront laissé dans les rues, chemins, places, lieux publics, ou dans les champs, des coutres de charrues, pinces, barres, barreaux ou autres machines, ou instruments ou armes dont puissent abuser les voleurs et autres malfaiteurs; 8° ceux qui auront négligé d'écheniller dans les campagnes ou jardins, où ce soin est prescrit par les règlements ou par la loi; 9° ceux qui, sans autre circonstance prévue par les lois, auront cueilli ou mangé, sur le lieu même, des fruits appartenant à autrui ; 10° ceux qui, sans autre circonstance, auront glané, râtelé ou grappillé dans les champs non encore entièrement dépouillés et vides de leurs récoltes, ou avant le moment du lever, ou après celui du coucher du soleil ; 11° ceux qui, sans avoir été provoqués, auront proféré contre quelqu'un des injures autres que celles prévues par le Code pénal ; 12° ceux qui imprudemment auront jeté des immondices sur quelques personnes ; 13° ceux qui, n'étant ni propriétaires ni usufruitiers, ni jouissant d'un terrain ou d'un droit de passage, ou qui n'étant agents ni préposés d'aucune de ces personnes, seront entrés et auront passé sur ce terrain ou sur une partie de ce terrain, s'il est préparé ou ensemencé ; 14° ceux qui auront laissé passer leurs bestiaux ou leurs bêtes de trait, de charge ou de monture, sur le terrain d'autrui, avant l'enlèvement de la récolte ; 15° ceux qui auront contrevenu aux règlements ou arrêtés publiés par l'autorité municipale.

Nota. 1° La peine d'emprisonnement pendant trois jours au plus, peut être prononcée, selon les circonstances, contre ceux qui ont tiré des pièces d'artifice ; contre ceux qui ont glané, râtelé ou grappillé, en contravention aux dispositions de la présente loi ; en cas de récidive, la peine d'emprisonnement a toujours lieu pendant trois jours au plus ; 2° Les pièces d'artifice sont en outre confisquées ; 3° celui qui est contrevenu par récidive à un arrêté municipal qui ordonne aux habitants de faire balayer le devant de leur maison, est passible de l'amende prévue et de la peine infligée par la loi. (*Arrêté de la cour de cassation du 10 juin* 1826) ; 4° les coutres, les instruments et armes laissés dans les rues sont confisqués ; 5° Le maraudage commis avec des sacs et des tabliers, est un délit de la compétence des tribunaux correctionnels, et non de celle des tribunaux de simple police. (*Loi du 28 septembre* 1791. *titre* 11, *art.* 35. *Loi du 25 juin* 1824, *Art* 13.)

§ II.

Deuxième classe. — Seront punis d'une amende, depuis six francs jusqu'à dix francs inclusivement, 1° ceux qui auront contrevenu aux bans de vendanges ou autres bans autorisés par les règlements ; 2° les aubergistes, hôteliers, logeurs ou loueurs de maisons garnies, qui auront négligé d'inscrire de suite, et sans aucun blanc, sur un registre tenu régulièrement, les noms, qualités, domicile habituel, date d'entrée et de sortie de toute personne qui aurait couché ou passé une nuit dans leurs maisons ; ceux d'entre eux qui auraient manqué à représenter ce registre aux époques déterminées par les règlements, ou lorsqu'ils en auraient été requis, aux maires, adjoints, officiers ou commissaires de police, aux citoyens commis à cet effet : le tout sans préjudice des cas de responsabilité mentionnés à l'article 73 du Code pénal, relativement aux crimes ou aux délits de ceux qui, ayant logé ou séjourné chez eux, n'auraient pas été régulièrement inscrits ; 3° les rouliers, charretiers, conducteurs de voitures quelconques ou de bêtes de charge, qui auraient contrevenu aux règlements par lesquels ils sont obligés de se tenir constamment à portée de leurs chevaux, bêtes de trait ou de charge et de leurs voitures, et en état de les guider et conduire ; d'occuper un seul côté des rues, chemins ou voies publiques ; de se détourner ou ranger devant toutes autres voitures, et, à leur approche, de leur laisser libre au moins la moitié des rues, chaussées, routes et chemins ; 4° ceux qui auront fait ou laissé courir les chevaux, bêtes de trait, de charge ou de monture, dans l'intérieur d'un lieu habité, ou violé les règlements contre le chargement, la rapidité ou la mauvaise direction des voitures ; 5° ceux qui auront établi ou tenu dans les rues, chemins, places ou lieux publics, des jeux de loteries ou d'autres jeux de hasard ; 6° ceux qui auront vendu ou débité des boissons falsifiées, sans préjudice des peines plus sévères qui seront prononcées par les tribunaux de police correctionnelle, dans le cas où elles contiendraient des mixtions nuisibles à la santé ; 7° ceux qui auraient laissé divaguer des fous ou des furieux étant sous leur garde, ou des animaux malfaisants ou féroces ; ceux qui auront excité ou n'auront pas retenu leurs chiens lorsqu'ils attaquent ou poursuivent les passants, quand même il n'en serait résulté aucun mal ni dommage ; 8° ceux qui auraient jeté des pierres ou d'autres corps durs ou des immondices contre les maisons, édifices et clôtures d'autrui, ou dans les jardins ou enclos, et ceux qui auraient volontairement jeté des corps durs ou immondices sur quelqu'un ; 9° ceux qui, n'étant ni propriétaires ni usufruitiers, ni jouissant d'un terrain ou d'un droit de passage, y sont entrés et y ont passé dans le temps où ce terrain était chargé de grains en tuyau, de raisins ou autres fruits, mûrs ou voisins de la maturité ; 10° ceux qui auraient fait ou laissé passer des bestiaux, animaux de trait, de charge ou de monture, sur le terrain d'autrui, ensemencé ou chargé d'une récolte, en quelque terrain que ce soit, ou dans un bois-taillis appartenant à autrui ; 11° ceux qui auraient refusé de recevoir les espèces ou monnaies nationales non fausses ni altérées, selon la valeur pour laquelle elles ont cours ; 12° ceux qui, le pouvant, auront refusé ou négligé de faire les travaux, le service, ou de prêter le secours dont ils auront été requis, dans les circonstances d'accidents, tumultes, naufrages, inondations, incendies ou autres calamités, ainsi que dans les cas de brigandage, pillage, flagrant délit, clameur publique ou d'exécution judiciaire ; 13° les crieurs, afficheurs, vendeurs ou distributeurs d'ouvrages, écrits, avis, bulletins, affiches, journaux, etc., dans lesquels ne se trouvera pas l'indication vraie des noms, professions et demeure de l'auteur ou de l'imprimeur, pourvu toutefois qu'ils aient fait connaître la personne de laquelle ils tiennent l'écrit imprimé ; 14° ceux qui exposent en vente des comestibles gâtés, corrompus ou nuisibles ; 15° ceux qui déroberont, dans aucunes circonstances imprévues par le Code pénal, des récoltes ou autres productions utiles de la terre, qui, avant d'être soustraites, n'étaient pas encore détachées du sol. La peine de l'emprisonnement pendant cinq jours au plus est toujours prononcée, en cas de récidive, contre toutes les personnes mentionnées ci-dessus.

Pourra, suivant les circonstances, être prononcé, outre l'amende portée au présent paragraphe, l'emprisonnement pendant trois jours au plus, contre les rouliers, charretiers, voituriers et conducteurs en contravention, contre ceux qui auront contrevenu à la loi par la rapidité, la mauvaise direction ou le chargement des voitures ou des animaux; contre les vendeurs et débitants de boissons falsifiées; contre ceux qui auraient jeté des corps durs ou des immondices. — Seront saisis et confisqués, 1° les tables, instruments, appareils de jeux ou des loteries établies dans les rues, chemins et voies publiques, ainsi que les enjeux, les fonds, denrées, objets ou lots proposés aux joueurs; 2° les boissons falsifiées, trouvées appartenir au vendeur et débitant : ces boissons seront répandues; 3° les écrits ou gravures contraires aux mœurs : ces objets seront mis sous le pilon.

Nota. Un chien que son maître, même absent, laisse divaguer, et qui mord ou attaque les passants, doit être compris parmi les animaux malfaisants ou féroces, et son maître est passible de la peine énoncée ci-dessus, quand bien même le chien n'aurait fait qu'une égratignure. (*Arrêté de la cour de cassation du 2 septembre 1825.*)

§ III.

TROISIÈME CLASSE. — Seront punis d'une amende de *onze* à *quinze* francs inclusivement, 1° ceux qui, hors les cas prévus par la loi, auront volontairement causé du dommage aux propriétés mobilières d'autrui; 2° ceux qui auront occasionné la mort ou la blessure des animaux ou bestiaux appartenant à autrui, par l'effet de la divagation des fous ou furieux, ou d'animaux malfaisants ou féroces, ou par la rapidité ou la mauvaise direction, ou le chargement excessif des voitures, chevaux, bêtes de trait, de charge ou de monture; 3° ceux qui auront occasionné les mêmes dommages par l'emploi ou l'usage d'armes, sans précaution ou avec maladresse, ou par jet de pierres ou d'autres corps durs; 4° ceux qui auront causé les mêmes accidents par la vétusté, la dégradation, le défaut de réparation ou d'entretien des maisons ou édifices, ou par l'encombrement ou l'excavation, ou telles autres œuvres dans ou près les rues, chemins, places ou voies publiques, sans les précautions ou signaux ordonnés ou d'usage; 5° ceux qui auront de faux poids ou de fausses mesures dans leurs magasins, boutiques, ateliers ou maisons de commerce, ou dans les halles, foires ou marchés, sans préjudice des peines qui seront prononcées par les tribunaux de police correctionnelle, contre ceux qui auraient fait usage de ces faux poids ou fausses mesures; 6° ceux qui emploieront des mesures ou des poids différents de ceux qui sont établis par les lois en vigueur; 7° les gens qui font le métier de deviner ou pronostiquer, et d'expliquer les songes; 8° les auteurs ou complices de bruits ou tapages injurieux ou nocturnes, troublant la tranquillité des habitants.

Nota. 1° Pourra, selon les circonstances, être prononcée la peine de l'emprisonnement pendant cinq jours au plus, 1° contre ceux qui auront causé la mort ou la blessure des animaux appartenant à autrui, dans les cas prévus par la loi; 2° contre les possesseurs de faux poids et de fausses mesures; contre ceux qui emploient des mesures ou des poids différents de ceux que la loi en vigueur a établis; 3° les instruments, ustensiles ou costumes servant ou destinés à l'exercice du métier de devin, pronostiqueur ou interprète de songes. — La peine d'emprisonnement pendant cinq jours au plus, aura toujours lieu pour récidive contre les personnes, et dans les cas mentionnés ci-dessus.

2° La circonstance qu'un rassemblement considérable s'est formé pendant trois jours autour de la maison d'un habitant, dès l'entrée de la nuit jusqu'à neuf heures et demie du soir; que les individus dont ce rassemblement était composé faisaient entendre des cris et des instruments bruyants, tels que portevoix, cornets, cloches, etc.; que ce rassemblement a même résisté aux ordres de l'autorité en ne se dispersant pas, offre tous les caractères de bruits ou de tapages injurieux et nocturnes punis par l'article 479, n° 8 du code pénal. L'excuse de la tolérance des charivaris est inadmissible. (*Arrêt de la cour de cassation du 26 mai 1826.*)

Dɪsposition commune aux trois paragraphes ci-dessus. — Il y a récidive dans tous les cas énoncés au présent chapitre lorsqu'il a été rendu contre le contrevenant, dans les douze mois précédents, un premier jugement pour contravention de police commise dans le ressort du même tribunal.

CHAPITRE XXXVII.

LOI SUR LA POLICE DE LA CHASSE,

PROMULGUÉE LE 3 MAI 1844.

SECTION 1re. — *De l'exercice du droit de chasse.*

ART. 1er. Nul ne pourra chasser, sauf les exceptions ci-après, si la chasse n'est pas ouverte, et s'il ne lui a pas été délivré un permis de chasse par l'autorité compétente.

Nul n'aura la faculté de chasser sur la propriété d'autrui sans le consentement du propriétaire ou de ses ayant-droit.

ART. 2. Le propriétaire ou possesseur peut chasser ou faire chasser en tout temps, sans permis de chasse, dans ses possessions attenant à une habitation et entourées d'une clôture continue faisant obstacle à toute communication avec les héritages voisins.

ART. 3. Les préfets détermineront, par des arrêtés publiés au moins dix jours à l'avance, l'époque de l'ouverture et celle de la clôture de la chasse dans chaque département.

ART. 4. Dans chaque département, il est interdit de mettre en vente, de vendre, d'acheter, de transporter et de colporter du gibier pendant le temps où la chasse n'y est pas permise.

En cas d'infraction à cette disposition, le gibier sera saisi et immédiatement livré à l'établissement de bienfaisance le plus voisin, en vertu soit d'une ordonnance du juge-de-paix, si la saisie a eu lieu au chef-lieu du canton, soit d'une autorisation du maire, si le juge de-paix est absent, ou si la saisie a été faite dans une commune autre que celle du chef-lieu. Cette ordonnance ou cette autorisation sera délivrée sur la requête des agents ou gardes qui auront opéré la saisie, et sur la présentation du procès-verbal régulièrement dressé.

La recherche du gibier ne pourra être faite à domicile que chez les aubergistes, chez les marchands de comestibles et dans les lieux ouverts au public.

Il est interdit de prendre ou de détruire, sur le terrain d'autrui, des œufs et des couvées de faisans, de perdrix et de cailles.

ART. 5. Les permis de chasse seront délivrés, sur l'avis du maire et du sous-préfet, par le préfet du département dans lequel celui qui en fera la demande aura sa résidence ou son domicile.

La délivrance des permis de chasse donnera lieu au paiement d'un droit dé 15 fr. au profit de l'Etat, et de 10 fr. au profit de la commune dont le maire aura donné l'avis énoncé au paragraphe précédent.

Les permis de chasse seront personnels; ils seront valables pour tout le royaume et pour un an seulement.

ART. 6. Le préfet pourra refuser le permis de chasse : 1° à tout individu majeur qui ne sera point personnellement inscrit, ou dont le père ou la mère ne seraient pas inscrits au rôle des contributions ; 2° à tout individu qui, par une condamnation judiciaire, a été privé de l'un ou de plusieurs des droits énumérés dans l'art. 42 du code pénal, autre que le droit de port d'armes ; 3° à tout condamné à un emprisonnement de plus de six mois pour rébellion et violence envers les agents de l'autorité publique ; 4° à tout condamné pour délit d'association illicite, de fabrication, débit, distribution de poudre, armes ou autres munitions de guerre ; de menaces écrites ou de menaces verbales, avec ordre ou sous condition ; d'entraver à la circulation des grains ; de dévastation d'arbres ou de récoltes sur pied, de plants venus naturellement ou faits de main d'homme ; 5° à ceux qui auront été condamnés pour vagabondage, mendicité, vol, escroquerie ou abus de confiance.

La faculté de refuser le permis de chasse aux condamnés dont il est question dans les paragraphes 3, 4 et 5 cessera cinq ans après l'expiration de la peine.

ART. 7. Le permis de chasse ne sera pas délivré : 1° aux mineurs qui n'auront pas seize ans accomplis ; 2° aux mineurs de seize à vingt-un ans, à moins que le permis ne soit demandé pour eux par leurs père, mère, tuteur ou curateur, portés au rôle des contributions ; 3° aux interdits ; 4° aux gardes-champêtres ou forestiers des communes ou établissements publics, ainsi qu'aux gardes-forestiers de l'Etat et aux gardes-pêche.

ART. 8. Le permis de chasse ne sera pas accordé : 1° à ceux qui, par suite de condamnations, sont privés du droit de port d'armes ; 2° à ceux qui n'auront pas exécuté les condamnations prononcées contre eux pour l'un des délits prévus par la présente loi ; 3° à tout condamné placé sous la surveillance de la haute police.

ART. 9. Dans le temps où la chasse est ouverte, le permis donne à celui qui l'a obtenu le droit de chasser de jour, à tir et à courre, sur ses propres terres, et sur les terres d'autrui avec le consentement de celui à qui le droit de chasse appartient.

Tous autres moyens de chasse, à l'exception des furets et des bourses destinés à prendre le lapin, sont formellement prohibés.

Néanmoins, les préfets des départements, sur l'avis des conseils généraux, prendront des arrêtés pour déterminer : 1° l'époque de la chasse des oiseaux de passage, autres que la caille, et les modes et procédés de cette chasse ;

2° le temps pendant lequel il sera permis de chasser le gibier d'eau, dans les marais, sur les étangs, fleuves et rivières ; 5° les espèces d'animaux malfaisants ou nuisibles que le propriétaire, possesseur ou fermier, pourra en tout temps détruire sur ses terres, et les conditions de l'exercice de ce droit, sans préjudice du droit appartenant au propriétaire ou au fermier de repousser ou de détruire, même avec des armes à feu, les bêtes fauves qui porteraient dommage à ses propriétés.

Ils pourront prendre également des arrêtés : 1° Pour prévenir la destruction des oiseaux ; 2° pour autoriser l'emploi des chiens lévriers pour la destruction des animaux malfaisants ou nuisibles ; 5° pour interdire la chasse pendant les temps de neige.

Art. 10. Des ordonnances royales détermineront la gratification qui sera accordée aux gardes et gendarmes rédacteurs des procès-verbaux ayant pour objet de constater les délits.

Section II. — *Des peines.*

Art. 11. Seront punis d'une amende de seize à cent francs : 1° Ceux qui auront chassé sans permis de chasse ; 2° ceux qui auront chassé sur le terrain d'autrui sans le consentement du propriétaire.

L'amende pourra être portée au double si le délit a été commis sur des terres non dépouillées de leurs fruits, ou s'il a été commis sur un terrain entouré d'une clôture continue, faisant obstacle à toute communication avec les héritages voisins, mais non attenant à une habitation.

Pourra ne pas être considéré comme délit de chasse, le fait du passage des chiens courants sur l'héritage d'autrui, lorsque ces chiens seront à la suite d'un gibier lancé sur la propriété de leurs maîtres, sauf l'action civile, s'il y a lieu, en cas de dommages ; 5° ceux qui auront contrevenu aux arrêtés des préfets concernant les oiseaux de passage, le gibier d'eau, la chasse en temps de neige, l'emploi des chiens lévriers, ou aux arrêtés concernant la destruction des oiseaux et celle des animaux nuisibles ou malfaisants ; 4° ceux qui auront pris ou détruit, sur le terrain d'autrui, des œufs ou couvées de faisans, de perdrix ou de cailles ; 5° les fermiers de la chasse, soit dans les bois soumis au régime forestier, soit sur les propriétés dont la chasse est louée au profit des communes ou établissements publics, qui auront contrevenu aux clauses et conditions de leurs cahiers de charges, relatives à la chasse.

Art. 12. Seront punis d'une amende de cinquante à deux cents francs, et pourront en outre l'être de l'emprisonnement de six jours à deux mois : 1° ceux qui auront chassé en temps prohibé ; 2° ceux qui auront chassé pendant la nuit ou à l'aide d'engins et d'instruments prohibés ou par d'autres moyens que ceux qui sont autorisés par l'article 9 ; 5° ceux qui seront détenteurs ou ceux qui seront trouvés munis ou porteurs, hors de leur domicile, de filets, engins ou autres instrumens de chasse prohibés ; 4° ceux qui en temps où la chasse est prohibée, auront mis en vente, vendu, acheté, transporté ou colporté du gibier ; 5° ceux qui auront employé des drogues ou appâts qui sont de nature à enivrer le gibier ou à le détruire ; 6° ceux qui auront chassé avec appeaux, appelants ou chanterelles.

Les peines déterminées par le présent article pourront être portées au double contre ceux qui auront chassé pendant la nuit sur le terrain d'autrui et par l'un des moyens spécifiés au paragraphe 2, si les chasseurs étaient munis d'une arme apparente ou cachée.

Les peines déterminées par l'article 11 et par le présent article, seront toujours portées au maximum, lorsque les délits auront été commis par les gardes champêtres ou forestiers des communes, ainsi que par les gardes-forestiers de l'Etat et des établissements publics.

ART. 13. Celui qui aura chassé sur le terrain d'autrui, sans son consentement, si ce terrain est attenant à une maison habitée ou servant à l'habitation, et s'il est entouré d'une clôture continue faisant obstacle à toute communication avec les héritages voisins, sera puni d'une amende de cinquante à trois cents francs et pourra l'être d'un emprisonnement de six jours à trois mois.

ART. 14. Les peines déterminées par les trois articles qui précèdent pourront être portées au double si le délinquant était en état de récidive, s'il était déguisé ou masqué, s'il a pris un faux nom, s'il a usé de violence envers les personnes, ou s'il a fait des menaces, sans préjudice, s'il y a lieu, de plus fortes peines prononcées par la loi.

Lorsqu'il y aura récidive, dans les cas prevus en l'article 11, la peine de l'emprisonnement de six jours à trois mois pourra être appliquée si le délinquant n'a pas satisfait aux condamnations précédentes.

ART. 15. Il y a récidive lorsque, dans les douze mois qui ont précédé l'infraction, le délinquant a été condamné en vertu de la présente loi.

ART. 16. Tout jugement de condamnation prononcera la confiscation des filets, engins et autres instruments de chasse. Il ordonnera, en outre, la destruction des instruments de chasse prohibés.

Il prononcera également la confiscation des armes, excepté dans le cas où le délit aurait été commis par un individu muni d'un permis de chasse, dans le temps où la chasse est autorisée.

Si les armes, filets, engins ou autres instruments de chasse, n'ont pas été saisis, le délinquant sera condamné à les représenter ou à en payer la valeur, suivant la fixation qui en sera faite par le jugement, sans qu'elle puisse être au-dessous de cinquante francs.

Les armes, engins ou autres instruments de chasse, abandonnés par les dé-

24

linquants restés inconnus, seront saisis et déposés au greffe du tribunal compétent. La confiscation, et, s'il y a lieu, la destruction en seront ordonnées sur le vu du procès-verbal.

Dans tous les cas, la quotité des dommages-intérêts est laissée à l'appréciation des tribunaux.

Art. 17. En cas de conviction de plusieurs délits prévus par la présente loi, par le code pénal ordinaire ou par les lois spéciales, la peine la plus forte sera seule prononcée.

Les peines encourues pour des faits postérieurs à la déclaration du procès-verbal de contravention pourront être cumulées, s'il y a lieu, sans préjudice des peines de la récidive.

Art. 18. En cas de condamnation pour délits prévus par la présente loi, les tribunaux pourront priver le délinquant du droit d'obtenir un permis de chasse pour un temps qui n'excèdera pas cinq ans.

Art. 19. La gratification mentionnée en l'article 16 sera prélevée sur le profit des amendes.

Le surplus desdites amendes sera attribué aux communes sur le territoire desquelles les infractions auront été commises.

Art. 20. L'article 463 du code pénal ne sera pas applicable aux délits prévus par la présente loi.

Section III. — *De la poursuite et du jugement.*

Art. 21. Les délits prévus par la présente loi seront prouvés, soit par procès-verbaux ou rapports, soit par témoins, à défaut de rapports et procès-verbaux, ou à leur appui.

Art. 22. Les procès-verbaux des maires et adjoints, commissaires de police, officier, maréchal-des-logis ou brigadier de gendarmerie, gendarmes, gardes-forestiers, gardes-pêche, gardes-champêtres, ou gardes assermentés des particuliers, feront foi jusqu'à preuve contraire.

Art. 23. Les procès-verbaux des employés des contributions indirectes et des octrois feront également foi jusqu'à preuve contraire, lorsque, dans la limite de leurs attributions respectives, ces agents rechercheront et constateront les délits prévus par le paragraphe premier de l'article 4.

Art. 24. Dans les vingt-quatre heures du délit, les procès-verbaux des gardes seront, à peine de nullité, affirmés par les rédacteurs devant le juge-de-paix ou l'un de ses suppléants, ou devant le maire ou l'adjoint, soit de la commune de leur résidence, soit de celle où le délit aura été commis.

Art. 25. Les délinquants ne pourront être saisis ni désarmés; néanmoins, s'ils sont déguisés ou masqués, s'ils refusent de faire connaître leurs noms, ou s'ils n'ont pas de domicile connu, ils seront conduits immédiatement devant le maire ou le juge-de-paix, lequel s'assurera de leur individualité.

Art. 26. Tous les délits prévus par la présente loi seront poursuivis d'office par le ministère public, sans préjudice du droit conféré aux parties lésées par l'art. 182 du code d'instruction criminelle.

Néanmoins, dans le cas de chasse sur le terrain d'autrui sans le consentement du propriétaire, la poursuite d'office ne pourra être exercée par le ministère public, sans une plainte de la partie intéressée, qu'autant que le délit aura été commis dans un terrain clos, suivant les termes de l'article 2, et attenant à une habitation ou sur des terres non encore dépouillées de leurs fruits.

Art. 27. Ceux qui auront commis conjointement les délits de chasse seront condamnés solidairement aux amendes, dommages-intérêts et frais.

Art. 28. Le père, la mère, le tuteur, les maîtres et commettants, sont civilement responsables des délits de chasse commis par leurs enfants mineurs non mariés, pupilles demeurant avec eux, domestiques ou préposés, sauf tout recours de droit.

Cette responsabilité sera réglée conformément à l'art. 1384 du code civil, et ne s'appliquera qu'aux dommages-intérêts et frais, sans pouvoir toutefois donner lieu à la contrainte par corps.

Art. 29. Toute action relative aux délits prévus par la présente loi sera prescrite par le laps de trois mois, à compter du jour du délit.

Section IV. — *Dispositions générales.*

Art. 30. Les dispositions de la présente loi relatives à l'exercice du droit de chasse ne sont pas applicables aux propriétés de la couronne. Ceux qui commettraient des délits de chasse dans ces propriétés seront poursuivis et punis conformément aux sections 2 et 3.

Art. 31. Le décret du 4 mai 1813 et la loi du 30 avril 1790 sont abrogés.

Sont et demeurent également abrogés les lois, arrêtés, décrets et ordonnances intervenus sur les matières réglées par la présente loi, en tout ce qui est contraire à ses dispositions.

Fait au palais des Tuileries, le 3e jour de mai, l'an 1844.

CHAPITRE XXXVIII.

DE L'ENREGISTREMENT.

ART. 1er. — DES DROITS D'ENREGISTREMENT ET DE LEUR APPLICATION. — Les droits d'enregistrement sont *fixes* ou *proportionnels*, suivant la nature des actes et mutations qui y sont assujettis.

Le droit *fixe* s'applique aux actes, soit civils, soit judiciaires ou extra-judiciaires, qui ne contiennent ni obligation, ni libération, ni condamnation, collocation ou liquidation de sommes et de valeurs, ni transmission de propriété d'usufruit ou de jouissance de biens meubles ou immeubles.

Le droit *proportionnel* est établi pour les obligations, libérations, condamnations, collocations ou liquidations de sommes et valeurs, et pour toute transmission de propriété, d'usufruit ou de jouissance de biens meubles ou immeubles, soit entre-vifs, soit par décès. — Il n'y a point de fractions de centime dans la liquidation du droit proportionnel. Lorsqu'une fraction de somme ne produit pas un centime de droit, le centime est perçu au profit de l'État. Cependant le moindre droit à percevoir sur un acte donnant lieu au droit proportionnel, et sur une mutation de biens par décès, sera du montant de la quotité sous laquelle chaque acte ou mutation se trouve classé.

Les actes civils et extra-judiciaires sont enregistrés sur les minutes, brevets ou originaux. Les actes judiciaires reçoivent cette formalité, soit sur les minutes, soit sur les expéditions. Ceux qui doivent être enregistrés *sur les minutes*, sont les procès-verbaux d'apposition, de reconnaissance et de levée des scellés, et ceux de nomination de tuteurs ou curateurs; les avis de parents, les émancipations, les actes de notoriété, les déclarations en matière civile, les adoptions;

tous actes contenant autorisation, acceptation, abstention, renonciation ou répudiation; les nominations d'experts et arbitres, les oppositions à la levée des scellés par comparution personnelle, les cautionnements de personnes à représenter à justice, ceux de sommes déterminées ou non déterminées, les ordonnances et mandements d'assigner les opposants à scellés; tous procès-verbaux généralement quelconques des bureaux de paix portant conciliation ou non-conciliation, défaut ou congé, remise ou ajournement; tous les actes d'acquiescement, de dépôt et consignation, d'exclusion de tribunaux, d'affirmation de voyage, d'enchère et surenchère, de reprise d'instance, de communication de pièces avec ou sans déplacement, d'affirmation ou vérification de créances, d'opposition à délivrance de titres ou jugements, de procès-verbaux et rapports, de dépôt de bilan et de décharge; les certificats de toute nature et ordonnances sur requête; les jugements portant transmission d'immeubles, et ceux par lesquels il est prononcé des condamnations sur des conventions sujettes à l'enregistrement, sans énonciation de titres enregistrés.

Il n'est dû aucun droit d'enregistrement pour les extraits, copies ou expéditions des actes qui doivent être enregistrés sur les minutes ou originaux. — Quant à ceux des actes judiciaires qui ne sont assujettis à l'enregistrement que sur les expéditions, chaque expédition doit être enregistrée, savoir, la première pour le droit proportionnel, s'il y a lieu, ou pour le droit *fixe*, si le jugement n'est pas passible du droit proportionnel, et chacune des autres pour le droit *fixe*.

Lorsqu'un acte translatif de propriété ou d'usufruit comprend des meubles et immeubles, le droit d'enregistrement est perçu sur la totalité du prix, au taux réglé pour les immeubles, à moins qu'il ne soit stipulé un prix particulier pour les objets mobiliers, et qu'ils ne soient désignés et estimés, article par article, dans le contrat. Dans le cas de transmission de biens, la quittance donnée ou l'obligation consentie par le même acte, pour tout ou partie du prix entre les contractants, ne peut être sujette à un droit particulier d'enregistrement. Mais lorsque dans un acte quelconque, soit civil, soit judiciaire ou extra-judiciaire, il y a plusieurs dispositions indépendantes ou ne dérivant pas nécessairement les unes des autres, il est dû pour chacune d'elles, et selon son espèce, un droit particulier.

La mutation d'un immeuble en propriété ou usufruit sera suffisamment établie pour la demande du droit d'enregistrement et la poursuite du paiement contre le nouveau possesseur, soit par l'inscription de son nom au rôle de la contribution foncière et des paiements par lui faits d'après ce rôle, soit par des baux par lui passés, ou enfin par des transactions ou autres actes constatant sa propriété ou son usufruit. — La jouissance à titre de ferme ou location ou d'engagement d'un immeuble sera aussi suffisamment établie pour la demande du droit d'enregistrement et la poursuite du paiement contre le nouveau possesseur, soit par l'inscription de son nom au rôle de la contribution foncière et des paiements par lui faits d'après ce rôle, soit par des baux par lui passés, ou enfin par des transactions ou autres actes constatant sa propriété ou son usufruit.

La jouissance à titre de ferme ou location, ou d'engagement d'un immeuble, sera aussi suffisamment établie pour la demande et la poursuite du paiement des droits des baux ou d'engagements non enregistrés par les actes qui la feront connaître, ou par des paiements des contributions imposées aux fermiers, locataires ou détenteurs temporaires.

ART. 2. — DES VALEURS SUR LESQUELLES LE DROIT PROPORTIONNEL EST ASSIS, ET DE L'EXPERTISE. — La valeur de la propriété, de l'usufruit et de la jouissance des biens meubles est déterminée, pour la liquidation et le paiement du droit proportionnel, ainsi qu'il suit, savoir :

1° Pour les baux et locations, *par le prix annuel exprimé, en y ajoutant les charges imposées au preneur ;* 2° pour les créances à terme, leurs cessions et transports et autres actes obligatoires, *par le capital exprimé dans l'acte et qui en fait l'objet;* 3° pour les quittances et tous autres actes de libérations, *par le total des sommes ou capitaux dont le débiteur se trouve libéré;* 4° pour les marchés et traités, *par le prix exprimé ou l'évaluation qui sera faite des objets qui en seront susceptibles;* 5° pour les ventes et autres transmissions à titre onéreux, *par le prix exprimé et le capital des charges qui peuvent ajouter au prix;* 6° pour les créations de rentes, soit perpétuelles, soit viagères, ou de pensions aussi à titre onéreux, *par le capital constitué et aliéné;* 7° pour les cessions ou transports desdites rentes ou pensions, et pour leur amortissement ou rachat, *par le capital constitué, quel que soit le prix stipulé pour le transport ou l'amortissement;* 8° pour les transmissions entre-vifs à titre gratuit, et celles qui s'opèrent par décès, *par la déclaration estimative des parties, sans distraction des charges;* 9° pour les rentes et pensions créées sans expression de capital, leurs transports et amortissements, *à raison d'un capital formé de vingt fois la rente perpétuelle, et de dix fois la rente viagère ou la pension, et quel que soit le prix stipulé pour le transport ou l'amortissement;* 10° pour les actes et jugements portant condamnation, collocation, liquidation ou transmission, *par le capital des sommes et les intérêts et dépens liquidés;* 11° l'usufruit transmis à titre gratuit s'évalue à la moitié de la valeur entière de l'objet.

ART. 3. — DES DÉLAIS POUR L'ENREGISTREMENT DES ACTES ET DES DÉCLARATIONS. — Les délais pour faire enregistrer les actes publics sont, savoir : *de quatre jours* pour les huissiers et autres ayant pouvoir de faire des exploits et procès-verbaux; — *de dix jours* pour les actes des notaires qui résident dans la commune où le bureau d'enregistrement est établi; — *de quinze jours* pour ceux des notaires qui n'y résident pas; — *de vingt jours* pour les actes judiciaires soumis à l'enregistrement sur les minutes, et pour ceux dont il ne reste pas de minutes au greffe, ou qui se délivrent en brevet ; — *de vingt jours aussi* pour les actes des administrations centrales et municipales assujettis à l'enregistrement.

Les testaments déposés chez les notaires ou par eux reçus, seront enregistrés *dans les trois mois* du décès des testateurs, à la diligence des héritiers, donataires, légataires ou exécuteurs testamentaires.

Les actes sous signature privée et qui portent transmission de propriété ou d'usufruit *de biens immeubles*, et les baux à ferme ou à loyer, sous-baux, cessions et subrogations de baux, et les engagements, aussi sous signature privée, *de biens de même nature*, seront enregistrés *dans les trois mois de leur date.*

Les délais pour l'enregistrement des déclarations que les héritiers, donataires ou légataires auront à passer des biens à eux échus ou transmis par décès, sont *de six mois*, à compter du jour du décès, lorsque celui dont on recueille la succession est décédé en France ; — *de huit mois*, s'il est décédé dans toute autre partie de l'Europe ; — *d'une année*, s'il est mort en Amérique ; — et *de deux années*, si c'est en Afrique ou en Asie. — Le délai de six mois ne courra que du jour de la mise en possession, pour la succession d'un absent ; celle d'un condamné, si ses biens sont séquestrés ; celle qui aurait été séquestrée pour toute autre cause ; celle d'un défenseur de la patrie, s'il est mort en activité de service hors de son département ; ou enfin celle qui serait recueillie par indivis avec l'Etat. — Si, avant les derniers six mois des délais fixés pour les déclarations des successions de personnes décédées hors de France, les héritiers prennent possession des biens, il ne restera d'autre délai à courir, pour passer déclaration, que celui de six mois à compter du jour de la prise de possession. — Dans les délais fixés ci-dessus pour l'enregistrement des actes et des déclarations, le jour de la date de l'acte, ou celui de l'ouverture de la succession, ne sera point compté. — Si le dernier jour du délai se trouve être un dimanche ou un jour de fête nationale, ces jours-là ne seront point comptés non plus.

ART. 4. — DES BUREAUX OU LES ACTES ET MUTATIONS DOIVENT ÊTRE ENREGISTRÉS. — Les notaires ne peuvent faire enregistrer leurs actes qu'aux bureaux dans l'arrondissement desquels ils résident. — Les huissiers et tous autres ayant pouvoir de faire des exploits, procès-verbaux ou rapports, font enregistrer leurs actes, soit au bureau de leur résidence, soit au bureau du lieu où ils les ont faits. — Les greffiers et les secrétaires des administrations centrales et municipales font enregistrer les actes qu'ils sont tenus de soumettre à cette formalité, aux bureaux dans l'arrondissement desquels ils exercent leurs fonctions. — Les actes sous signature privée et ceux passés en pays étrangers peuvent être enregistrés dans tous les bureaux indistinctement.

Les mutations de propriété ou d'usufruit par décès, sont enregistrées au bureau de la situation des biens. — Les héritiers, donataires ou légataires, leurs tuteurs ou curateurs seront tenus d'en passer déclaration détaillée et de la signer sur le registre. S'il s'agit d'une mutation au même titre de biens meubles, la déclaration en sera faite au bureau dans l'arrondissement duquel ils se seront trouvés au décès de l'auteur de la succession. — Les rentes et autres biens meubles sans assiette déterminée lors du décès, seront déclarés au bureau du domicile du décédé. — Les héritiers, légataires ou donataires rapporteront, à l'appui de leurs déclarations *de biens meubles*, un inventaire ou état estimatif, article par article, par eux certifié, s'il n'a pas été fait par un officier public ; cet inventaire sera déposé et annexé à la déclaration, qui sera reçue et signée sur le registre du receveur de l'enregistrement.

ACTE C.

FORMULE D'INVENTAIRE OU ÉTAT ESTIMATIF DES BIENS MEUBLES A PRÉSENTER A L'ENREGISTREMENT.

État estimatif des biens meubles dépendant de la succession du sieur N...

Nous soussignés (*noms, prénoms, professions ou qualités et demeures de tous les déclarants*), héritiers appelés à la succession du défunt sieur N..., en qualité de *frères* ou *neveux*, déclarons que ses biens meubles se comportent et poursuivent ainsi qu'il suit, et qu'il les a laissés à son décès :

Art. 1er. — Trois lits garnis, évalués ensemble d'après l'estimation des experts et adjugés à l'un de nous pour la somme de . . . . . 600 f.
    Art. 2. — Un lot de meubles, estimé 900
    Art. 5. — Argenterie, 18 couverts pesant..., estimés . . . 750
    Art. 4. — Batterie de cuisine et vaisselle de cuivre 460
    Art. 5. — Vaisselle d'argent et divers objets plaqués. . . . 1,260
    Art. 6. — Linge de table (*le détailler*) 450
    Art. 7. — Draps et chemises (*le nombre*). 550
    Art. 8. — Différents objets de peu de valeur, estimés ensemble. 750
    Art. 9. — Pendules, montres, glaces, etc. 1,150

                       Total 6,650

Nous susnommés, certifions sincère et véritable le présent état estimatif des biens meubles qui nous sont échus par la succession du sieur N..., notre *frère* ou notre *oncle* ; lequel état se monte à la somme totale de 6,650 fr. A..., le... 1847   (*Les signatures de tous les héritiers.*)

Nota. On pourra faire la présente déclaration plus détaillée qu'elle n'est dans cette formule ; mais on aura soin de bien se conformer au cadre que nous avons tracé.

Droit proportionnel d'enregistrement, 2 fr. par 100 fr.

Si l'acte est notarié, il se paie par vacations.

Les deux francs d'enregistrement se perçoivent par autant de vacations de 5 heures.

ART. 5. — DU PAIEMENT DES DROITS, ET QUELS SONT CEUX QUI DOIVENT LES ACQUITTER. — Les droits des actes et ceux des mutations seront payés avant l'enregistrement, aux taux et quotités ci-après réglés. — Nul ne pourra en atténuer ni différer le paiement, sous le prétexte de contestation sur la quotité, ni pour quelque autre motif que ce soit, sauf à se pourvoir en restitution, s'il y a lieu. Les droits des actes à enregistrer sont acquittés, savoir :

1° Par les notaires, *pour les actes passés devant eux* ; 2° par les huissiers et autres ayant pouvoir de faire des exploits et procès-verbaux, *pour ceux de leur ministère ;* 3° par les greffiers, *pour les actes et jugements qui doivent être enregistrés sur les minutes, et ceux passés et reçus aux greffes, et pour les extraits, copies et expéditions qu'ils délivrent des jugements qui ne sont pas soumis à l'enregistrement sur les minutes ;* 4° par les secrétaires des administrations centrales et municipales, *pour les actes de ces administrations qui sont soumis à la formalité de l'enregistrement ;* 5° par les parties, *pour les actes sous signature privée et ceux passés en pays étranger, qu'elles auront à faire enregistrer ; pour les ordonnances sur requêtes ou mémoires, et les certificats qui leur sont immédiatement délivrés par les juges, et pour les actes et décisions qu'elles obtiennent des arbitres si ceux-ci ne les ont pas fait enregistrer ;* 6° et enfin par les héritiers, légataires et donataires, leurs tuteurs et curateurs, et les exécuteurs testamentaires, *pour les testaments et autres actes de libéralité à cause de mort.*

Nota. 1° Les officiers publics qui auraient fait, pour les parties, l'avance des droits d'enregistrement, pourront prendre exécutoire du juge-de-paix de leur canton pour leur remboursement. — L'opposition qui serait formée contre cet exécutoire, ainsi que toutes les contestations qui s'élèveraient à cet égard, seront jugées par les tribunaux civils.

2° Les droits des actes civils et judiciaires emportant obligation, libération ou translation de propriété ou d'usufruit de meubles ou immeubles, seront supportés par les débiteurs et nouveaux possesseurs ; et ceux de tous les autres actes le seront par les parties auxquelles les actes profiteront, lorsqu'il n'aura pas été stipulé de dispositions contraires dans les actes.

3° Les droits des déclarations des mutations par décès seront payés par les héritiers, donataires ou légataires. Les co-héritiers seront solidaires. L'État aura action sur les revenus des biens à déclarer, en quelques mains qu'ils se trouvent, pour le paiement des droits dont il faudrait poursuivre le recouvrement.

ART. 6. — DES PEINES POUR DÉFAUT D'ENREGISTREMENT DES ACTES ET DÉCLARATIONS DANS LES DÉLAIS, ET CELLES PORTÉES RELATIVEMENT AUX OMISSIONS, AUX FAUSSES ESTIMATIONS ET AUX CONTRE-LETTRES. — Les notaires qui n'auront pas fait enre-

gistrer leurs actes dans les délais prescrits, paieront personnellement, à titre d'amende et pour chaque contravention, une
somme de *cinquante francs.*

La peine contre un huissier ou autre ayant le pouvoir de
faire des exploits ou procès-verbaux, est, pour un exploit ou
procès-verbal non présenté à l'enregistrement dans le délai,
d'une somme de *vingt-cinq francs,* et de plus, une somme
équivalente au montant du droit de l'acte non enregistré.
L'exploit ou procès-verbal non enregistré dans le délai est
déclaré nul, et le contrevenant responsable de cette nullité envers la partie.

Les actes sous signature privée et ceux passés en pays
étrangers, qui n'auront pas été enregistrés dans les délais déterminés, seront soumis au double droit d'enregistrement. —
Il en sera de même pour les testaments non enregistrés dans
le délai.

Les héritiers, donataires ou légataires qui n'auront pas fait,
dans les délais prescrits, les déclarations des biens à eux
transmis par décès, paieront, à titre d'amende, un demi-droit
en sus du droit qui sera dû pour la mutation. — La peine
pour les omissions qui seront reconnues avoir été faites dans
les déclarations, sera d'un droit en sus de celui qui se trouvera dû pour les objets omis; il en sera de même pour les in-
suffisances constatées dans les estimations des biens déclarés.
— Si l'insuffisance est établie par un rapport d'experts, les
contrevenants paieront en outre les frais de l'expertise. Les
tuteurs et curateurs supporteront personnellement les peines
ci-dessus, lorsqu'ils auront fait des omissions ou des estimations insuffisantes.

Toute contre-lettre faite sous signature privée, qui aurait
pour objet une augmentation du prix stipulé dans un acte public, ou dans un acte sous signature privée précédemment
enregistré, est délarée nulle et de nul effet. — Néanmoins,
lorsque l'existence en sera constatée, il y aura lieu d'exiger,
à titre d'amende, une somme triple du droit qui aurait eu lieu
sur les sommes et valeurs ainsi stipulées.

CHAPITRE XXXIX.

ADMINISTRATION FORESTIÈRE.

§ Ier.

Des adjudications des coupes de bois, glandée, panage et paisson.

Les coupes étant une branche importante des revenus publics, les forêts sont aménagées, c'est-à-dire divisées en coupes successives et régulières. Ces coupes sont vendues par adjudications publiques sous peine de nullité des ventes.

Ne peuvent se rendre acquéreurs, 1° les agents et gardes-forestiers ; 2° ceux qui sont chargés de présider ou de concourir aux ventes ; 3° leurs parents et alliés en ligne directe, leurs frères, beaux-frères, oncles et neveux ; 4° les conseillers de préfecture, les juges, les officiers du ministère public, et les greffiers des tribunaux de 1re instance. La loi punit les marchands de bois ou autres qui, par une association secrète ou des manœuvres quelconques, ont cherché à nuire aux enchères, à les troubler, ou à obtenir les bois à plus bas prix. Les adjudicataires, leurs associés et cautions sont soumis, à dater du procès-verbal d'adjudication, à la contrainte par corps, tant pour le paiement du prix principal, que pour frais et accessoires. Les cautions sont en outre contraignables, solidairement et par corps, au paiement des dommages, restitutions et amendes encourues par l'adjudicataire.

Outre les coupes de bois, l'État met aussi en adjudication la *glandée*, le *panage* et la *paisson*. La *glandée* est le droit d'introduire les porcs dans les bois pour y manger les glands ; le *panage* et la *paisson* consistent dans la faculté de mener paître dans les bois, les animaux qui mangent le gland et la faîne.

Les adjudicataires de ces trois derniers droits ne peuvent

abattre, ramasser ou emporter des glands, faînes, fruits, semences ou productions des forêts, ni introduire dans le bois un plus grand nombre de porcs que celui déterminé par l'adjudication. Ils sont tenus de faire marquer ces animaux avec un fer chaud, sous peine de 3 fr. d'amende par chaque porc non marqué, et de déposer l'empreinte de leur marque au greffe du tribunal, et le fer servant à la marque, au bureau de l'agent forestier local. Si les porcs sont trouvés hors des lieux désignés, il y a amende contre l'adjudicataire, et en cas de récidive, le pâtre est condamné à un emprisonnement de cinq à quinze jours.

Droit proportionnel d'enregistrement, 2 pour 100 pour toute adjudication.

§ II.

Affouages communaux.

On a donné le nom d'*affouage* aux bois que possèdent les communes, et qui sont distribués en nature aux habitants pour servir soit à leur consommation journalière, soit à des constructions ou réparations.

Ces coupes de bois ne peuvent avoir lieu, sous peine d'amende, qu'après la décision des agents forestiers. Après les délais expirés pour la coupe, il est interdit aux habitants de couper les bois qui leur sont délivrés. La répartition est faite par le conseil municipal et approuvée par le préfet; elle s'opère par *feux* et non par tête.

L'affouage est dû à tout ménage séparé, soit de gens mariés, soit de célibataire; mais les ouvriers qui travaillent à l'année chez un maître qui les nourrit, n'ont pas droit à l'affouage, à moins qu'ils n'aient un ménage particulier. L'affouage distribué en nature, doit aussi être employé en nature; celui qui le reçoit ne peut ni le vendre ni l'échanger.

Dans les communes où les habitants sont soumis à une rétribution pour subvenir aux dépenses de la coupe, nul ne peut réclamer la portion de bois qui lui est due avant d'avoir acquité le montant de sa cote. En cas de difficultés pour la répartition, les habitants ont recours au conseil de préfecture qui nomme un expert, celui-ci fait ses opérations en présence du maire et de la partie lésée, et ses décisions sont sans appel, dès qu'elles ont reçu l'approbation du conseil de préfecture.

§ III.

Police et conservation des bois.

Il est défendu, sous peine d'amende, d'extraire ou enlever, sans autorisation, des pierres, du sable, des minerais, etc., dans les bois et forêts. Il est encore défendu de porter ou allumer du feu dans l'intérieur et à la distance de deux cents mètres. Les propriétaires riverains des bois et forêts ne peuvent élaguer les lisières de ces bois, si les arbres ont plus de trente ans. La loi prononce des amendes contre quiconque est trouvé dans les forêts hors des routes et chemins ordinaires, avec serpes, cognées, haches, scies et autres instruments ordinaires, et contre ceux dont les voitures, bestiaux, animaux de charge ou de monture sont également trouvés hors des mêmes routes et chemins. Dans les bois soumis au régime forestier, il ne peut être établi ni construit sans l'autorisation du gouvernement, sous peine d'amende et de la démolition ou suppression : 1° des fours à chaux ou à plâtre, soit temporaires, soit permanents, de briqueterie et tuilerie, dans l'intérieur et à moins d'un kilomètre des forêts ; 2° de maisons sur perches, loges, baraques ou hangars, dans l'enceinte et à moins d'un kilomètre ; 3° de maisons ou fermes à la distance de 500 mètres ; 4° d'usines à scier le bois, dans l'enceinte et à moins de deux kilomètres de distance. Ces établissements et constructions ne peuvent être autorisés que par des ordonnances spéciales. Les demandes afin d'autorisation pour construction de maisons ou ferme, sont remises à l'agent forestier supérieur de l'arrondissement, en double minute, dont l'une, revêtue du visa de cet agent, est rendue au déclarant. S'il n'est pas statué sur ces demandes dans le délai de six mois, la construction peut être effectuée.

L'exécution des mesures prescrites pour la conservation des forêts est assurée par des dispositions pénales dont l'application appartient aux tribunaux correctionnels. Les poursuites concernant les bois soumis au régime forestier sont confiées à l'administration forestière, qui les exerce par le ministère de ses agents. (*Code forestier,* 159-217.)

Cette administration, organisée par l'ordonnance du 1er août 1827, est régie sous l'autorité du ministre des finances, par un directeur général et trois administrateurs. Le directeur général a sous ses ordres, des conservateurs, des inspecteurs, des sous-inspecteurs, des gardes généraux, des arpenteurs, des gardes à cheval et des gardes à pied. Une école royale forestière est destinée à former des sujets pour les emplois d'agent forestier, et des écoles secondaires sont établies pour l'instruction des élèves gardes.

Les particuliers ont le droit de poursuivre au correctionnel ou au civil, la réparation des délits forestiers commis dans leurs bois, sauf les poursuites du ministère public, dont l'action reste toujours indépendante. Cependant, les procès-verbaux dressés par les gardes des particuliers, ne font foi que jusqu'à preuve contraire, tandis que ceux des gardes des bois soumis au régime forestier font foi jusqu'à inscription de faux.

Nota. Les jugements de condamnation en matière forestière emportent toujours la contrainte par corps.

ACTE CI.

MODÈLE D'UN PROCÈS-VERBAL DE GARDE-FORESTIER.

L'an mil huit cent quarante huit, le... du mois de... à *sept* heures du matin *ou* du soir, nous soussigné, garde-forestier dûment assermenté de l'arrondissement de... département de..., faisant notre tournée ordinaire pour la conservation des bois confiés à notre garde, nous avons surpris le sieur (*nom, prénoms, profession et demeure du délinquant,)* arrachant des plants, essence de hêtre, dans un semis ou plantation exécutés de main d'homme, situés dans le lieudit *(indiquer avec toute la précision possible le lieu du délit),* délit prévu et puni par l'article 195 du code forestier, de tout quoi nous avons dressé le présent procès-verbal les jour, lieu et heure que dessus, pour valoir ce que de droit.

CHAPITRE XL.

DE LA PÊCHE FLUVIALE.

§ 1er.

Droit de pêche. — Peines.

Notre législation considère comme propriété privée le poisson des étangs, et en punit comme vol l'enlèvement frauduleux.

La loi ne crée ni n'attribue le droit de pêche, elle se contente d'en régler l'exercice. Ce droit est exercé au profit de l'Etat, dans les fleuves, les rivières, les canaux et les contre-fossés navigables ou flottables avec bateaux, trains ou radeaux, et dont l'entretien est à la charge de l'Etat ou de ses ayant-cause. Cependant l'Etat ne peut exercer le droit de pêche sur les canaux et fossés existant dans les propriétés des particuliers.

L'Etat exploite son droit de deux manières : 1° par la voie d'adjudications publiques ; 2° par des concessions de licence à prix d'argent, lorsque l'adjudication lui paraît impossible.

Dans les rivières et canaux non navigables ni flottables, le droit de pêche appartient aux propriétaires riverains. Chacun d'eux exerce son droit de son côté, jusqu'au milieu du cours de l'eau, sans préjudice des droits contraires établis par possession ou titres.

Si le gouvernement vient à reconnaître navigable ou flottable une rivière ou un cours d'eau qui ne l'était pas précédemment, les propriétaires riverains, qui dès-lors perdent leur droit de pêche, ont droit à une indemnité comme dans les cas d'expropriation pour cause d'utilité publique.

Tout individu qui se livre à la pêche sur les fleuves et rivières navigables ou flottables, canaux, ruisseaux ou cours d'eau quelconques, sans la permission de celui à qui le droit de pêche appartient, est passible d'une amende de 20 fr. au moins et de 100 fr. au plus, indépendamment des dommages-intérêts, de la restitution du prix du poisson qui a été pêché en délit, et de la confiscation des filets et engins de pêche. Tout le monde peut néanmoins pêcher à la ligne flottante tenue à la main, si ce n'est en temps du frai, mais seulement dans les rivières et canaux où la pêche est exercée par l'Etat ; car ce même mode de pêche est punissable s'il a lieu dans des propriétés particulières.

Si le délinquant pêche la nuit, ou s'il est en récidive, la peine est doublée. Les dommages-intérêts ne sont jamais inférieurs à l'amende. Les pères, les maris, les mères, les tuteurs, les fermiers et porteurs de licences, les propriétaires, maîtres et commettants, sont responsables des délits commis par leurs femmes, leurs enfants mineurs, pupilles, bateliers, compagnons et tous autres subordonnés, sauf tout recours de droit ; mais cette responsabilité est purement civile et ne s'étend point aux conditions pénales.

§ II.

Conservation et police de la pêche.

La loi défend d'une manière absolue toute espèce de barrage, d'appareil ou établissement quelconque de pêcherie, qui aurait pour objet d'empêcher la remonte du poisson, sous peine d'amende de 50 à 500 francs, de dommages-intérêts et de saisie et destruction des appareils ou établissements de pêche.

Elle punit d'une amende de 30 à 300 francs, et d'un emprisonnement d'un mois à trois mois, quiconque jette dans les eaux des drogues ou appâts qui sont de nature à enivrer le poisson ou à le détruire.

Les préfets, sur l'avis du conseil général, règlent : 1° Les temps, saisons et heures pendant lesquels la pêche doit être interdite dans les rivières et cours d'eau, sous peine d'une amende de 30 à 200 fr. en cas d'infraction ; 2° Les modes de pêche, les filets et engins prohibés, sous peine d'une amende de 30 à 100 francs, et de 60 à 200 francs, si le délit a eu lieu pendant le temps du frai ; enfin les dimensions des filets et engins à employer, etc.

Tous fermiers de la pêche, porteur de licence, ou leurs associés et domestiques, ne peuvent se servir d'aucun filet ou engin sans qu'il ait été plombé ou marqué par les agents de l'administration de la police de la pêche.

§ III.

Poursuites. — Gardes-pêche.

Les poursuites en réparations des délits et contraventions de pêche sont exercées d'une part au nom de l'administration quand le délit porte atteinte à l'autorité générale, et, d'autre part, au nom et à la diligence des parties intéressées, lorsqu'il préjudicie aux fermiers de la pêche, porteurs de licence et propriétaires riverains. Dans le premier cas, les délits sont constatés par les gardes-pêche, les gardes-champêtres, les éclusiers des canaux, etc. ; dans le second cas, par les gardes des parties intéressées, et les procès-verbaux sont remis au procureur du roi.

Pour exercer l'emploi de garde-pêche, il faut être âgé de vingt-cinq ans et être assermenté. Les gardes-pêche peuvent être déclarés responsables des délits commis dans leurs cantonnements, lorsqu'ils ont négligé de constater les contraventions. Il en est des procès-verbaux des différents gardes-pêche, comme de ceux des gardes-forestiers.

Comme les délits forestiers, les délits de pêche sont de la compétence des tribunaux de police correctionnelle. Les actions en réparation de ces délits se prescrivent par un mois à compter du jour où ils ont été constatés, lorsque les prévenus sont désignés : dans le cas contraire, par trois mois à compter du même jour.

Nota. Le procès-verbal se fait de la même manière que celui du garde-forestier (voir au chapitre précédent, page 584).

TABLE DES MATIÈRES

CONTENUES DANS CE VOLUME.

—

TABLE DES ACTES

CONTENUS DANS CE VOLUME.

FIN.

www.ingramcontent.com/pod-product-compliance
Ingram Content Group UK Ltd.
Pitfield, Milton Keynes, MK11 3LW, UK
UKHW022054120726
13694UKWH00001B/135